OH!
BIZ'ART

D'après *Oh ! Biz'Art*, une émission proposée par Tim Newman et Alexy Cohen
Voix et textes : Stéphane De Groodt
Animation : Cartoonbase
Avec le soutien de France Télévisions et TV5 Monde

PARIS

FLAMMARION
Directrice éditoriale
Julie Rouart

Responsable de l'administration éditoriale
Delphine Montagne

Responsable éditoriale
Mélanie Puchault, assistée d'Adèle Ehlinger

Recherches iconographiques
Marie-Catherine Audet

Préparation de copie, relecture et rédaction des « zoom »
Yaël Rusé

Fabrication
Élodie Conjat

Conception graphique et mise en pages
Alice Leroy
Adèle Pasquet

Photogravure
Hyphen

Cet ouvrage est composé en Barlow Condensed et est imprimé sur Magno Volume 150g.

Dépôt légal : septembre 2024
ISBN Flammarion : 9782080456663
L.01EBUN001082
N° d'édition : 637908
Cet ouvrage a été achevé d'imprimer en juillet 2024 sur les presses de PPO Graphic (France).

Stéphane De Groodt

OH! BIZ'ART

Sur une idée de Tim Newman et Alexy Cohen

UNE TRAVERSÉE DE L'HISTOIRE DE L'ART PAR LE MOTIF !

Flammarion

MODE D'EMPLOI

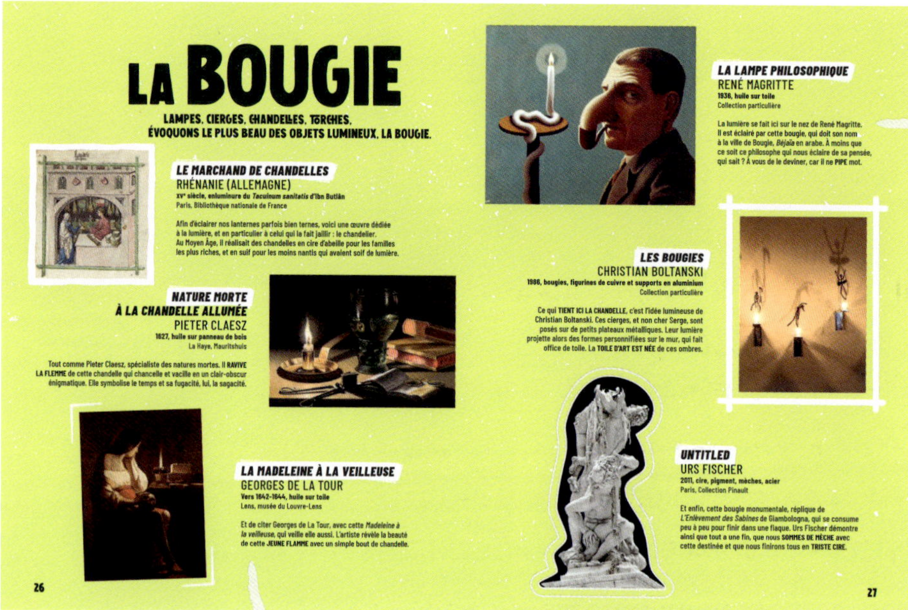

LA BOUGIE

LAMPES, CIERGES, CHANDELLES, TORCHES, ÉVOQUONS LE PLUS BEAU DES OBJETS LUMINEUX, LA BOUGIE.

LE MARCHAND DE CHANDELLES
RHÉNANIE (ALLEMAGNE)
XVe siècle, enluminure du *Tacuinum sanitatis* d'Ibn Butlân
Paris, Bibliothèque nationale de France

Afin d'éclairer nos lanternes parfois bien ternes, voici une œuvre dédiée à la lumière, et en particulier à celui qui la fait jaillir : le chandelier. Au Moyen Âge, il réalisait des chandelles en cire d'abeille pour les familles les plus riches, et en suif pour les moins nantis qui avaient soif de lumière.

NATURE MORTE À LA CHANDELLE ALLUMÉE
PIETER CLAESZ
1627, huile sur panneau de bois
La Haye, Mauritshuis

Tout comme Pieter Claesz, spécialiste des natures mortes, il RAVIVE LA FLEMME de cette chandelle qui chancelle et vacille en un clair-obscur énigmatique. Elle symbolise le temps et sa fugacité, lui, la sagacité.

LA MADELEINE À LA VEILLEUSE
GEORGES DE LA TOUR
Vers 1642-1644, huile sur toile
Lens, musée du Louvre-Lens

Et de citer Georges de La Tour, avec cette *Madeleine à la veilleuse*, qui veille elle aussi. L'artiste révèle la beauté de cette JEUNE FLAMME avec un simple bout de chandelle.

26

LA LAMPE PHILOSOPHIQUE
RENÉ MAGRITTE
1936, huile sur toile
Collection particulière

La lumière se fait ici sur le nez de René Magritte. Il est éclairé par cette bougie, qui doit son nom à la ville de Bougie, *Béjaïa* en arabe. À moins que ce soit ce philosophe qui nous éclaire de sa pensée, qui sait ? À vous de le deviner, car il ne PIPE mot.

LES BOUGIES
CHRISTIAN BOLTANSKI
1986, bougies, figurines de cuivre et supports en aluminium
Collection particulière

Ce qui TIENT ICI LA CHANDELLE, c'est l'idée lumineuse de Christian Boltanski. Ces cierges, et non cher Serge, sont posés sur de petits plateaux métalliques. Leur lumière projette alors des formes personnifiées sur le mur, qui fait office de toile. La TOILE D'ART EST NÉE de ces ombres.

UNTITLED
URS FISCHER
2011, cire, pigment, mèches, acier
Paris, Collection Pinault

Et enfin, cette bougie monumentale, réplique de *L'Enlèvement des Sabines* de Giambologna, qui se consume peu à peu pour finir dans une flaque. Urs Fischer démontre ainsi que tout a une fin, que nous SOMMES DE MÈCHE avec cette destinée et que nous finirons tous en TRISTE CIRE.

27

Lisez les textes à voix haute pour retrouver le ton et l'humour de Stéphane De Groodt !

Au fil des textes, l'usage des majuscules aiguille vers les jeux de mots.

Découvrez des anecdotes sur les œuvres ou leurs techniques.

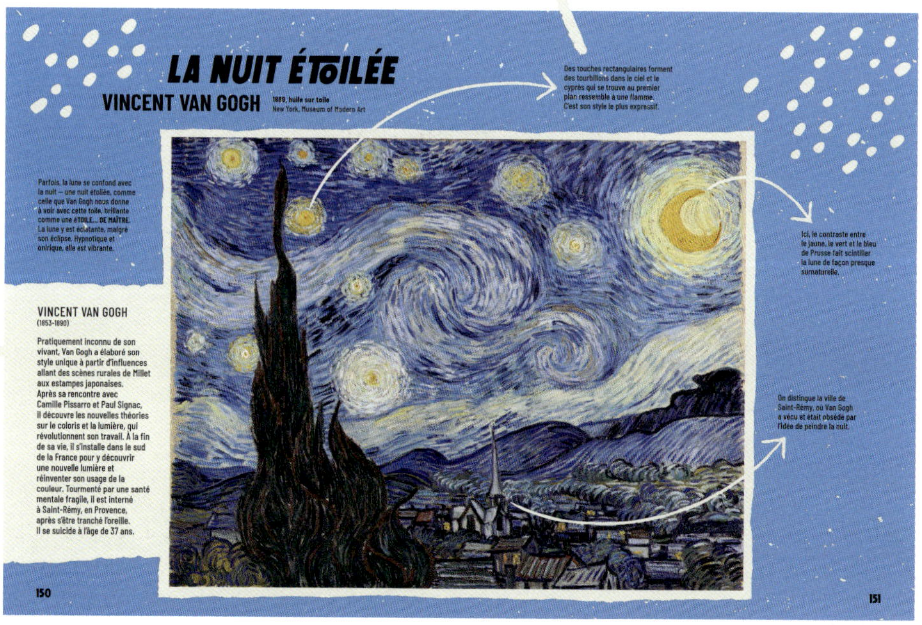

LA NUIT ÉTOILÉE
VINCENT VAN GOGH
1889, huile sur toile
New York, Museum of Modern Art

Parfois, la lune se confond avec la nuit – une nuit étoilée, comme celle que Van Gogh nous donne à voir avec cette toile, brillante comme une ÉTOILE... DE MAÎTRE. La lune y est éclatante, malgré son éclipse. Hypnotique et onirique, elle est vibrante.

VINCENT VAN GOGH
(1853-1890)

Pratiquement inconnu de son vivant, Van Gogh a élaboré son style unique à partir d'influences allant des scènes rurales de Millet aux estampes japonaises. Après sa rencontre avec Camille Pissarro et Paul Signac, il découvre les nouvelles théories sur le coloris et la lumière, qui révolutionnent son travail. À la fin de sa vie, il s'installe dans le sud de la France pour y découvrir une nouvelle lumière et réinventer son usage de la couleur. Tourmenté par une santé mentale fragile, il est interné à Saint-Rémy, en Provence, après s'être tranché l'oreille. Il se suicide à l'âge de 37 ans.

Des touches rectangulaires forment des tourbillons dans le ciel et le cyprès qui se trouve au premier plan ressemble à une flamme. C'est son style le plus expressif.

Ici, le contraste entre le jaune, le vert et le bleu de Prusse fait scintiller la lune de façon presque surnaturelle.

On distingue la ville de Saint-Rémy, où Van Gogh a vécu et était obsédé par l'idée de peindre la nuit.

150

151

Retrouvez la biographie de l'artiste en quelques mots.

PRÉFACE

Qu'il soit à feuilleter ou à effeuiller, ce livre livre quelques indices ludiques sur bien des œuvres marquantes de notre musée universel.

Couchés sur ces pages de papier « glossé » à la brillance de leur talent, ces artistes m'ont invité malgré eux à déceler leurs intentions ultimes.

Ce fut pour moi un bonheur de me balader entre les couches de peinture afin de comprendre que d'un trait de pinceau, il y avait autant à voir qu'à deviner, à penser qu'à se dépenser, pour ne rien comprendre d'autre que ce qu'il y avait à observer.

Quel meilleur motif alors que les motifs, justement, pour convoquer l'émotif, à travers la pomme d'Adam ou la poire de Williams, le baiser comme brasier, volé ou lové, ou bien encore la flamme, incandescente ou indécente ?

Finalement, qu'est-ce que l'art, si ce n'est le langage de l'âme ? L'ârme, en quelque sorte...

STÉPHANE DE GROODT

SOMMAIRE

LA PORTE

QUE L'ON SOIT DEDANS OU DEHORS, QU'ELLE SOIT OUVERTE OU FERMÉE, À SIMPLE OU DOUBLE BATTANT, SYMBOLE DE LIBERTÉ OU DE PRIVATION, LA PORTE S'OUVRE SUR L'HISTOIRE DE L'ART.

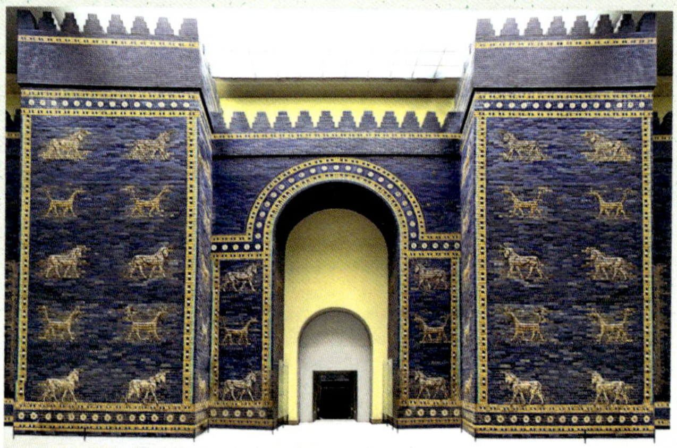

PORTE D'ISHTAR

MÉSOPOTAMIE (BABYLONE)

Vers 580 avant J.-C., briques en argile vernissées

Berlin, Pergamonmuseum

Alors entrons d'emblée par la grande porte, celle d'Ishtar, afin de découvrir la ville intérieure de Babylone. Ornée de centaines de taureaux et de dragons, elle en impose du haut de ses quinze mètres. Cette porte nous em**PORTE** vers l'ailleurs.

LA RENCONTRE À LA PORTE DORÉE

GIOTTO

1304-1306, fresque

Padoue (Italie), chapelle des Scrovegni

Et d'ailleurs, celle de Giotto fait de même et nous emmène à l'entrée de Jérusalem. Cette arche dorée a été peinte dans la chapelle des Scrovegni. Elle est le théâtre des retrouvailles d'Anne et de Joachim, saints parents de la Vierge Marie, que tendrement dans son cœur elle **PORTE**.

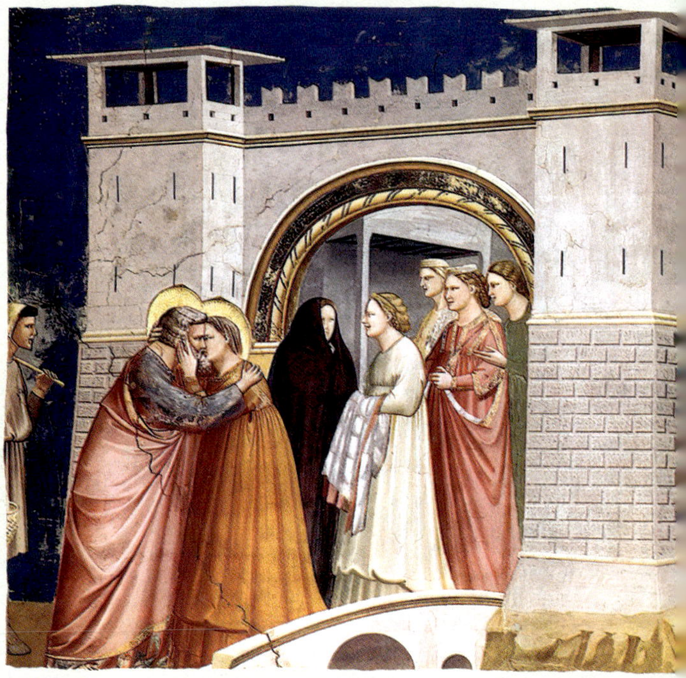

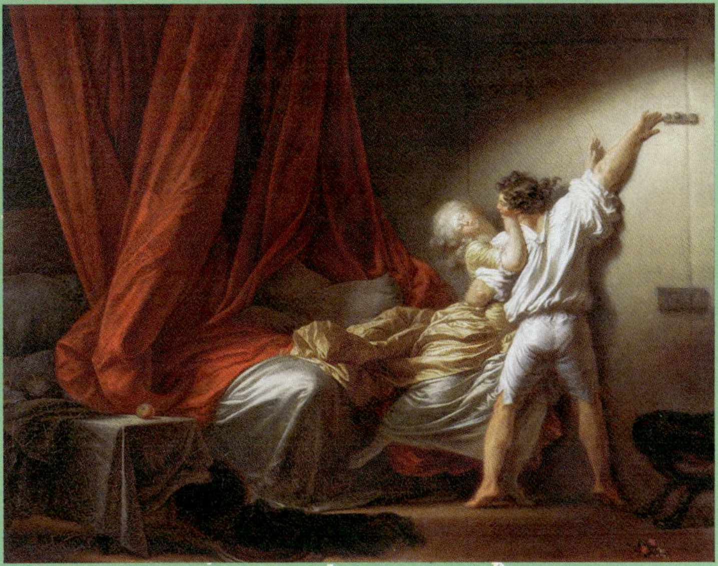

LE VERROU
JEAN-HONORÉ FRAGONARD
Vers 1777-1778, huile sur toile
Paris, musée du Louvre

Ici, on s'**EMPORTE**, avec cet amant forçant le verrou de la chambre pour enlacer cette jeune femme. La voilà enfermée à double tour de passe-passe. Car Fragonard a l'art de nous faire douter des intentions de cette scène. À nous alors d'en trouver la clef !

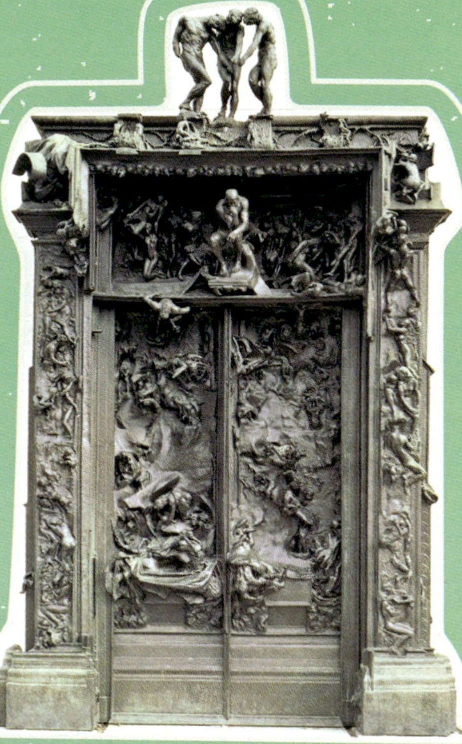

LA PORTE DE L'ENFER
AUGUSTE RODIN
1880-1917, bronze
Paris, musée Rodin

Mais s'il y a bien des portes qui resteront closes, celle-ci en est une parfaite illustration. *La Porte de l'Enfer* en bronze de Rodin est davantage une œuvre sculpturale qu'un lieu de passage. *Les Trois Ombres*, *Le Penseur*, *Le Baiser*, *La Danaïde* sont autant de hauts-reliefs que l'artiste a retravaillés toute sa vie.

INTÉRIEUR, STRANDGADE 30
VILHELM HAMMERSHØI
1901, huile sur toile
Francfort-sur-le-Main, Musée Städel

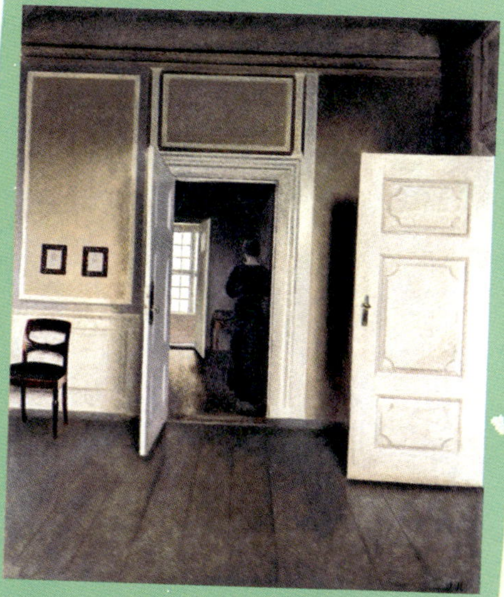

Peu de vie en revanche se dégage de cette scène d'intérieur composée de portes blanches ouvertes. Seul l'air semble circuler dans ces espaces vides, créant un sobre **COURANT D'ART**...

LA FENÊTRE

QU'ELLE SOIT À SIMPLE OU À DOUBLE BATTANT, À GUILLOTINE OU COULISSANTE, LA FENÊTRE DONNE À VOIR ET À APERCEVOIR.

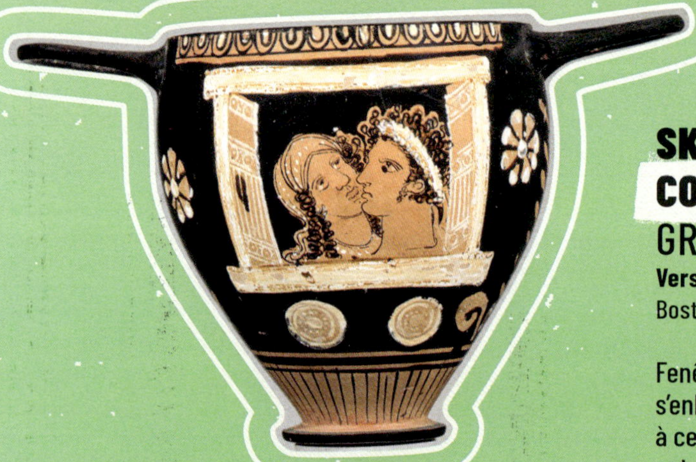

SKYPHOS AVEC UN COUPLE AMOUREUX
GRÈCE ANTIQUE (ITALIE DU SUD)
Vers 330-320 avant J.-C., gobelet attique à figures rouges
Boston, Museum of Fine Arts

Fenêtre sur cour… ou comment observer ces amoureux s'enlacer sur ce vague vase. Son arrondi donne une perspective à ces deux battants qui **BIAISENT**, ou à ces deux amants qui… ont envie de **BIAISER** eux aussi…

L'HOMME MISÉRABLE OU L'ÉTAT DE PAUVRETÉ
JEAN BOURDICHON
Vers 1505-1510, peinture rehaussée d'or sur vélin
Paris, École nationale supérieure des beaux-arts

Nous voici au Moyen Âge avec ces deux personnes d'âge moyen dans un décor moyen flanqué d'une fenêtre moyenne sans vitrage, comme il était d'usage d'ailleurs à cette époque. Tout est moyen dans cette peinture de Jean Bourdichon, qui peint aussi le peu de moyens.

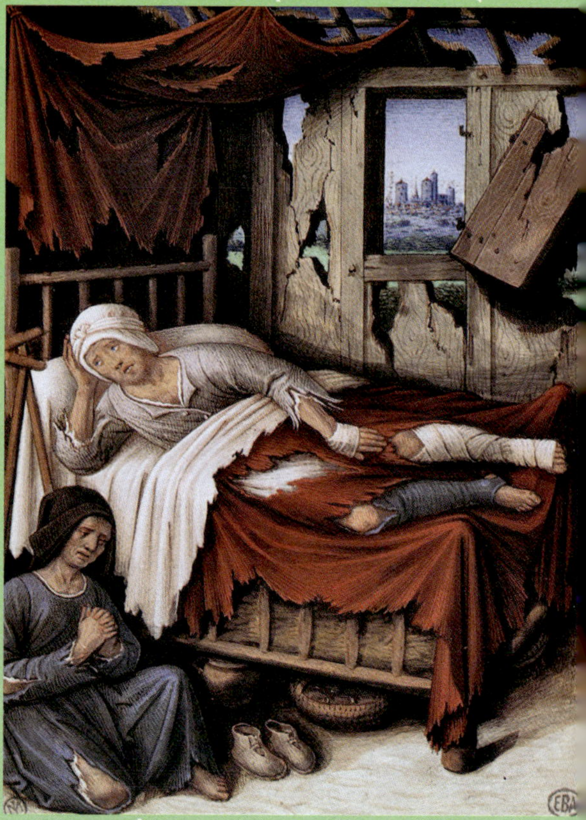

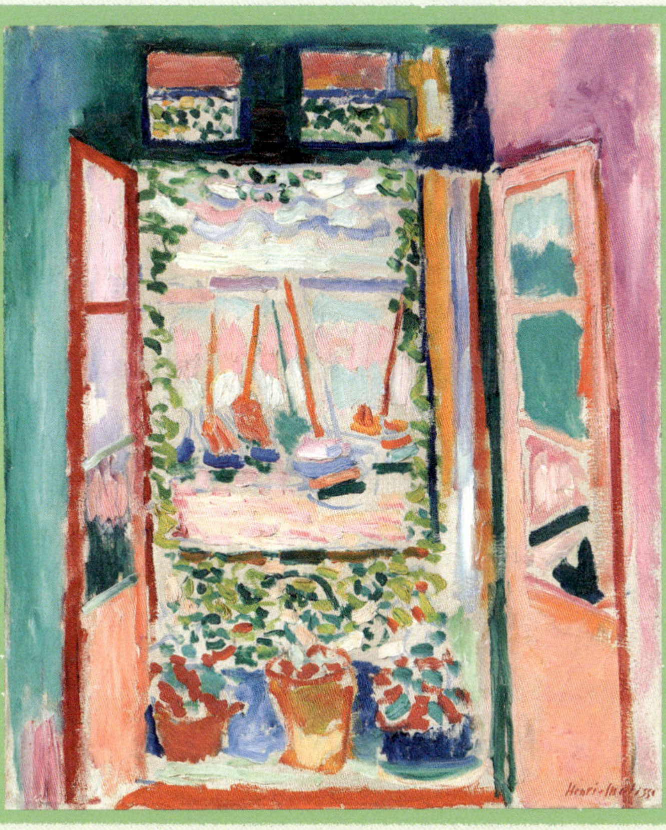

LA FENÊTRE OUVERTE À COLLIOURE

HENRI MATISSE

1905, huile sur toile
Washington, National Gallery of Art

Et voici que MaTISSE SA TOILE en représentant un paysage coloré à travers la fenêtre. Elle donne sur le port rempli de bateaux. Ils nous donnent l'illusion de naviguer à l'arrêt tant les touches hachurées de l'artiste donnent du mouvement aux éléments.

A ROOM OF MEMORY

CHIHARU SHIOTA

2009, installation : fenêtres et chaise
Kanazawa (Japon), 21st Century Museum of Contemporary Art

Ici, les cadres empilés ravivent le souvenir des jours d'hier. Avec cette tour de verre, l'artiste Chiharu Shiota a voulu honorer la mémoire d'un Berlin d'avant le mur, où les habitants ne pouvaient voir leur avenir qu'à travers des lucarnes. Ce sont des **FENÊTRES QUI FONT NAÎTRE.**

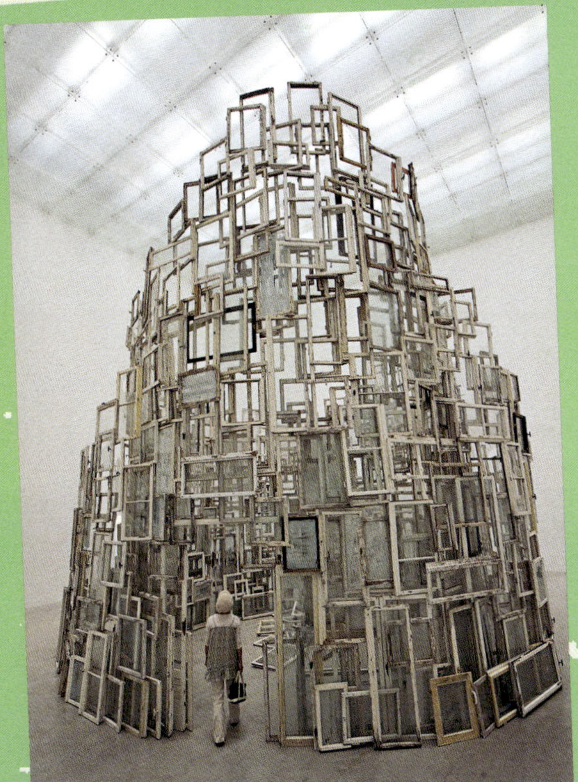

Ce Cupidon serait-il le signe que la lettre est un message d'amour… ou de rupture ?

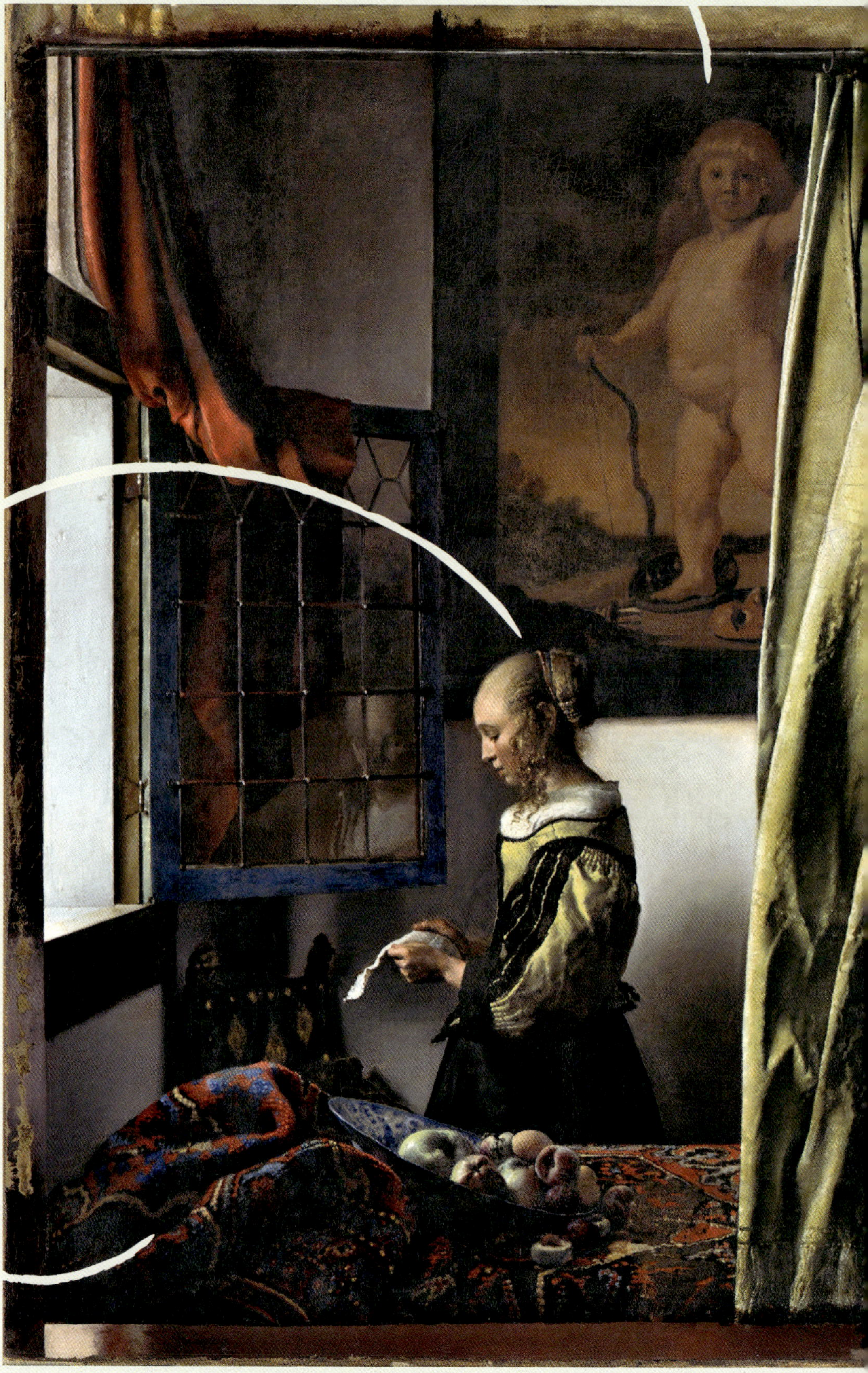

Face à cette jeune femme absorbée dans la lecture d'une lettre, on a le sentiment d'être indiscret. A-t-elle conscience que nous l'observons à travers son reflet dans la vitre ?

Les détails et les reflets sont d'une précision époustouflante. Vermeer s'est probablement aidé d'une *camera obscura*, ancêtre de l'appareil photo, pour atteindre ce niveau de virtuosité réaliste.

LA LISEUSE À LA FENÊTRE

JOHANNES VERMEER

Vers 1657-1659, huile sur toile
Dresde (Allemagne), Gemäldegalerie Alte Meister

D'un simple coup de pinceau, Vermeer ouvre la fenêtre et fait entrer la lumière dans cette scène de *La Liseuse*. Mais c'est aussi la restauration de ce tableau qui fait la lumière sur ce Cupidon qui était caché sous les couches de peinture et de vernis.

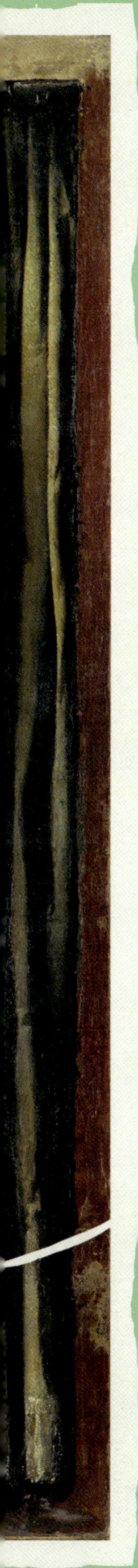

Au XVIIe siècle, il était courant de poser un rideau devant son tableau pour le protéger de la lumière. Ici, Vermeer le peint en trompe-l'œil pour donner une profondeur à l'espace mais peut-être aussi pour évoquer l'intimité de la scène qui se joue devant nos yeux ?

JOHANNES VERMEER
(1632-1675)

La vie de Vermeer est aussi mystérieuse que ses tableaux. Ce peintre du Siècle d'or néerlandais était quasiment inconnu jusqu'à ce qu'il soit redécouvert au XIXe siècle. Il vivait dans la ville hollandaise de Delft, où il menait une existence assez bourgeoise. À première vue, rien d'extraordinaire… Et pourtant, ses scènes d'intérieur aux délicats reflets et aux couleurs contrastées ont quelque chose de fascinant. La lumière semble jaillir de la toile. Chose incroyable : on ne connaît de lui que 35 œuvres seulement !

LE TRÔNE

QU'IL SOIT SOLENNEL OU PRATIQUE, QUE CE SOIT UN SYMBOLE DE GRANDEUR OU D'INTIMITÉ, UN SIMPLE SIÈGE OU LE SAINT-SIÈGE, LE TRÔNE OCCUPE UNE PLACE ROYALE DANS L'HISTOIRE DE L'ART.

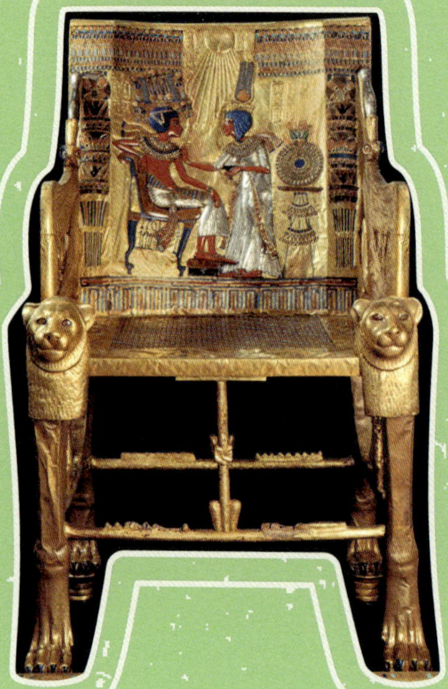

TRÔNE DE TOUTANKHAMON

ÉGYPTE ANTIQUE

XIVe siècle avant J.-C., bois, or, argent, gemmes, pâte de verre

Le Caire, Musée égyptien

Ce trône en bois, recouvert de feuilles d'or et d'argent, incrusté de pierres semi-précieuses et orné de deux têtes de lions, excusez du peu… fut celui de Toutankhamon. Oui, c'est bien là-dessus qu'il posa son dessous.

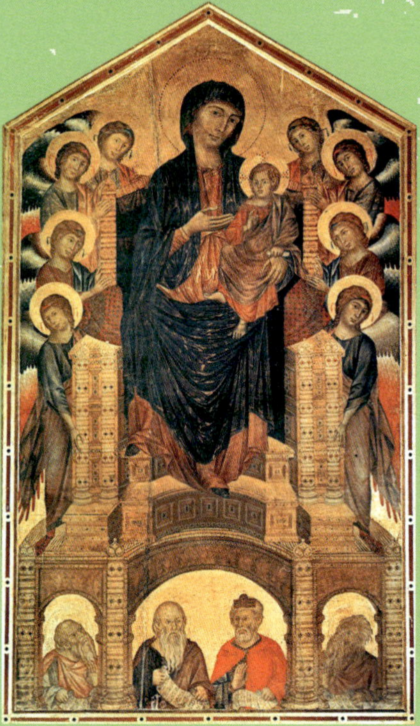

MAESTÀ DI SANTA TRINITA

CIMABUE

Vers 1290-1300, tempera et feuille d'or sur bois

Florence, galerie des Offices

Et de là, nous passons ici, sur cet imposant trône où trône la Vierge. Ils sont huit anges à soulever le noble séant de Marie. Sous elle, enfin sous le trône, traînent quelques prophètes arborant des phylactères relatifs aux mystères de la virginité de Marie.

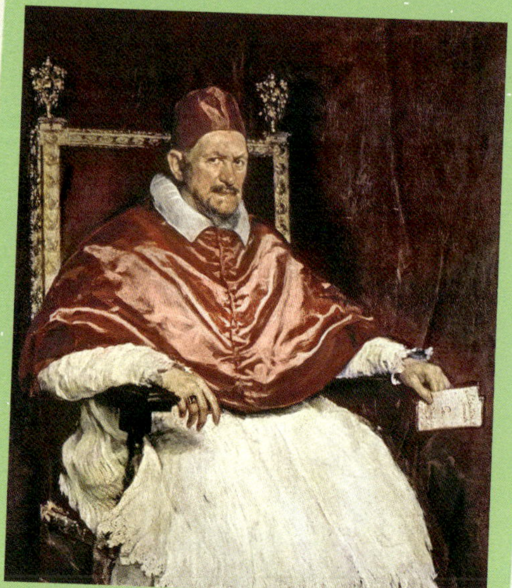

PORTRAIT D'INNOCENT X

DIEGO VÉLASQUEZ

1650, huile sur toile

Rome, galerie Doria-Pamphilj

C'est sur un trône orné de galons et de fleurons d'or que Vélasquez a réalisé le portrait très réaliste du pape Innocent X. Assis sur son siège au Saint-Siège, le Saint-Père aurait trouvé cette œuvre « *troppo vero* ». En même temps, mieux vaut **TROP VRAI QUE TROP FAUX, COMME DISAIT TRUFFAUT.**

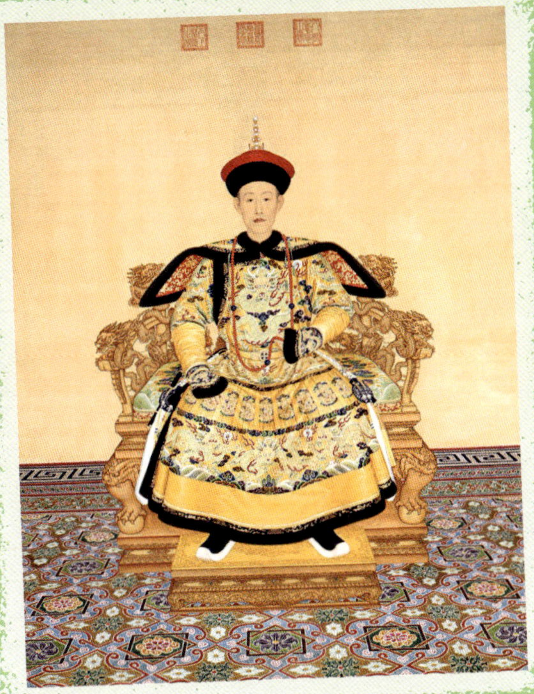

PORTRAIT DE L'EMPEREUR QIANLONG

GIUSEPPE CASTIGLIONE

Vers 1736, encre et couleurs sur soie

Pékin, musée du Palais

Même si le jeune empereur Qianlong est habillé d'une robe de cour appelée *chaofu*, ce n'est pas pour autant la foire du Trône, mais le trône de **L'EMPEREUR, SANS FEMME NI PETIT PRINCE.** Et c'est Giuseppe Castiglione qui l'assit ainsi sur le trône.

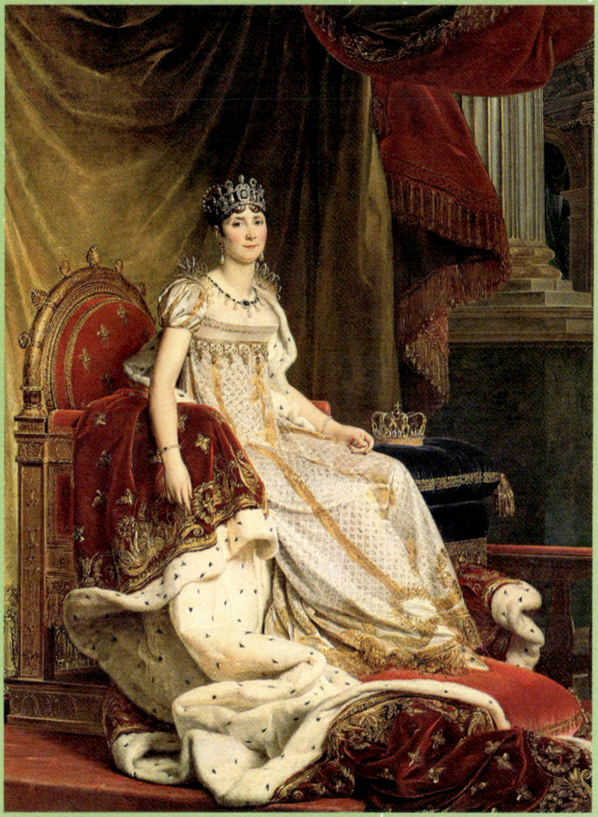

JOSÉPHINE EN COSTUME DE SACRE

FRANÇOIS GÉRARD

1807-1808, huile sur toile

Fontainebleau, Musée national du château

Sur cet autre trône traîne la traîne de l'impératrice Joséphine, majestueuse dans sa tenue de sacre et entourée de tous les attributs du pouvoir, comme ce dossier circulaire orné de motifs d'abeilles ou encore la couronne de la souveraine posée sur un coussin cossu.

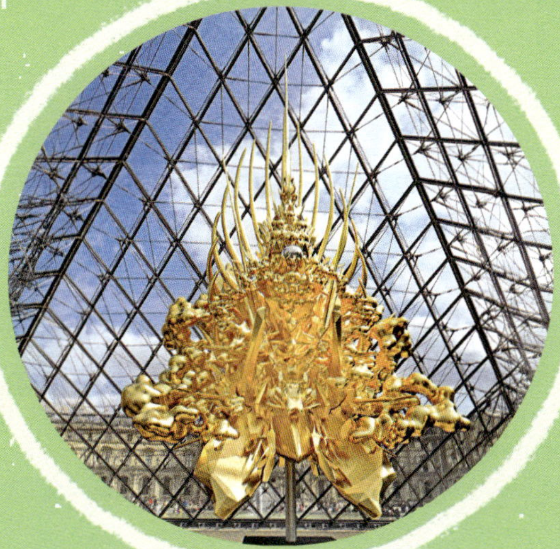

THRONE

KOHEI NAWA

2018, installation : modelage 3D recouvert de feuilles d'or

Paris, musée du Louvre

Et enfin, cette œuvre d'art, toute d'or revêtue. Intitulée *Throne* avec un *h*, elle était exhibée sous la pyramide du Louvre. Conçu par l'artiste Kohei Nawa, ce modelage en trois dimensions illustre les innovations informatiques et l'intelligence artificielle, qui pourraient nous... **DÉTRÔNER.**

LE LIT

EN HISTOIRE DE L'ART, ON RESTE BEAUCOUP DANS SON LIT, MAIS RAREMENT POUR Y DORMIR.

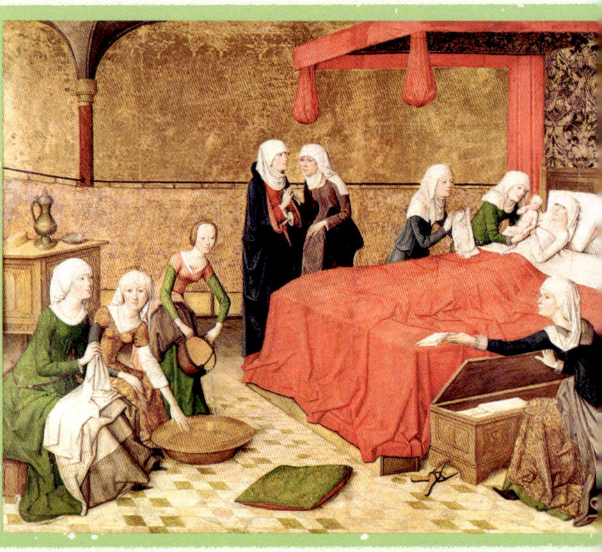

LA NAISSANCE DE MARIE

MAÎTRE DE LA VIE DE MARIE

Vers 1470-1480, peinture sur bois

Munich, Alte Pinakothek

Il y a ce premier **LIT-LÀ** où la fleur éclot, celui de la naissance. En l'occurrence, la mise au monde de la Vierge Marie. Elle y voit le jour dans de beaux draps, rouges de joie…

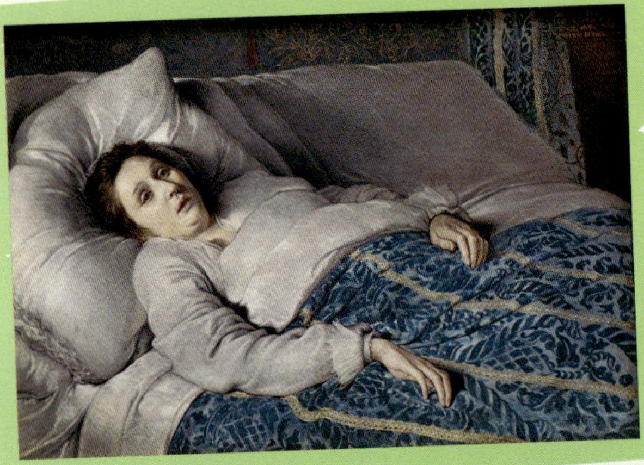

JEUNE FEMME SUR SON LIT DE MORT

ÉCOLE FLAMANDE

Vers 1621, huile sur toile

Rouen, musée des Beaux-Arts

… ou de tristesse, car ils drapent ici le dernier soupir. En effet, dès le Moyen Âge, on peint les mourants avant leur dernier voyage ou les défunts déjà trépassés. Le lit est alors le décor funeste des derniers instants. C'est l'halla**LI… DE MORT**…

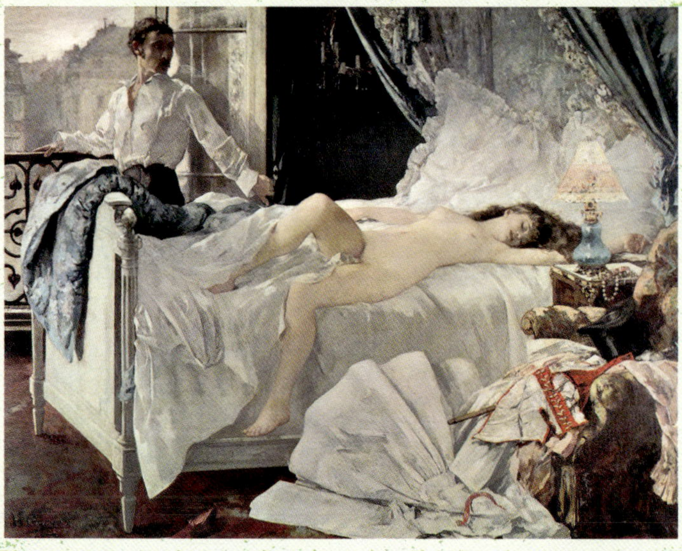

ROLLA

HENRI GERVEX

1878, huile sur toile

Paris, musée d'Orsay

… ou d'amour. Lit du délit qui unit les amants. Des lits qui **MATENT LÀ** les corps emmêlés de l'une ou de l'autre, enfouis dans les draps satinés. Ce lit accueille l'étreinte et cueille le plaisir.

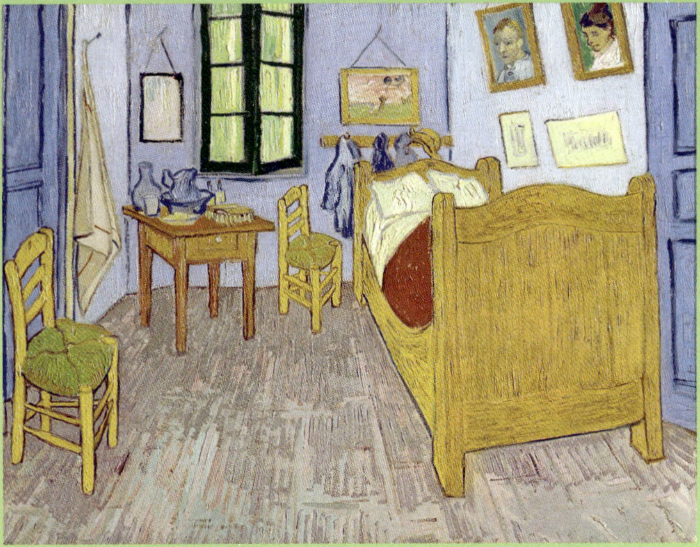

LA CHAMBRE DE VAN GOGH À ARLES

VINCENT VAN GOGH

1888, huile sur toile

Amsterdam, Musée Van Gogh

Et plus simplement aussi, il y a le lit de bois. Enfin, simplement… c'est celui de Van Gogh, tout de même. S'il est de coutume de faire son lit, lui, il le peint. C'est le lit de sa chambre à Arles. Il évoque le confort, le calme, le repos mérité.

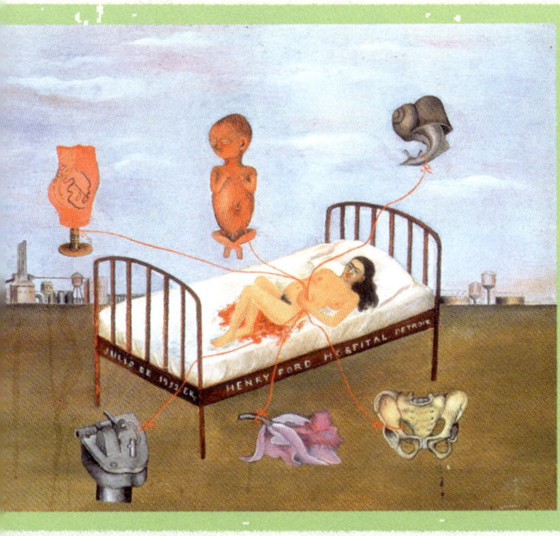

LE LIT VOLANT, DIT AUSSI *L'HÔPITAL HENRY FORD*

FRIDA KAHLO

1932, huile sur toile

Xochimilco (Mexique), musée Dolores Olmedo

… ou forcé quand la santé vacille. Lit de convalescence qu'on espère libérateur, comme ici avec Frida Kahlo, qui peint depuis son lit d'hôpital qu'elle voudrait vite quitter…

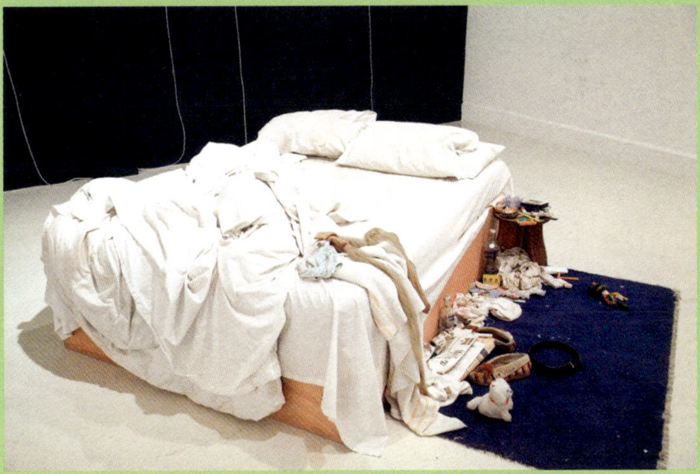

MY BED

TRACEY EMIN

1998, installation : lit et objets divers

Collection particulière

Il y en a d'autres qu'on ne parvient pas à quitter car ce sont ceux de l'ennui et de la déprime. On y est cloué, impossible de s'en extraire, malgré la saleté et l'inconfort. C'est la **CHIENLIT**.

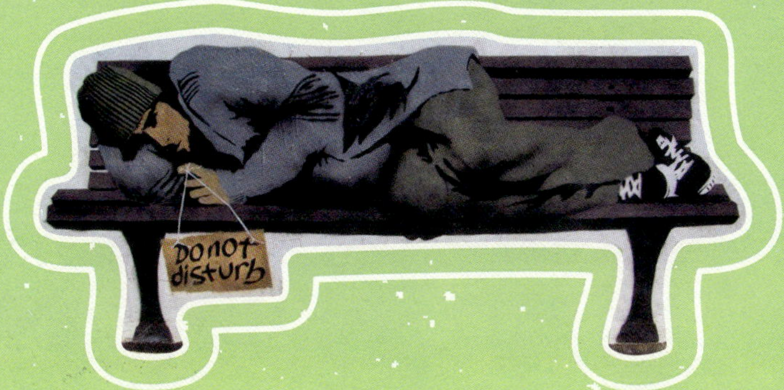

DO NOT DISTURB

AME72

2012, peinture murale

Et enfin, le lit d'appoint qui tombe à pic. Un lit de circonstance où l'on se couche sur l'herbe ou sur un banc. Un lit qu'on e**SPÈRE À DRAPS**, mais qui, à la belle étoile, panse les plaies de la fatigue malgré tout.

LE LIVRE

ON LE CORNE, ON LE FEUILLETTE, ON LE DÉVORE, LE LIVRE S'OFFRE AUSSI EN PEINTURE.

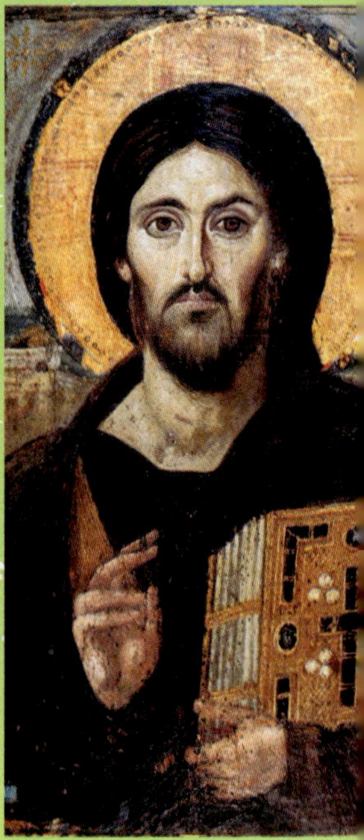

CHRIST PANTOCRATOR
ART BYZANTIN
Vers 590, peinture à l'encaustique
Égypte, monastère Sainte-Catherine du mont Sinaï

Le Christ pantocrator nous **LIVRE** dans ses bras ce codex calligraphié. Il s'agit de la Bible et des premiers écrits christiques. Ouvrage rehaussé de feuille **D'OR... ET DÉJÀ...**

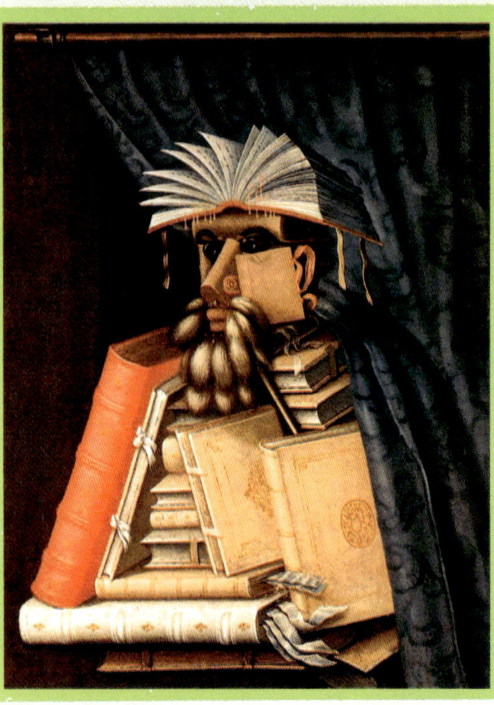

LE BIBLIOTHÉCAIRE
GIUSEPPE ARCIMBOLDO
Vers 1566, huile sur toile
Stockholm, château de Skokloster

... voici un autre aspect du livre. Arcimboldo le compose en un portrait anthropomorphe. Le livre comme objet prend vie, à l'instar de ces cheveux peignés d'un **BOUQUET DE BOUQUINS**.

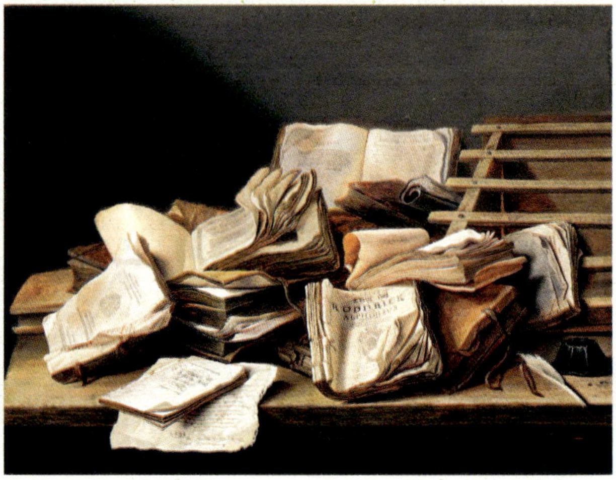

NATURE MORTE AUX LIVRES
JAN DAVIDSZ DE HEEM
1628, huile sur bois
La Haye, Mauritshuis

Là, les feuilles mortes se ramassent à la pelle. Mais à l'appel de qui ? De l'artiste Jan de Heem, qui rend cette nature morte bien vivante avec ce mille-feuille qui ne **DESSERT** rien d'autre que l'ordre présumé de ce bureau.

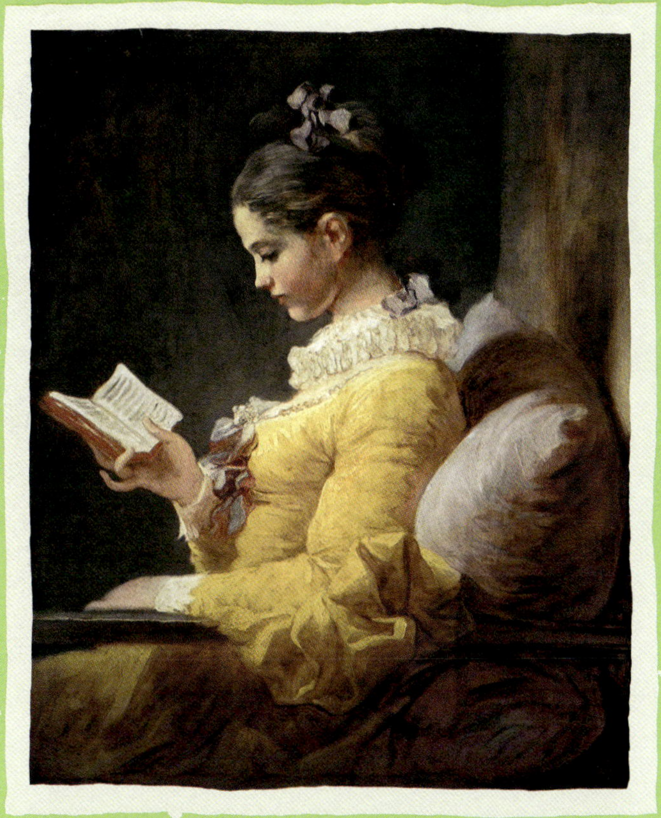

LA LISEUSE

JEAN-HONORÉ FRAGONARD

Vers 1769, huile sur toile

Washington, National Gallery of Art

Bien ordonné, en revanche, le tableau de cette liseuse, presque pieuse. Fragonard a l'art de nous inviter à lire sa peinture. On s'excuserait presque de déranger. Alors quittons-la, pour…

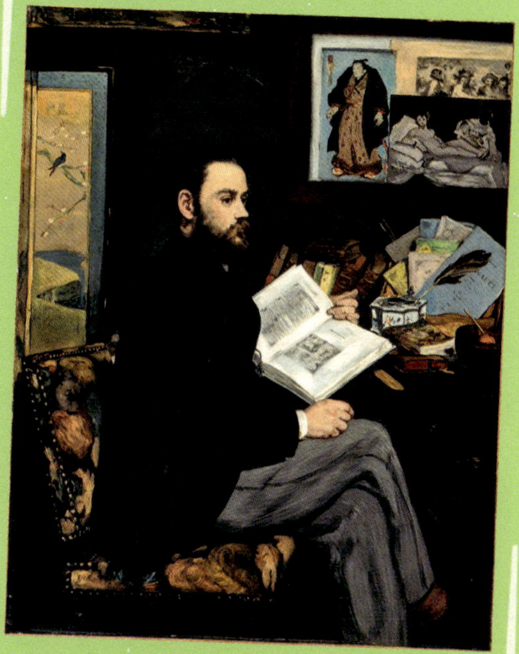

ÉMILE ZOLA

ÉDOUARD MANET

1868, huile sur toile

Paris, musée d'Orsay

… Zola, Émile, qui tient là un ouvrage lumineux au milieu de cette pièce sombre. Édouard Manet manie les contrastes. Il honore l'écrivain, place le livre au centre de son sujet et offre à son sujet les attributs qui lui sont dus.

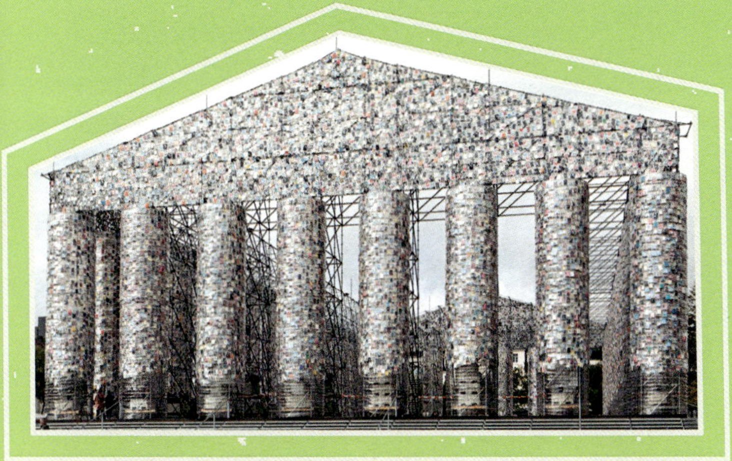

LE PARTHÉNON DES LIVRES

MARTA MINUJÍN

2017, installation : livres enveloppés dans des pochettes et des films plastique, structure métallique

Cassel (Allemagne)

Et enfin, 100 000 livres interdits érigés en Parthénon. Assemblés et rassemblés pour dénoncer la censure sur le lieu même d'un autodafé. Marta Minujín reste ainsi à la page et refuse de la tourner.

L'OMBRE

**QU'ELLE SOIT JOYEUSE
OU PLUTÔT SOMBRE,
SUGGÉRÉE SUBTILEMENT
OU GROSSIÈREMENT PLAQUÉE,
IL N'EST PAS RARE QU'IL Y AIT
UNE OMBRE AU TABLEAU.**

L'OMBRE ET L'ÂME-BA DU DÉFUNT IRYNEFER

ÉGYPTE ANTIQUE

XIIIe-XIIe siècle avant J.-C., fresque

Deir el-Médineh (Égypte), tombeau d'Irynefer

Alors, faisons la lumière sur cette fresque. Flanquée d'une ombre, elle illustre le lustre d'antan de l'âme de l'homme défunt. Oui, car l'âme survit après la mort dans l'Égypte antique. Chez nous aussi d'ailleurs, ça ne fait pas l'ombre d'un doute…

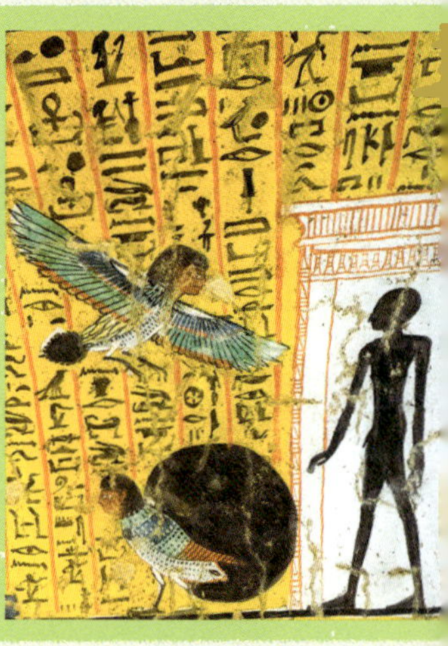

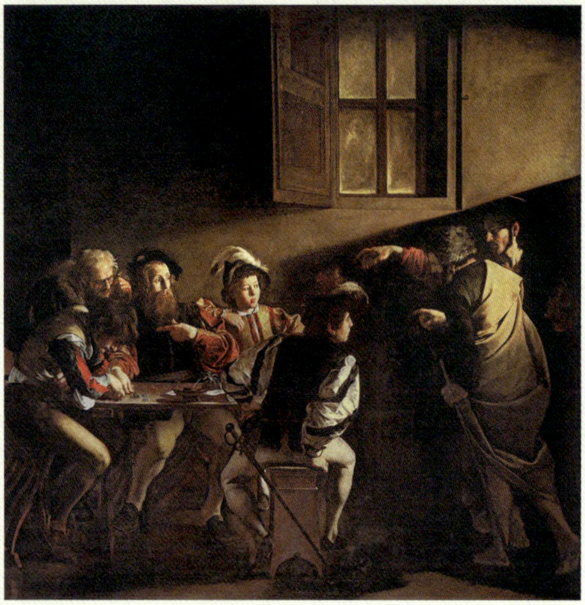

LA VOCATION DE SAINT MATTHIEU

CARAVAGE

Entre 1599 et 1600, huile sur toile

Rome, église Saint-Louis-des-Français

En maître incontesté du clair-obscur, Caravage fait rage en créant de la lumière à partir de l'ombre. Comme si son pinceau était une lampe de poche, une lampe de prêche… qui éclaire cette scène par une variété de teintes et de nuances.

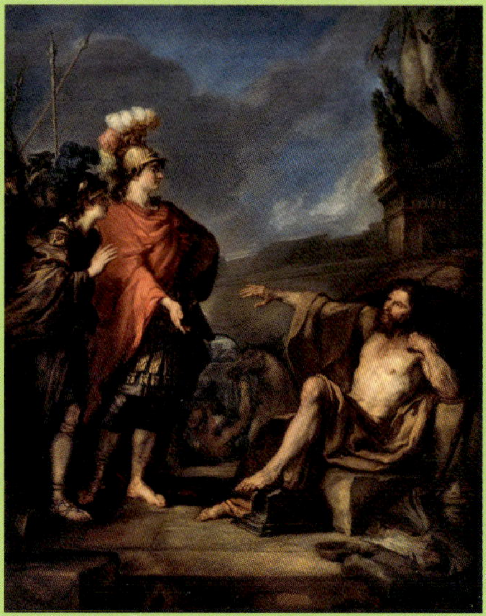

ALEXANDRE ET DIOGÈNE

CLAUDE SEVIN

1776, huile sur toile

Toulouse, musée des Augustins

Ce n'est pas le Roi-Soleil, mais un roi de l'ombre que Claude Sevin représente dans ce tableau. Car Alexandre le Grand doit se faire tout petit pour laisser la lumière éclairer Diogène. Dans cette scène, le roi devient alors un sujet… de controverse.

LE BALLON

FÉLIX VALLOTTON

1899, huile sur carton marouflé sur bois

Paris, musée d'Orsay

Cette petite fille ne prend point ombrage de cette découpe noire qui dessine les contours alentour. Nous devons ces contrastes au peintre Vallotton, qui se joue des tons et concentre notre attention sur les effets du soleil.

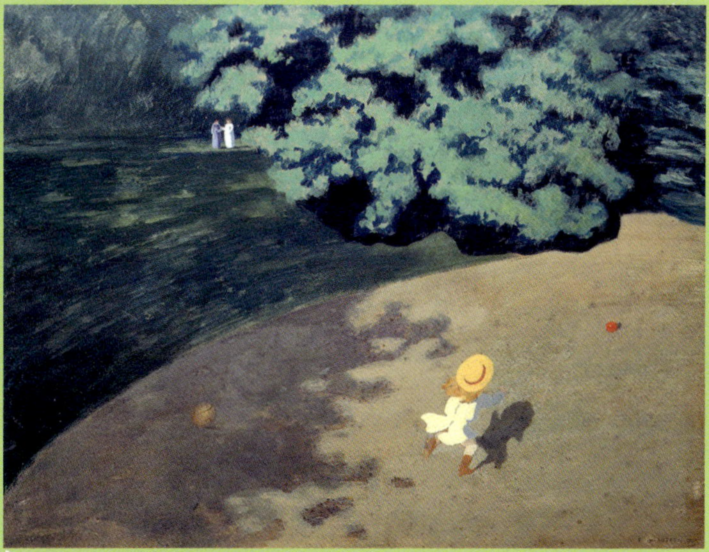

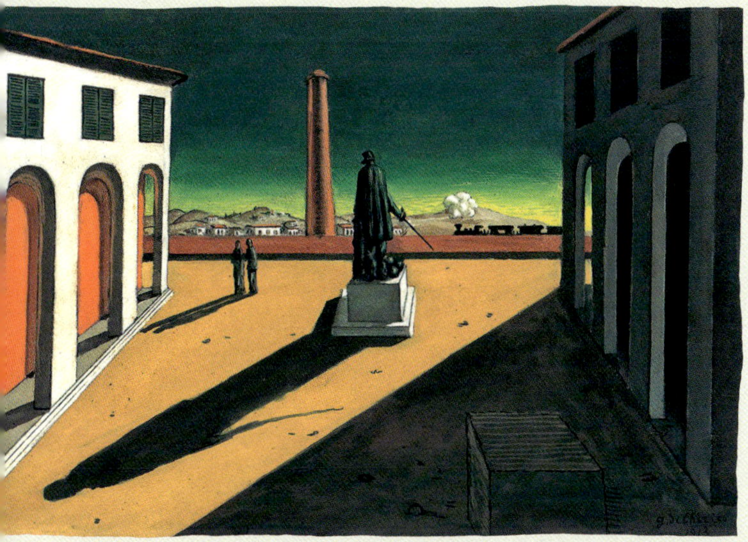

PLACE

GIORGIO DE CHIRICO

1913, huile sur toile

Buenos Aires, Musée National des Beaux-Arts

L'ombre dessine l'***HOMBRE***, du moins la statue de cet homme, qui en impose au milieu de cette place aux accents mystérieux. Comme si le reflet des choses était plus présent encore que les choses… C'est Giorgio de Chirico qui en est l'auteur.

THÉÂTRE D'OMBRES
OU *DANSE MACABRE*

CHRISTIAN BOLTANSKI

1984-1997, installation : carton, papier, laiton, fil de fer, projecteurs et ventilateur

Paris, musée d'Art moderne de la Ville de Paris

Et enfin, cette danse macabre inspirée du théâtre asiatique. Chorégraphié par Christian Boltanski, ce théâtre d'ombres met en scène des silhouettes projetées sur les murs comme de gentils petits fantômes. Ceux-ci nous donnent envie, pour une fois, de **LÂCHER LA PROIE POUR L'OMBRE**.

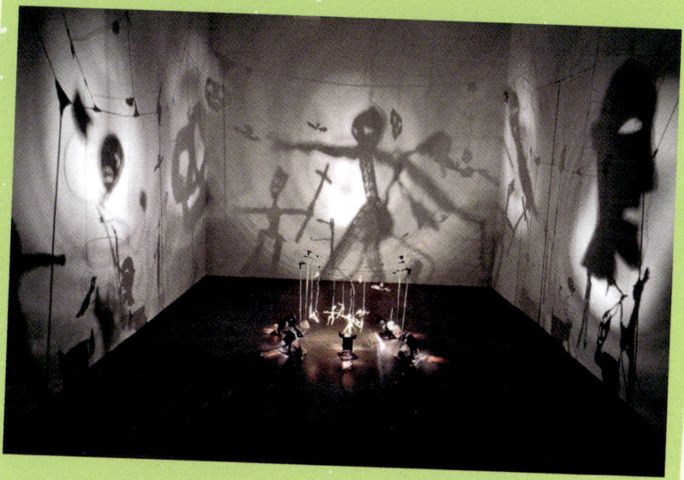

LE MIROIR

QU'IL SOIT UN JEU, LE REFLET DU « JE », LE REFLET D'UNE ÉPOQUE OU D'UNE HUMEUR, LE MIROIR DONNE À RÉFLÉCHIR.

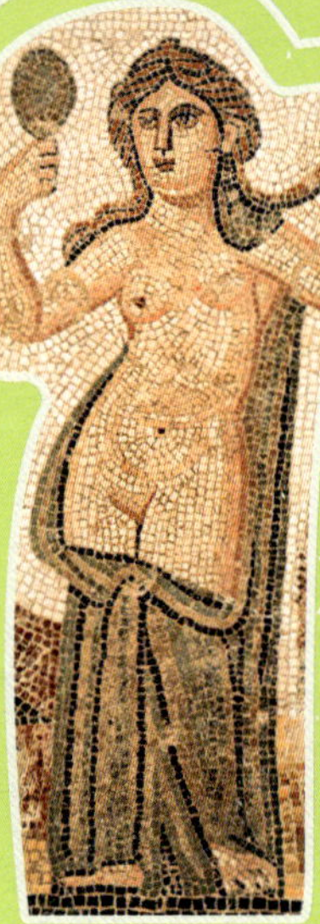

VÉNUS À SA TOILETTE

CITÉ ROMAINE DE THUBURDO MAJUS (TUNISIE)

IIIe siècle, mosaïque

Tunis, Musée national du Bardo

Et pour commencer, voici venue Vénus, qui s'empare de son miroir pour se parer de ses apparats apparents. N'est pas la déesse de l'amour et de la beauté qui veut, à se toiletter de la sorte. Ou quand le miroir se fait l'écho de nos atouts.

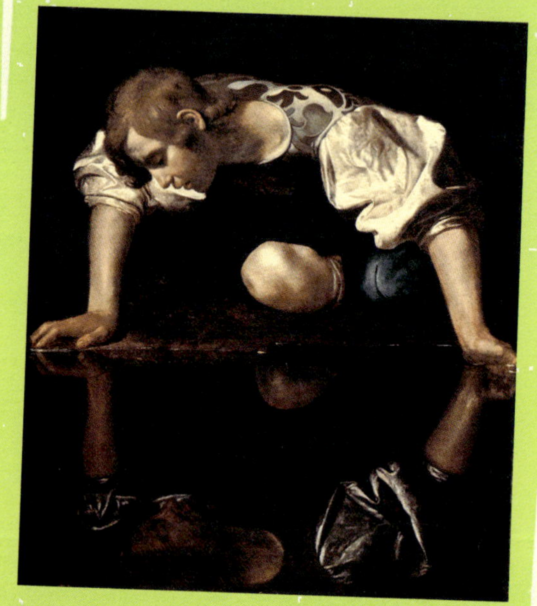

NARCISSE

CARAVAGE

Vers 1597-1599, huile sur toile

Rome, palais Barberini, Galerie nationale d'art ancien

Quelle plus belle illustration du miroir que celle que propose Narcisse tombant amoureux de lui-même dans l'eau ? C'est à Caravage que nous devons cette scène. Elle **REFLÈTE** bien le narcissisme dans toute sa démesure. De ce leurre pousse une fleur, un narcisse blanc qui fleurit à l'endroit de sa mort.

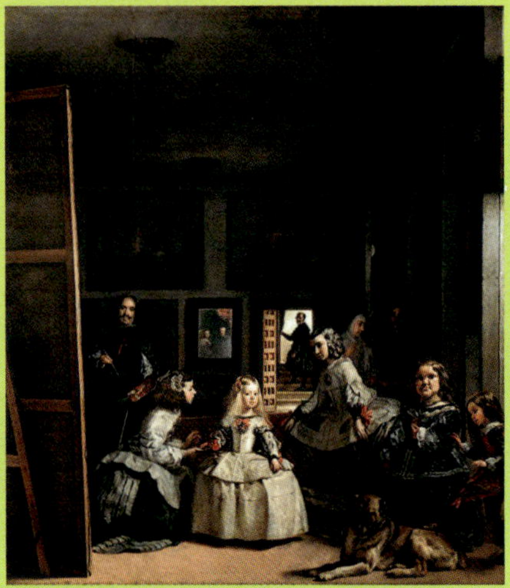

LES MÉNINES

DIEGO VÉLASQUEZ

1656, huile sur toile

Madrid, musée du Prado

Voilà ce que Vélasquez fit de ce que fut la famille royale d'Espagne. Il peignit ce qu'il put, car le roi ne voulait pas être pris à se faire peindre. Et d'ailleurs, le couple n'est visible dans ce tableau que grâce aux reflets du miroir.

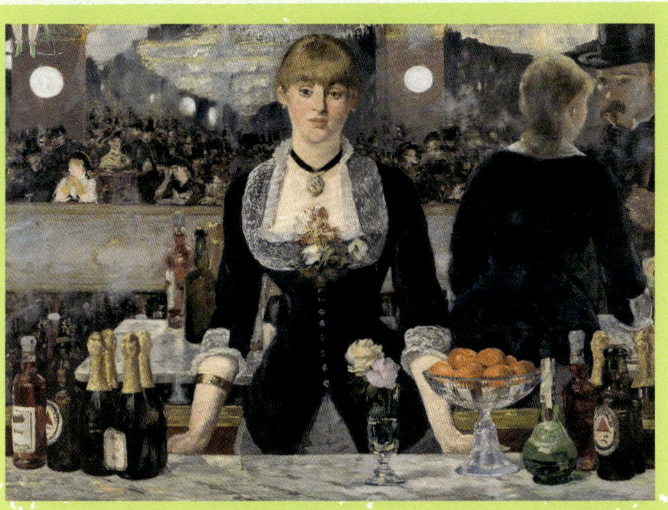

UN BAR AUX FOLIES BERGÈRE

ÉDOUARD MANET

1881-1882, huile sur toile

Londres, Courtauld Institute of Art

C'est Édouard Manet qui est aux manettes de cette œuvre. On y voit Suzon s'occuper d'un client adossé au bar des Folies Bergère. Du moins de dos, car de face, Suzon semble ne rien faire d'autre qu'observer la salle. C'est **L'EFFET MIROIR** qui nous donne cette impression.

UNTITLED FILM STILL #2

CINDY SHERMAN

1977, tirage gélatino-argentique

New York, Museum of Modern Art

Cindy Sherman prend la pose de trois quarts devant son miroir. Elle se **PHOTO-GRATIFIE** dans le cadre du miroir, certes, mais surtout dans le cadre d'une série de soixante-dix photographies où elle se rêve dans le rôle de personnages de films des années 1950. Un miroir aux alouettes, en quelque sorte...

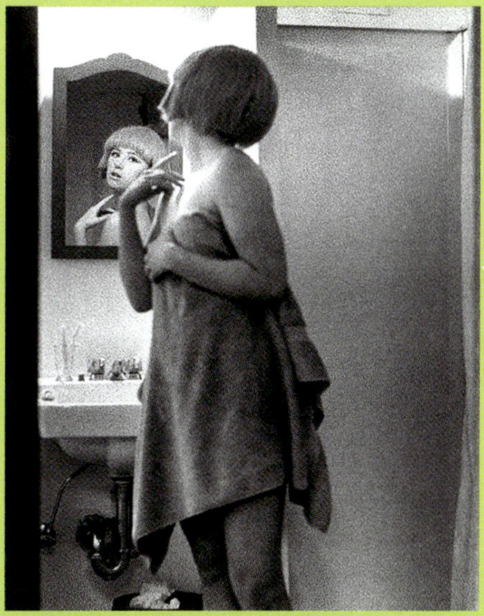

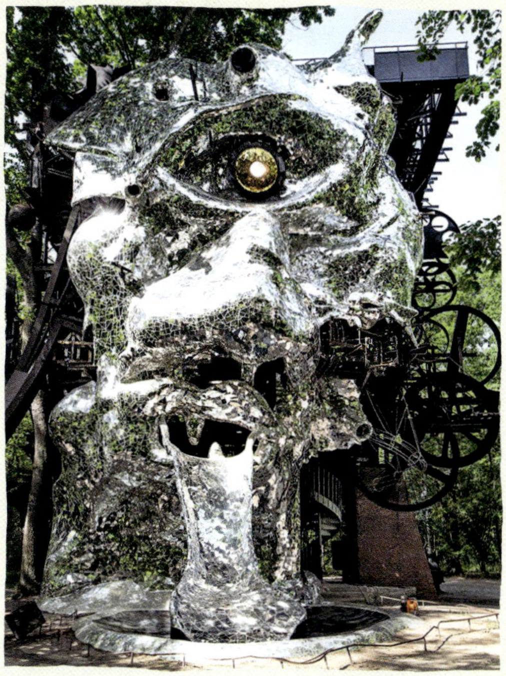

LE CYCLOP

JEAN TINGUELY
ET NIKI DE SAINT PHALLE

1969-1994, matériaux divers

Milly-la-Forêt (France), bois des Pauvres

Et enfin, ces miroirs moirés par Niki de Saint Phalle, dont chaque pièce a été découpée pour suivre le relief du visage du *Cyclop*. Son œil a été rajouté par la suite, en pièces de miroir jaune-doré, par Jean Tinguely, son adoré.

LA BOUTEILLE

À TIRER LE BOUCHON POUR DÉGUSTER UNE BONNE BOUTEILLE, OU À LE POUSSER POUR MARQUER DE SON EMPREINTE L'ART DU CONTENANT, LA BOUTEILLE FAIT SA PLACE DANS L'HISTOIRE DE L'ART.

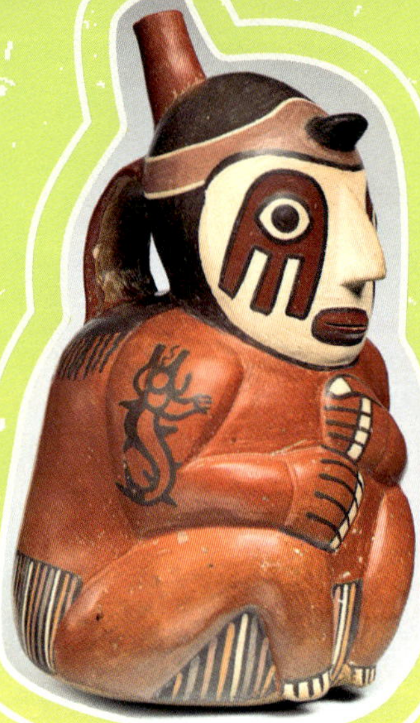

BOUTEILLE EN FORME DE FIGURE ASSISE

CULTURE NAZCA (PÉROU)

Ier-IIIe siècle après J.-C., céramique

New York, Metropolitan Museum of Art

CÉ… RAMIQUE, la matière de cette cruche réalisée par des potiers de Nazca. Issue de l'Amérique précolombienne, elle représente une forme humaine assise mais seule.

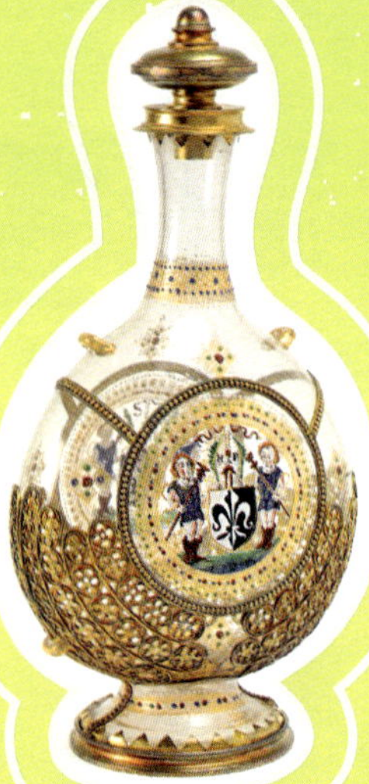

GOURDE DE PÈLERIN

RENAISSANCE

Début du XVIe siècle, verre soufflé et émaillé, métal ciselé, bronze

Lyon, musée des Beaux-Arts

Cette gourde n'est pas que **GOURDE**, car ce récipient au **RÉCIT PIEUX** est inspiré des gourdes de pèlerins façonnées en peau. Alors que cette bouteille est en verre de Murano. Elle offre à boire, certes, mais surtout à voir un riche décor émaillé et orfévré sur ses côtés.

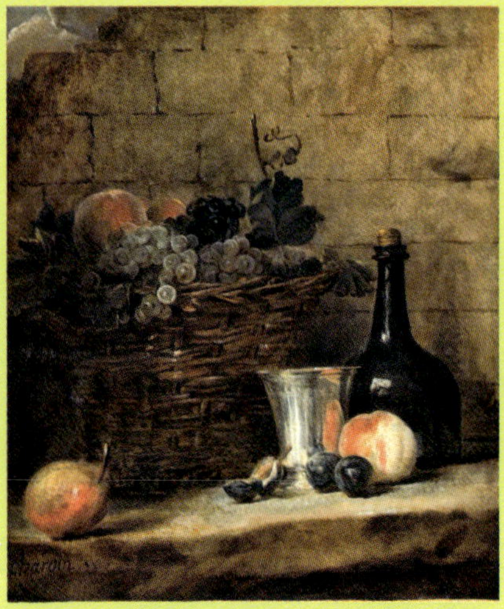

PANIER DE RAISINS, GOBELET D'ARGENT ET BOUTEILLE

JEAN SIMÉON CHARDIN

Début du XVIIIe siècle, huile sur toile

Paris, musée du Louvre

Nous devons cette nature morte composée de fruits du jardin à Chardin. Le peintre y a peint une pinte en argent, où l'or du raisin pourrait se déverser depuis cette bouteille qui veille. Elle réfléchit la lumière, mais elle donne à réfléchir surtout, par le **DÉBOUCHÉ** qu'elle suppose.

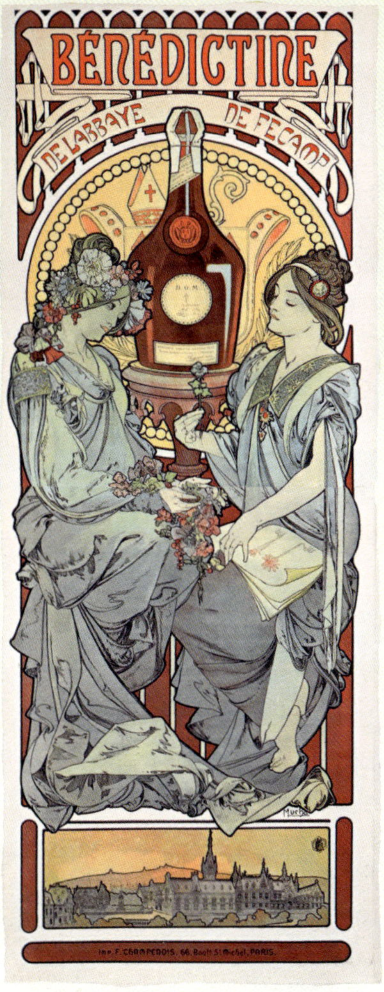

BÉNÉDICTINE DE L'ABBAYE DE FÉCAMP

ALPHONSE MUCHA

1898, lithographie en couleurs

Paris, Bibliothèque nationale de France

On aurait envie de dire à l'artiste **MUCHA *GRACIAS*,** tant cette affiche nous invite à déboucher la bouteille de Bénédictine, liqueur à base de plantes et de **PLEIN D'ÉPICES**.

NATURE MORTE VIVANTE

SALVADOR DALÍ

1956, huile sur toile

St. Petersburg (États-Unis), Musée Salvador Dalí

De l'eau de-ci, de-là, Dali s'empare d'un rien pour faire un tout, à moins que ce soit l'inverse. Comme dans cette nature morte bien vivante, que Salvador a raison de dépeindre de ses frasques dans cette fresque où l'eau de la bouteille se déverse vers le **HAUT**. Chapeau **BAS**, l'artiste.

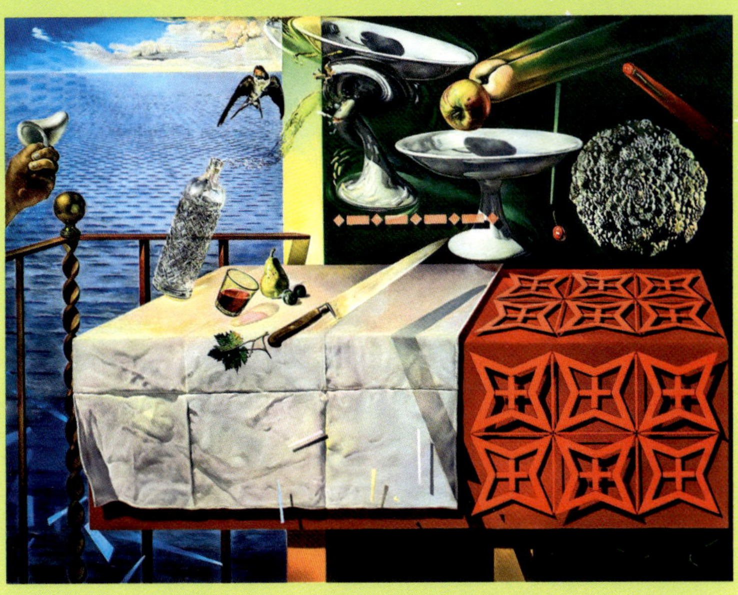

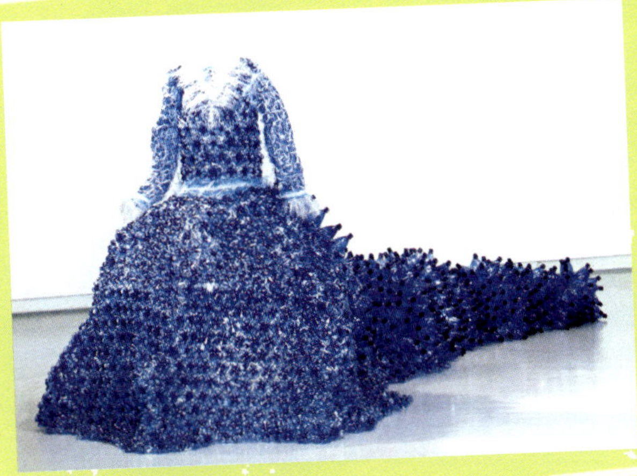

VESTITO BLU

ENRICA BORGHI

2005, bouteilles, sacs plastique et plexiglas

Nice, musée d'Art moderne et d'Art contemporain

Elle en a **PRIS, DE LA BOUTEILLE**, Enrica Borghi, pour créer cette robe de soirée que seule une femme à la plastique gracieuse pourrait enfiler. La traîne est composée de culs de bouteilles, alors pour la réaliser, on imagine qu'**IL EN A FALLU DU GOULOT**.

LA BOUGIE

LAMPES, CIERGES, CHANDELLES, TORCHES, ÉVOQUONS LE PLUS BEAU DES OBJETS LUMINEUX, LA BOUGIE.

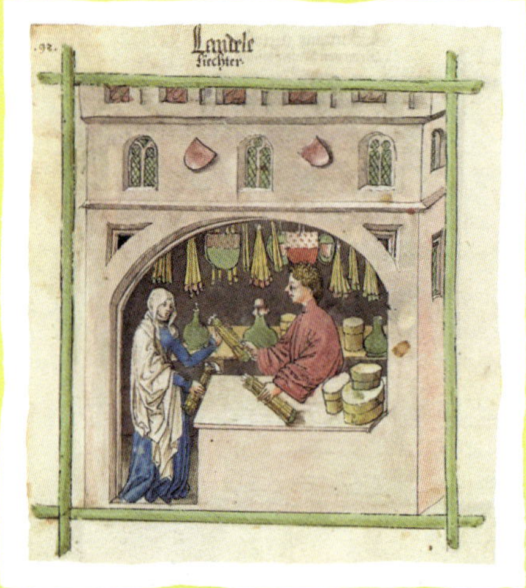

LE MARCHAND DE CHANDELLES

RHÉNANIE (ALLEMAGNE)

XVe siècle, enluminure du *Tacuinum sanitatis* d'Ibn Butlân

Paris, Bibliothèque nationale de France

Afin d'éclairer nos lanternes parfois bien ternes, voici une œuvre dédiée à la lumière, et en particulier à celui qui la fait jaillir : le chandelier. Au Moyen Âge, il réalisait des chandelles en cire d'abeille pour les familles les plus riches, et en suif pour les moins nantis qui avaient soif de lumière.

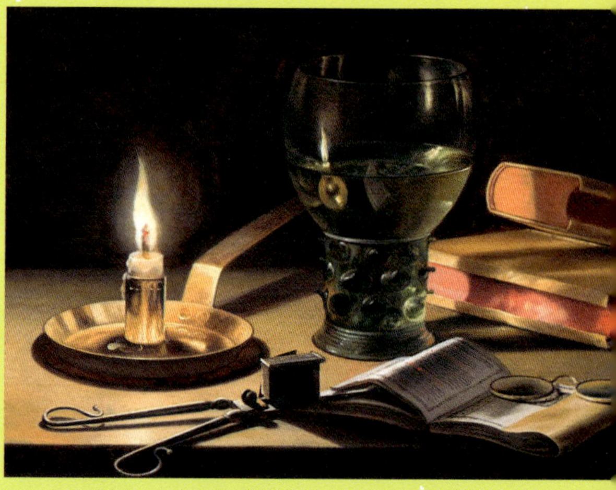

NATURE MORTE À LA CHANDELLE ALLUMÉE

PIETER CLAESZ

1627, huile sur panneau de bois

La Haye, Mauritshuis

Tout comme Pieter Claesz, spécialiste des natures mortes. Il **RAVIVE LA FLEMME** de cette chandelle qui chancelle et vacille en un clair-obscur énigmatique. Elle symbolise le temps et sa fugacité, lui, la sagacité.

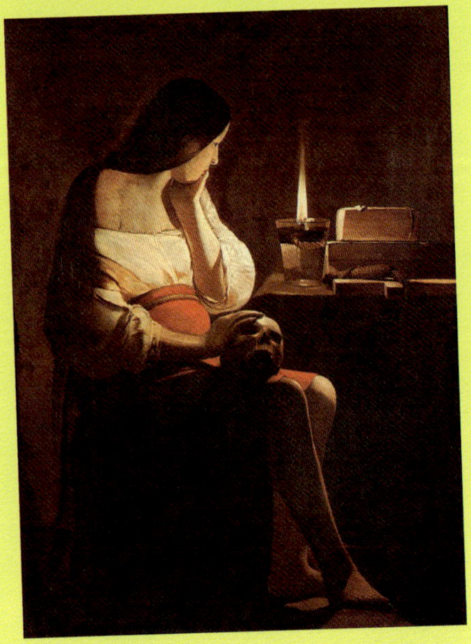

LA MADELEINE À LA VEILLEUSE

GEORGES DE LA TOUR

Vers 1642-1644, huile sur toile

Lens, musée du Louvre-Lens

Et de citer Georges de La Tour, avec cette *Madeleine à la veilleuse*, qui veille elle aussi. L'artiste révèle la beauté de cette **JEUNE FLAMME** avec un simple bout de chandelle.

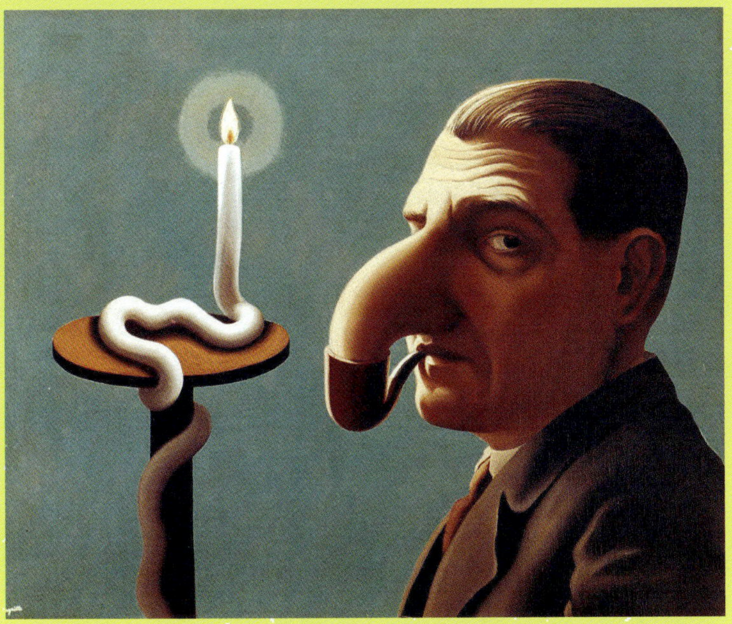

LA LAMPE PHILOSOPHIQUE

RENÉ MAGRITTE

1936, huile sur toile

Collection particulière

La lumière se fait ici sur le nez de René Magritte. Il est éclairé par cette bougie, qui doit son nom à la ville de Bougie, *Béjaïa* en arabe. À moins que ce soit ce philosophe qui nous éclaire de sa pensée, qui sait ? À vous de le deviner, car il ne **PIPE** mot.

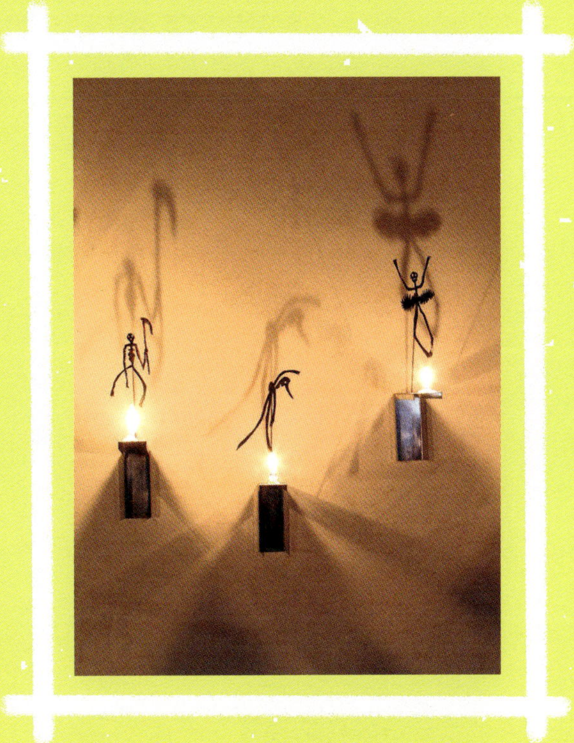

LES BOUGIES

CHRISTIAN BOLTANSKI

1986, bougies, figurines de cuivre et supports en aluminium

Collection particulière

Ce qui **TIENT ICI LA CHANDELLE**, c'est l'idée lumineuse de Christian Boltanski. Ces cierges, et non cher Serge, sont posés sur de petits plateaux métalliques. Leur lumière projette alors des formes personnifiées sur le mur, qui fait office de toile. La **TOILE D'ART EST NÉE** de ces ombres.

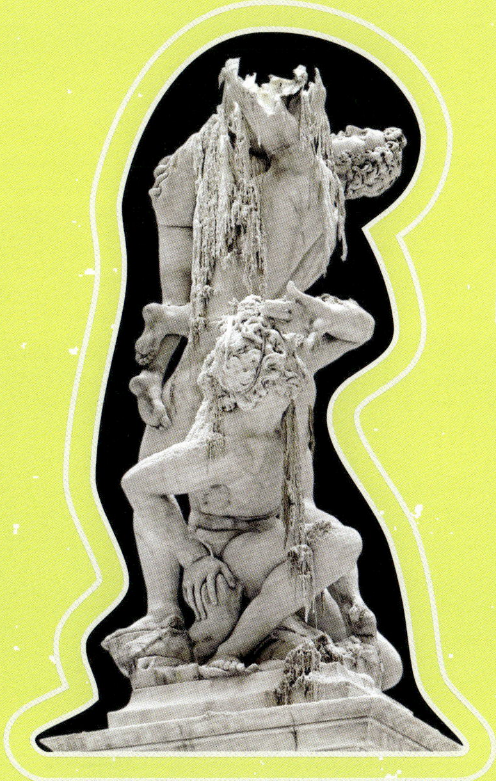

UNTITLED

URS FISCHER

2011, cire, pigment, mèches, acier

Paris, Collection Pinault

Et enfin, cette bougie monumentale, réplique de *L'Enlèvement des Sabines* de Giambologna, qui se consume peu à peu pour finir dans une flaque. Urs Fischer démontre ainsi que tout a une fin, que nous **SOMMES DE MÈCHE** avec cette destinée et que nous finirons tous en **TRISTE CIRE**.

LE FEU

QU'IL SOIT DE CHALEUR OU DE LUEUR, D'EMBRASEMENT, GAGE D'AMOUR OU FEU D'ARTIFICE, LE FEU A ENFLAMMÉ BIEN DES ARTISTES.

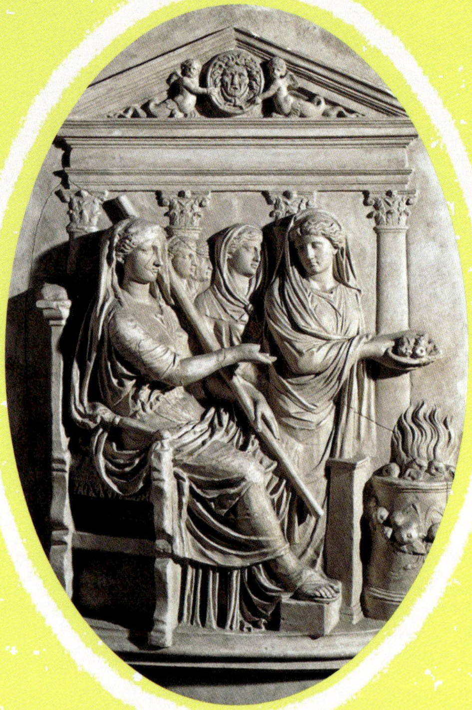

SCÈNE DE SACRIFICE À VESTA DE LA VILLA ALBANI

ROME ANTIQUE

Ier siècle, marbre

Rome, Musée de la Civilisation romaine

Voici la flamme que ces femmes s'occupaient de raviver. Ces vestales, ou prêtresses du temple, devaient veiller sur le feu sacré de la déesse en permanence. Si ce travail n'était pas assuré, un malheur risquait de s'abattre sur Rome. L'inverse du cessez-le-feu…

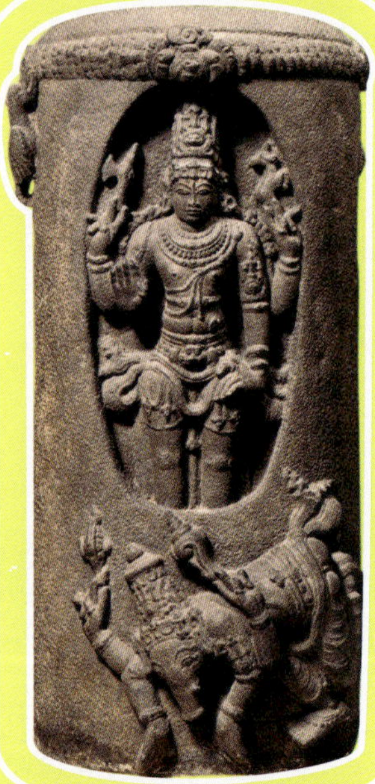

SHIVA LINGODBHAVAMURTI

INDE

XIIe-XIIIe siècle, basalte

Paris, Musée national des arts asiatiques - Guimet

Vishnu et Brahma se disputaient la place de dieu suprême lorsque Shiva arriva dans ce *lingam* de flammes. Ils se lancèrent alors le défi de trouver l'origine du foyer. **SHIVA… SHIVA PAS…** Ils y allèrent, mais échouèrent à l'épreuve du feu.

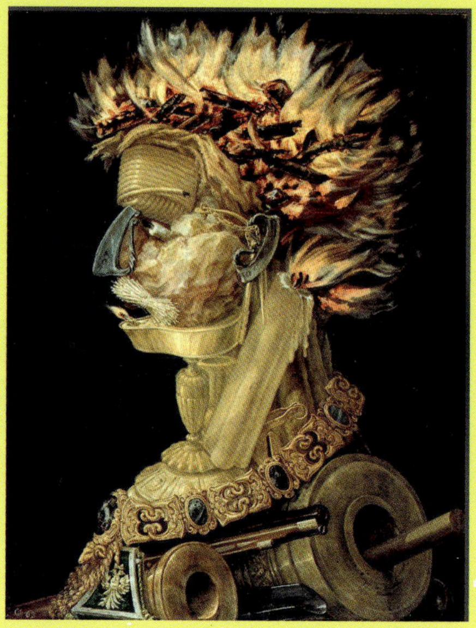

LE FEU

GIUSEPPE ARCIMBOLDO

1566, huile sur bois

Vienne, Kunsthistorisches Museum

Dans ce tableau, Arcimboldo **FAIT FEU DE TOUT BOIS**. Chaque objet renvoie au feu : l'œil en bougie, la moustache d'allumettes, le cou incendiaire, le buste composé d'armes à feu, ou d'**ARMES AFFREUSES** plutôt.

L'INCENDIE DE LA CHAMBRE DES LORDS ET DES COMMUNES, 16 OCTOBRE 1834

JOSEPH MALLORD WILLIAM TURNER

Vers 1834-1835, huile sur toile
Philadelphie, Philadelphia Museum of Art

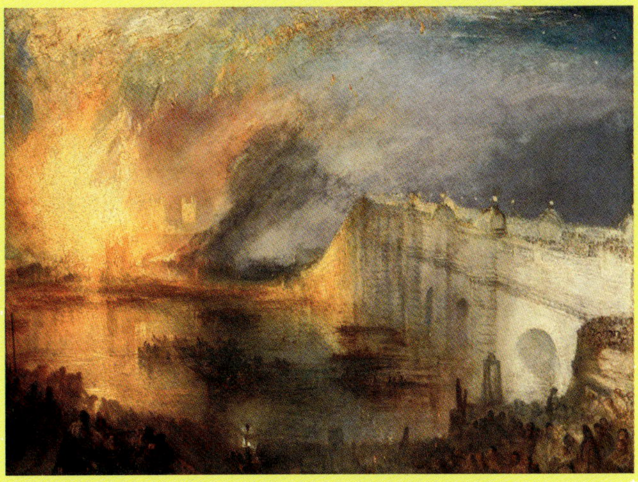

Joseph Mallord William Turner, plus connu sous le nom de Turner, joue ici avec le feu… qui se joue de nous en ce 16 octobre 1834. Car c'est bien l'incendie de la Chambre des lords que le peintre représente ici. Il dépeint ce drame dans les doré-orangé, où l'**ON N'Y VOIT PAS QUE DU FEU**, d'ailleurs…

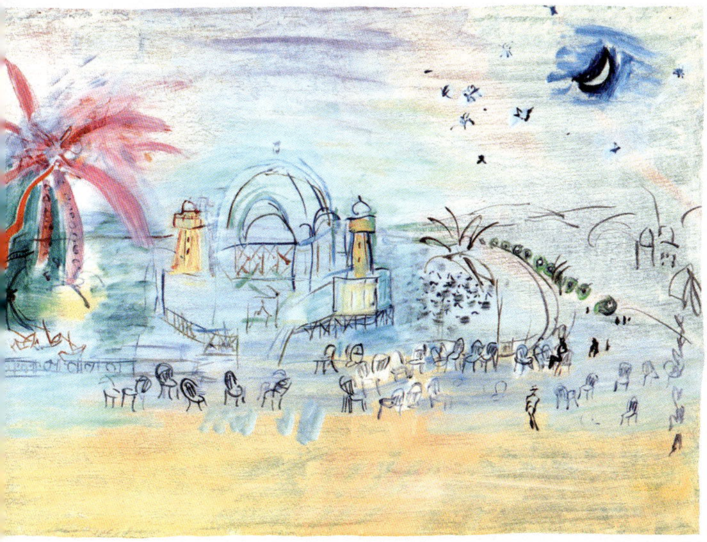

LE FEU D'ARTIFICE ET LA JETÉE PROMENADE

RAOUL DUFY

Vers 1947, huile sur toile
Paris, Centre Pompidou

Qu'il est beau et délicat, ce feu d'artifice peint par Dufy… qui fit du feu une explosion de rose et de rouge au clair de lune. Ces aplats aux couleurs vives, caractéristiques de l'artiste, en font un **FEU DE JOIE**.

BURN

IRONY

2014, peinture murale à l'aérosol
Londres, marché de Camden

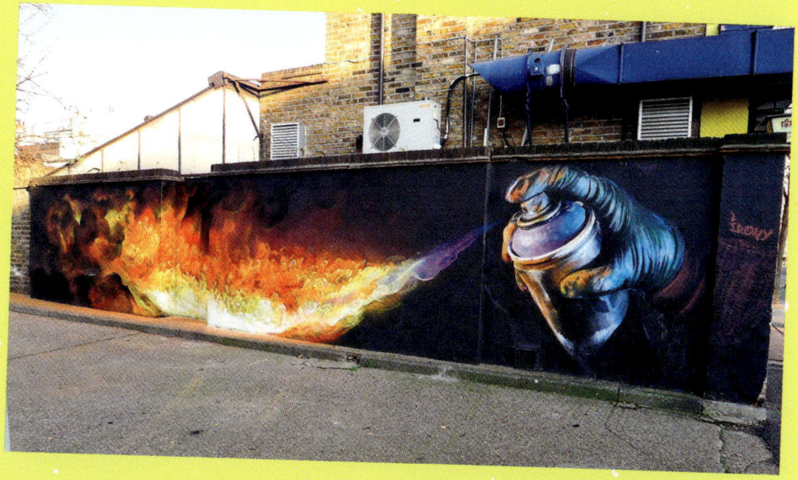

Et enfin, cette bombe de peinture qui enflamme les murs par un hyperréalisme confondant. Nous devons cette œuvre de street art à l'artiste Irony, qui, en déclarant ainsi **SA FLAMME** au passant qui passe, souhaite peut-être **METTRE LE FEU AUX POUDRES**.

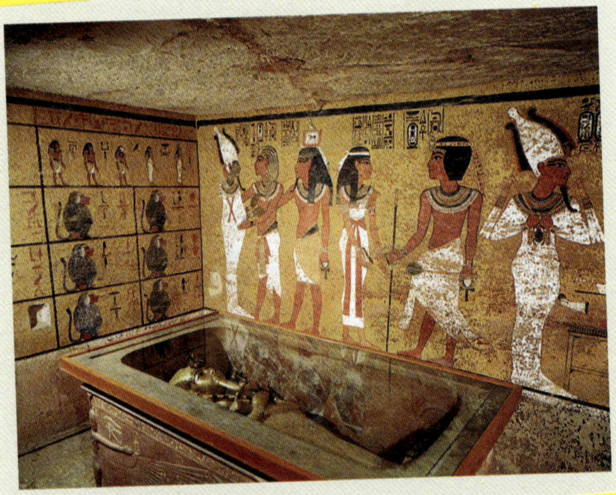

TOMBEAU DE TOUTANKHAMON
ÉGYPTE ANTIQUE
XIVe siècle avant J.-C.
Louxor (Égypte), vallée des Rois

Le jaune, c'est avant tout l'or, celui qui illumine le tombeau de Toutankhamon – il est tout revêtu de cette noble matière. L'or est en effet considéré comme la chair du soleil en Égypte antique.

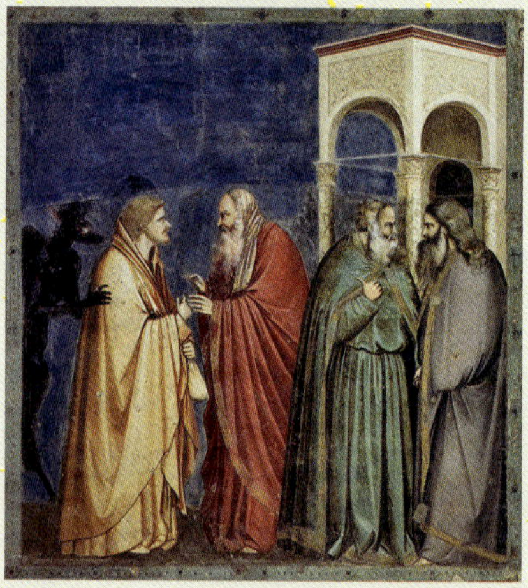

LE JAUNE

QU'IL SOIT UNE COULEUR OU UN ALIMENT, IL EST PRÉSENT DANS NOS VIES ET DANS L'ART. ET MÊME DANS L'ART DE LA VIE !

LA TRAHISON DE JUDAS
GIOTTO
1304-1306, fresque
Padoue (Italie), chapelle des Scrovegni

À l'inverse, au Moyen Âge, il est le signe du mal. Car c'est bien Judas, le traître, qui est drapé d'un long manteau de jaune, de gêne, de honte et de mensonge...

LEVER DE SOLEIL AVEC MONSTRES MARINS
JOSEPH MALLORD WILLIAM TURNER
Vers 1845, huile sur toile
Londres, Tate Modern

SONGE... NON PAS D'UNE NUIT D'ÉTÉ, mais ensoleillé, que nous découvrons ici avec Turner. Il le peint d'un jaune éclatant, de cette lumière que toute sa vie il a tenté d'allumer, non pas avec le feu, mais avec la foi de son pinceau.

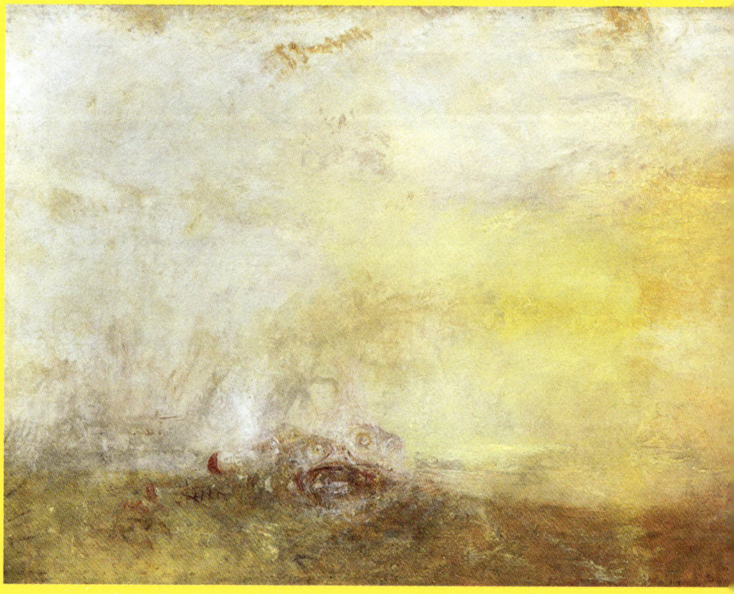

TOURNESOLS
VINCENT VAN GOGH
1888, huile sur toile
Londres, National Gallery

Des rayons de soleil aux pétales ensoleillés, il n'y a qu'un vague vase où sont plantés les tournesols les plus célèbres du monde. Ou quand Van Gogh se fait fleuriste, triste, car son jaune originel, qui se dit *galvinus* en latin, tire sur le vert...

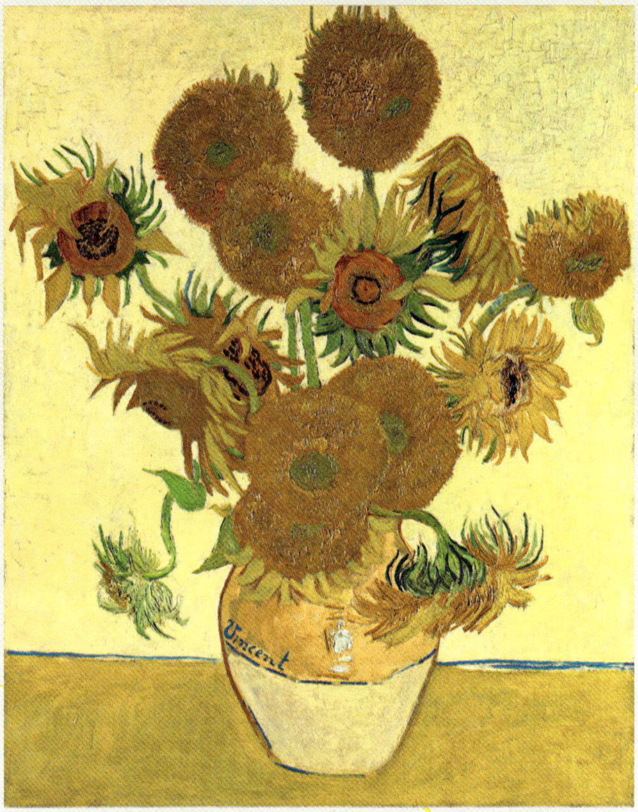

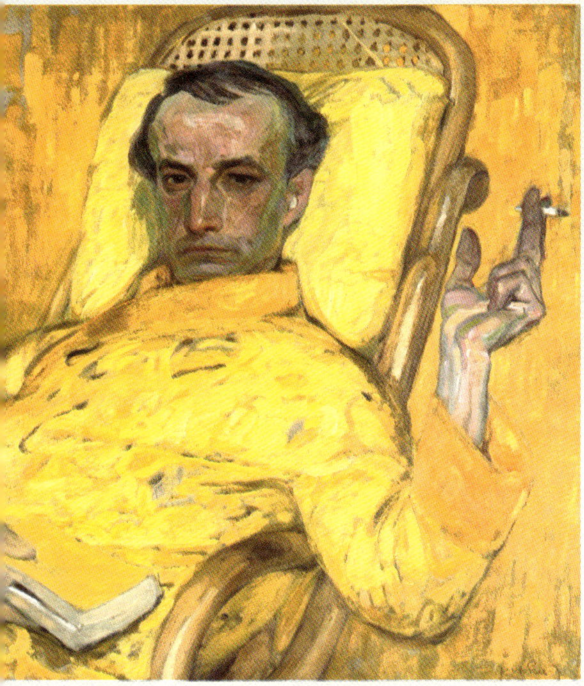

IIe ÉTUDE POUR LA GAMME JAUNE
FRANTIŠEK KUPKA
Vers 1907, huile sur toile
Houston, Museum of Fine Arts

... ou le per**VERS**. Du moins, c'est le cas du regard de cet homme tout en jaune, plus tout jeune. Car de ce portrait peint par Kupka se dégage une forme de subversion qui avait cours au XIXe siècle. À cette époque, le jaune était symbole de tromperie, de **VICES ET VERSA**...

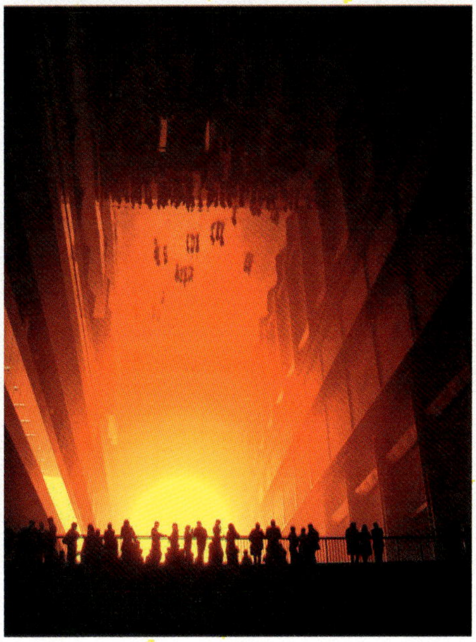

THE WEATHER PROJECT
OLAFUR ELIASSON
2003-2004, installation : écran, miroirs, lampes, brouillard artificiel
Londres, Tate Modern, Turbine Hall

Je me dirige enfin vers ce soleil surnaturel d'Olafur Eliasson. L'artiste, qui semble en **CONNAÎTRE UN RAYON**, a suspendu son astre à la Tate Modern de Londres. Et l'ombre qui s'en dégage est due à des humidificateurs qui plongent le spectateur dans un brouillard artificiel. Et si c'était le ciel qui était tombé sur la tête ?

L'ocre jaune est l'un des premiers pigments utilisés par les humains. Dans l'Antiquité, le jaune est associé à des valeurs positives, comme la prospérité et la fertilité. Pour l'obtenir, on emploie de l'orpiment, un pigment minéral toxique. La couleur jaune est de plus en plus dévalorisée à partir du Moyen Âge. Jusqu'au XIXe siècle, les artistes se servent de deux pigments nocifs, le jaune de plomb-étain et le jaune de Naples. Le jaune de chrome les remplace ensuite, mais il a l'inconvénient de s'assombrir avec le temps. Les impressionnistes lui préfèrent le jaune de cadmium, plus durable.

PROSPÉRITÉ

ALLÉGRESSE

JOIE

TRAHISON

AMITIÉ

FÊTE

CONNAISSANCE

MALADIE

TONICITÉ

FÉLONIE

ÉNERGIE

VIVACITÉ

FOLIE

GAIETÉ

JEUNESSE

MENSONGE

JAUNE

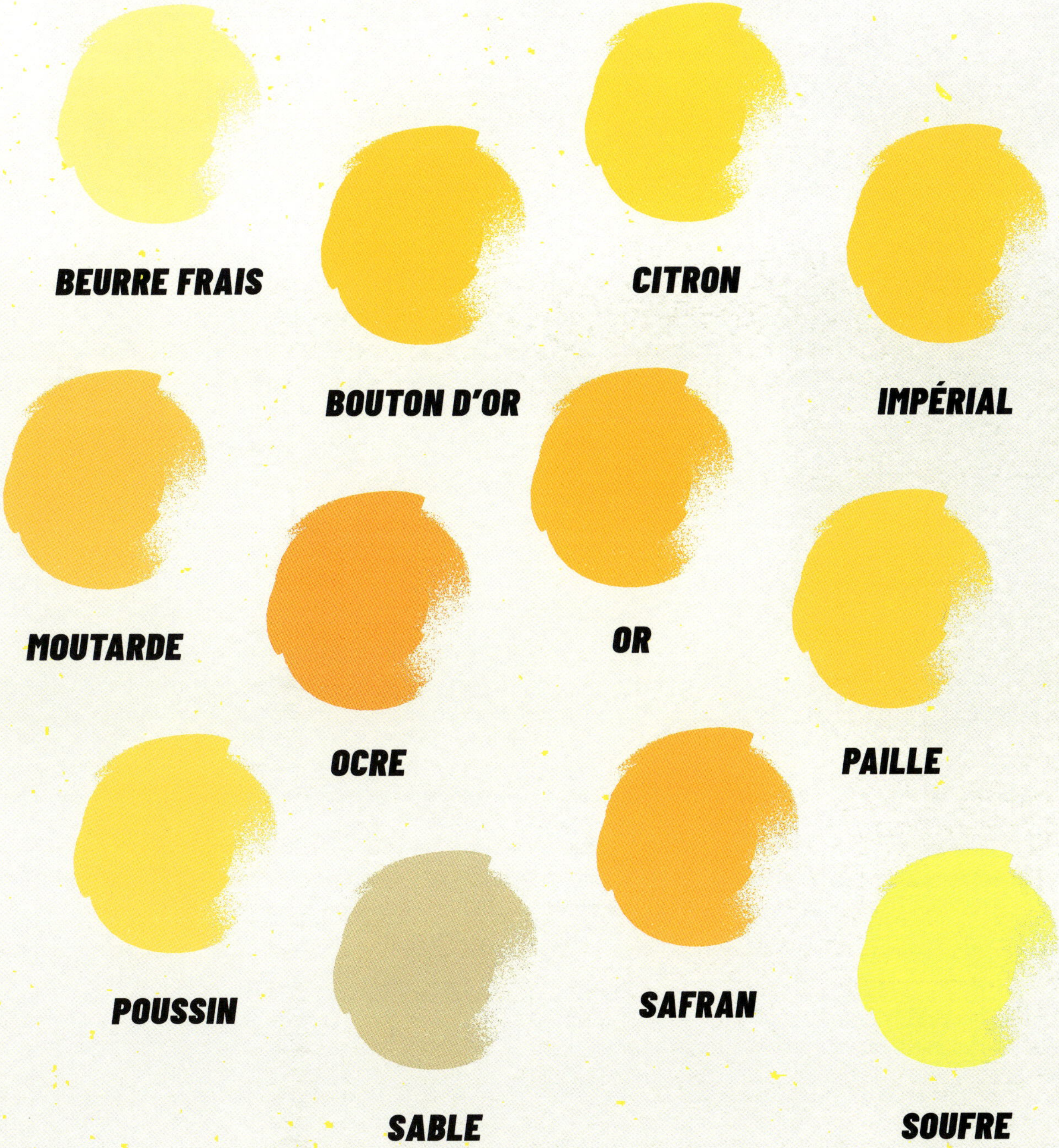
BEURRE FRAIS
CITRON
BOUTON D'OR
IMPÉRIAL
MOUTARDE
OR
OCRE
PAILLE
POUSSIN
SAFRAN
SABLE
SOUFRE

LE JEU DE CARTES

QU'ON Y JOUE SEUL, ENTRE AMIS OU EN FAMILLE, QU'ELLES FORMENT UN JEU OU UN CHÂTEAU, DÉCOUVRONS LA FACE CACHÉE DES CARTES.

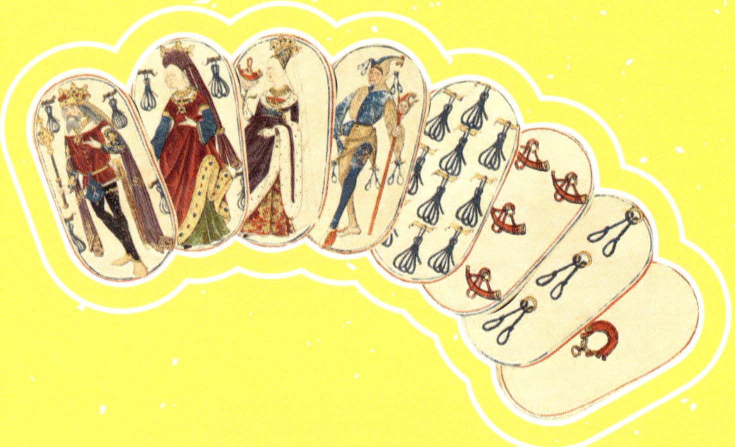

JEU DE CARTES DIT « DE CLOISTERS »

PAYS-BAS

Vers 1475-1480, plume, encre, peinture, glacis et applications d'argent et d'or sur carton

New York, Metropolitan Museum of Art

Et voilà que je tire la première d'entre elles, qui provient de l'un des plus anciens jeux de cartes conservés. Les costumes du roi, de la reine et du valet sont ceux de la cour de Bourgogne. À ne pas confondre avec **ÊTRE À COURT DE BOURGOGNE** sur la carte des restaurants.

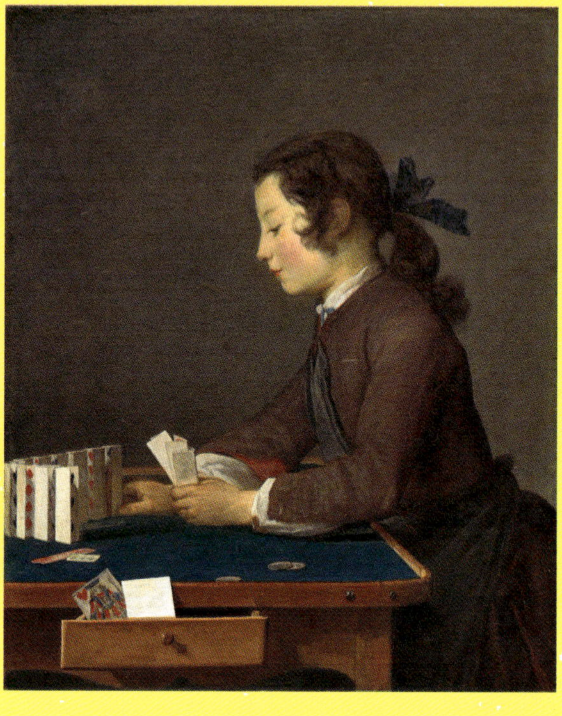

LE CHÂTEAU DE CARTES

JEAN SIMÉON CHARDIN

Vers 1737, huile sur toile

Washington, National Gallery of Art

Jean Siméon Chardin n'est pas châtelain, mais il peint de nombreuses variantes de châteaux de cartes. Il s'agit ici, même si peu agité, d'un jeune homme occupé à placer des cartes pour ériger sa construction **ÉPIQUE… ET TRÈFLE** aussi.

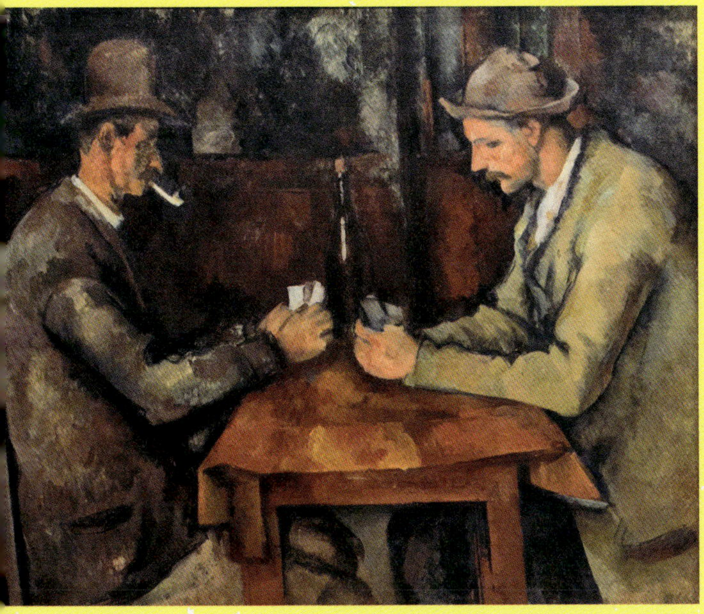

LES JOUEURS DE CARTES

PAUL CÉZANNE

Vers 1890-1895, huile sur toile
Paris, musée d'Orsay

Là, une table et **DES CARTES.** Non, pas René, mais deux hommes qui s'affrontent, séparés par une bouteille qui divise l'espace en deux et renforce ainsi une ambiance de duel. Serait-ce le symbole du conflit entre Cézanne et son père ? Nul ne le sait, **FAITES VOS JEUX...**

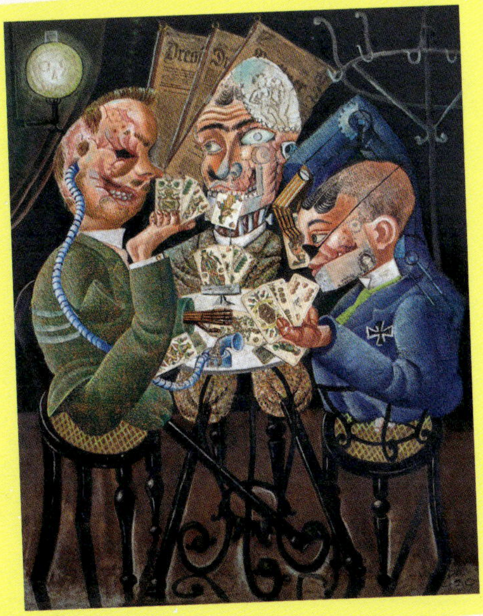

LES JOUEURS DE SKAT

OTTO DIX

1920, huile et collage sur toile
Berlin, Neue Nationalgalerie

Ces « gueules cassées » sont d'anciens soldats mutilés. Le peintre Otto Dix veut ainsi dénoncer les horreurs de la guerre et l'incapacité des médecins à reconstituer leurs corps atrophiés. C'est aussi une manière de dire que **NOUS N'AVONS PAS TOUS LA CARTE...**

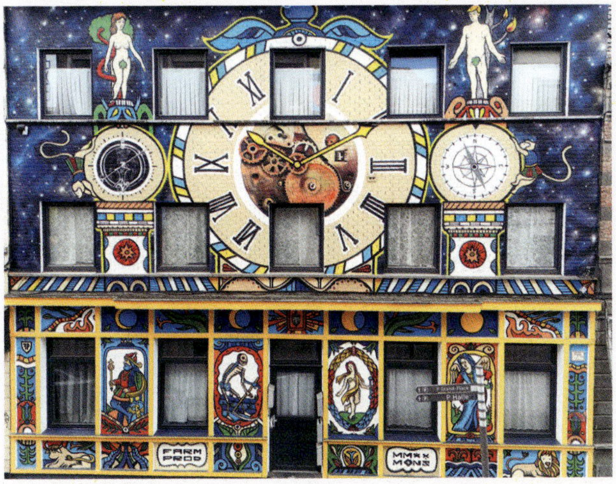

PENDULES DUESBERG

FARM PROD

2020, peinture murale
Mons (Belgique), rue de la Halle

Cette œuvre de street art du collectif Farm Prod représente le tarot. Cartes, non pas sur table, mais plutôt en façade. Et à observer les symboles représentés, il y a intérêt à **SE TENIR AUX CARREAUX.**

LE TRICHEUR À L'AS DE CARREAU

GEORGES DE LA TOUR

Vers 1636-1640, huile sur toile
Paris, musée du Louvre

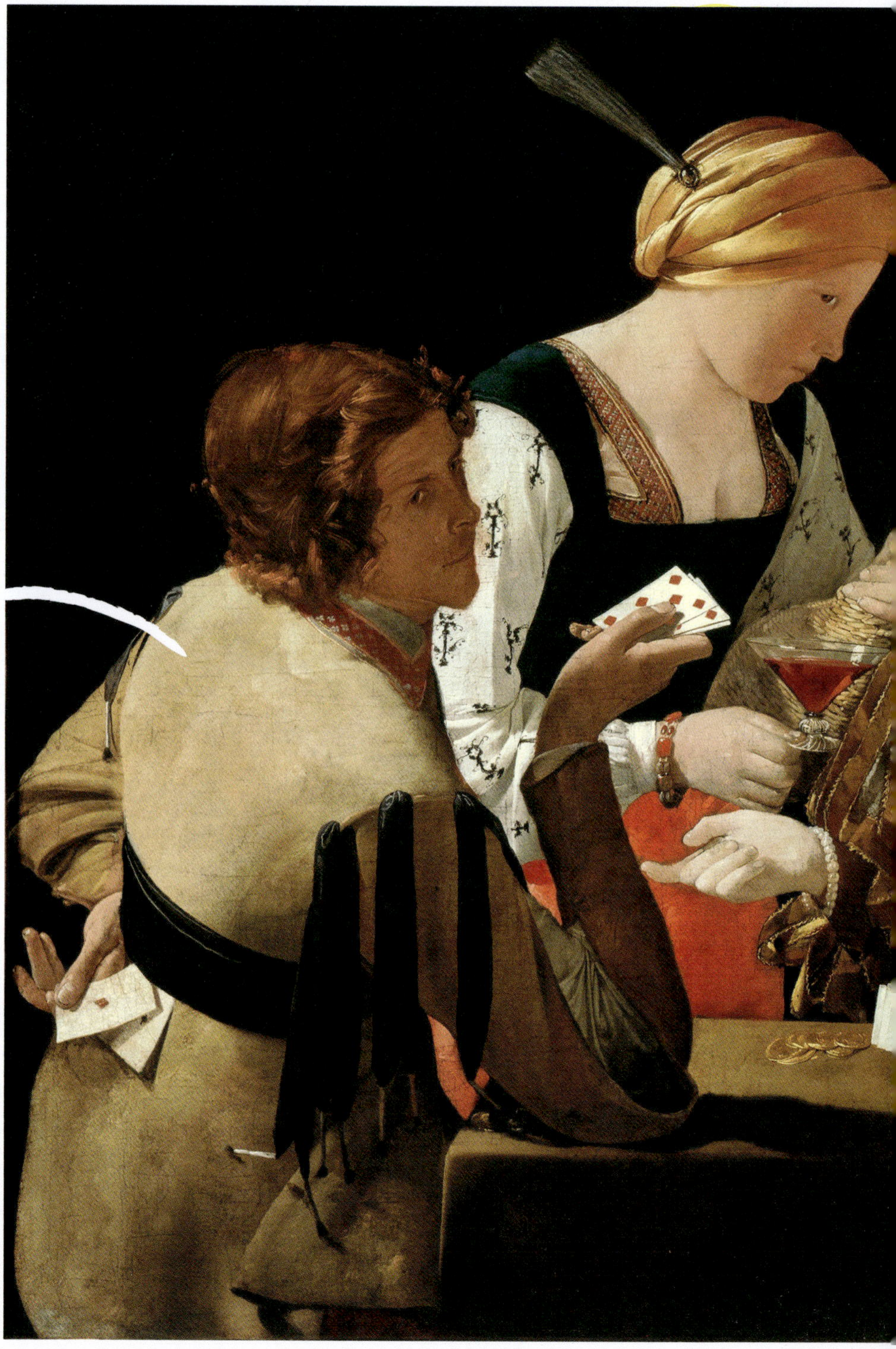

Voici un tricheur, à gauche, mais très adroit, qui sort des cartes de sa ceinture. C'est Georges de La Tour – qui en a, semble-t-il, **PLUS D'UN DANS SON CHEVALET** – qui a peint ce jeu. Il s'agit très certainement de la « prime », l'ancêtre du poker.

Le sujet même du tableau ne se trouve pas au centre mais tout à gauche. Étonnant !

Leurs regards en coin nous indiquent leurs mauvaises intentions. Et pour parfaire le tout, ils sont entourés de symboles des vices : les bijoux de la femme assise trahissent sa cupidité, le vin représente l'excès.

Ce fond d'un noir d'encre, loin d'être réaliste, donne une intensité théâtrale à la scène.

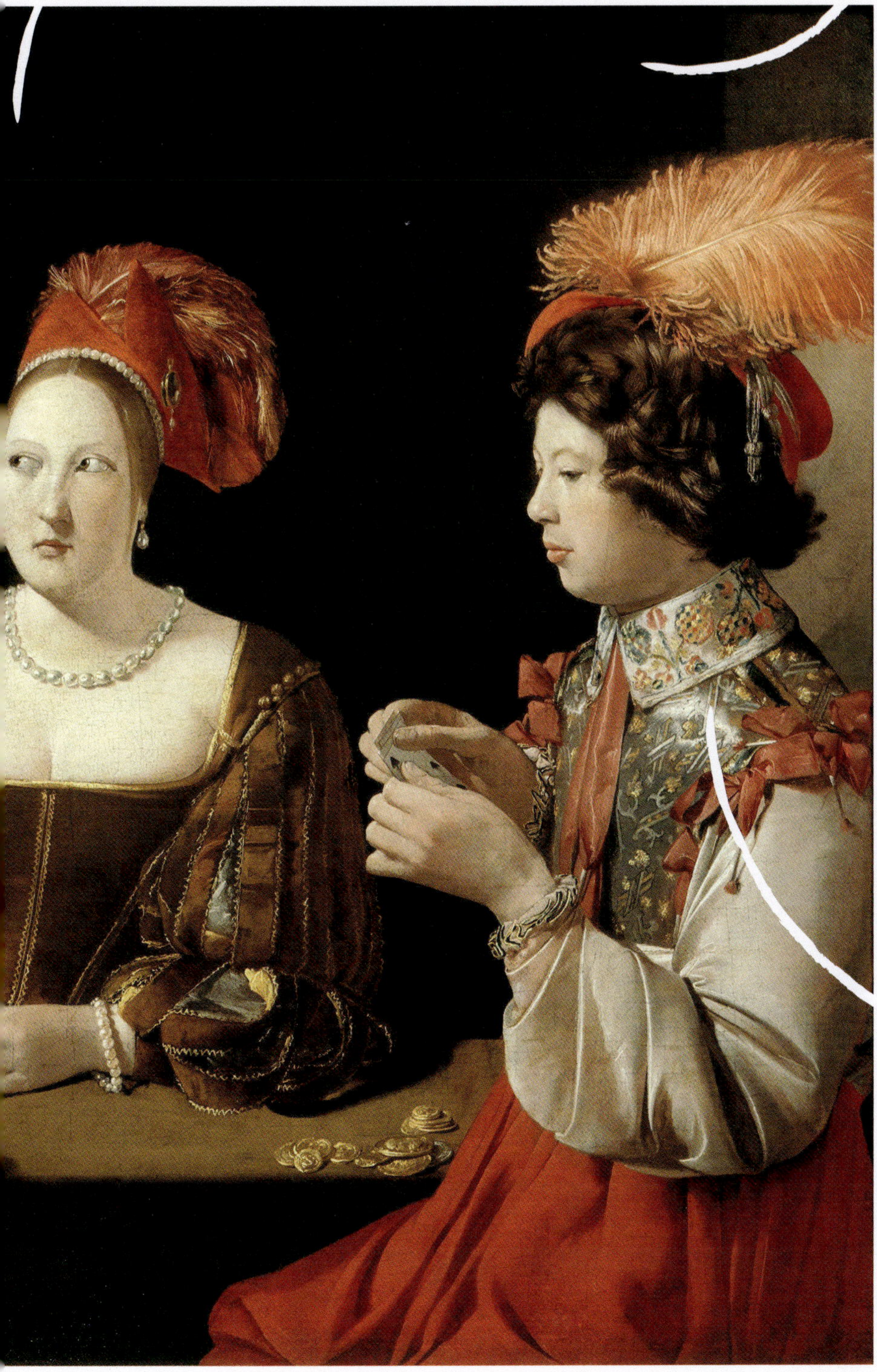

GEORGES DE LA TOUR
(1593-1652)

Malgré une grande renommée de son vivant (il a notamment été « peintre ordinaire » du roi Louis XIII), Georges de La Tour est tombé dans l'oubli pendant près de trois siècles.
On estime que la quarantaine de tableaux que l'on connaît aujourd'hui ne représentent qu'un dixième de sa production, qui aurait été détruite par un incendie.
Le mystère qui se dégage de ses œuvres aux clairs-obscurs spectaculaires a fasciné les artistes modernes.

Et ce jeune homme au visage poupin, très concentré, ne remarque pas le manège des autres joueurs.

L'ÉVENTAIL

QU'IL SOIT PLIÉ OU DÉPLIÉ, UTILE OU FUTILE, L'ÉVENTAIL BRASSE DE L'AIR, OU DE L'ART.

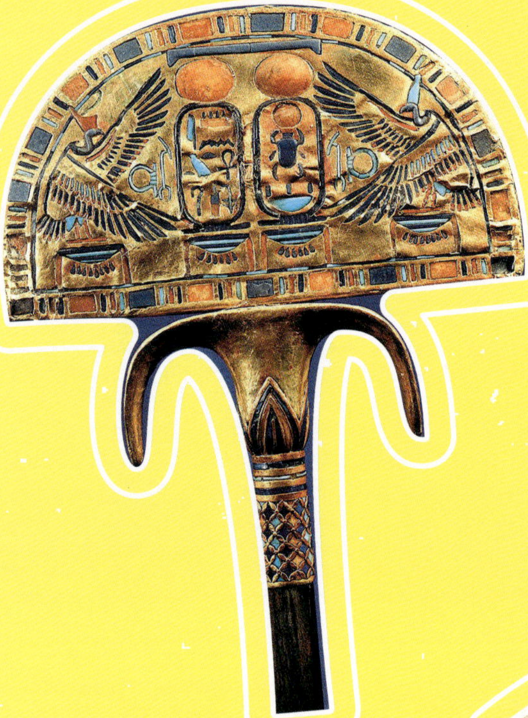

ÉVENTAIL DE TOUTANKHAMON

ÉGYPTE ANTIQUE

XIVe siècle avant J.-C., bois, or, pâte de verre

Le Caire, Musée égyptien

Il s'agit ici de celui qui gît là-bas, Toutankhamon. Tout en or, il représente un éventail avec des autruches et leurs plumes, car cet oiseau est associé à Maât, la déesse de la vérité, de la justice et de l'harmonie.

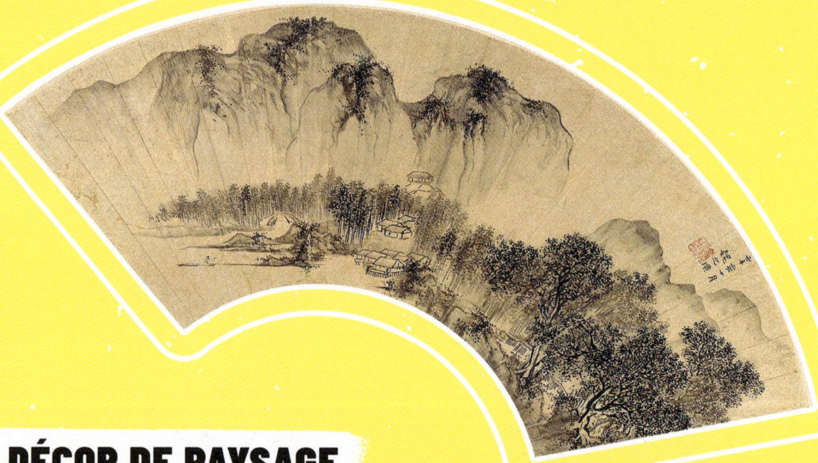

ÉVENTAIL À DÉCOR DE PAYSAGE

WEI ZHIHUANG

1611, encre sur papier doré

Paris, Musée national des arts asiatiques - Guimet

De l'Égypte à la Chine, il n'y a qu'un chapitre à franchir pour découvrir cet éventail, qui apparaît davantage comme une œuvre d'art que comme une **ŒUVRE D'AIR**. Car sous la dynastie Ming, l'éventail était un support de peinture, comme ici, avec ce paysage typique d'une Chine d'époque.

LA JAPONAISE

CLAUDE MONET

1876, huile sur toile

Boston, Museum of Fine Arts

Il pique notre curiosité, ce tableau peint en 1876 par Monet. Il s'inscrit dans le courant du japonisme. Camille Monet, en kimono, vante en s'éventant les couleurs de la France. Elles sont imprimées sur cet éventail *uchiwa*, dont l'écran est en papier fixe.

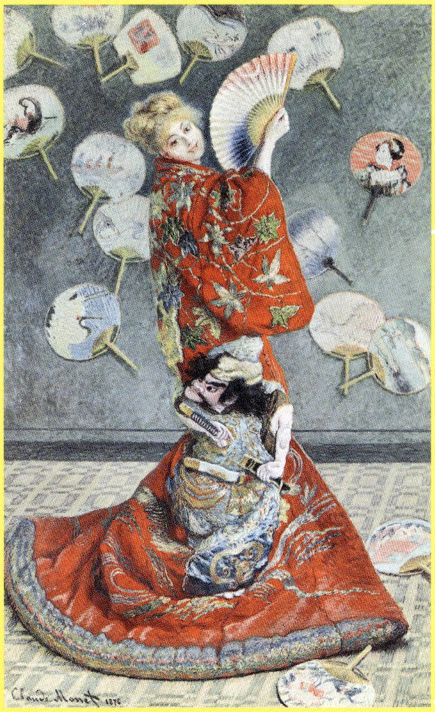

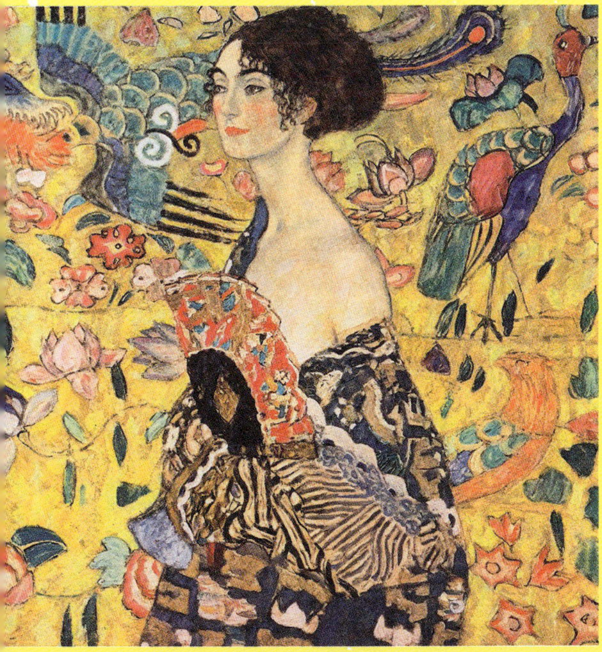

LA DAME À L'ÉVENTAIL

GUSTAV KLIMT

1917-1918, huile sur toile

Collection particulière

Cette dame a l'éventail devant elle afin de cacher sa poitrine que nous ne saurions voir. Klimt se joue de nos regards avec cette œuvre qui rend hommage à la beauté et aux arts asiatiques.

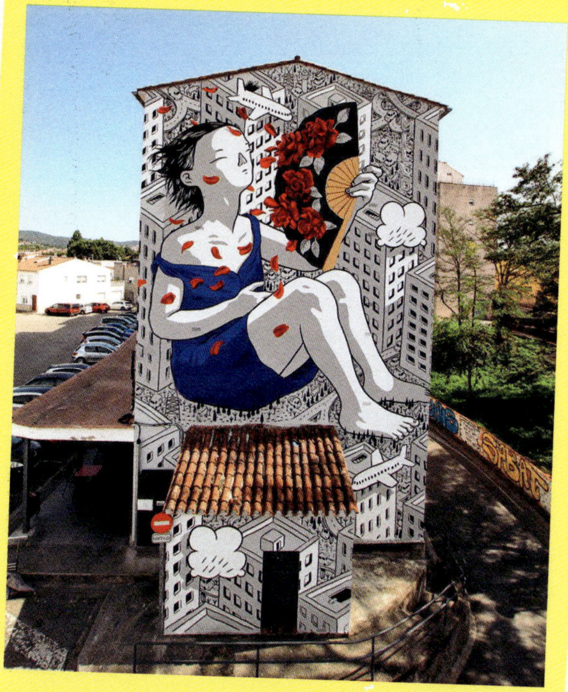

SHE LEANS AGAINST THE WIND

MILLO

2019, peinture murale

Gérone (Espagne), quartier de Germans Sàbat

Et enfin, cette fresque, qu'on envie presque pour la fraîcheur qu'elle dégage grâce à l'éventail fleuri de roses rouges que tient cette femme. Ce modèle fait référence aux éventails traditionnels espagnols. Ornés de motifs de fleurs, ils sont utilisés pour dire ***HELLO*, OU *OLÉ***, c'est selon.

LA PERLE

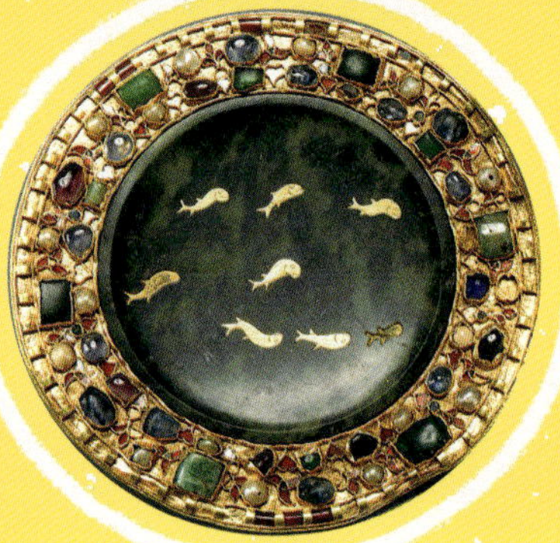

QU'ELLES SOIENT NOIRES OU BLANCHES, RONDES OU OBLONGUES, EN PROVENANCE DE LA TERRE OU DE LA MER, L'ART REGORGE DE PERLES RARES.

PATÈNE DE SERPENTINE DU TRÉSOR DE SAINT-DENIS

ART CAROLINGIEN

Ier siècle avant J.-C. - Ier siècle après J.-C. (patène), vers 850-900 (monture), serpentine, pierres précieuses, or, verre

Paris, musée du Louvre

Alors commençons par **EN FAIRE TOUT UN PLAT** avec cette assiette antique sortie des ateliers de l'abbaye de Saint-Denis. Le marli, non pas celui de la coiffeuse, mais la bordure de perles, a été ajouté au IXe siècle.

VASE MEIPING

CHINE, DYNASTIE YUAN

Première moitié du XIVe siècle, porcelaine avec décor au bleu de cobalt

Paris, Musée national des arts asiatiques - Guimet

Nous voici quelques siècles plus tard avec ce vase Meiping qui symbolise la sagesse de l'empereur, paré de la perle qui l'honore. Vous pourrez voir le vase exposé si vous **OUVREZ LE GUIMET**, ce Musée national des arts asiatiques.

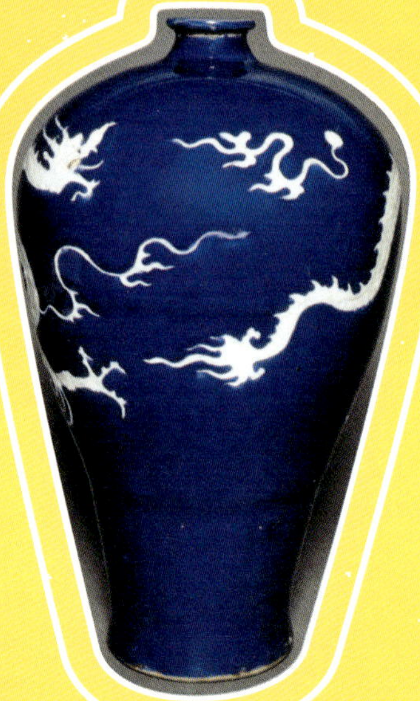

PORTRAIT À L'HERMINE D'ÉLISABETH Ire

ATTRIBUÉ À WILLIAM SEGAR OU À NICHOLAS HILLIARD

Vers 1585, huile sur panneau de bois

Hertfordshire (Royaume-Uni), Hatfield House

Ici trône la Reine Vierge, parée de perles des pieds à la tête. Ça perle de partout, **« ÇA PERLE LIPOPETTE »**, ai-je envie de dire, tant la perle bijou envahit ce *Portrait à l'hermine d'Élisabeth Ire*.

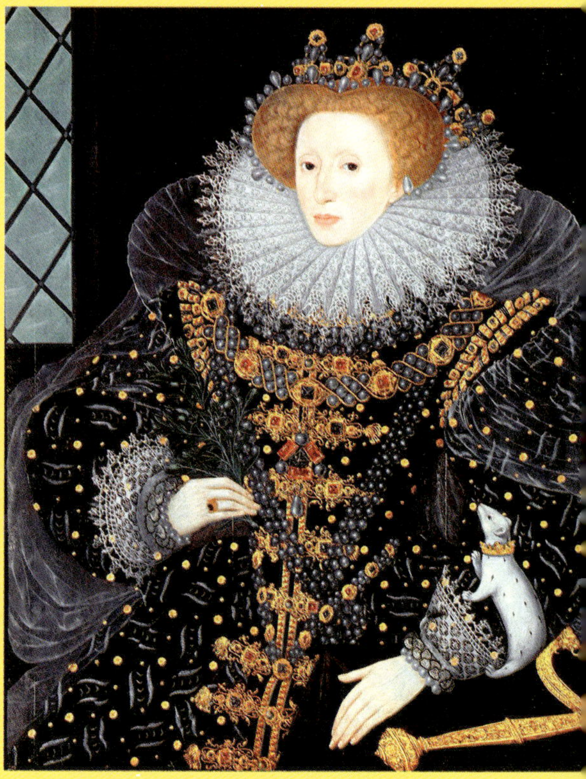

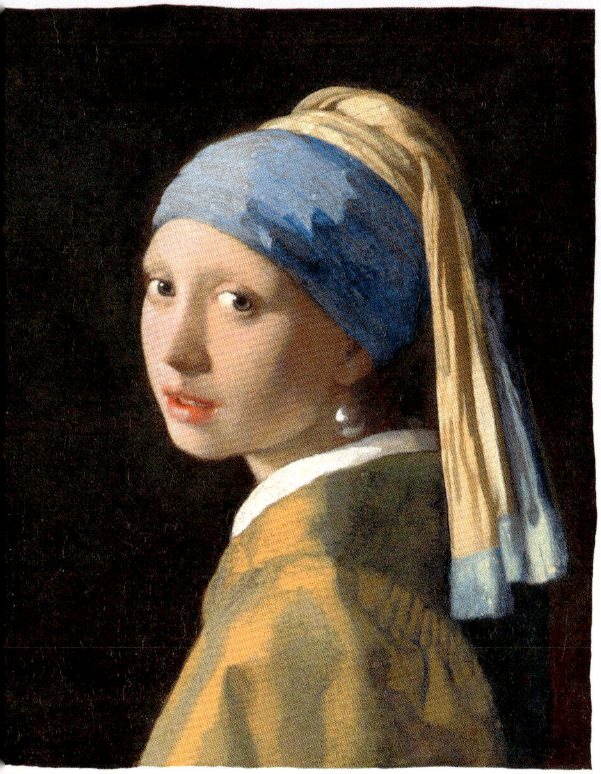

LA JEUNE FILLE À LA PERLE

JOHANNES VERMEER

Vers 1665, huile sur toile

La Haye, Mauritshuis

Il y a des tableaux qui impriment notre imaginaire comme des photos. Cette *Jeune Fille à la perle* de Vermeer en est un. Il a peint cette « Joconde du Nord » pendant l'âge d'or de la peinture néerlandaise, vers 1665… **1665, C'ÉTAIT PRESQUE BIÈRE.**

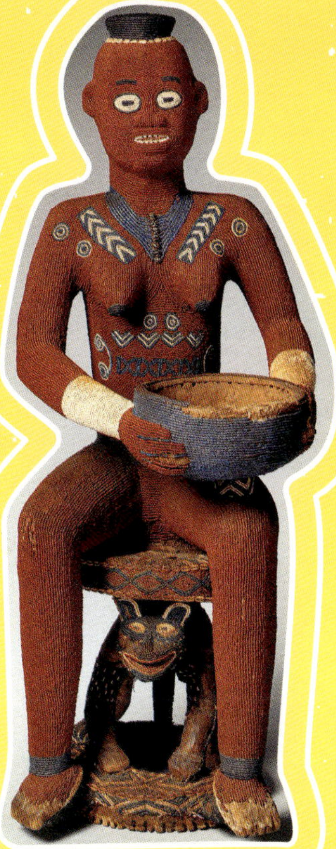

REINE PORTEUSE DE COUPE

CULTURE BAMILÉKÉ (CAMEROUN)

XIXe siècle, bois, perles de verre, tissu, cauris

Paris, musée du quai Branly - Jacques Chirac

À travers cette reine bamiléké, les perles parlent, car elles traduisent son rang… Certes, elles **PERLENT POUR NE RIEN DIRE**, mais lorsqu'elles sont en verre, elles sont échangées à Venise contre des esclaves. Pas très brillant…

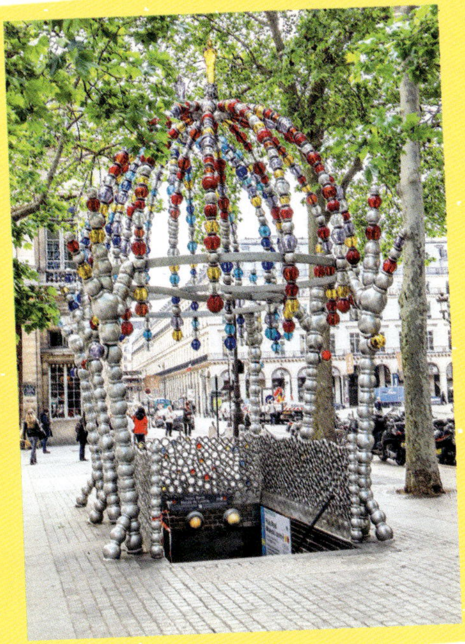

LE KIOSQUE DES NOCTAMBULES

JEAN-MICHEL OTHONIEL

2000, verre de Murano, aluminium, céramique

Paris, place Colette, station de métro Palais-Royal - Musée du Louvre

Et enfin, cette structure de perles colorées qui fait face à la Comédie-Française. Signée Jean-Michel Othoniel pour le centenaire du métro parisien, cette bouche de métro fait beaucoup parler d'elle, même si on ne **PERLE** pas la bouche pleine.

LA DANSE

QU'ELLE SOIT EN SOLO OU EN PAS DE DEUX, ENTRAÎNANTE OU LASCIVE, LA DANSE FAIT VIREVOLTER PINCEAUX ET BURINS.

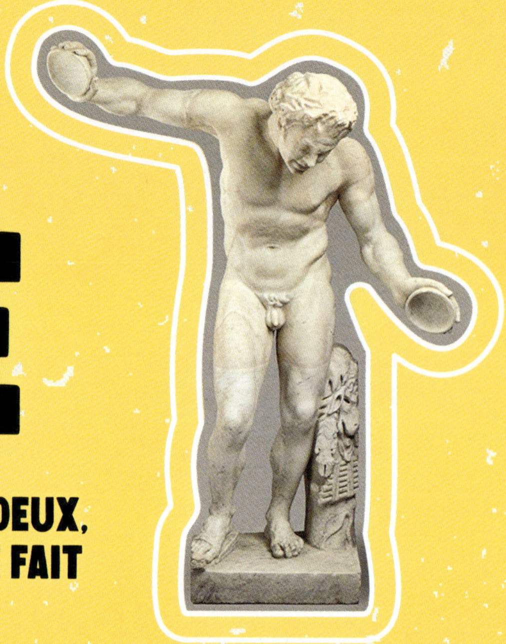

SATYRE DANSANT
ROME ANTIQUE
IIe siècle après J.-C., copie romaine en marbre d'une sculpture grecque du IIe siècle avant J.-C.
Paris, musée du Louvre

Alors entrons-y d'emblée avec ce marbre dense où danse un satyre, divinité antique. La tête est un montage moderne sur le corps de cet homme figé dans un mouvement… immobile.

DANSE MACABRE
BERNT NOTKE
XVe siècle, huile sur toile
Tallinn (Estonie), église Saint-Nicolas

Ce ne pourrait être que le roi, sa femme et le petit prince entraînés dans cette danse macabre, mais le roi danse ici avec pape, empereur et cardinal en une ronde funèbre avec la Mort.

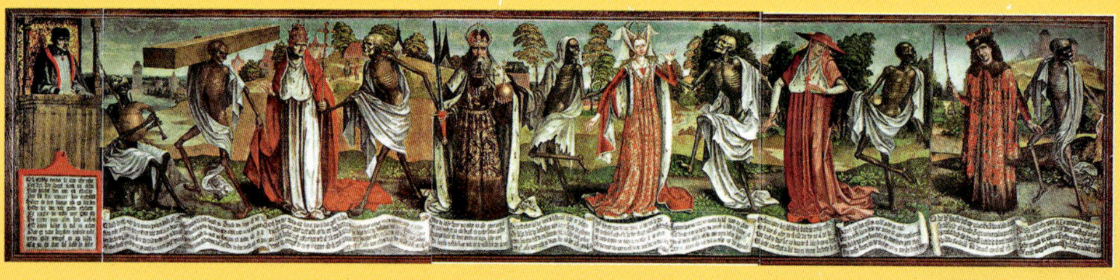

LA DANSE DE NOCE
PIETER BRUEGEL LE JEUNE
Vers 1600, huile sur toile
Quimper, musée des Beaux-Arts

Dans ce tableau, Bruegel nous invite à danser pour faire la noce, ou du moins la célébrer. Autour de la table, la mariée et sa famille comptent l'argent de la dot aux côtés d'un greffier. Cette scène a des **VICES, ET** c'est **VERS ÇA** que le peintre pointe son pinceau… pas si sot.

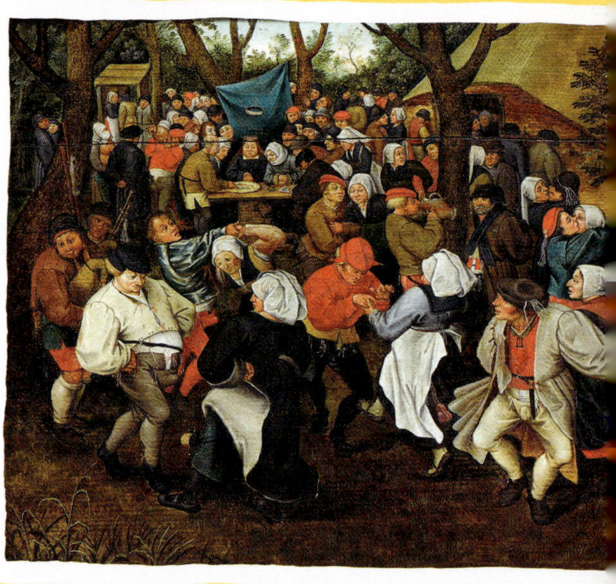

LA VALSE
CAMILLE CLAUDEL

1889-1905, grès flammé

Nogent-sur-Seine, musée Camille Claudel

Voici l'œuvre la plus célèbre de Camille Claudel. La sculptrice réalisa plusieurs versions de cette *Valse*, qui **MIT LE TEMPS** pour être réalisée. Elle le fut dans une période de vive passion de bon augure avec son bon Auguste, Rodin.

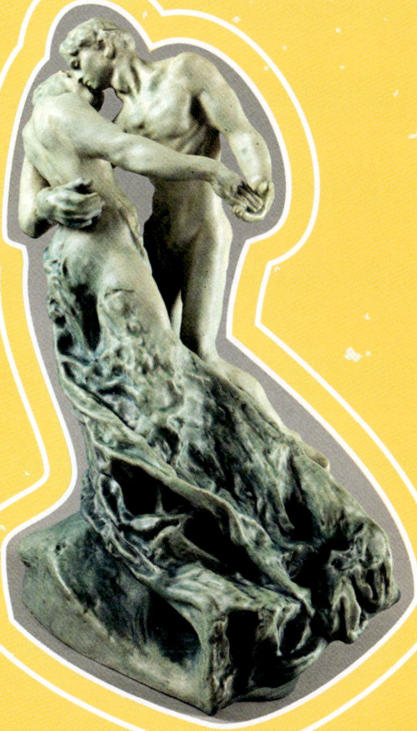

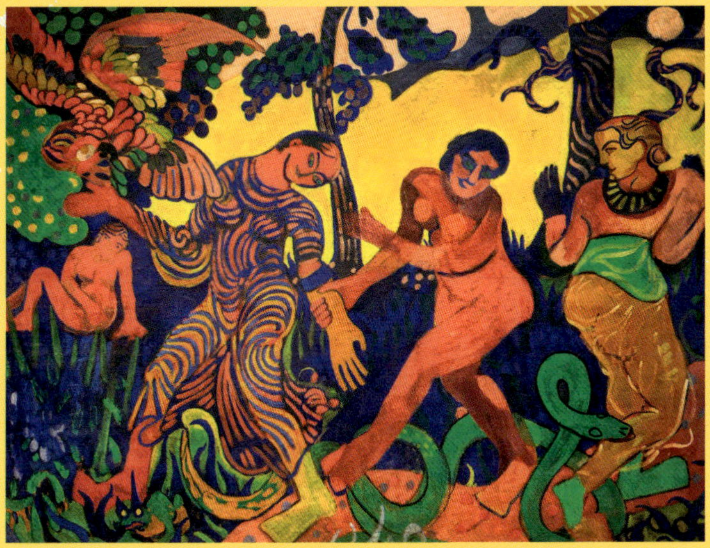

LA DANSE
ANDRÉ DERAIN

1906, huile sur toile

Collection particulière

Il y a la danse du ventre, la danse des hanches, la danse **DE REINS**... enfin, peinte par André Derain, que l'on observe à travers ces couleurs bigarrées. Elle est mystique et mystérieuse, avec pour décor des corps ondulés et ondoyants.

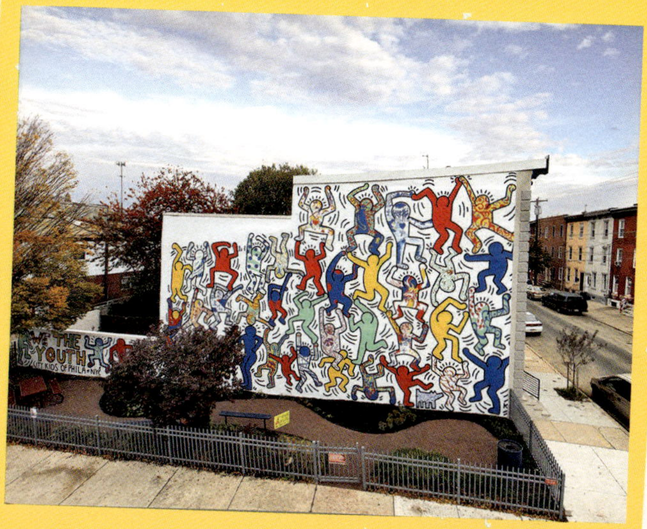

WE THE YOUTH
KEITH HARING

1987, peinture murale

Philadelphie, Point Breeze

Et enfin, voici l'un des pionniers du street art, Keith Haring, qui harangue les badauds avec cette fresque où des danseurs se déhanchent afin d'honorer le bicentenaire de la Constitution américaine. Avec ce graff, Keith devient **CHORÉ-GRAFFEUR**...

LE MARIAGE

QU'IL SOIT PLUVIEUX OU HEUREUX, AMOUREUX OU DOUTEUX, POUR LA VIE OU POUR UN INSTANT, LE MARIAGE S'UNIT AVEC L'ART POUR LE PIRE, MAIS SURTOUT POUR LE MEILLEUR.

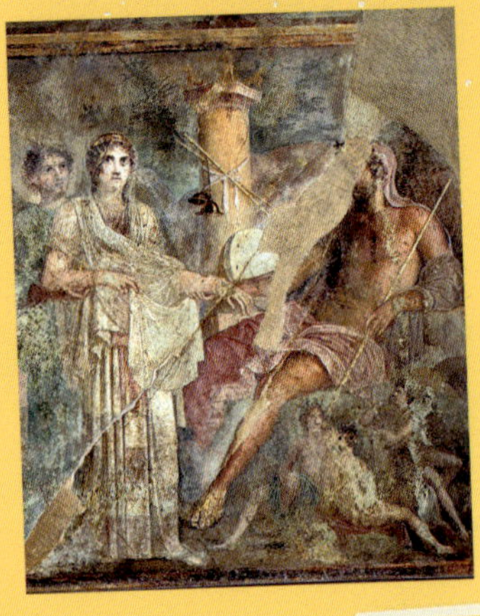

NOCES DE JUPITER ET JUNON

ROME ANTIQUE (SITE DE POMPÉI)

Ier siècle après J.-C., fresque

Naples, Musée archéologique national

Héra (Junon), déesse du mariage et de la famille, craignait peut-être le **NON** de Zeus (Jupiter). Et pourtant, c'est un **OUI** flamboyant qu'il prononça sur ce trône afin de marquer l'engagement de son mariage. Ils vécurent heureux et eurent quatre enfants.

MARIAGE DE CHARLES IV LE BEL ET MARIE DE LUXEMBOURG

JEAN FOUQUET

Vers 1455-1460, enluminure des *Grandes Chroniques de France*

Paris, Bibliothèque nationale de France

Jean Fouquet peint ici Charles IV, dit Charles le Bel, et la belle Marie de Luxembourg, fille de l'empereur Henri VII. À ses côtés, Blanche de Bourgogne, première épouse de Charles IV. Faut suivre… la traîne de la mariée, dont le mariage royal fut célébré à Provins en 1322.

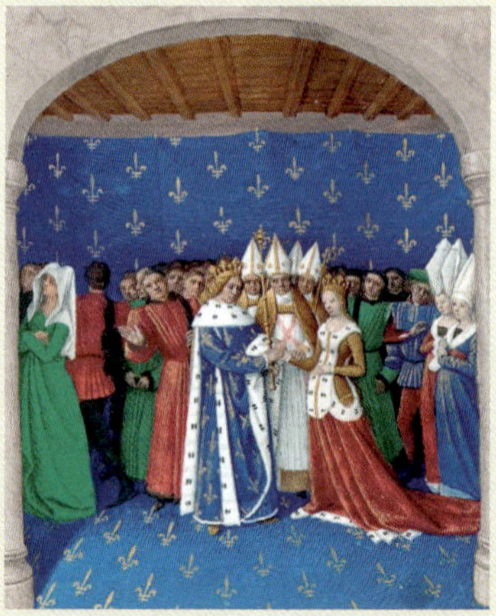

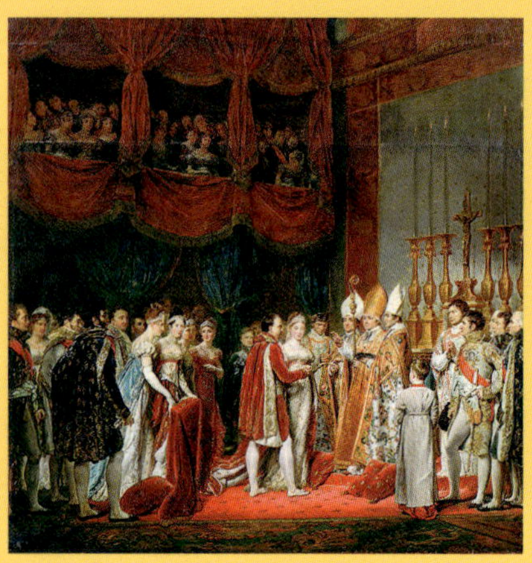

MARIAGE DE NAPOLÉON Ier ET DE MARIE-LOUISE DANS LE SALON CARRÉ DU LOUVRE

GEORGES ROUGET

1810, huile sur toile

Versailles, Musée national des châteaux de Versailles et de Trianon

VINGT-DEUX, V'LÀ NAPOLÉON ! que peint Rouget lors de la bénédiction nuptiale donnée par le cardinal Fesch à l'adresse des époux, Marie-Louise et… Napoléon, je viens de le dire. Celui-ci se remarie après sa séparation d'avec Joséphine. Un mariage en grande pompe inspiré du *Sacre* de David.

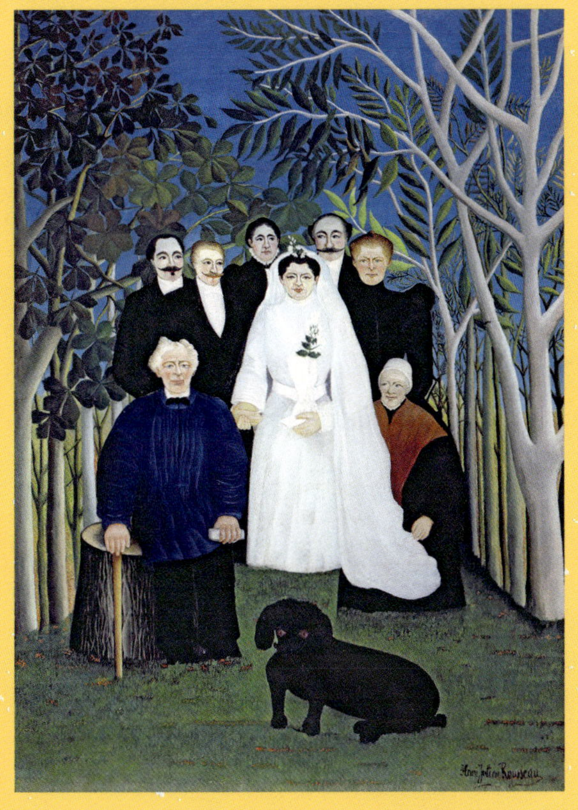

LA NOCE

LE DOUANIER ROUSSEAU

1905, huile sur toile
Paris, musée de l'Orangerie

De la grande pompe, nous passons à la **PETITE POMPE... OU POMPETTE**, pour ceux qui auraient abusé du champagne servi à l'occasion de ce mariage peint par le Douanier Rousseau. En vérité, seule la robe de la mariée nous indique qu'il s'agit d'une scène de noce... ou de **NONOSSE**, pour le chien.

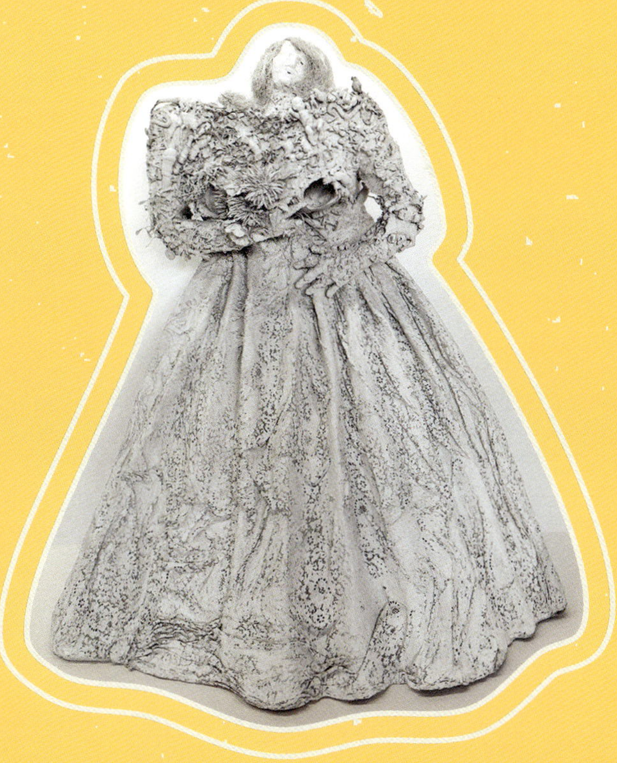

LA MARIÉE

NIKI DE SAINT PHALLE

1963, grillage, plâtre, dentelle et jouets
Paris, Centre Pompidou

Le mariage ne fait pas marrer cette mariée, qui semble noyée dans sa robe gigantesque. Peinte... ou plainte, plutôt, par Niki de Saint Phalle, elle crie son désespoir, et l'on devine qu'elle préférerait disparaître à la manière dont elle tient son bouquet, comme le fardeau de son existence. Un **BOUQUET DE PENSÉES**...

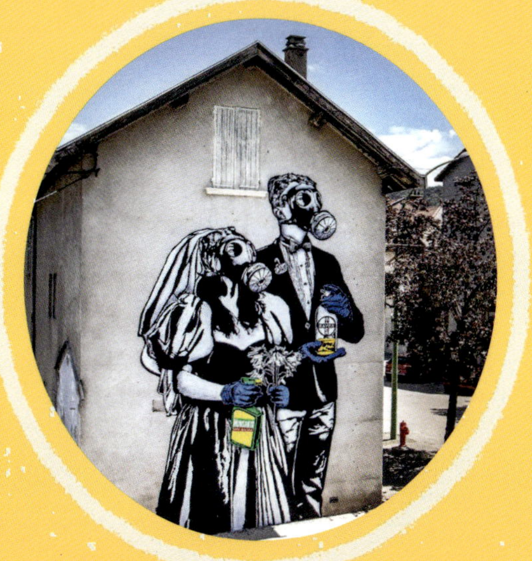

TOXIC WEDDING

GOIN

2018, peinture murale au pochoir
Le Pont-de-Claix (France), rue Stalingrad et rue Georges Bizet

Et enfin, ce couple qui n'en est pas un, mais l'illustration de l'union toxique entre Bayer et Monsanto. Avec cette œuvre intitulée *Toxic Wedding*, l'artiste fait référence à la fusion des deux sociétés tant décriées pour leurs activités polluantes. Cette union nous rends bien **MARRIS**...

LE MASQUE

**QU'ON L'UTILISE POUR PARAÎTRE OU DISPARAÎTRE,
POUR JOUER OU SE JOUER, QU'IL SOIT DRÔLE OU EFFRAYANT,
L'HISTOIRE DE L'ART FAIT TOMBER LE MASQUE.**

MASQUE DE MALINALTEPEC

CIVILISATION DE TEOTIHUACAN (MEXIQUE)

IIIe-VIIe siècle après J.-C., chlorite, amazonite, hématite, turquoise et coquillages

Mexico, Musée national d'anthropologie

Ce n'est pas le masque de fer, mais le masque de mosaïque. Il fut retrouvé dans une urne funéraire de Malinaltepec, dans l'État de Guerrero, au Mexique. Oui, car là-bas, à Malinaltepec et à Teotihuacan, les morts et les vivants portaient des masques.

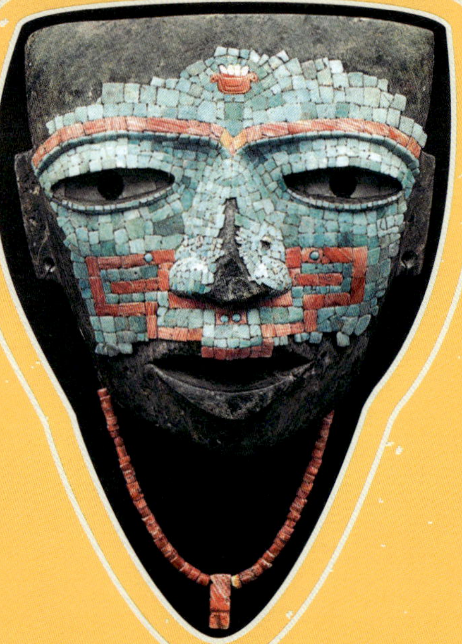

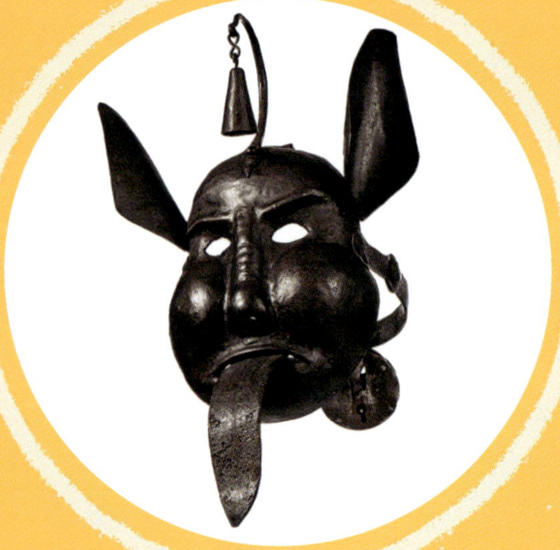

MASQUE DE LA HONTE

EUROPE

1501, fer

Lisbonne, musée de la Pharmacie

Il est **EN FER ET CONTRE TOUS**, celui-ci. Du moins contre ceux qui étaient punis et humiliés du fait de leurs agissements. Ce masque de la honte était fermé à clef, de jour comme de nuit. Un masque du **MOYEN ÂGE**, et pas **ANTI-ÂGE**...

ALLÉGORIE DE LA SIMULATION

LORENZO LIPPI

Vers 1640, huile sur toile

Angers, musée des Beaux-Arts

Qui, du masque ou de la femme, masque l'autre...? Dans ce tableau, Lippi peint le mensonge et la dissimulation. La grenade qu'expose la femme est elle aussi le fruit du faux-semblant : simple en apparence, complexe à l'intérieur.

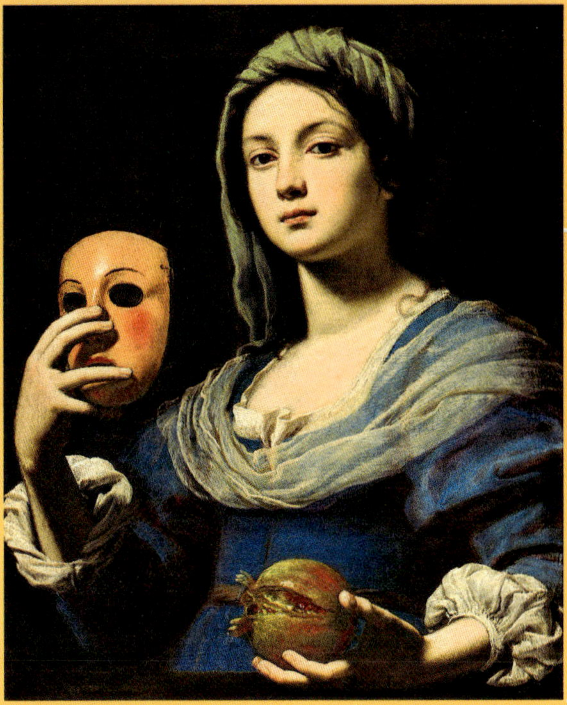

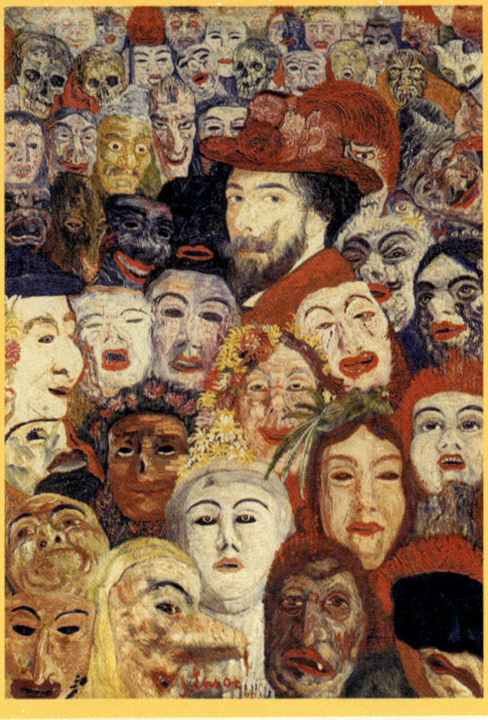

AUTOPORTRAIT AUX MASQUES

JAMES ENSOR

1899, huile sur toile

Komaki (Japon), Musée d'Art Ménard

Masques et mascarade font bon ménage dans cette scène autoportrait peinte par James Ensor. Et il s'en sort bien, James, parmi cette masse moche aux personnages grotesques, inspirés des curiosités de la boutique de sa mère.

HEAD HUNTERS

AWOL ERIZKU

2018-2020, impression numérique

New York, The FLAG Art Foundation

Et ici, Awol Erizku, artiste conceptuel américano-éthiopien, réinterprète ici l'idée que l'on se fait des masques africains. Paré de symboles de la culture populaire et de références au jazz, ce masque **KPLÉ-KPLÉ** des Baoulé **PLAÎT, PLAÎT** beaucoup.

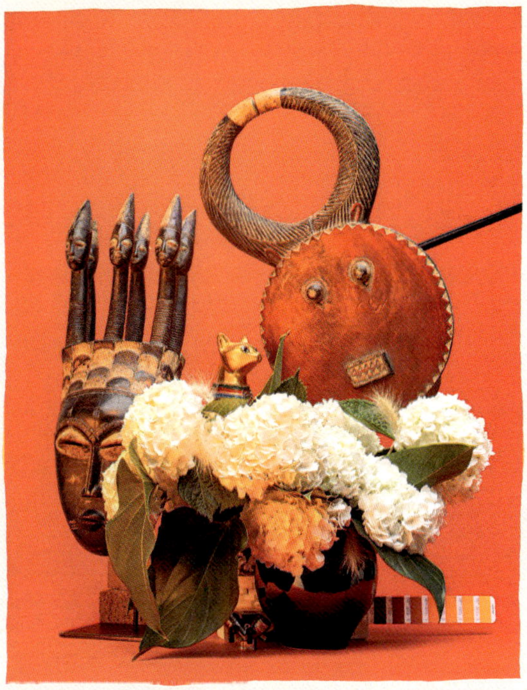

MASQUES DE THÉÂTRE

IIe siècle après J.-C., mosaïque
Rome, palais Neuf, musées du Capitole

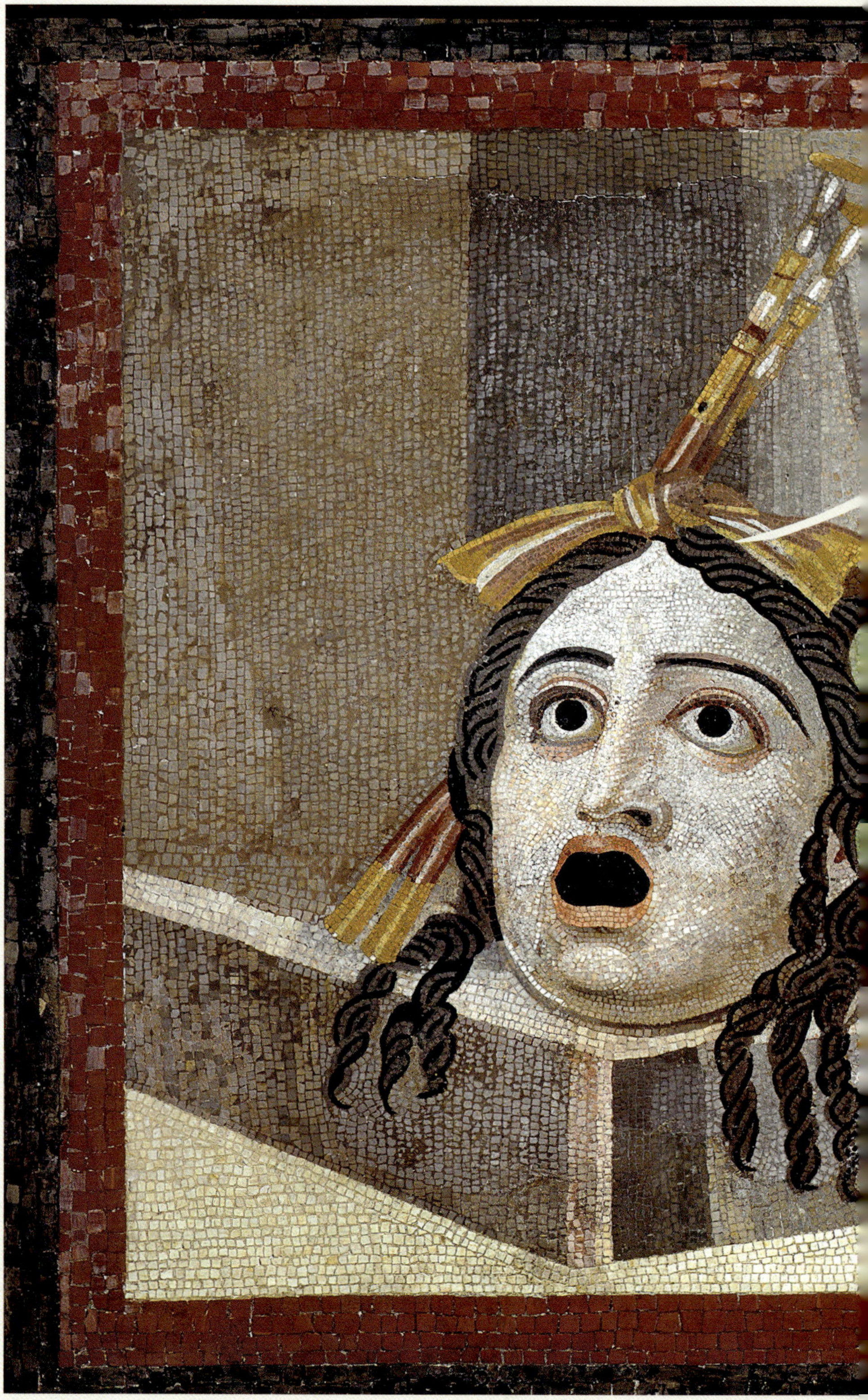

Comme s'ils vivaient encore au-delà de ceux qui les ont portés, ces masques de comédie sont très expressifs. Avec leurs bouches grandes ouvertes, ils nous parlent. Alors, même si on n'entend rien, on comprend tout, ou presque.

LE THÉÂTRE ANTIQUE

Pendant l'Antiquité, le théâtre joue un rôle primordial dans la vie des Grecs et des Romains. À travers des récits empruntés à la mythologie, les dramaturges mettent en scène les grands questionnements philosophiques et politiques auxquels la société est confrontée. Les pièces sont jouées dans des théâtres en plein air. Les acteurs portent des masques aux traits outrés afin que les spectateurs puissent distinguer les différents personnages depuis les gradins.

Dans l'Antiquité, seuls les hommes peuvent être acteurs. Pour se métamorphoser en personnages féminins, ils portent des masques à la peau claire et à la longue chevelure.

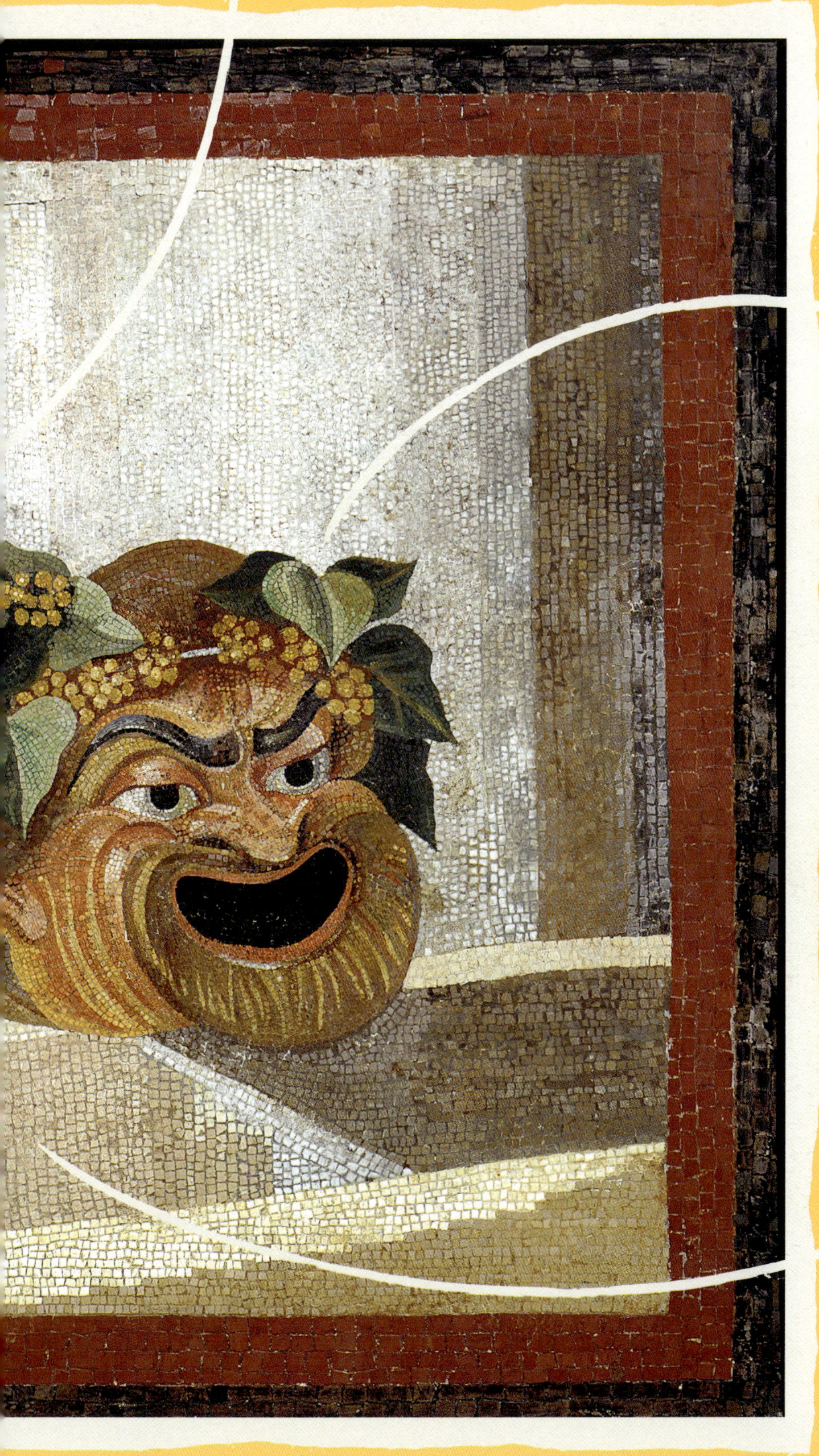

Ce masque aux traits grossiers et à la barbe hirsute représente un personnage typique de la comédie antique, l'esclave rusé et moqueur, le *servus callidus*.

La technique de l'*opus vermiculatum* consiste à assembler de minuscules tesselles de mosaïque aux nuances variées. Ici, l'artiste est parvenu à créer de saisissants jeux d'ombre et de lumière.

LE CRÂNE

QU'IL SOIT DÉFORMÉ, VANITEUX, ÉTRANGE OU SYMBOLIQUE… LE CRÂNE PREND DES FORMES SURPRENANTES.

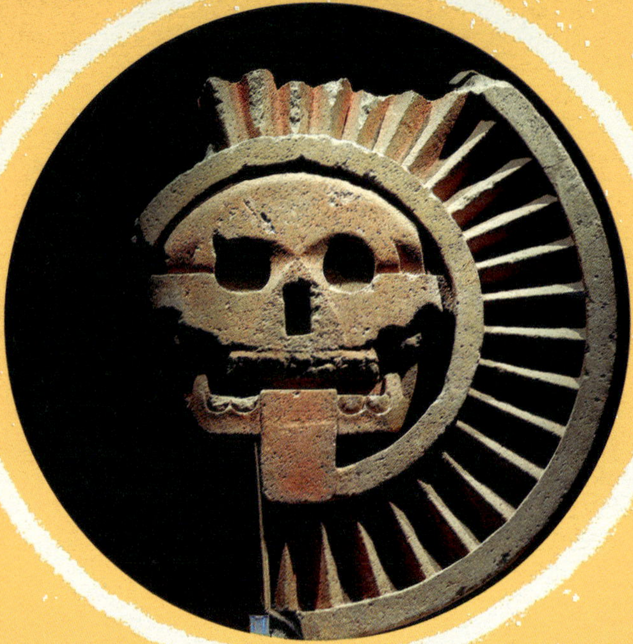

DISQUE DE LA MORT

CIVILISATION DE TEOTIHUACAN (MEXIQUE)

Ier-VIIe siècle après J.-C., pierre

Mexico, Musée national d'anthropologie

Alors je pousse une première tête avec la représentation de ce crâne de la mort découverte dans la pyramide du Soleil à Teotihuacan, au **MEXIQUE**. Il ne **M'EXCITE** guère, d'ailleurs, le regard hagard de Mictlantecuhtli… dieu de la mort.

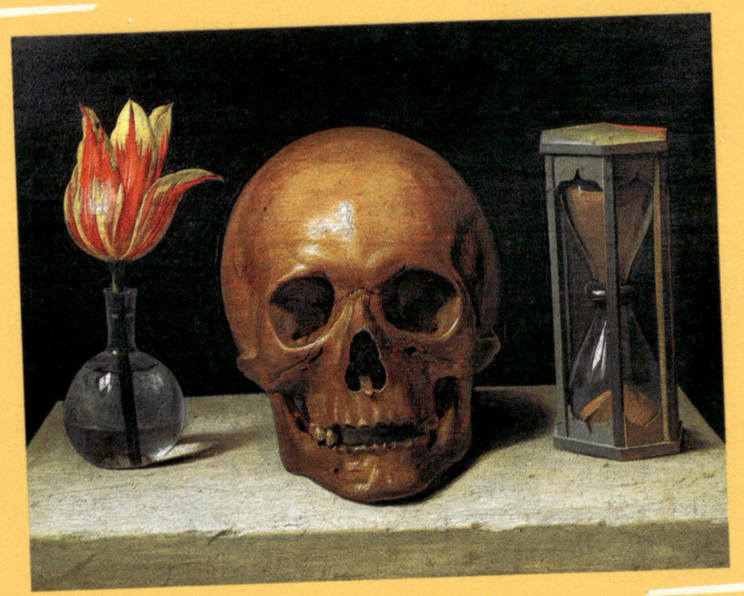

VANITÉ OU ALLÉGORIE DE LA VIE HUMAINE

ATTRIBUÉ À PHILIPPE DE CHAMPAIGNE

1646, huile sur panneau de bois

Le Mans, musée de Tessé

C'est Cham**PAIGNE** – qui n'en a pas besoin dans le cas présent – qui aurait peint cette nature morte, bien morte… Un crâne tel qu'on se le représente généralement, avec ses orbites noires fixant le spectateur d'un regard… vide.

AUTOPORTRAIT AVEC *LA MORT AU VIOLON*

ARNOLD BÖCKLIN

1872, huile sur toile

Berlin, Alte Nationalgalerie

Ici, la Mort joue sa partition, elle rode, érode la vie même en se jouant d'elle avec ce violon qui n'a plus qu'une corde, supposant ainsi que la vie ne tient qu'à un fil. Comme si ce musicien faisait partie du groupe des **CRÂNES... BERRIES.**

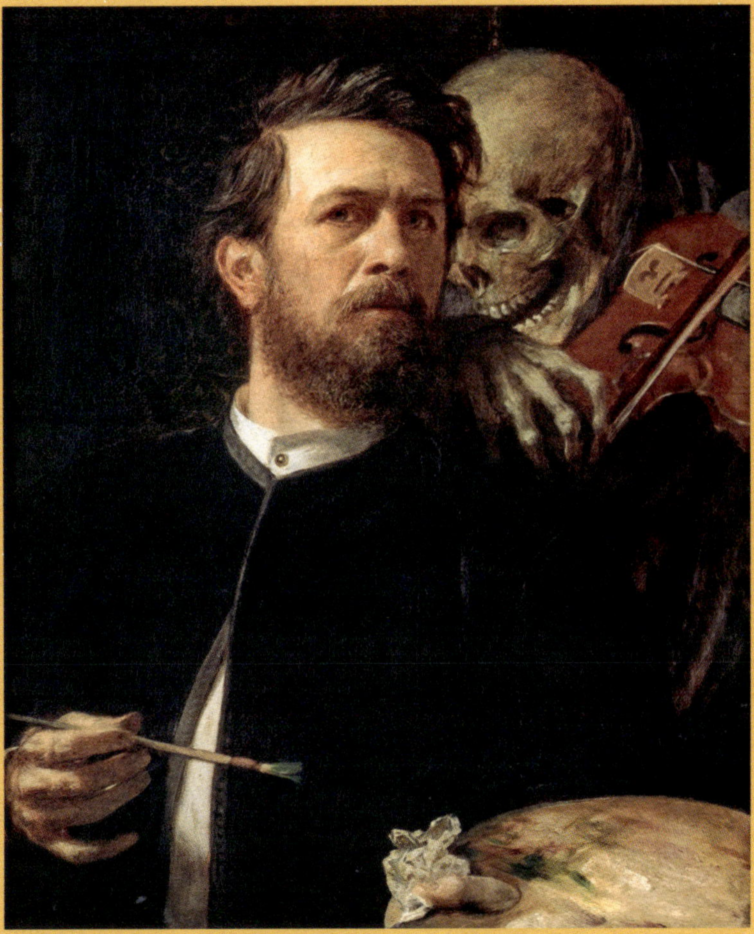

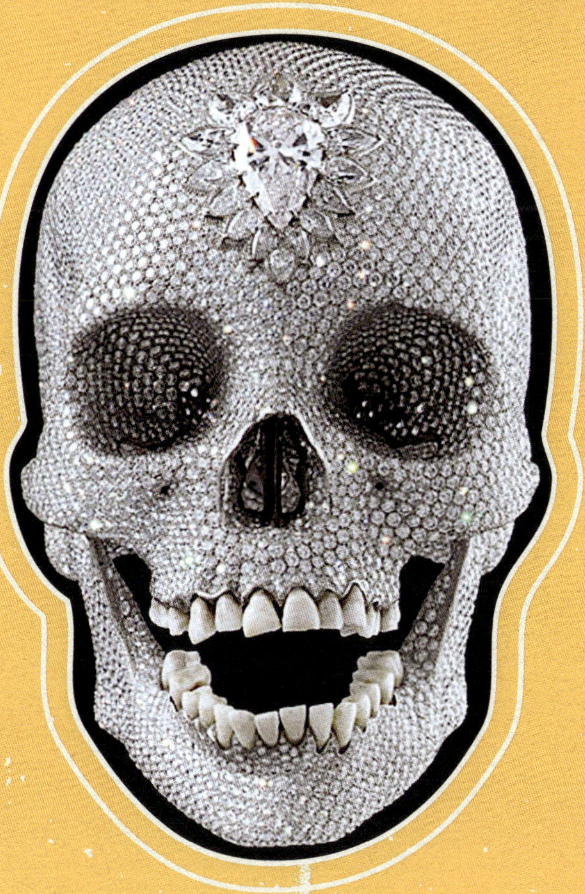

FOR THE LOVE OF GOD

DAMIEN HIRST

2007, diamant, platine et dents

Collection particulière

Puis, cette réplique d'un crâne humain du XVIIIe siècle encore paré de ses dents. Imaginé par Damien Hirst, il est incrusté de 8 601 diamants. L'artiste veut peut-être nous faire penser, à l'instar de James Bond, que **LES DIAMANTS SONT ÉTERNELS.**

LES AMBASSADEURS

HANS HOLBEIN LE JEUNE

1533, huile sur panneaux de bois
Londres, National Gallery

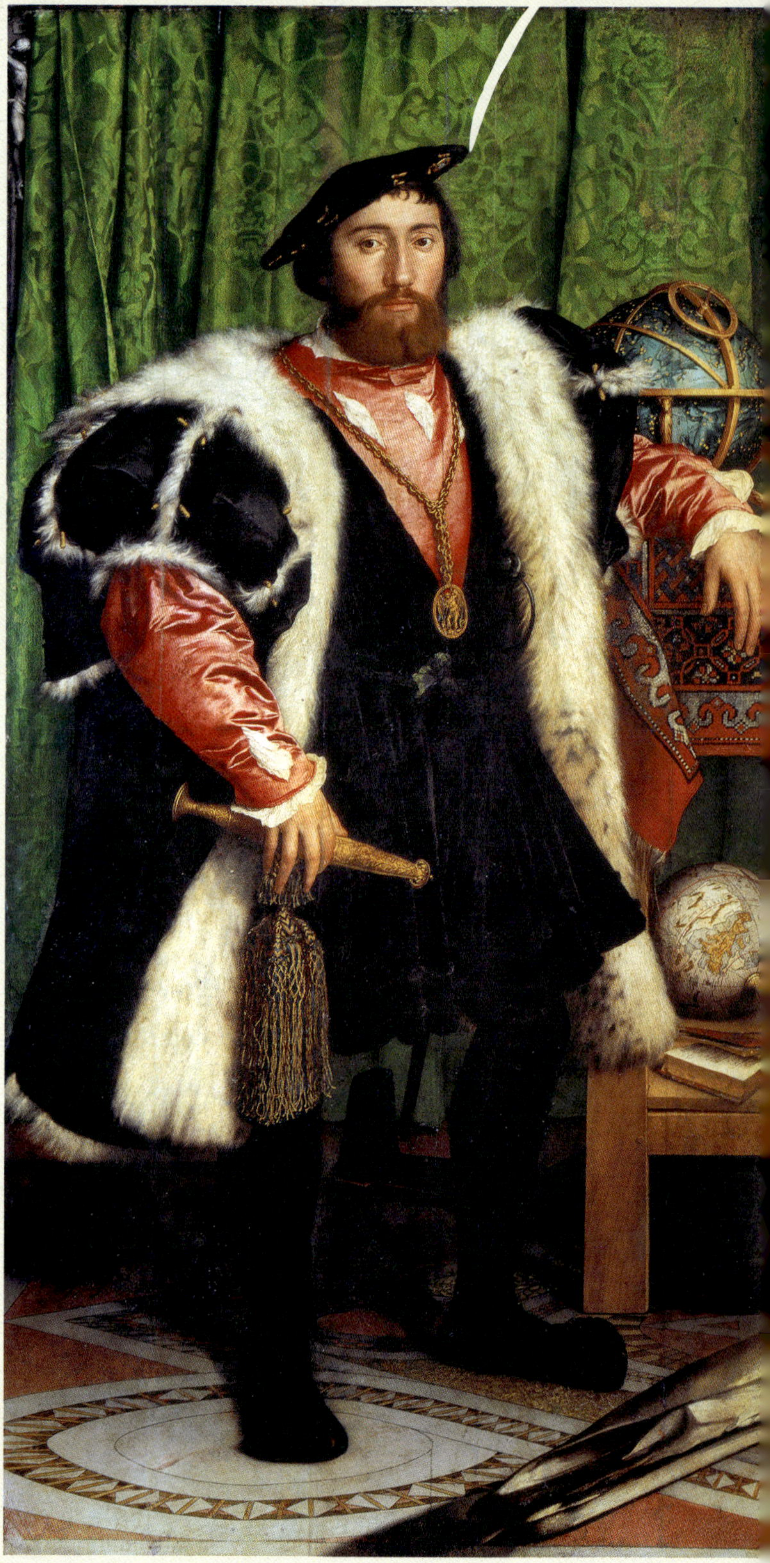

Ces hommes posent **CRÂNEMENT** devant des objets renvoyant aux grandes découvertes de la Renaissance. Il est aisé, voire pas du tout, d'observer le crâne peint en anamorphose entre les deux personnages. Anamorphose, c'est-à-dire visible selon un point de vue précis. À ne point confondre avec anamorchose, qui ne veut rien dire.

HANS HOLBEIN LE JEUNE

(vers 1497-1543)

Hans Holbein le Jeune est originaire d'Augsbourg, en Allemagne. Dans ses œuvres, il allie le réalisme caractéristique de la peinture d'Europe du Nord avec l'intérêt pour l'être humain qui se développe pendant la Renaissance. Au cours de sa carrière ponctuée de nombreux voyages, il a côtoyé des philosophes humanistes tels qu'Érasme et Thomas More. Célèbre pour ses portraits, il a longtemps vécu à la cour d'Angleterre, où il s'est distingué par son goût pour les illusions d'optique et les références savantes.

Jean de Dinteville et Georges de Selve sont des ambassadeurs français auxquels on a confié la difficile tâche d'apaiser les relations entre le roi d'Angleterre et le pape durant une période de conflits religieux. Ils n'en ont pas l'air ravis...

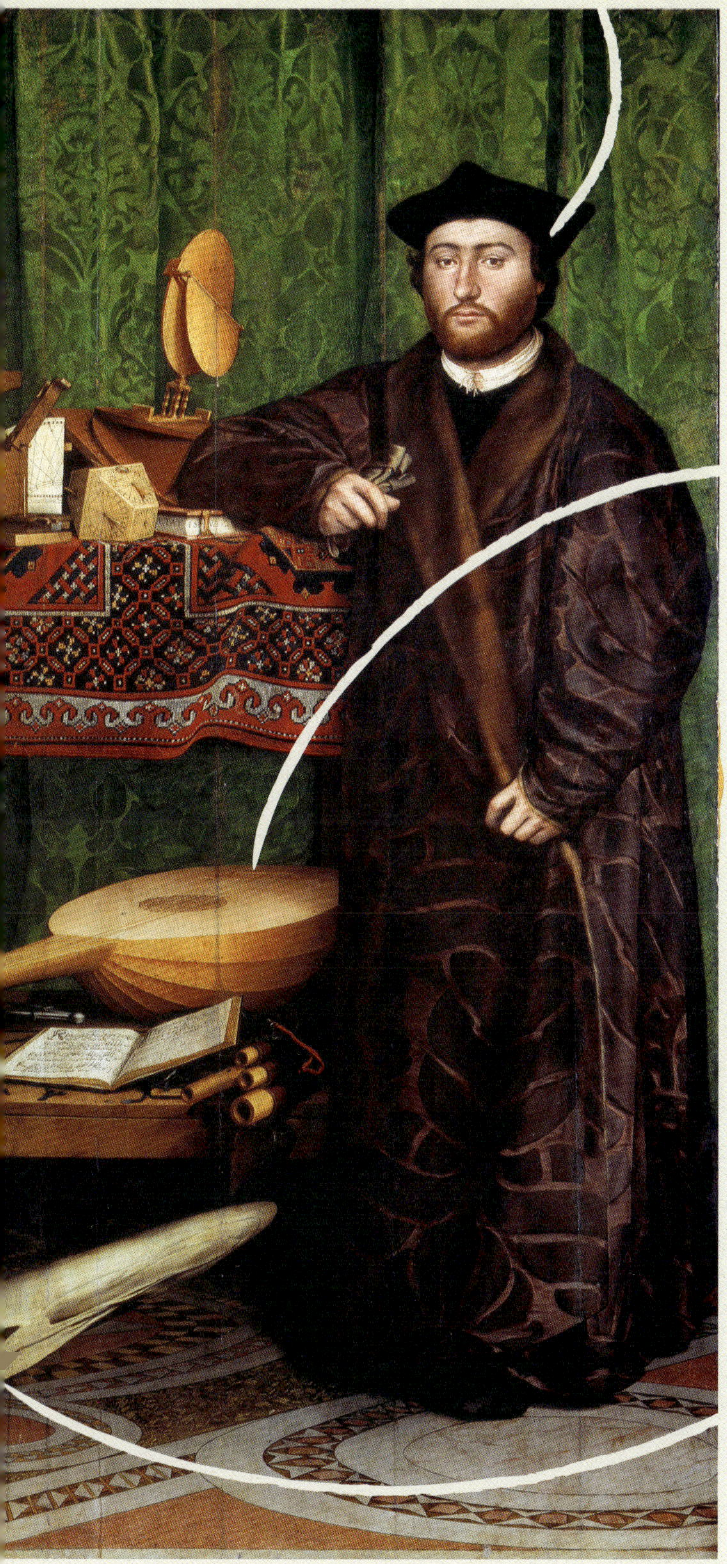

Les instruments de mesure et de musique témoignent du savoir des deux hommes. Mais une des cordes du luth est cassée... Y aurait-il de la tension dans l'air ?

Voici l'anamorphose. Mais attention, ce crâne est un avertissement : qu'ils soient puissants ou non, tous les hommes sont destinés à mourir.

LA SORCIÈRE

NEZ CROCHU OU CHAPEAU POINTU, LAIDE OU ENVOÛTANTE, ELLE FAIT PARTIE DE NOTRE IMAGINAIRE ET DES IMAGES DE L'ART, LA SORCIÈRE.

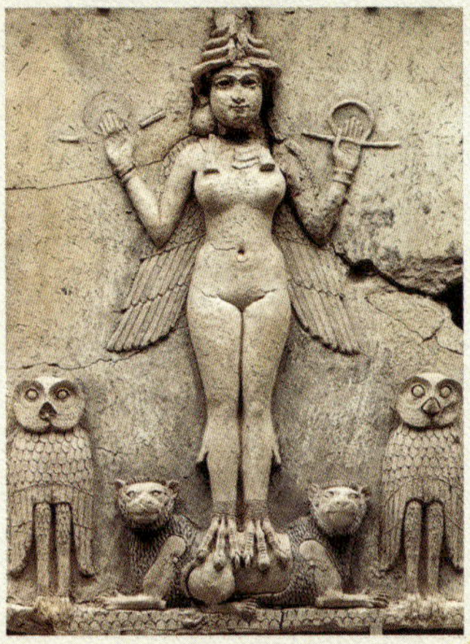

PLAQUE BURNEY, DITE AUSSI *LA REINE DE LA NUIT*

MÉSOPOTAMIE, PÉRIODE D'ISIN-LARSA

Vers 1800-1750 avant J.-C., bas-relief en terre cuite

Londres, British Museum

Et la première d'entre elles s'appelle Lilith. C'est une sorcière mésopotamienne qui fait sienne la faculté d'impressionner ses visiteurs par sa puissance naturelle. À l'origine, cette déesse était parée de rouge avec des ailes multicolores et portait haut les couleurs sur ce bas-relief.

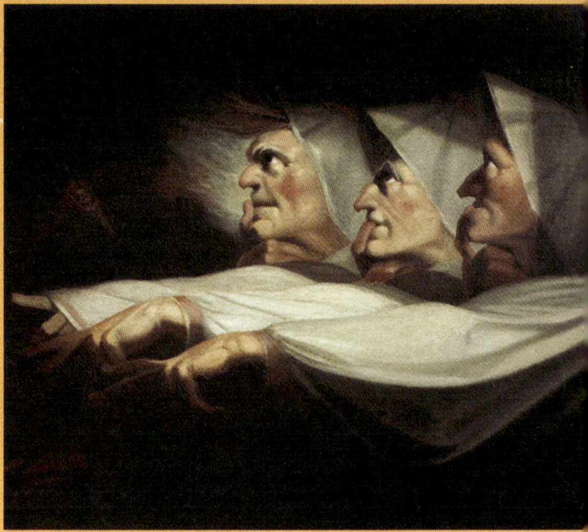

LES TROIS SORCIÈRES

JOHANN HEINRICH FÜSSLI

1783, huile sur toile

Zurich, Kunsthaus

Elles n'en manquent pas, cette fois-ci, de relief, avec leurs nez crochus aux attributs maléfiques. Nous devons leurs traits très marquants à Füssli, qui fait référence à *Macbeth*. Menaçantes, elles nous mettent en garde de ne pas tomber **NEZ À NEZ** avec elles…

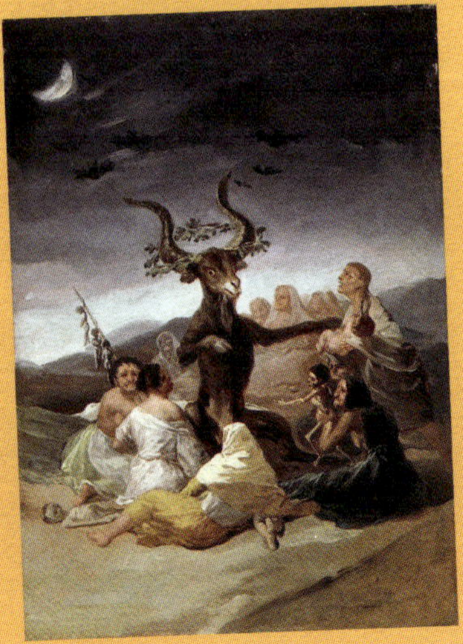

LE SABBAT DES SORCIÈRES

FRANCISCO DE GOYA

1797-1798, huile sur toile

Madrid, musée Lázaro Galdiano

… ou de ne pas nous mettre à dos ces femmes qui, de main en main, se passent des nouveau-nés déjà morts. C'est le sabbat des sorcières que peint Goya dans cette scène qui inspire **L'EFFROI ET LE CHAUD** de la peur.

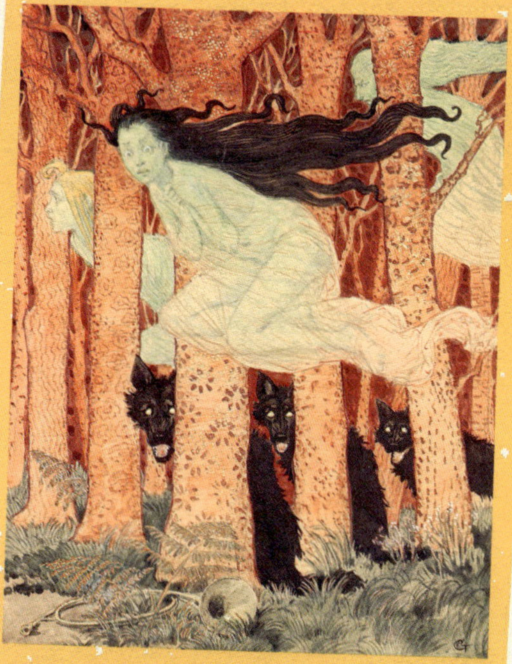

TROIS FEMMES ET TROIS LOUPS

EUGÈNE GRASSET

Vers 1892, crayon, aquarelle, encre de Chine et rehauts d'or sur papier
Paris, musée des Arts décoratifs

Grasset nous livre ici une représentation plus libre des sorcières. Sont-elles véritables ou bien des âmes folles en lévitation ? Le doute plane, comme cette femme dérangeante qui nous fixe, le regard effaré…

LA SORCIÈRE

JOHN WILLIAM WATERHOUSE

Vers 1910-1915, huile sur toile
Collection particulière

… ou égaré, comme celui de cette **FEMME SAVANTE**, qui n'est pas de Molière, mais du peintre préraphaélite Waterhouse. Est-ce une sorcière au milieu de cette antre désordonné ? Les bêtes féroces qui côtoient des instruments de chimiste et des grimoires nous le laissent à penser.

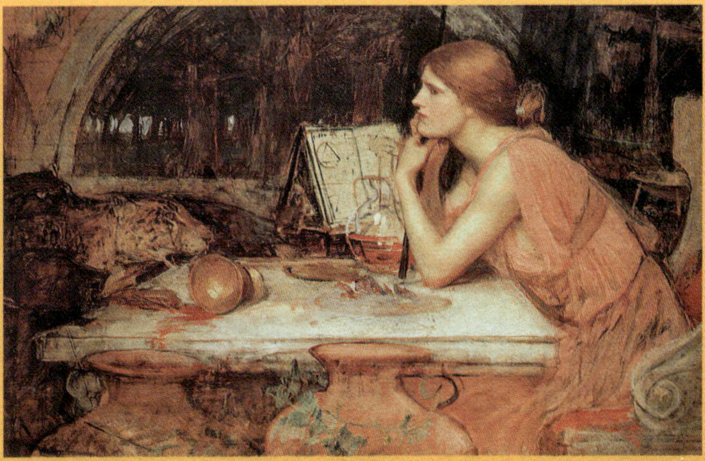

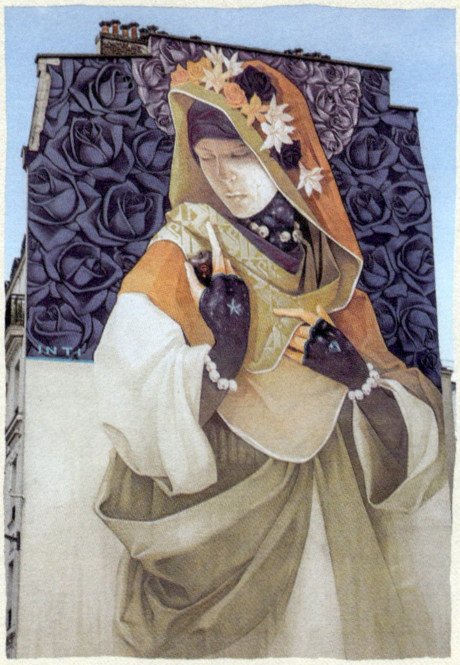

LA MADRE SECULAR 2

INTI

2016, peinture murale à l'aérosol
Paris, boulevard Vincent-Auriol

Et que penser aussi de cette femme qui nous évoque une sainte ? Il y a là des crânes, une pomme, des astres sur le cou, toute la symbolique de la sorcellerie. Mais présentée sous une forme rassurante, elle passerait presque pour la **SORCIÈRE BIEN-AIMÉE**.

LA BARBE

QU'ELLE SOIT COURTE OU FOISONNANTE, BLANCHE, ROUSSE, NOIRE OU BIEN ENCORE POIVRE ET SEL, LA BARBE N'EST JAMAIS BARBANTE.

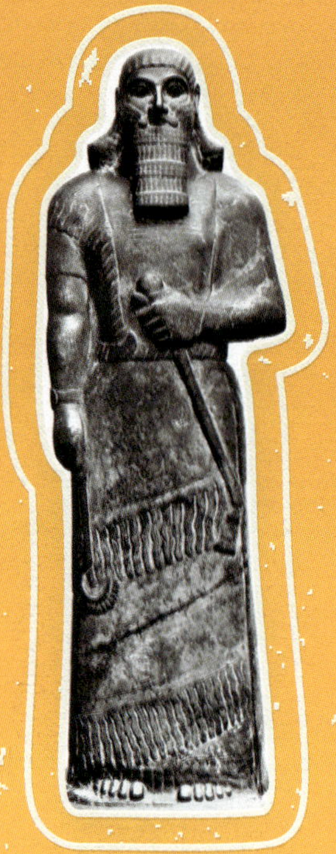

ASSURNASIRPAL II
EMPIRE NÉO-ASSYRIEN
IXe siècle avant J.-C.
Londres, British Museum

Celle de ce roi d'Assyrie reste de marbre depuis trente siècles. La barbe… est imposante. Elle est dense, et si elle est soyeuse, elle n'est point joyeuse. Bouclée, divisée en rangs distincts de mèches frisées, elle était alors un symbole de noblesse.

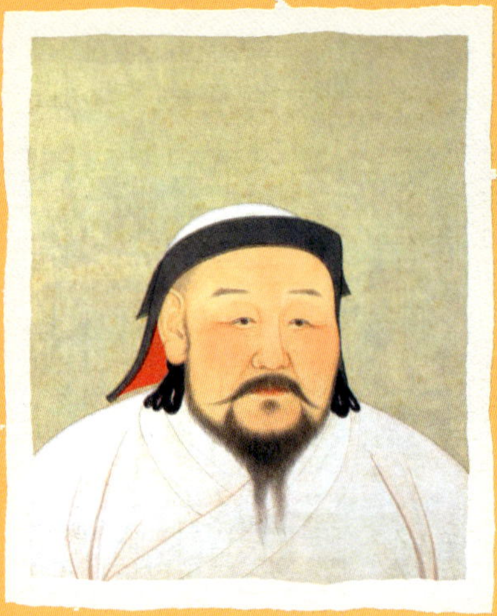

PORTRAIT DE KUBILAI KHAN
ATTRIBUÉ À ARANIKO
Vers 1294, encre et couleurs sur soie
Taipei (Taïwan), Musée national du palais

Vous l'aurez bien sûr reconnu, il s'agit du portrait de Kubilai Khan, qui n'a rien avoir avec Gengis, enfin presque, puisque c'est son petit-fils. Il fut le premier empereur de la dynastie Yuan. Il apparaît ici avec un collier de barbe qui se termine par deux pointes. Très pratique pour jouer à « **JE TE TIENS…** ».

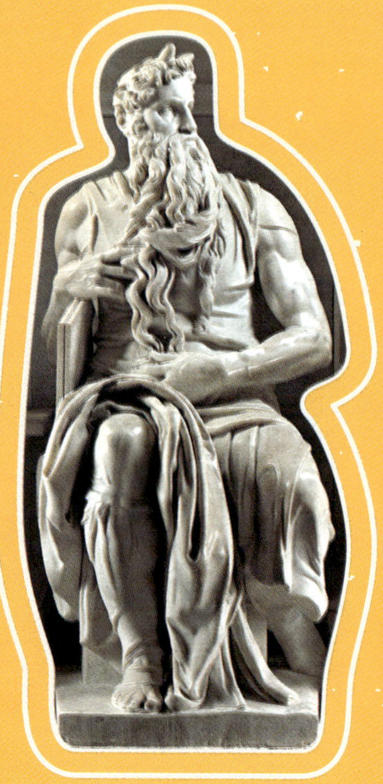

***MOÏSE,* DÉTAIL DU MAUSOLÉE DU PAPE JULES II**
MICHEL-ANGE
Vers 1516, marbre
Rome, basilique Saint-Pierre-aux-Liens

Que dire de celle-ci, sculptée par Michel-Ange et aussi longue que son histoire ? C'est celle de Moïse, qui retient de son index sa longue barbe fluide, comparée à de **L'EAU… DE LÀ**, il nous regarde avec une expression terrible qui traduit sa colère lorsqu'il découvre que son peuple a créé une idole pour adorer Dieu.

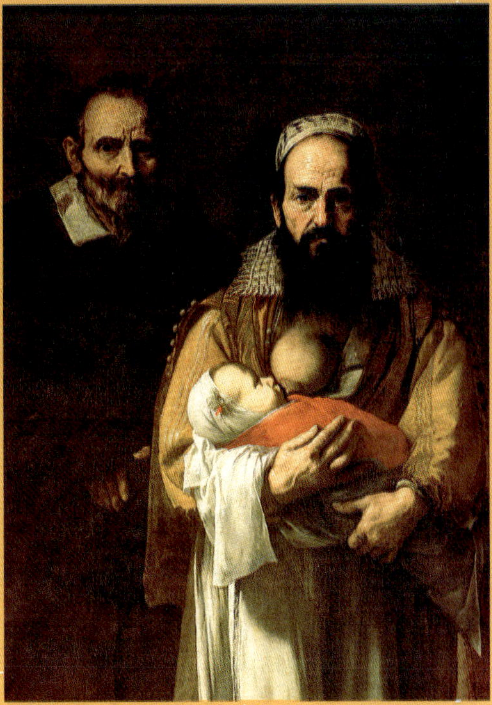

LA FEMME À BARBE
JUSEPE DE RIBERA

1631, huile sur toile
Séville, Fondation Casa Ducal de Medinaceli, en dépôt au musée du Prado à Madrid

De la barbe à papa, celle de Moïse le patriarche, nous passons à la **BARBE À MAMAN**… du moins à celle de Magdalena Ventura, mère de trois enfants, dont la barbe a commencé à pousser lorsqu'elle avait 37 ans. C'est Jusepe de Ribera qui a peint cette femme atteinte d'hirsutisme.

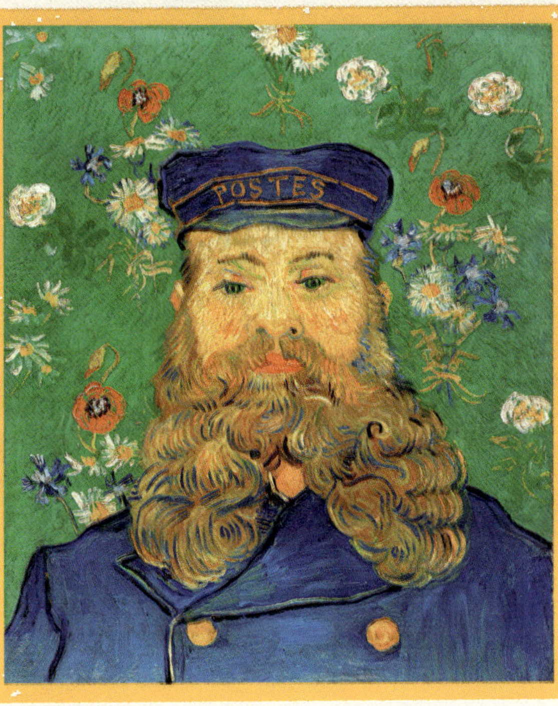

PORTRAIT DE JOSEPH ROULIN
VINCENT VAN GOGH

1889, huile sur toile
Otterlo (Pays-Bas), musée Kröller-Müller

Ce pourrait être Barberousse si ce n'était Joseph Roulin, rien à voir… Celui-ci était maître de poste à la gare d'Arles. Cette barbe fournie est l'œuvre de Van Gogh, qui a peint six portraits de son ami entre août 1888 et avril 1889. Quand Vincent ne sait plus quoi faire, il fait coiffeur.

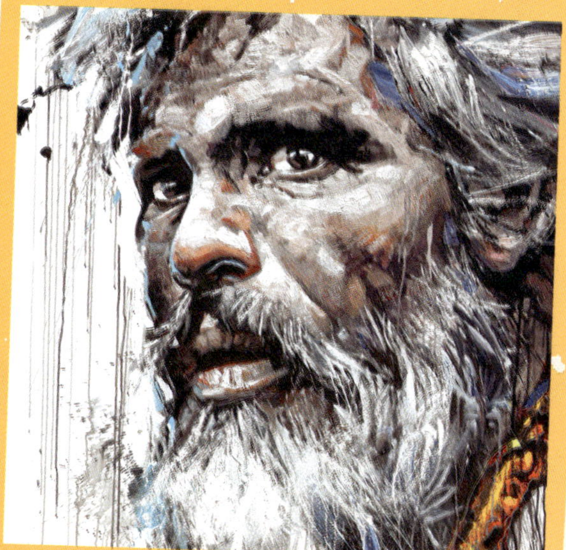

SRI LANKA, AKILA
EMMANUEL MICHEL

2020, acrylique sur toile
Collection de l'artiste

Et enfin, cette barbe bavarde et bravache qui témoigne des conditions de vie d'Akila au Sri Lanka. L'artiste Emmanuel Michel croque des visages au gré de ses rencontres, comme dans le portrait de cet homme saisi sur le vif. Instantané d'un visage, d'une peau tant tannée par les années.

LE SOURIRE

**IL EST NOTRE PLUS BEL ATOUT,
IL TRADUIT NOTRE ÉMOTION,
IL REND GRÂCE À L'AUTRE EN UN SEUL TRAIT,
NOUS PORTONS TOUS SUR NOUS
LE SOURIRE AVEC MALICE.**

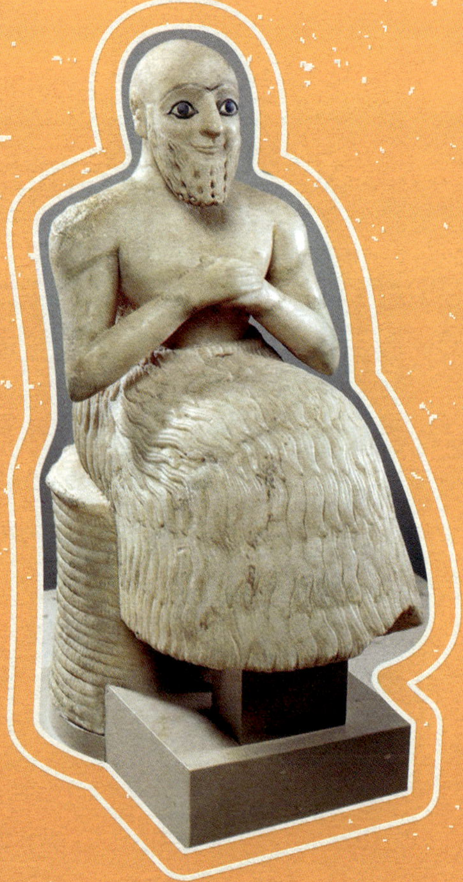

STATUE D'EBIH-IL

MÉSOPOTAMIE

Vers 2500-2340 avant J.-C., albâtre, incrustations de coquillage et de lapis-lazuli

Paris, musée du Louvre

Voici Ebih-Il, un haut dignitaire mésopotamien qui n'a pas mieux à offrir que ce rictus timide. Il serait l'un des plus anciens de l'histoire de l'art. Un sourire vieux de 4 000 ans. Un vieux sourire figé, qui en devient méditatif.

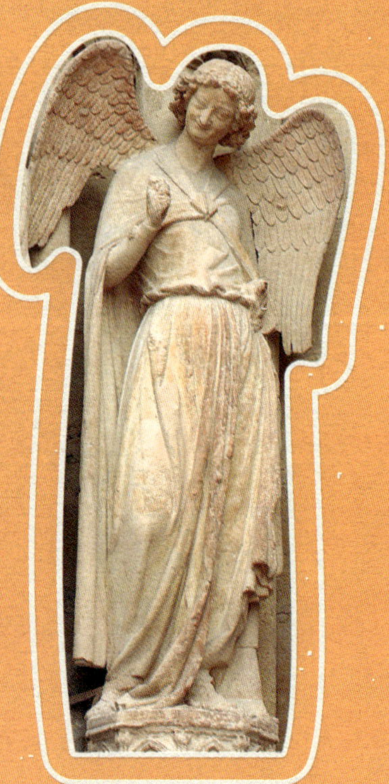

L'ANGE AU SOURIRE

ART GOTHIQUE

Vers 1240, sculpture

Reims, cathédrale Notre-Dame

Ce sourire est celui d'un ange qui l'avait perdu après que sa tête fut tombée lors des bombardements de 1940. Il n'avait **GUÈRE** que les yeux pour pleurer, il a désormais retrouvé le sourire pour poser.

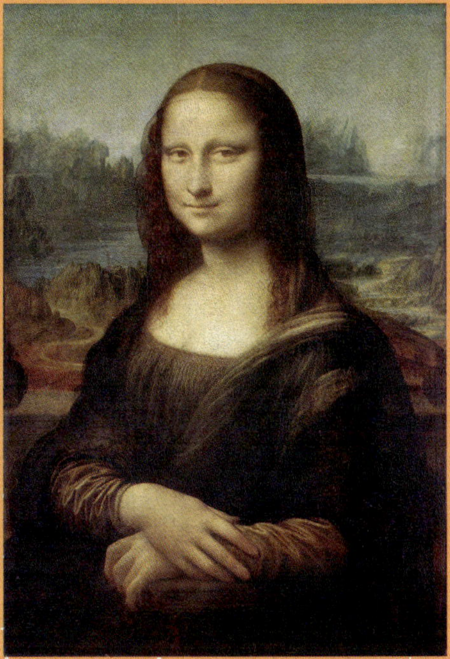

PORTRAIT DE MONNA LISA DIT *LA JOCONDE*

LÉONARD DE VINCI

1503-1519, huile sur bois

Paris, musée du Louvre

Comment ne pas évoquer le sourire le plus célèbre du monde, celui qui mena Monna au panthéon des chefs-d'œuvre, *La Joconde* de Léonard de Vinci ? Elle le porte du bout des lèvres. Un sourire qui dit quoi ? Qui sait, mais qui rend coi, assurément.

L'INTRIGUE

JAMES ENSOR

1890, huile sur toile

Anvers, Musée royal des beaux-arts

Avec ceux-ci, on entre, avec Ensor, dans une autre forme de sourire. Il s'agit de rictus monstrueux, moqueurs et malveillants ! On sourit pour la photo d'un mariage sinistre au présage douteux. C'est la **SOUPE À LA GRIMACE**, et donc des sourires **LOUCHES**...

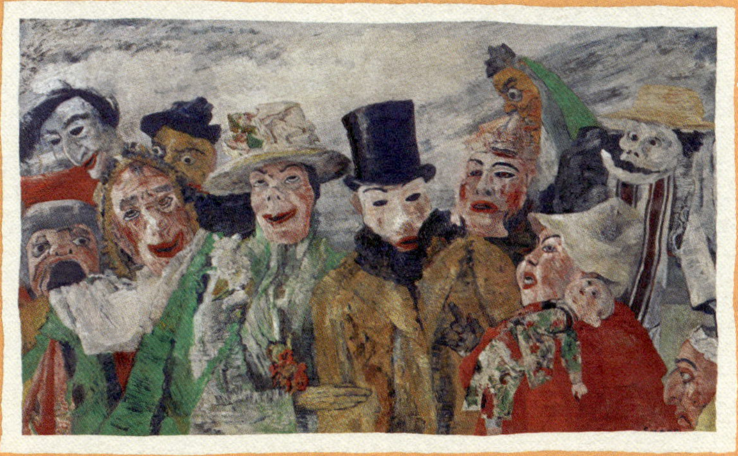

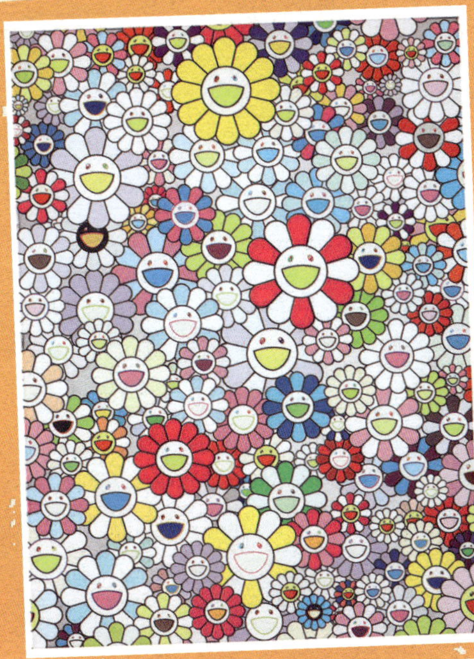

AN HOMAGE TO YVES KLEIN, MULTICOLOR D

TAKASHI MURAKAMI

2012, acrylique et feuille de platine sur toile montée sur cadre en aluminium

Collection particulière

Takashi Murakami **SOURIT JAUNE** avec ce tableau de fleurs aux pétales de joie. Mi-pop, mi-manga, ses personnages sont peints à la couleur du bonheur et de la vie qui sourit.

LES DENTS

QU'ELLES SOIENT DE BONHEUR OU DE LAIT, DE RANCUNE OU DE GOURMANDISE, LES DENTS SONT SOUVENT MORDANTES DANS L'ART.

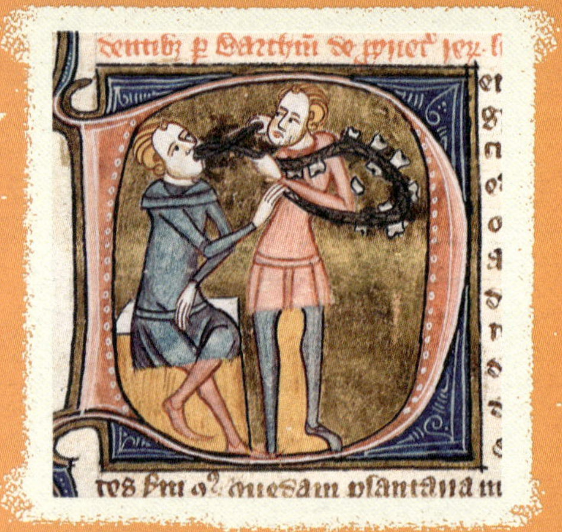

ARRACHEUR DE DENTS

ANGLETERRE

Vers 1360-1375, enluminure de l'*Omne Bonum* de James le Palmer

Oxford, Bodleian Library

Il n'est point menteur, et pourtant, voici un arracheur de dents du Moyen Âge. Il est à la tâche pour retirer à cet homme ce qu'il y a dans sa bouche. Avant 1699 et l'instauration du métier de chirurgien-dentiste, ce sont des charlatans qui s'occupaient de soigner les malades. Enfin, **SOIGNER... SAIGNER.**

JEUNE GARÇON RIANT

FRANS HALS

1625, huile sur toile

La Haye, Mauritshuis

Le rire est le meilleur ami des dents, car il dévoile nos canines par nos sourires **INCISIFS.** En voici un bel exemple avec le peintre Frans Hals, qui, de son pinceau, fait rire cet enfant à pleines dents.

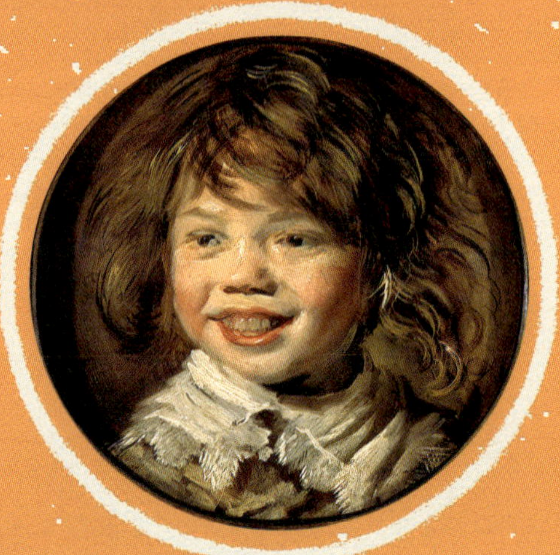

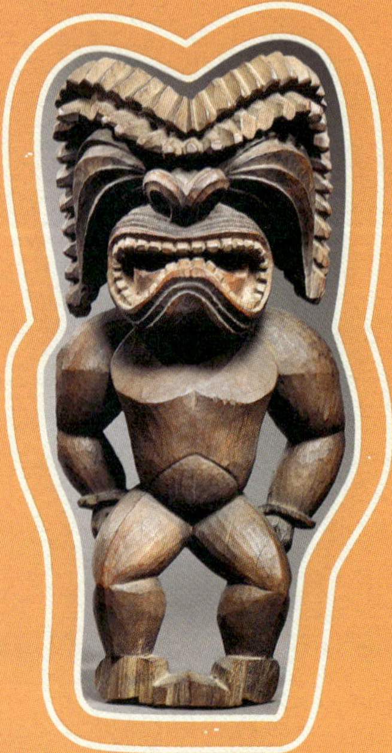

STATUE DE STYLE KONA REPRÉSENTANT LE DIEU DE LA GUERRE KU-KA'ILI-MOKU

HAWAÏ

Vers 1780-1820, bois

Collection particulière

Soyons honnêtes, Ku-ka'ili-moku, dieu de la guerre en Polynésie, n'est pas très joli. Ce sont donc bien des **DENTS DE LAID** qu'il exhibe là. À les montrer de la sorte en ouvrant sa bouche en huit et non en cœur, cette statuette hawaïenne transmet un sentiment d'agressivité. Comme si elle avait **UNE DENT CONTRE NOUS.**

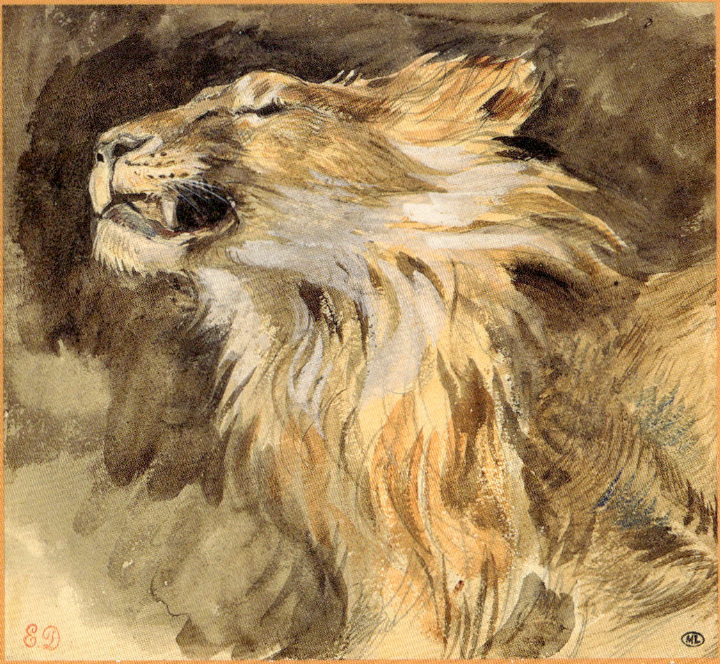

TÊTE DE LION RUGISSANT

EUGÈNE DELACROIX

XIXe siècle, aquarelle sur traits de crayon, rehauts de gouache
Paris, musée du Louvre

C'est à Eugène Delacroix que nous devons à ce lion de montrer les crocs… Mais en termes de peinture, la **ROYALE CANINE** de ce fauve ne fait pas le fauvisme pour autant. Elle nous donne simplement l'impression d'être tout proche de la bête, au point d'entendre battre son cœur de lion.

HANDGUN

YUE MINJUN

2003, huile sur toile
Collection particulière

Il y en a qui en ont plein le dos, d'autres qui ont plein de dents. Dans cet autoportrait, l'artiste Yue Minjun ouvre démesurément la bouche pour faire entendre son rire désabusé. Ce réalisme cynique illustre le malaise ressenti au sein de la société chinoise, où la communauté prime sur l'individualité.

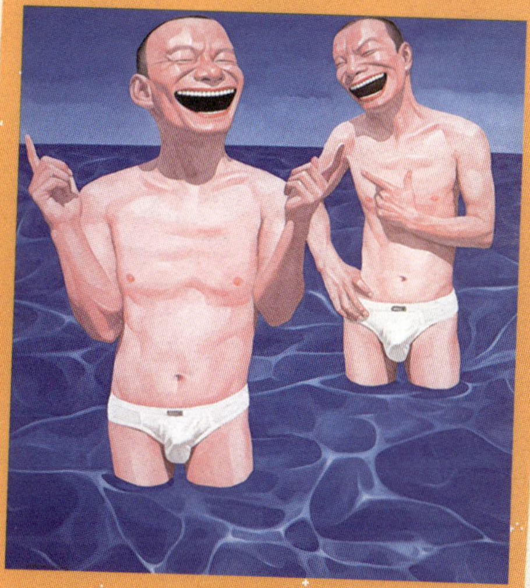

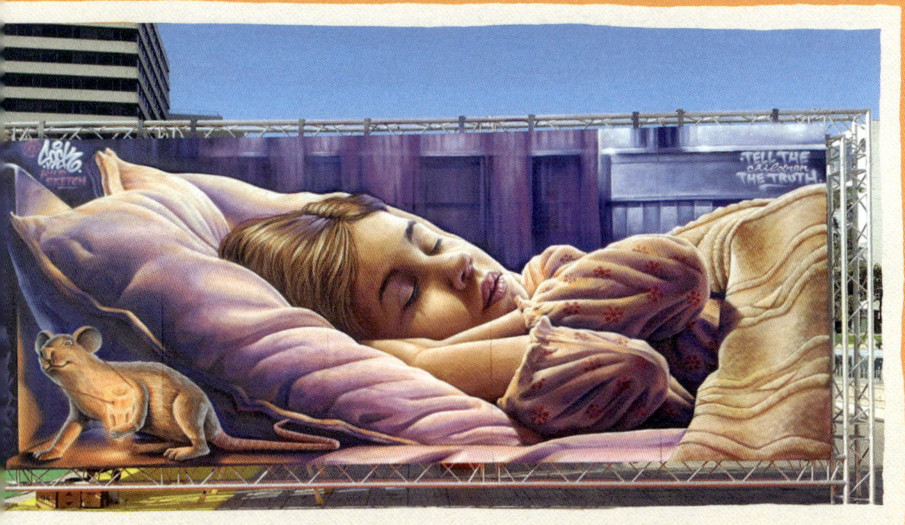

TELL THE CHILDREN THE TRUTH

SOCK

2020, peinture murale à l'aérosol
Puteaux, esplanade de l'Hôtel-de-Ville

Et enfin, regardons cette enfant enfouie dans son sommeil. Elle dort pendant que la petite souris dépose quelques **SOUS SOUS** l'oreiller après qu'elle a perdu une dent. Comme quoi, une dent perdue ne fait pas de nous des per**DANTS**.

L'ŒIL

IL EN FAUT DEUX POUR FAIRE LA PAIRE, ET SI ON LE PERD, ON DEVIENT BORGNE. IL PEUT ÊTRE BLEU, NOIR, BRUN OU VERT, OU FERMÉ. L'ŒIL NOUS CAPTIVE DANS L'HISTOIRE DE L'ART.

PECTORAL À L'ŒIL OUDJAT DE TOUTANKHAMON

ÉGYPTE ANTIQUE

XIVe siècle avant J.-C., cloisonné, lapis-lazuli et pâte de verre

Le Caire, Musée égyptien

Celui-ci est orphelin de l'autre, perdu au combat. C'est l'œil cerné de noir et stylisé du dieu Horus qui est représenté sur cette amulette, et non **ALLUMETTE**, car elle ne met pas le feu aux poudres, mais protège du mauvais sort. C'est le bon œil...

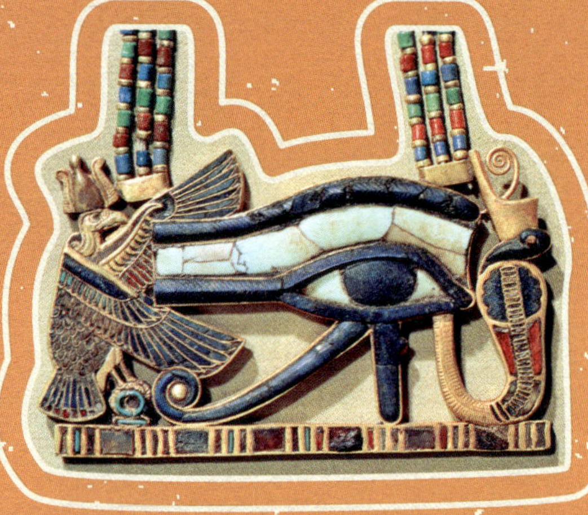

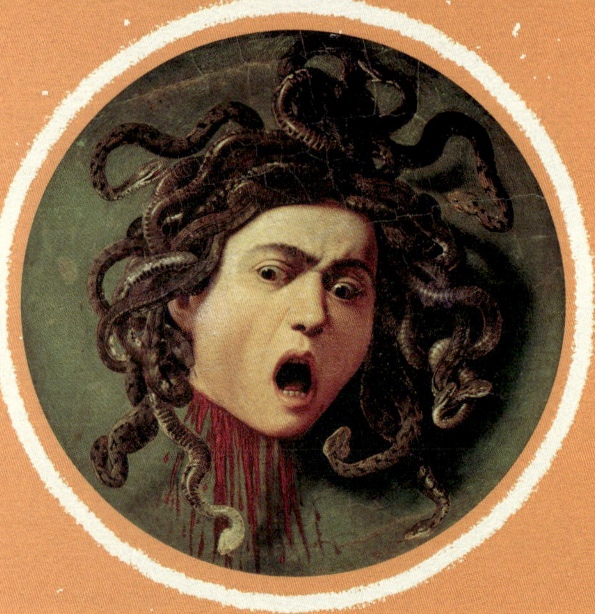

MÉDUSE

CARAVAGE

Vers 1598, huile sur toile montée sur bouclier

Florence, galerie des Offices

À l'inverse du mauvais œil de Méduse, qui nous regarde **MÉDUSÉE**, car décapitée, dépitée, pétrifiée même par la peur du carnage que Caravage a peint sur ce vrai bouclier de parade. Des yeux exorbités à en perdre la tête.

LE DÉSESPÉRÉ

GUSTAVE COURBET

1843-1845, huile sur toile

Collection particulière

Voici des yeux bavards qui hurlent, hallucinés par une angoisse non feinte. C'est un autoportrait, celui de Courbet. **GUSTAVE EST FRÊLE**, et pourtant il se livre sans détour sur cette toile où il dépeint les tourments de son âme.

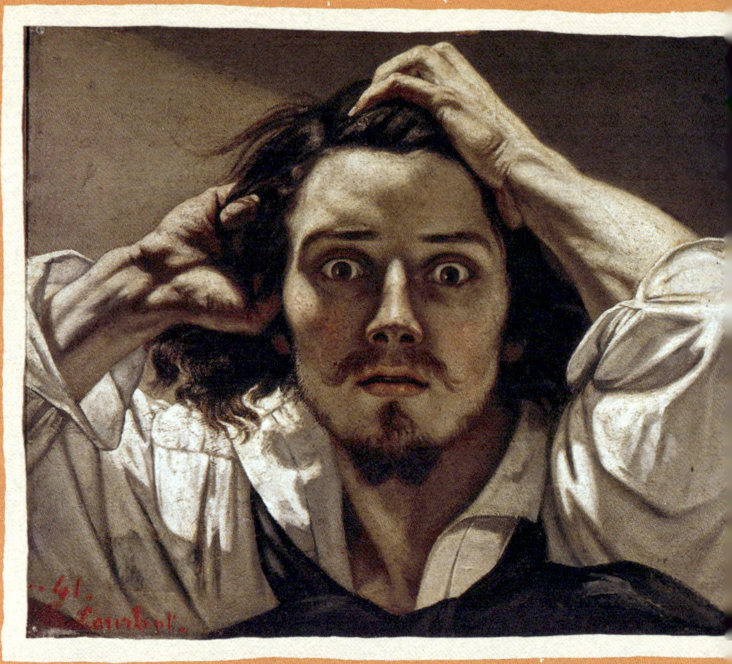

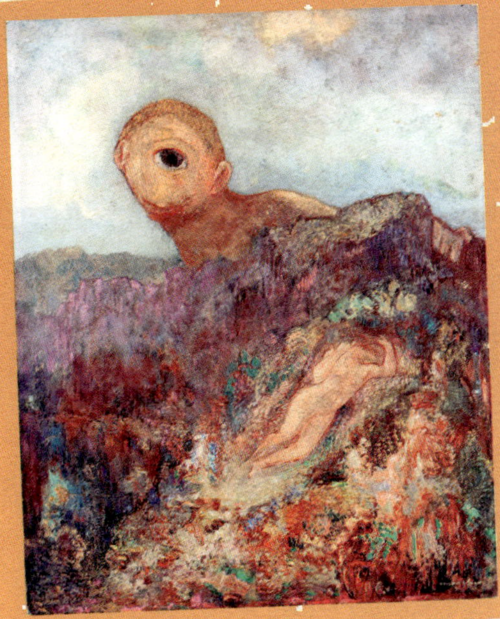

LE CYCLOPE

ODILON REDON

Vers 1914, huile sur carton

Otterlo (Pays-Bas), musée Kröller-Müller

Ici, nous entrons dans l'œil du cyclope, à moins que ce soit lui qui nous tape dans l'œil. Ce tableau est signé Odilon Redon, **ET DE REDON** nous lui devons, non pas des plumes, mais un pinceau qui enfouit la jeune nymphe Galatée au milieu des fleurs, près de son amant Acis, **COUCHÉ** près d'elle pour se protéger du regard inquiétant de cette curieuse créature.

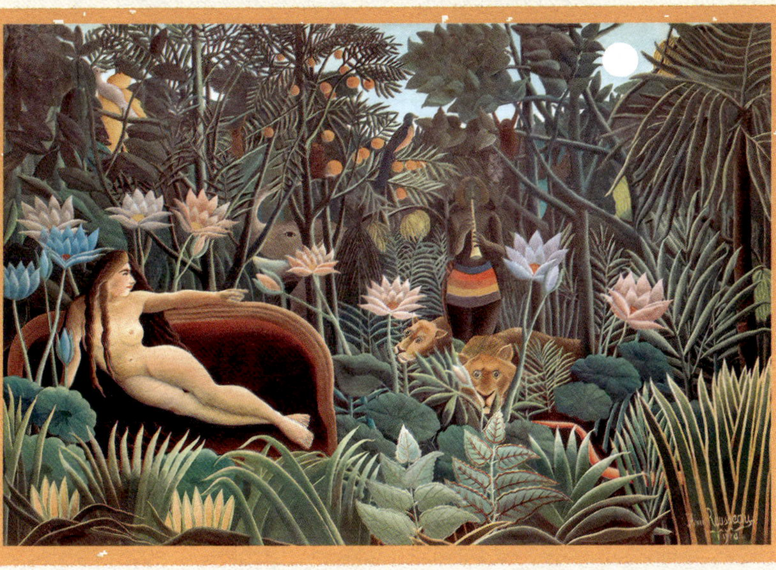

LE RÊVE

LE DOUANIER ROUSSEAU

1910, huile sur toile

New York, Museum of Modern Art

Là, Rousseau enchante cette végétation luxuriante composée de tiges et de bêtes sauvages, de même que ce charmeur à la flûte. Tous dévorent des yeux cette femme allongée. Il n'y a d'yeux que pour elle dans cette jungle où le peintre jongle entre **FEUILLAGES ET EFFEUILLAGE.**

WOMEN ARE HEROES

JR

2009, impression lithographique

Nairobi (Kenya), bidonville de Kibera

Et enfin, il s'agit ici d'ouvrir l'**ŒIL, ET LE BON,** pour offrir son regard à l'art de la photo monumentale. C'est depuis le ciel kenyan que JR a photographié ces modèles féminins répartis dans le bidonville de Kibera à Nairobi. Comment ne pas être captivé en observant ces **YEUX DANS LES CIEUX** ?

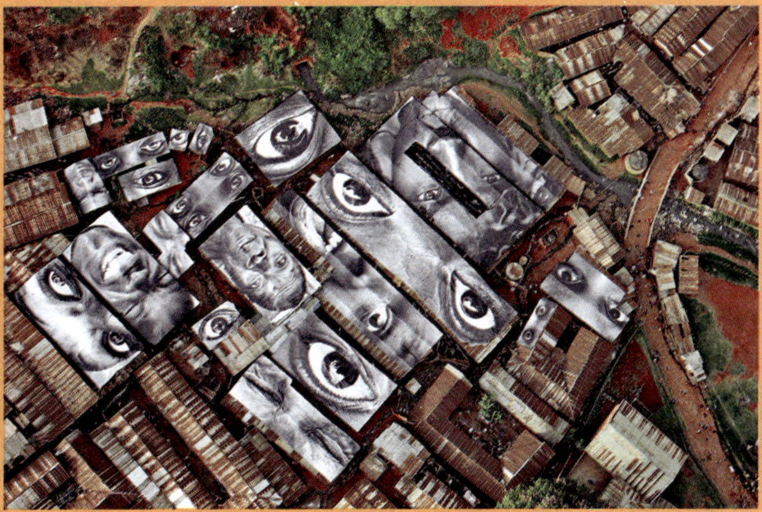

LA LARME

QU'ELLE SOIT DE RIRE OU DE TRISTESSE, LA LARME COULE SUR NOS JOUES ET TRAHIT NOS ÉMOTIONS.

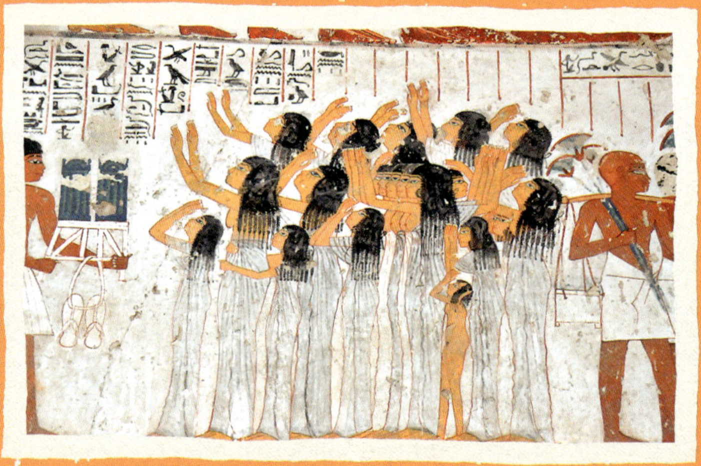

CORTÈGE DE PLEUREUSES

ÉGYPTE ANTIQUE

XIVe siècle avant J.-C., détail d'une fresque de la chambre funéraire du vizir Ramose

Cheikh Abd el-Gournah (Égypte), vallée des Nobles

Ces pleureuses pleurent et déplorent la mort du vizir d'Égypte. Ces femmes font semblant de pleurer le défunt. Des larmes factices… ou quand la **LARME MENT**.

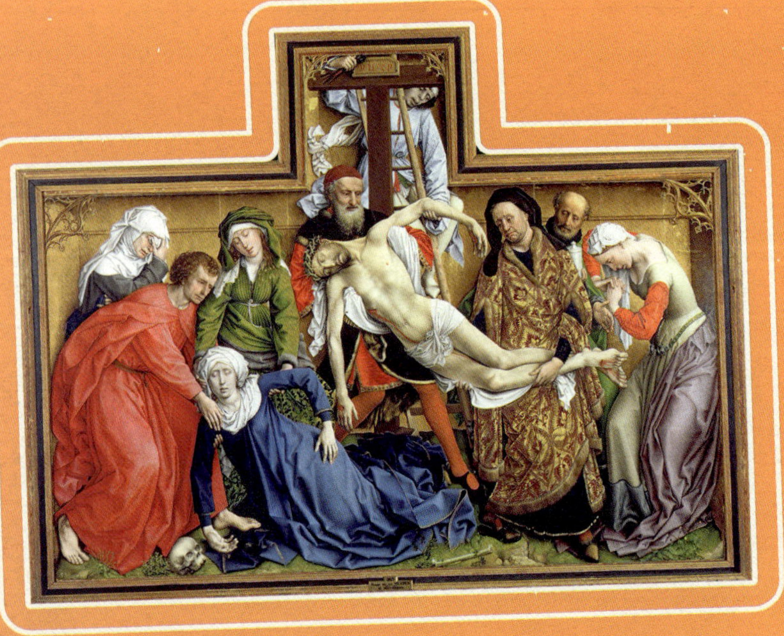

LA DESCENTE DE CROIX

ROGIER VAN DER WEYDEN

1435, huile sur panneau de bois

Madrid, musée du Prado

Ici, elle est sincère. Marie Cléophas, en haut à gauche, disciple de Jésus, pleure la mort du Christ. Est chuchotement la tristesse qui est la sienne, car elle se fait discrète. De l'œil coulent des larmes de peine à peine visibles.

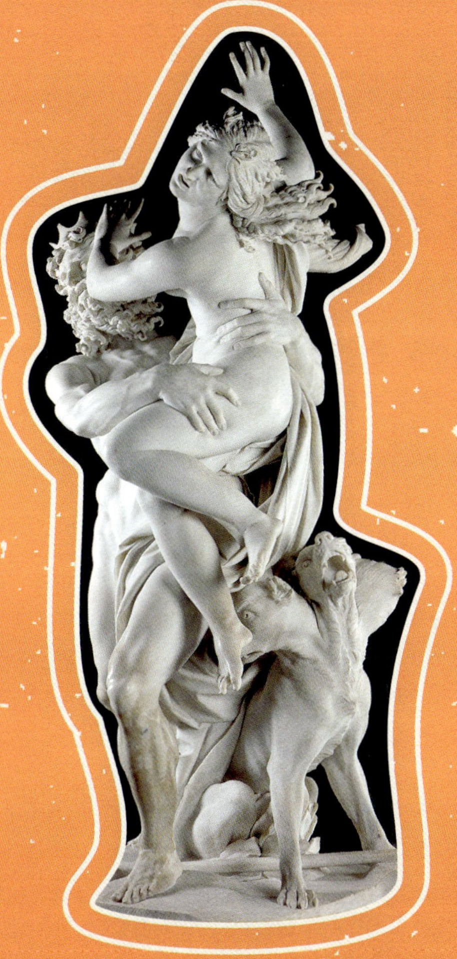

L'ENLÈVEMENT DE PROSERPINE

LE BERNIN

1621-1622, marbre
Rome, galerie Borghèse

Ces larmes gravées dans le marbre sont éternelles. Elles figent le drame que vit Proserpine (Perséphone) enlevée de force par Pluton (Hadès). Rien ne pourra les sécher, pas même le burin du Bernin, **L'ARTISTE… QUI REND L'ART TRISTE**.

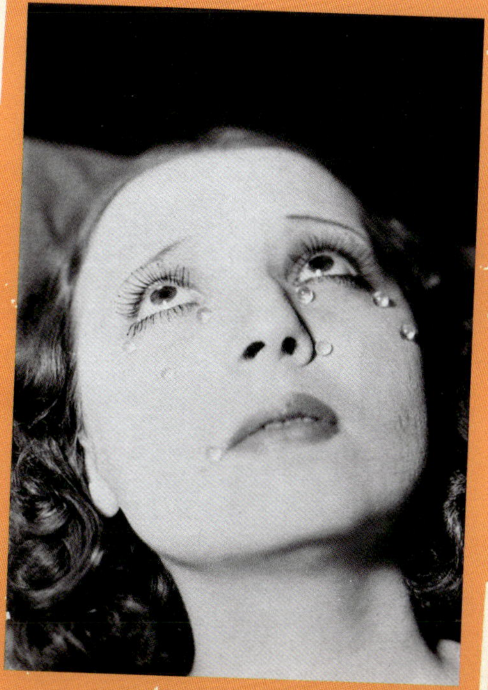

LES LARMES

MAN RAY

1932, épreuve gélatino-argentique
Paris, Centre Pompidou

Posées sur ce visage, des larmes comme autant de gouttes de verre. Man Ray a **PHOTO-GRATIFIÉ** cette femme pour une publicité vantant les mérites d'un mascara, ou mascarade si c'est un cliché…

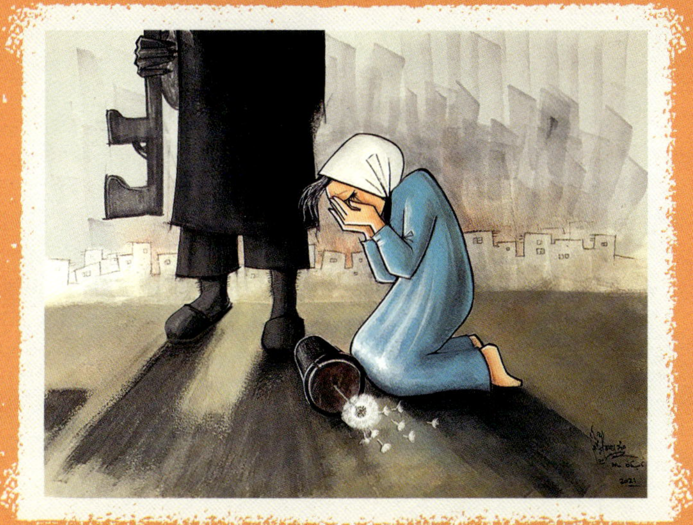

DEATH TO DARKNESS

SHAMSIA HASSANI

2021

Et enfin, cette femme afghane qui se cache le visage face au taliban à l'arme lourde. Illustration d'une souffrance interdite qui pourrait faire de ces larmes des **L'ARMES FATALES**.

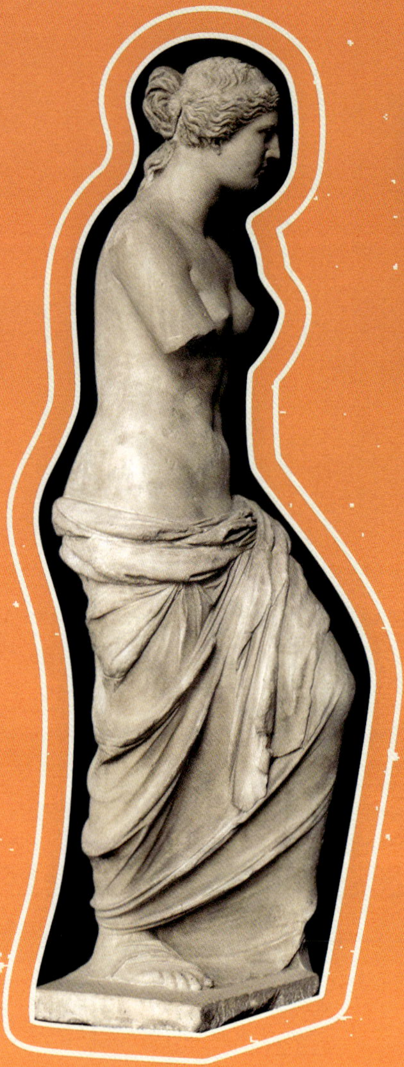

LA NUQUE

GRACILES OU MUSCLÉES, RAIDES OU SOUPLES, LONGUES OU TROP COURTES, L'ART NOUS OFFRE DES NUQUES DE TOUTES LES SORTES.

VÉNUS DE MILO

GRÈCE ANTIQUE

Vers 150-125 avant J.-C., marbre

Paris, musée du Louvre

Elle est de marbre, mais nos cœurs ne sont pas de pierre, alors elle nous touche, cette nuque aux proportions parfaites. Il s'agit bien sûr de la *Vénus de Milo*, célébrée pour ses bras… enfin, ses courbes.

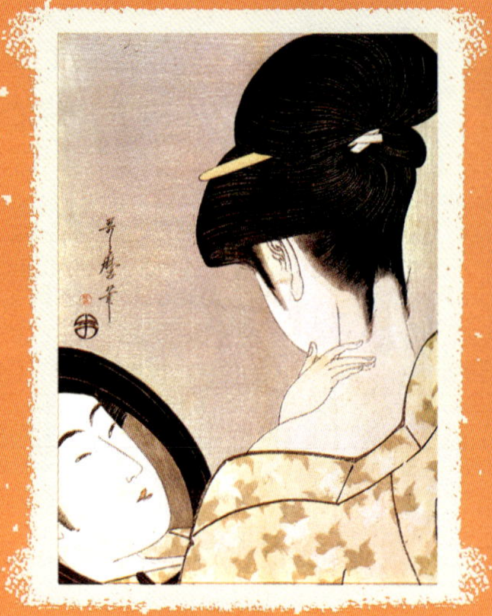

FEMME SE POUDRANT LE COU

KITAGAWA UTAMARO

Vers 1795-1796, estampe

Paris, Musée national des arts asiatiques - Guimet

C'est le décolleté traditionnel du kimono qui mena l'artiste Kitagawa Utamaro à le dessiner sur le corps de cette jeune femme. Sa main gracile posée sur sa nuque nue confère, l'espace d'un instant, un érotisme subtil à cette estampe.

LES CRIBLEUSES DE BLÉ

GUSTAVE COURBET

1855, huile sur toile

Nantes, musée d'Arts

Cette femme courbée est l'œuvre de Courbet. Elle crible le **BLÉ POUR GAGNER SA VIE** aux côtés de Zoé, la sœur du peintre, qui lui sert de modèle. Plutôt lascive, elle est moins vive, pour le **COUP**…

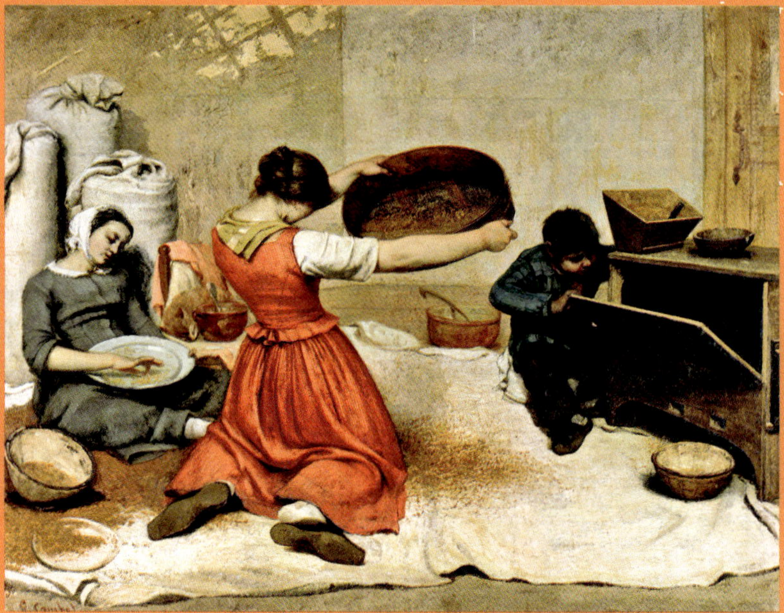

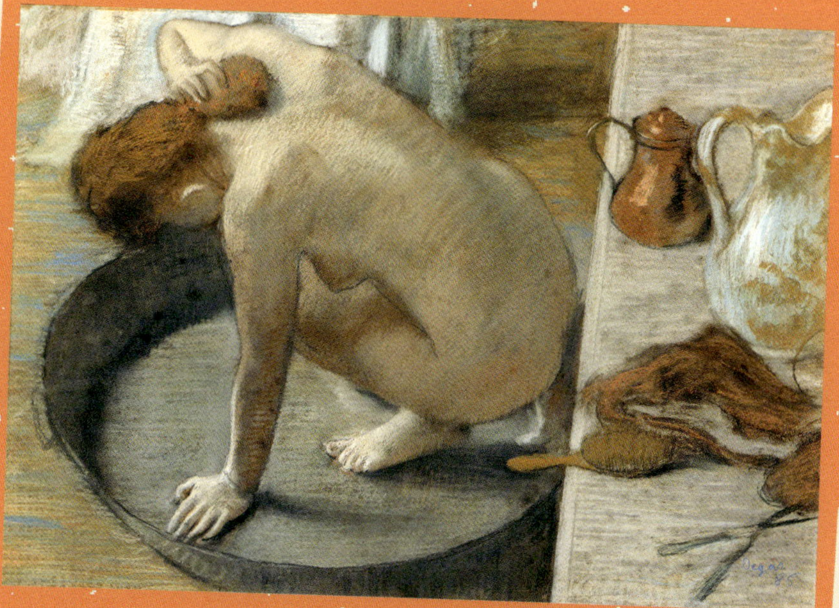

LE TUB
EDGAR DEGAS
1886, pastel sur carton
Paris, musée d'Orsay

Il est difficile d'imiter le Degas, tant il manie son art avec délicatesse. On a l'impression qu'il caresse littéralement cette nuque de son pinceau. On est presque gêné d'être si proche de cette femme, alors laissons-la terminer sa toilette.

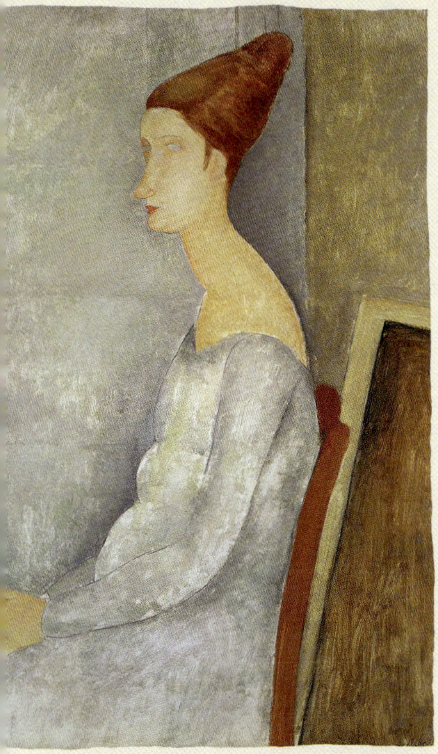

PORTRAIT DE JEANNE HÉBUTERNE
AMEDEO MODIGLIANI
1918, huile sur toile
Philadelphie, Fondation Barnes

Observons cet autre modèle, peint par Modigliani. Il s'agit de Jeanne Hébuterne, son amante. Et si son cou fait rire, c'est par sa longueur qui évoque le cygne.

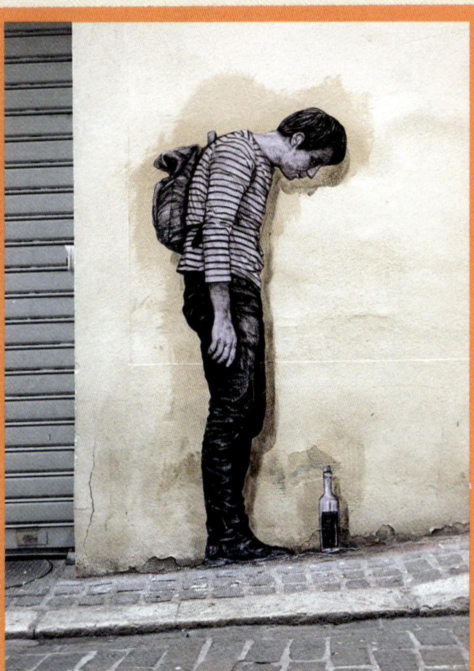

ODYSSÉE, ÉPISODE 17
LEVALET
2021, diminué, encre de Chine sur papier collé sur mur
Marseille

Et enfin, cet homme, qui semble en **AVOIR PLEIN LE COU** de porter cette lourde charge. C'est auprès de Charles Leval, qui l'a peint, qu'il devrait se plaindre. À voir son regard porté sur la bouteille, on aimerait l'encourager à boire un **COUP** plutôt que de le briser.

LA CHEVELURE

QU'ELLE SOIT VÉRITABLE OU FAUSSE, ELLE COIFFE L'HISTOIRE DE L'ART DE SON ORIGINALITÉ, LA CHEVELURE.

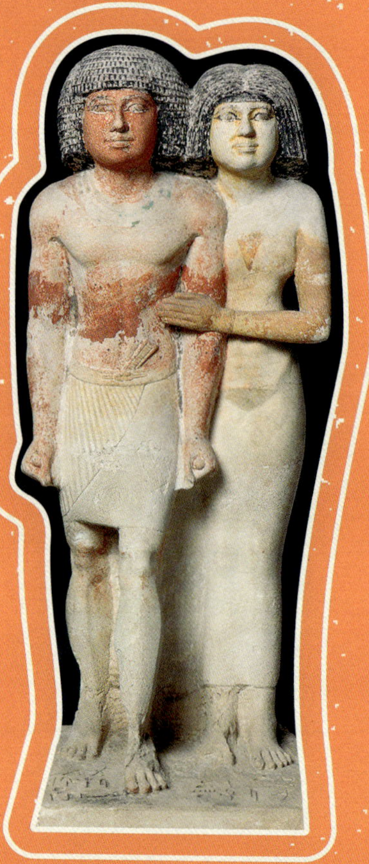

L'INSPECTEUR DES SCRIBES RAHERKA ET SON ÉPOUSE MERESÂNKH

ÉGYPTE ANTIQUE

Entre 2500 et 2365 avant J.-C., calcaire peint

Paris, musée du Louvre

Dans l'Égypte antique, authentique est la perruque, car elle est composée de vrais cheveux, ou de chevaux... Eh oui, pour la **QUEUE DE CHEVAL** ! Ce type de chevelure se retrouve chez les élites, qui veulent imiter les coiffures nubiennes.

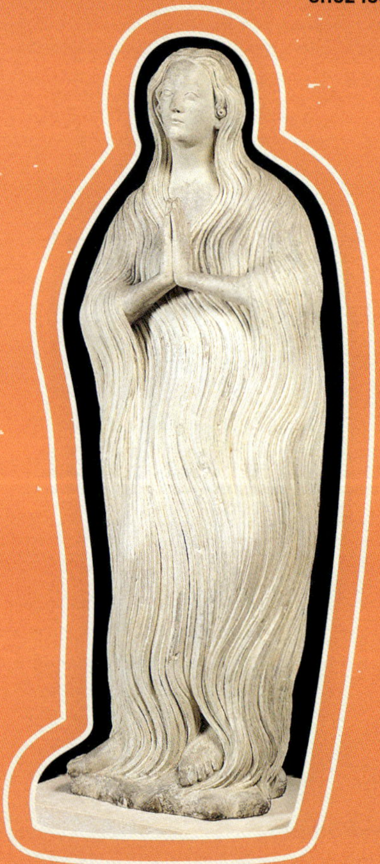

SAINTE MARIE-MADELEINE, DITE AUSSI *SAINTE MARIE L'ÉGYPTIENNE*

1311-1313, calcaire

Écouis (France), collégiale Notre-Dame

Cette coiffure longue et lisse n'est pas d'Alice – même si c'est une merveille –, mais de Marie-Madeleine. Une chevelure biblique qui recouvre sa nudité comme un imper épais et qui masque le souvenir de sa vie de pécheresse. Elle est détachée, ondoyante, naturelle...

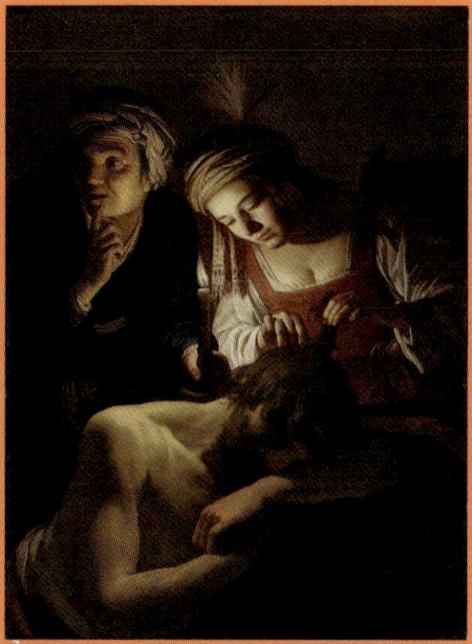

SAMSON ET DALILA

GERRIT VAN HONTHORST

Vers 1616, huile sur toile

Cleveland, Museum of Art

... ou surnaturelle, quand elle a des pouvoirs. Comme ces cheveux de Samson, que Dalila veut couper, non pas en quatre, mais parce que cette toison mythique est trop puissante. Toison magique, **TOISON D'ART**...

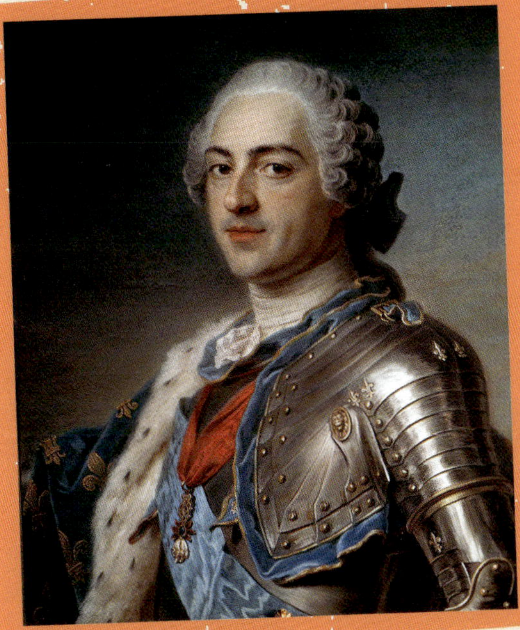

PORTRAIT DE LOUIS XV

MAURICE QUENTIN DE LA TOUR

1748, pastel sur papier gris-bleu

Paris, musée du Louvre

... ou toison d'or blanc poudrée de farine de riz, comme au règne de la perruque, sous l'Ancien Régime. Elle peut être gonflée ou attachée, comme pour Louis XIII, XIV, XV... comme pour lui, donc...

VAMPIRE, DIT AUSSI *L'AMOUR ET LA DOULEUR*

EDVARD MUNCH

1895, huile sur toile

Oslo, Musée Munch

... ou comme pour elle, la femme vampire de Munch. Cheveux roux qui enroulent et enlacent, à moins qu'ils emprisonnent. Séductrice et dangereuse, la chevelure éparse embrasse, embrase même. Elle est fatale, presque fœtale, originelle.

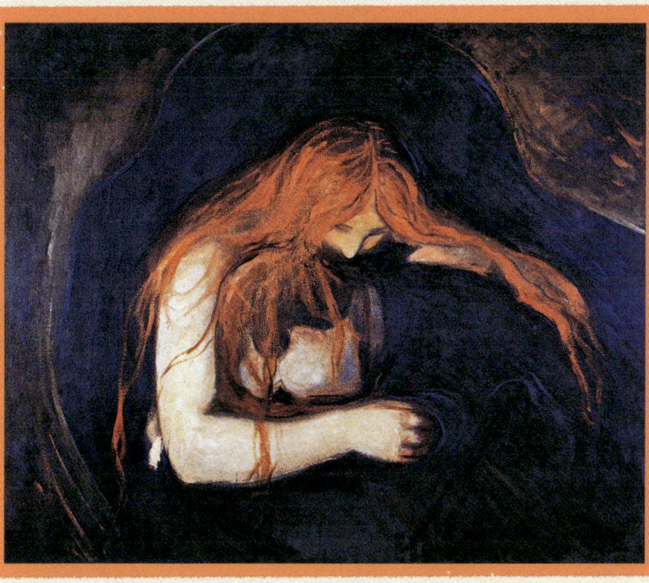

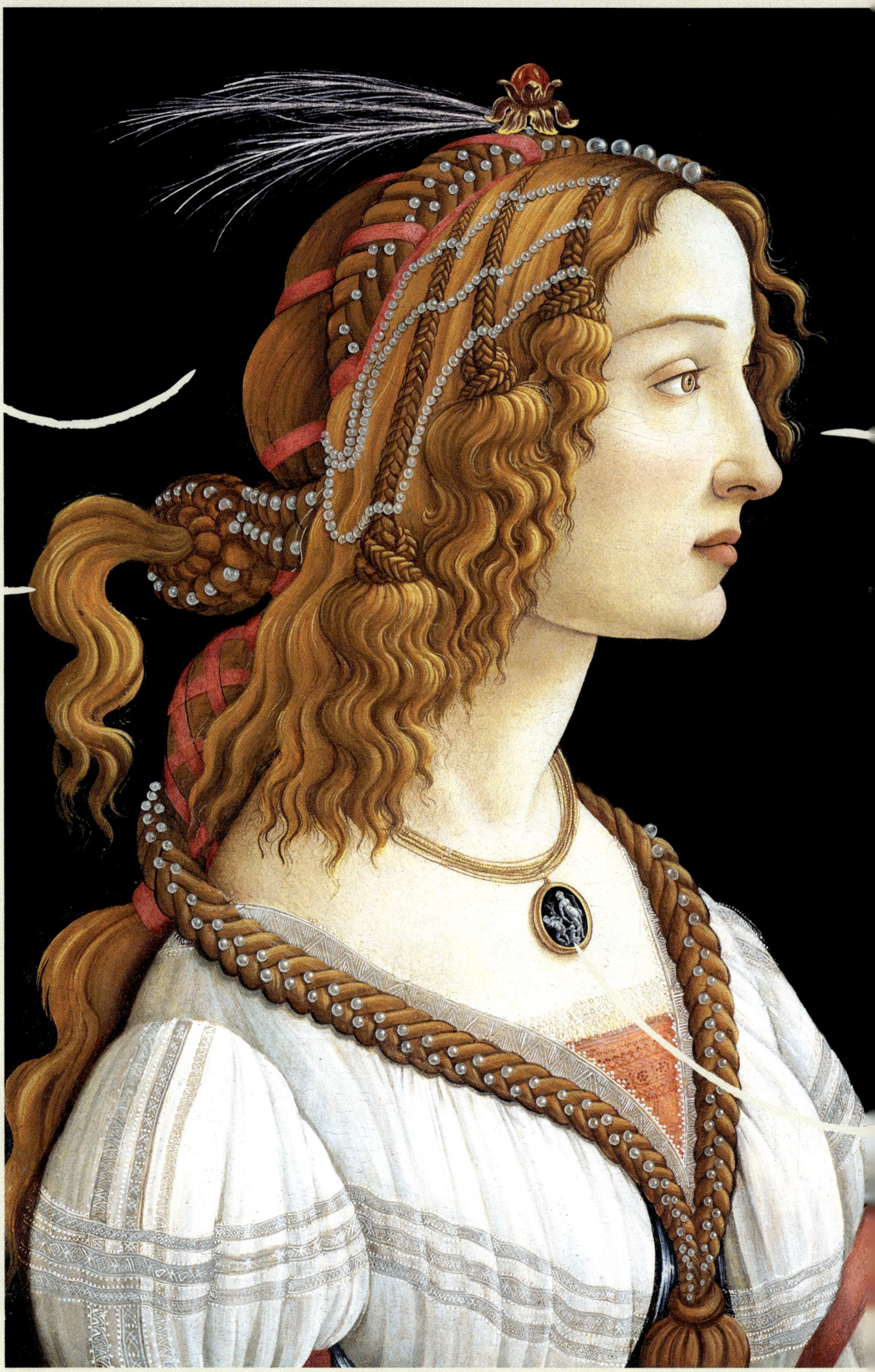

Cette femme est probablement Simonetta Vespucci, que Botticelli considérait comme l'incarnation de la beauté et qu'il a plusieurs fois prise pour modèle.

Ses cheveux animés par des reflets dorés sont une référence subtile à la poésie néoplatonicienne, où la chevelure des femmes est souvent comparée à des fils d'or.

PORTRAIT DE JEUNE FEMME

SANDRO BOTTICELLI

Vers 1480-1485, technique mixte sur bois
Francfort-sur-le-Main, Musée Städel

Chevelure ondulée, comme ici à la Renaissance. Et qui fait sens si on la tire en arrière pour dégager le front. Cette chevelure tressée et perlée, très sophistiquée, est un signe de beauté en Italie.

La délicate touche du peintre lisse les couleurs si habilement que l'expression « peau de pêche » prend tout son sens.

Cette médaille antique faisait partie de la collection des Médicis. Il s'agit d'un camée, bijou très en vogue à cette période.

SANDRO BOTTICELLI

(1445-1510)

La vie de Sandro Botticelli est étroitement liée à la sphère des philosophes et artistes néoplatoniciens qui gravitent autour de la cour des Médicis à Florence au début de la Renaissance.
À cette période, la ville est en pleine effervescence : la redécouverte de l'Antiquité par les peintres et les sculpteurs mène à la création d'un nouveau langage artistique.
Les œuvres de Botticelli, reconnaissables à leurs lignes sinueuses et à leurs couleurs claires, reposent sur une quête du Beau idéal.

LA MAIN

POSÉE OU EN MOUVEMENT, JEUNE OU VIEILLE, DE QUELQUES GESTES ELLE SE MONTRE, ELLE SE DONNE, ELLE SE SERRE, LA MAIN.

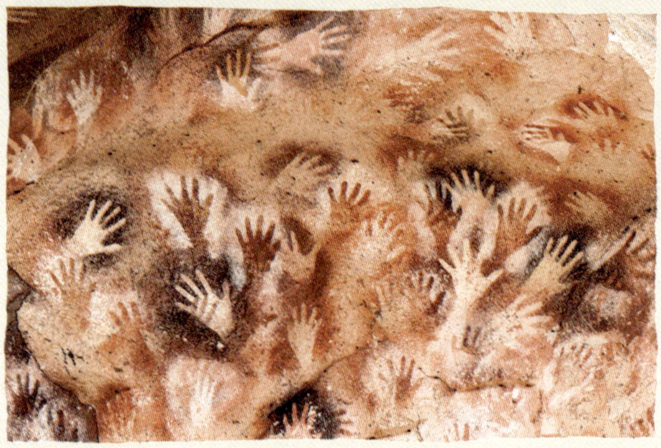

CUEVA DE LAS MANOS [« GROTTE DES MAINS »]
ART RUPESTRE PRÉHISTORIQUE
Entre 13 000 et 7 000 avant J.-C., mains peintes au « pochoir » avec des couleurs à base d'argile et de pigments
Argentine

Depuis plus de 13 000 ans, elle est là. Seule ou à deux, elle est là. Et ici, cette première main cueille, chasse, découpe et déjà dessine, bien avant d'écrire…

BOUDDHA COSMIQUE *MAHAVAIROCANA*
CHINE, DYNASTIE TANG
Entre le Xe et le VIIe siècle avant J.-C., bronze doré
Paris, Musée national des arts asiatiques - Guimet

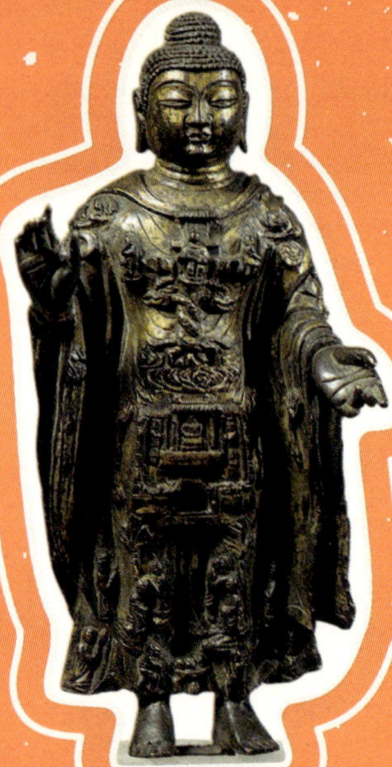

Mais elle a d'autres desseins et, d'un coup de main, d'autres pouvoirs, dont celui de savoir. **BOUDDHA NE BOUDE PAS** son plaisir d'en user pour dissiper la peur, ou montrer la voie…

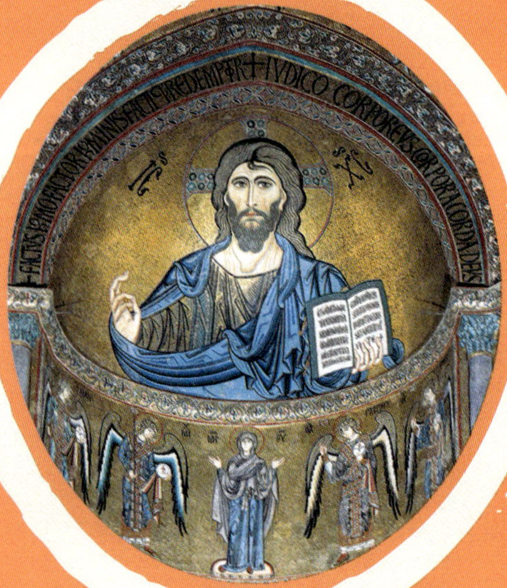

CHRIST PANTOCRATOR
ART BYZANTIN
Vers 1148, mosaïque
Sicile, cathédrale de Cefalù

Là, c'est une sacrée main, puisque c'est la main sacrée du Christ. Une main à qui l'on doit de prêcher et de partager la parole divine. **DIEU DOIGTS** levés, pour les orateurs romains, ou trois doigts, à l'image de la **TRI-NITÉ**.

LE SEMEUR AU SOLEIL COUCHANT

VINCENT VAN GOGH

1888, huile sur toile

Otterlo (Pays-Bas), musée Kröller-Müller

Main qu'on aime, qui sème, qui se donne à la terre pour que la vie vive… Il la dépeint généreuse, Van Gogh. **VINGT, CENT**, mille rayons nous éblouissent dans ce champ d'amour…

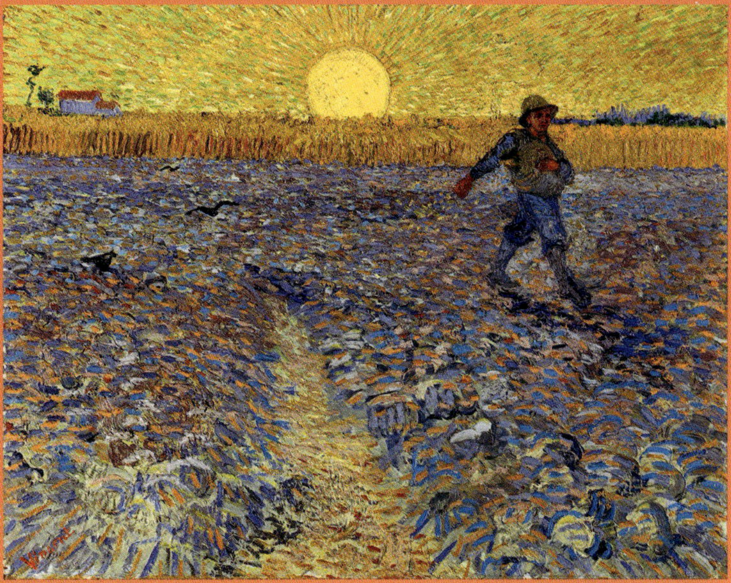

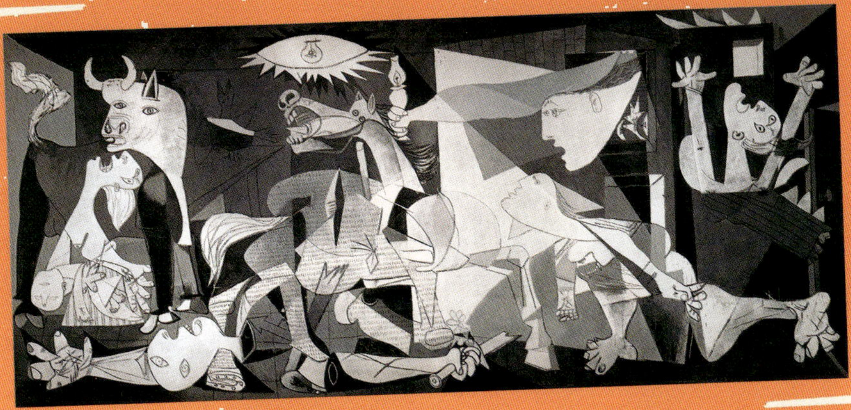

GUERNICA

PABLO PICASSO

1937, huile sur toile

Madrid, musée Reina Sofía

… ou chant des morts, illustré par ces mains pétrifiées dans *Guernica*. Elles disent l'horreur de la guerre, épousent les formes de l'angoisse, parlent d'un geste. Pour se défendre, elles tentent le **POING**. Il est **D'HONNEUR** mais ne peut rien.

PEINTURE DE FEU. COULEUR SANS TITRE (FC 21)

YVES KLEIN

Vers 1961, pigment pur et résine synthétique brûlés sur carton

Collection particulière

Et enfin, des mains mêlées qui empruntent au souvenir par le souvenir de l'empreinte. Car en fait de mains, il y a celles d'hier et ces autres d'aujourd'hui. 15 000 ans plus tard, Klein nous les fait voir en bleu. Comme un **JEU DE PAUMES**.

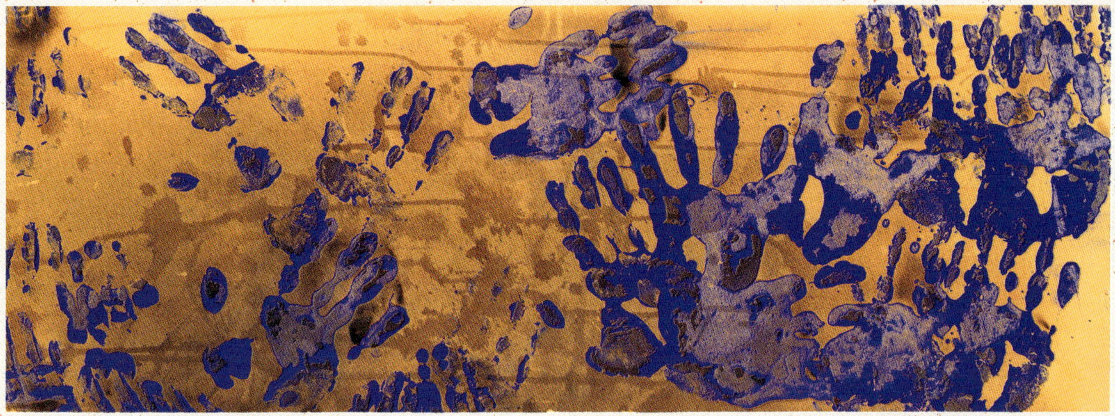

LE SEIN

**DE QUELQUE FORME QU'ILS SOIENT,
QU'ILS S'OFFRENT DISCRÈTEMENT OU VISIBLEMENT,
QU'ILS SOIENT CLASSIQUES OU ORIGINAUX,
LES SEINS SONT ORIGINELS.**

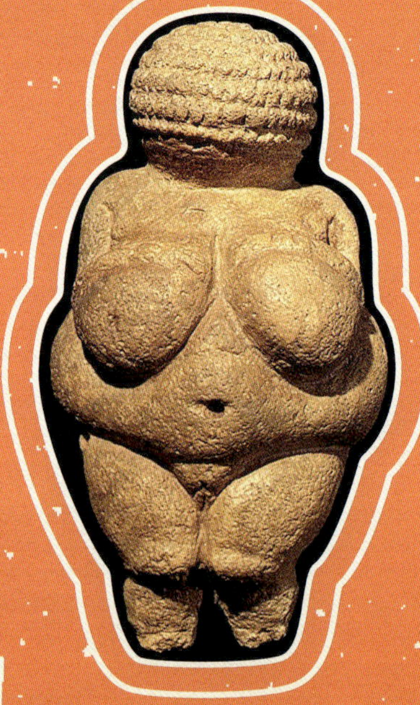

VÉNUS DE WILLENDORF

PALÉOLITHIQUE SUPÉRIEUR

30000-25000 avant J.-C., statuette en calcaire

Vienne, musée d'Histoire naturelle

Et des siens, pour commencer… ceux de la *Vénus de Willendorf*. Des seins que l'artiste exhibe à **DESSEIN**. Des seins métaphoriques de la fécondité. Ceux-ci ont plus de 25 000 ans, eh oui… Certes, ils sont de pierre, mais ils ont du cœur, celui de leur vocation nourricière.

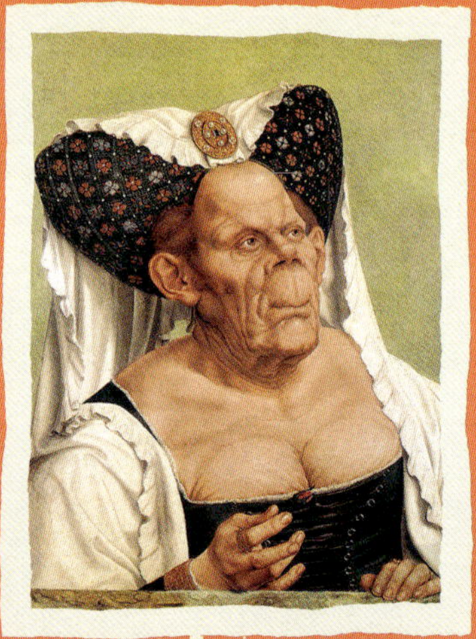

VIEILLE FEMME GROTESQUE

QUENTIN METSYS

Vers 1513, huile sur panneau

Londres, National Gallery

À l'inverse de ceux-ci, des seins **BORDÉS ET DÉBORDÉS** par le corset de cette dame âgée, endommagée… Quentin Metsys, l'artiste, peint la laideur, et ces seins n'y échappent guère. Écrasés par les affres du temps, les attributs demeurent, malgré tout.

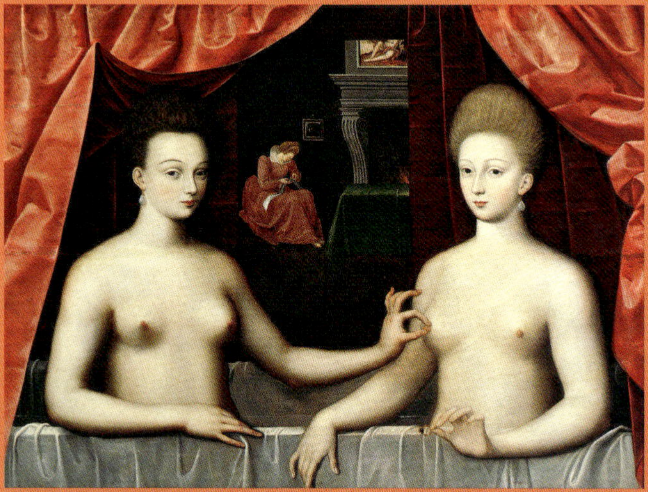

GABRIELLE D'ESTRÉES ET UNE DE SES SŒURS

ÉCOLE DE FONTAINEBLEAU

Vers 1594, huile sur panneau de bois

Paris, musée du Louvre

Ici, le téton est **PINCÉ À TÂTONS**, sans véritable conviction. Le geste est énigmatique, presque érotique. Ce sein menu de Gabrielle d'Estrées s'offre à la surprise des doigts baladeurs de sa sœur. La favorite d'Henri IV fait ainsi parade de ses seins, telle une arme de séduction…

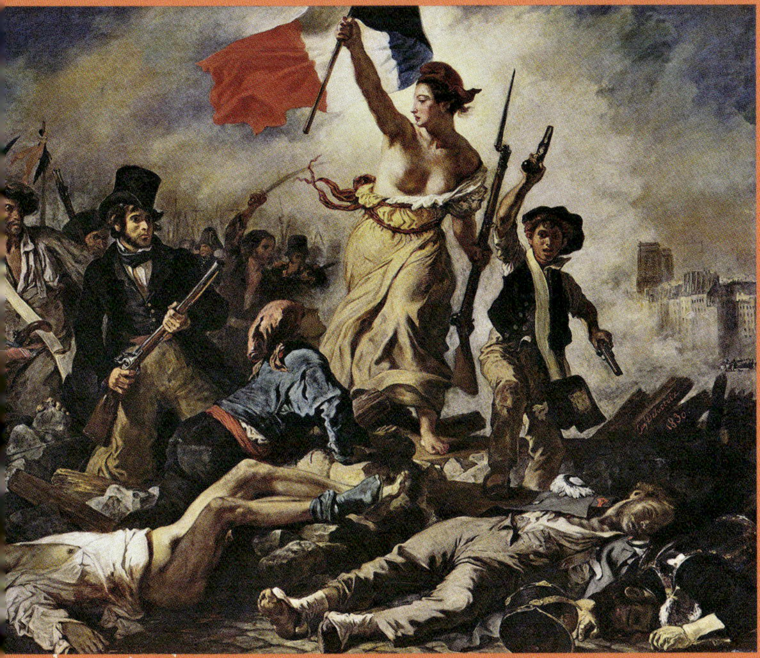

LE 28 JUILLET 1830. LA LIBERTÉ GUIDANT LE PEUPLE

EUGÈNE DELACROIX

1830, huile sur toile

Paris, musée du Louvre

Mais le sein peut être une arme politique. Comme pour la Marianne de Delacroix… et la bannière qu'il peint à la manière d'un étendard. Comme un **SYM**bole…

ÉTUDE. TORSE, EFFET DE SOLEIL

AUGUSTE RENOIR

Vers 1876, huile sur toile

Paris, musée d'Orsay

Il y a ici l'Auguste, non pas le clown, mais Renoir, l'impressionniste. De son pinceau trempé dans une **PEAU DE PEINTURE**, il caresse ce sein modelé par une lumière pudique. Son tableau représente un bien de jouvence.

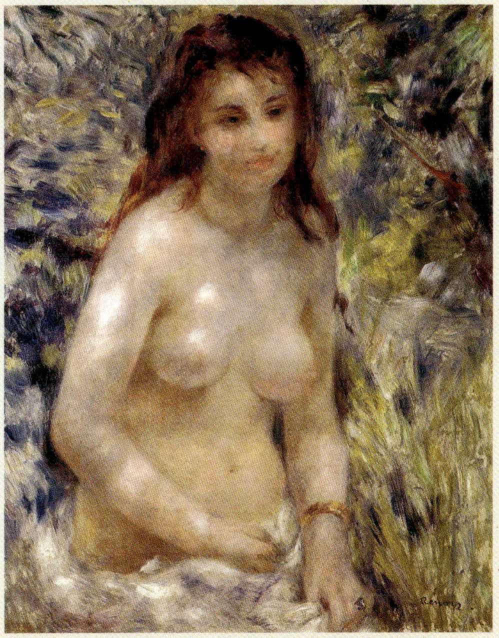

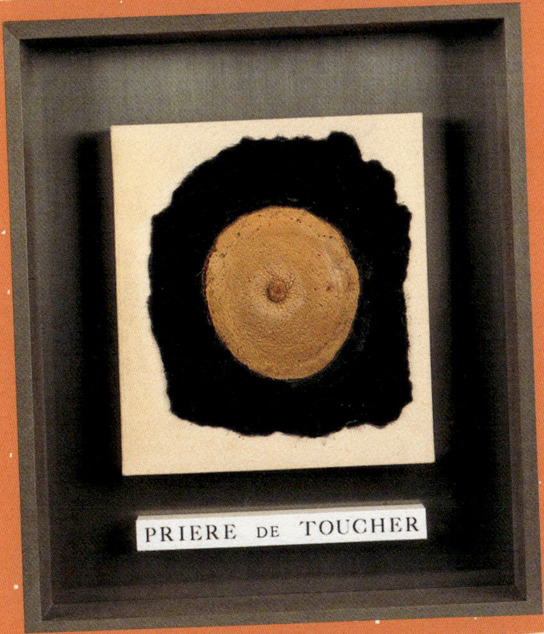

PRIÈRE DE TOUCHER

MARCEL DUCHAMP

1947, mousse de latex colorée sur velours noir collé sur carton avec inscription au pochoir

Paris, Centre Pompidou

Et enfin, pour terminer, prenons **DU CHAMP**. Il nous chauffe, Marcel, avec cette invitation à toucher ce sein moulé sur celui de sa maîtresse. D'aucuns trouveront ceci peut-être mal**SAIN**…

LE CŒUR

QU'IL BATTE PAR AMOUR OU SE DÉBATTE PAR DÉPIT, QU'IL RÉSONNE OU QU'IL TONNE, LE CŒUR EST AU CŒUR DE NOMBREUSES ŒUVRES.

PAPYRUS D'ANI, SCÈNE DU *LIVRE DES MORTS*

ÉGYPTE ANTIQUE

Vers le XIIIe siècle avant J.-C., peinture sur papyrus

Londres, British Museum

Ce papy**RUS**... enfin, **ÉGYPTIEN**, représente le procès d'un défunt au cours duquel son âme est pesée afin d'être admise dans l'au-delà. S'il se révèle que son cœur est plus lourd que la plume, la créature à tête de crocodile le mangera.

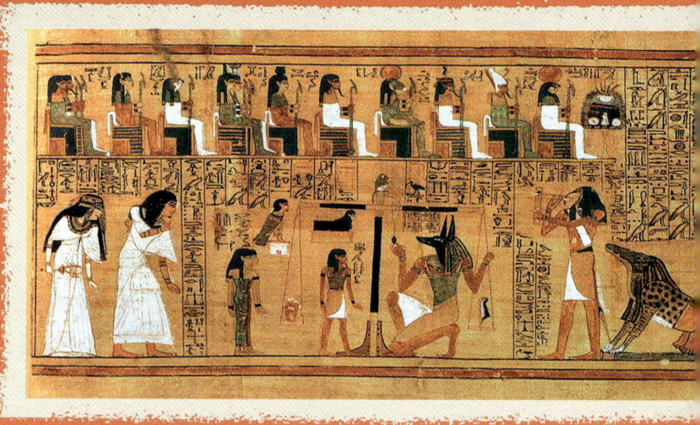

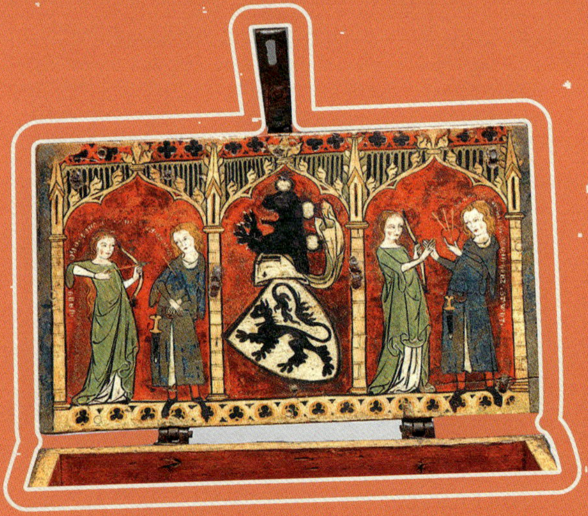

COFFRET

RHÉNANIE (ALLEMAGNE)

Vers 1325-1350, chêne, marqueterie, peinture et fer forgé

New York, Metropolitan Museum of Art

Sur le couvercle de ce coffret apparaît Frau Minne, figure symbolique du pouvoir de l'amour, celui qui emporte le cœur de l'autre. En l'occurrence, c'est ce jeune homme qui donne le sien. Frau Minne l'a transpercé de flèches, à l'instar de Cupidon. Oui, car s'il y a **CUPI**... il y a **DON**.

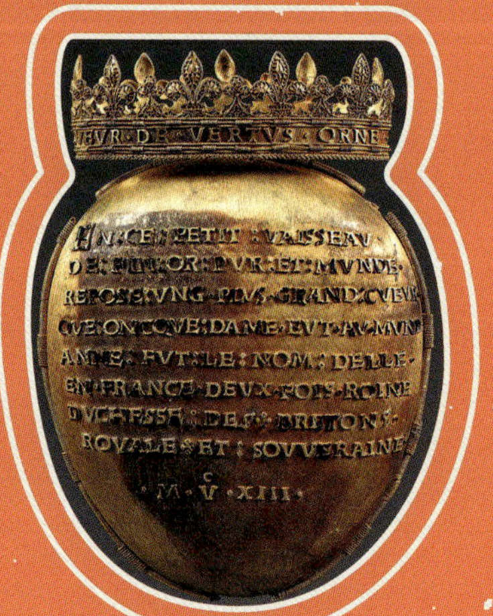

ÉCRIN DU CŒUR D'ANNE DE BRETAGNE

ANONYME

1514, or et émail

Nantes, musée Dobrée

La reine Anne demanda qu'après sa mort, on soit d'accord pour que son cœur repose auprès des corps de ses parents, à Nantes. Il a ainsi été placé dans un écrin surmonté d'une couronne d'or. Quand le **CŒUR A SES RAISONS**...

LA CIBLE D'AMOUR

FRANÇOIS BOUCHER

1758, huile sur toile

Paris, musée du Louvre

Voici à nouveau Cupidon, qui tire des flèches sur une cible dont le centre est matérialisé par un cœur. Il est dé**PEINT** par **BOUCHER**, et non **BOUCHÉ** par du **PAIN**. Il a encore moins la valeur d'une bouchée de pain… car il est peint par Boucher.

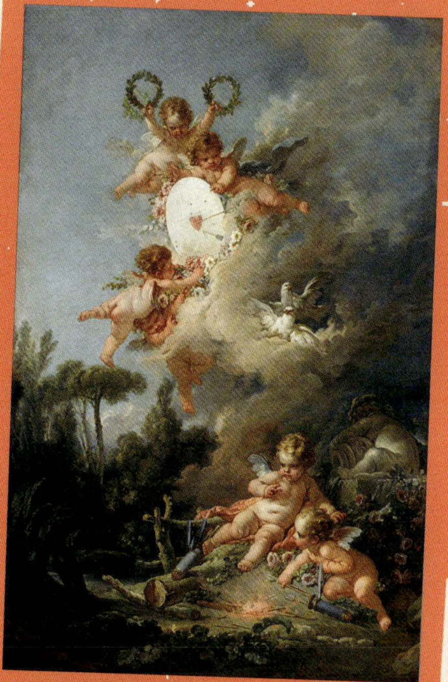

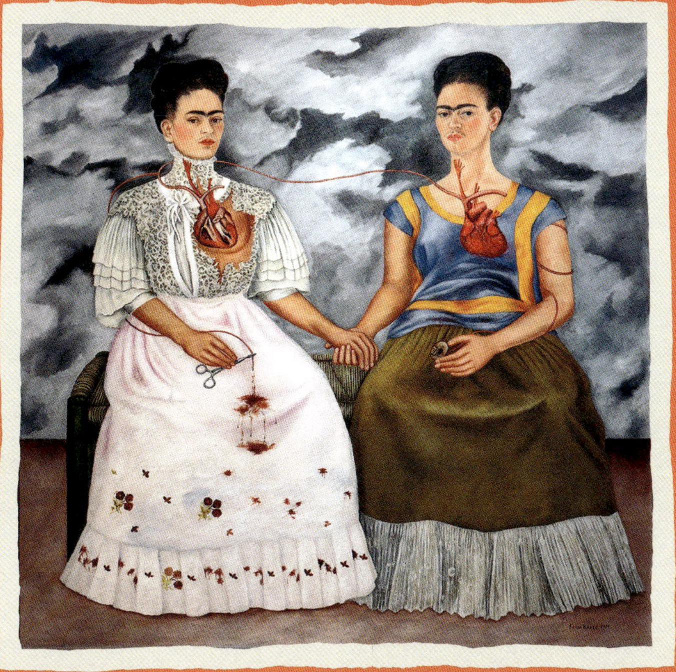

LES DEUX FRIDAS

FRIDA KAHLO

1939, huile sur toile

Mexico, musée d'Art moderne

Cet autoportrait a été peint par Frida Kahlo après son divorce d'avec Diego Rivera. Pour illustrer sa **PEINE DE CŒUR**, elle a **PEINT DEUX CŒURS**, l'un déchiré et l'autre bien portant. L'œuvre sous-entend que Frida aidera Frida qui aidera Frida.

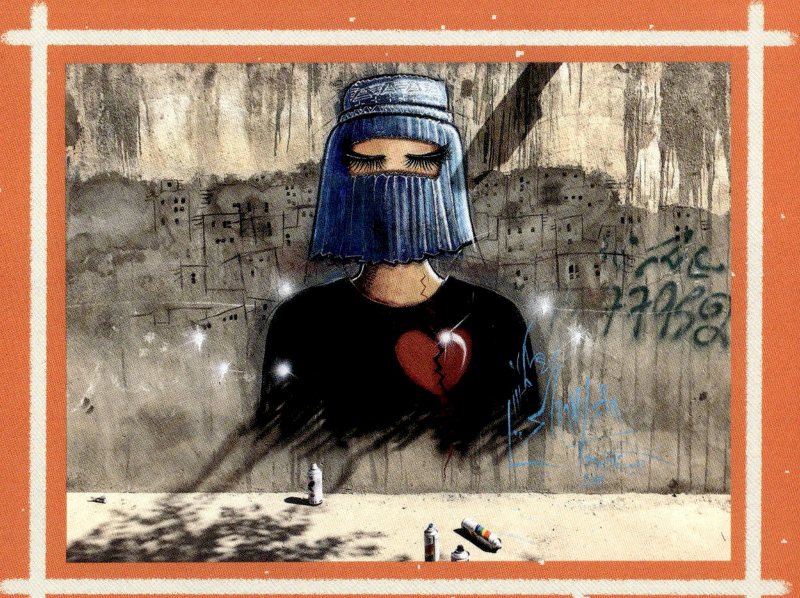

SANS TITRE

SHAMSIA HASSANI

2019, peinture murale

Kaboul (Afghanistan)

Et enfin, ce cœur peint qui plaint la condition des femmes afghanes vivant sous le joug des talibans. À travers ce cœur brisé, l'artiste Shamsia Hassani veut faire entendre les **BATTEMENTS D'ELLES**…

LE BAISER

DANS L'HISTOIRE DE L'ART ON S'EMBRASSE BEAUCOUP, MAIS PAS TOUJOURS POUR LES MÊMES RAISONS…

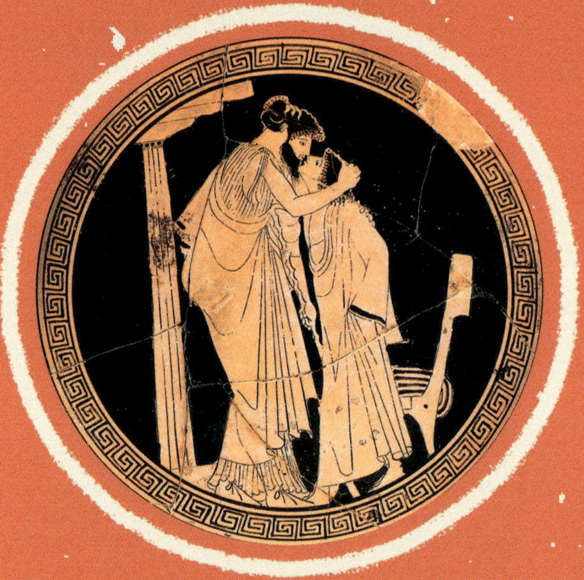

ÉRASTE ET ÉROMÈNE

GRÈCE ANTIQUE

Vers 480 avant J.-C., coupe attique à figures rouges

Paris, musée du Louvre

Le baiser **ANTIQUE N'EST PAS EN TOC**. Entre deux hommes d'âges différents, c'est un symbole de reconnaissance de l'élève à son maître : c'est un geste social, une démonstration, une marque de respect…

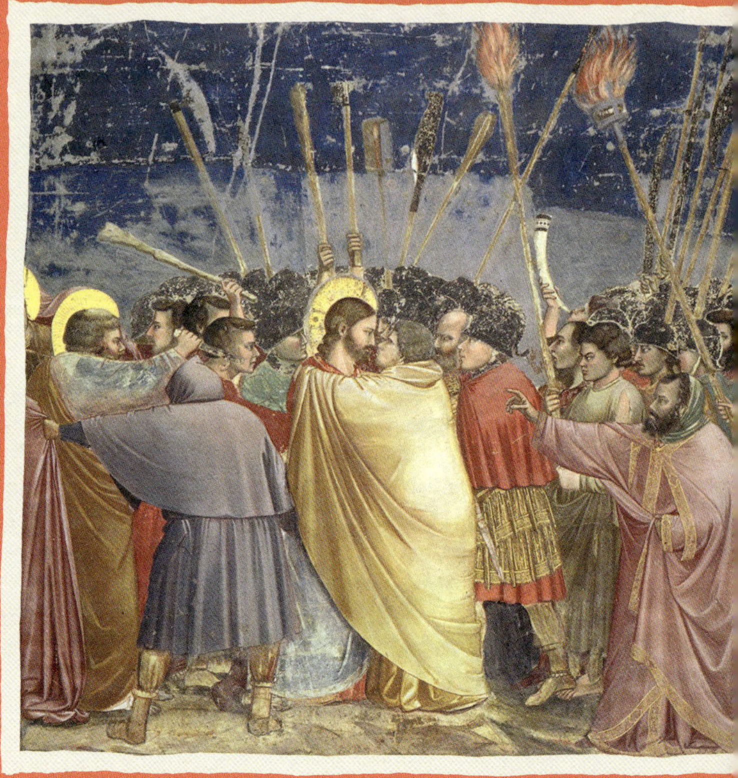

LE BAISER DE JUDAS

GIOTTO

1304-1306, fresque

Padoue (Italie), chapelle des Scrovegni

… et non au détriment de l'autre, comme avec Judas. En embrassant le Christ, il embrase… et ne s'embarrasse point de la morale. Il livre ainsi Jésus aux soldats, le lâche par un baiser lâche, un baiser trompeur, un **BIAISÉ** en quelque sorte, qui condamne.

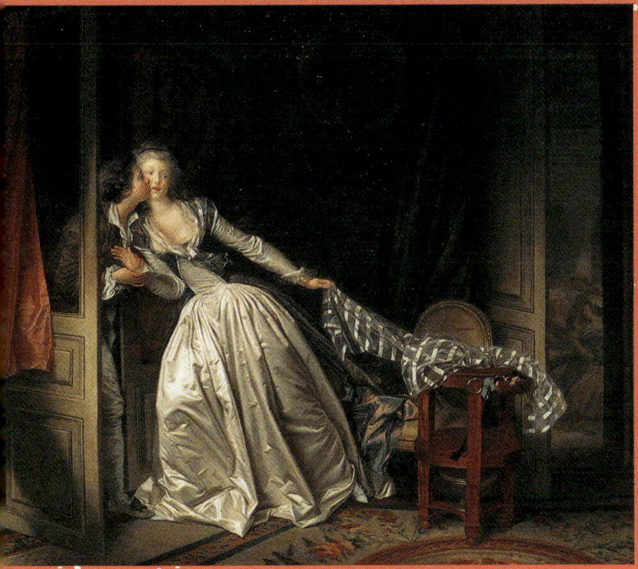

LE BAISER À LA DÉROBÉE

JEAN-HONORÉ FRAGONARD

1787, huile sur toile

Saint-Pétersbourg, musée de l'Ermitage

Il y a le baiser volé, qui se prête, s'échange... comme au XVIIIe, siècle du libertinage et de la frivolité. Derrière les voiles, les baisers volent, les amants s'aimantent, se goûtent du bout des lèvres, s'embrassent à la dérobée dans les boudoirs sans bouder leur plaisir furtif.

LE BAISER

GUSTAV KLIMT

1908-1909, huile sur toile et feuille d'or

Vienne, palais du Belvédère

Comment ne pas citer le baiser éternel de Klimt ? Il le dépeint, le couche sur sa toile. Quelques couleurs qui incarnent la passion. De son pinceau, il embrasse, il fait l'amour à l'amour.

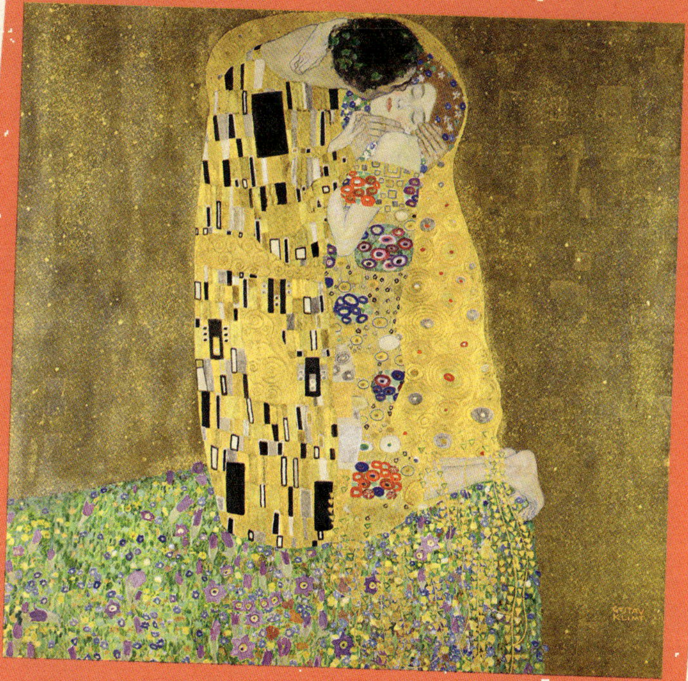

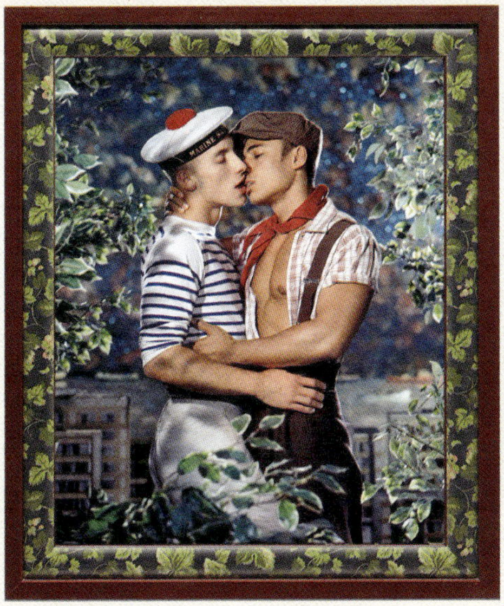

LES AMOUREUX / JOHAN ET LÉO

PIERRE ET GILLES

1998, photographie peinte

Collection particulière

Sensuel, mais point consensuel que celui-ci. Il est donné du bout des lèvres, mais du fond des cœurs. Suspendu par ses auteurs, ce baiser est à la fois romantique et kitsch. Mais romantique surtout...

MON DIEU, AIDE-MOI À SURVIVRE À CET AMOUR MORTEL

DMITRI VRUBEL

1990, peinture murale
Berlin, East Side Gallery

Et enfin ce baiser. Il n'est pas romantique, celui-ci, mais est devenu kitsch avec le temps qui est passé. Un acte politique qui se marque par le rouge aux lèvres. Il n'y a point d'amour dans ce baiser au drapeau. Juste des chefs qui en font des tas… Jusqu'à ce **BAISER DE RIDEAU…**

Cette fresque est en fait inspirée d'une photographie publiée dans *Paris Match* ! En 1979, lors du 30e anniversaire de la RDA, Brejnev, chef du Parti communiste soviétique, donne un « baiser à la russe » à Honecker, dirigeant de l'Allemagne de l'Est, pour célébrer leur alliance.

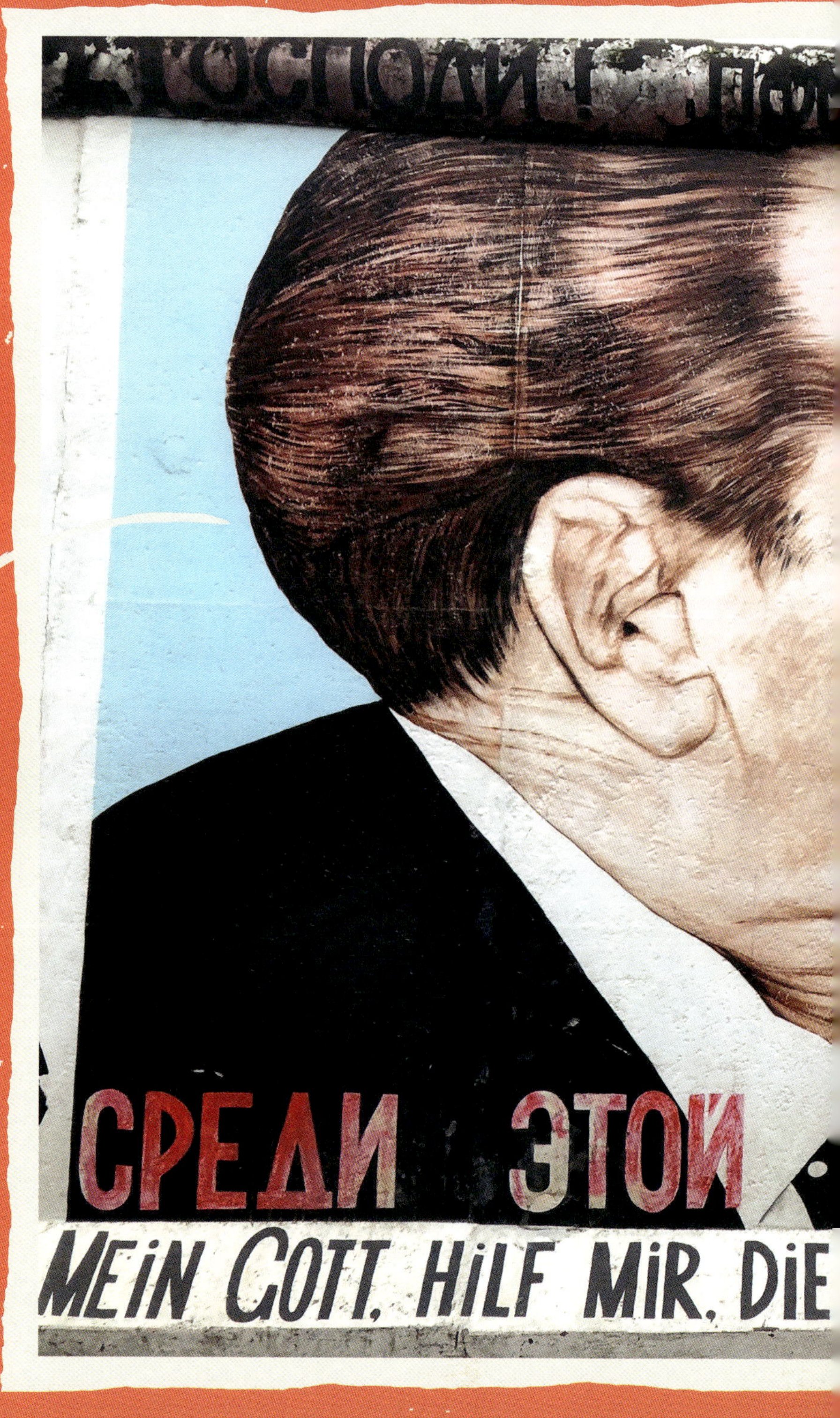

Marqué par la photo de ce baiser fraternel dans le magazine, Vrubel reproduira cette fresque au lendemain de la chute du mur, près de 10 ans après.

Couleurs saturées, contours nets, lettres capitales rouges… Vrubel reprend les codes de la propagande soviétique, conçue pour s'imprimer durablement dans les esprits.

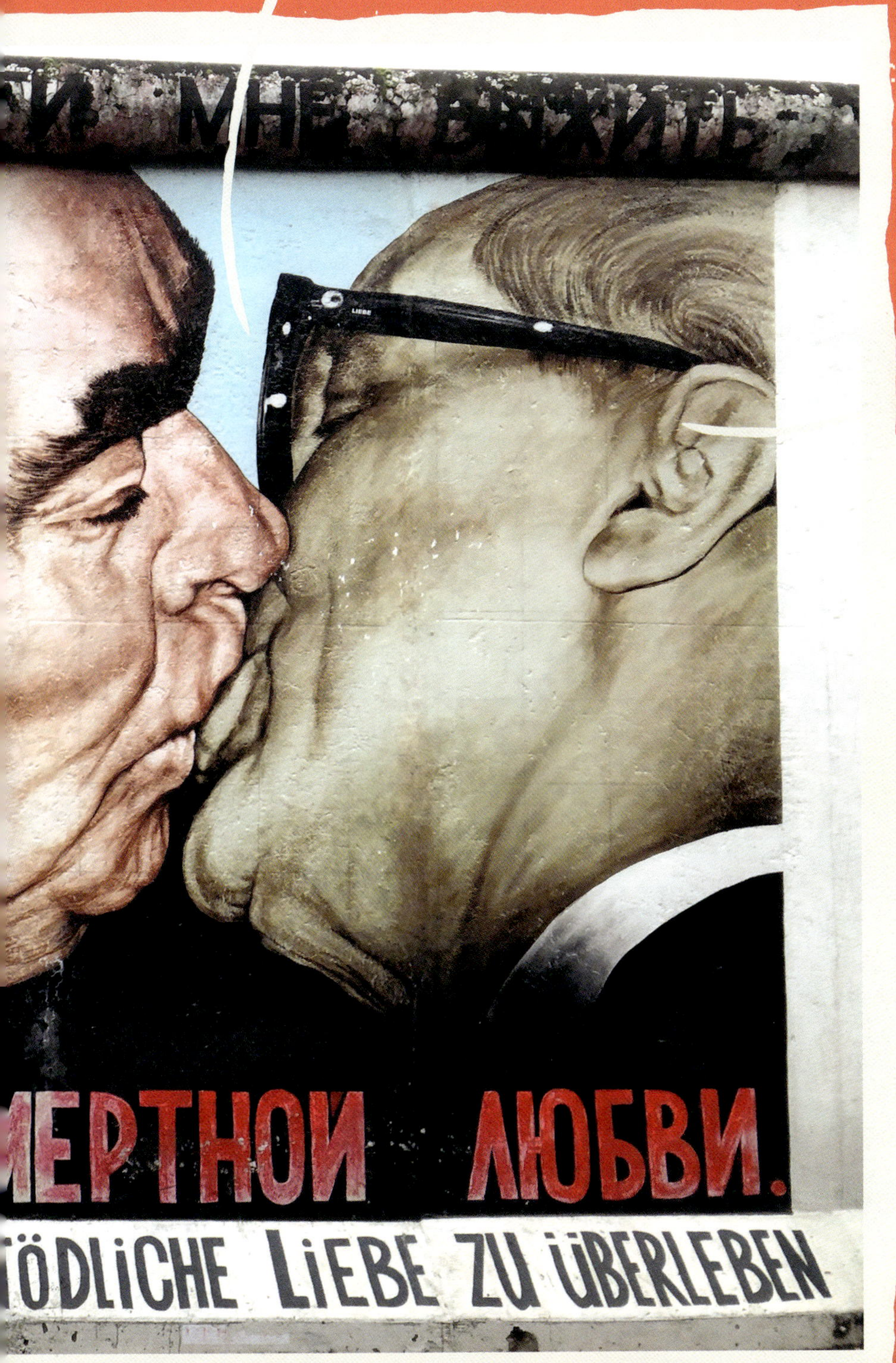

DMITRI VRUBEL

(1960-2022)

Les œuvres de Dmitri Vrubel et de son épouse Viktoria Timofeeva sont volontiers satiriques. Vrubel est né en Union soviétique alors que le monde était déjà divisé en deux blocs irréconciliables. En 1989, le mur de Berlin, qui séparait depuis près de trente ans Allemagne de l'Est et de l'Ouest, est détruit. Une portion est toutefois conservée et transformée en musée de plein air. Une centaine d'artistes, dont Vrubel, y peignent des fresques visant à exorciser les souffrances causées par la guerre froide.

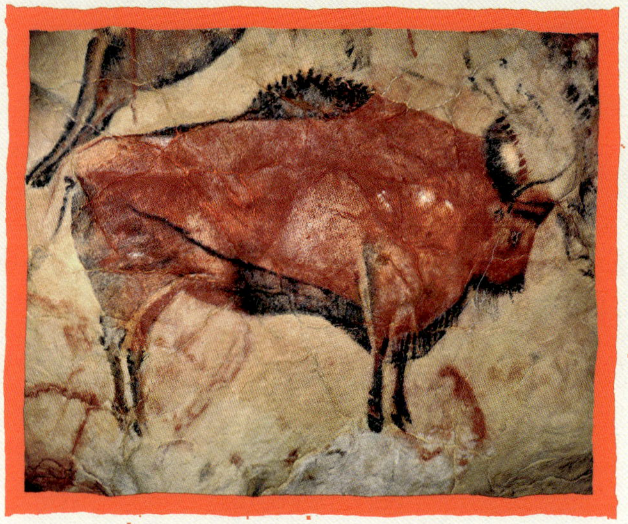

BISON ROUGE D'ALTAMIRA

PALÉOLITHIQUE

Entre 15 500 et 13 500 avant J.-C., peinture rupestre

Santillana del Mar (Espagne), grotte d'Altamira, salle aux bisons

Le rouge est la couleur originelle, la couleur de l'hématite, la première. L'un des premiers pigments connus, qui se fait ici un **SANG D'ENCRE**, ou de l'encre avec la couleur du **SANG... TIMENT.**

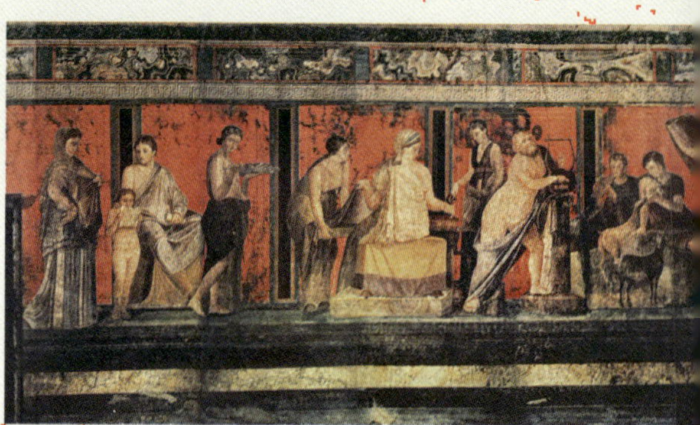

LE ROUGE

LE ROUGE EST LA PLUS FORTE DES COULEURS : C'EST CELLE QUI TRANCHE, LA PLUS INTENSE, LA PLUS PUISSANTE...

FRESQUE DE LA VILLA DES MYSTÈRES

ROME ANTIQUE

Ier siècle après J.-C., fresque

Pompéi, villa de P. Fannius Synistor

Ici, le rouge s'étale sur les murs des villas pompéiennes... Pompeux, il affiche la richesse de son propriétaire d'un rouge ostentatoire, criard. Pigment coûteux, parfois venu de loin, c'est le **ROUE... GE DE LA FORTUNE...**

JUDITH ET HOLOPHERNE

CARAVAGE

Vers 1599, huile sur toile

Rome, palais Barberini, Galerie nationale d'art ancien

... ou un rouge qui jaillit, un rouge fatal, rouge du mal, comme chez Judith, qui tranche la tête d'Holopherne. Il devient **ROUGE GORGE**... Oiseau de mauvais augure, aux airs de tragédie.

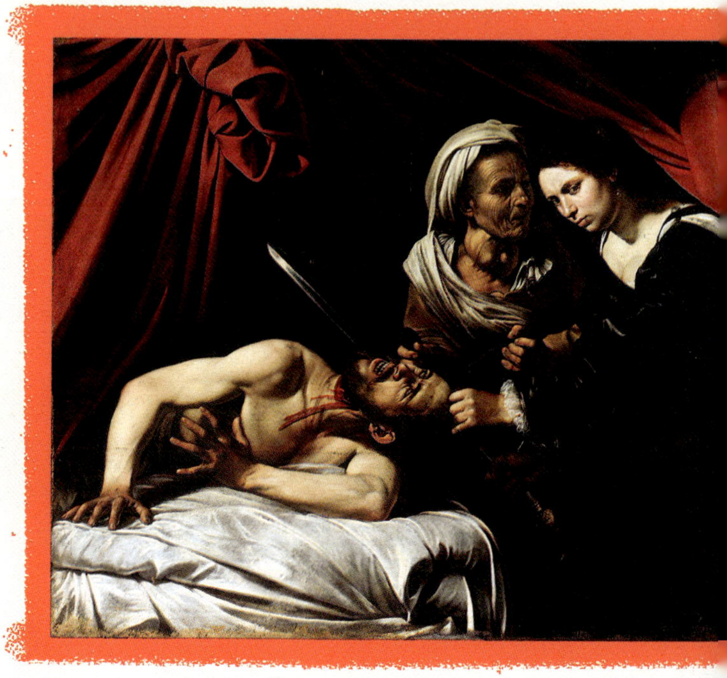

PORTRAIT DE LOUIS XIV EN COSTUME DE SACRE

HYACINTHE RIGAUD

1701, huile sur toile

Paris, musée du Louvre

Mais il a du talent lorsqu'il magnifie les talons rouges de l'aristocratie. Une chose est sûre, ce rouge est royal et distingué…

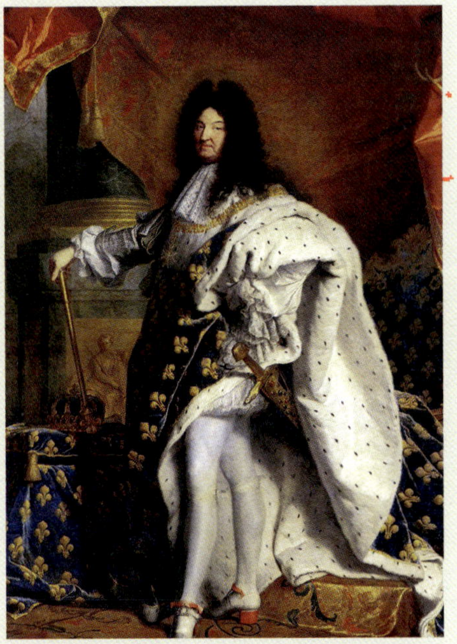

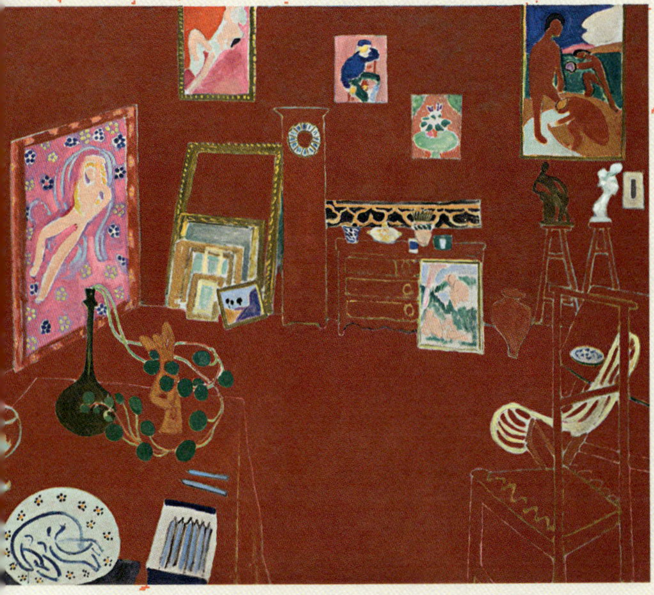

L'ATELIER ROUGE

HENRI MATISSE

1911, huile sur toile

New York, Museum of Modern Art

… ou sans distinction, comme ici avec Matisse, qui voit rouge du sol au plafond. On le devine s'éclater avec ce rouge éclatant qui confère à ce fauve son **STATUT DE LA LIBERTÉ**…

PORTRAIT DE LA DANSEUSE ANITA BERBER

OTTO DIX

1925, huile et tempera sur contreplaqué

Stuttgart (Allemagne), Kunstmuseum

Dans le portrait de cette danseuse de cabaret, Otto Dix annonce la couleur, un rouge provocant qu'il décline en nuances flamboyantes. Il en fait la couleur du scandale où se mêlent les tons. Ici, **LE ROUGE EST LE NOIR**, et inversement.

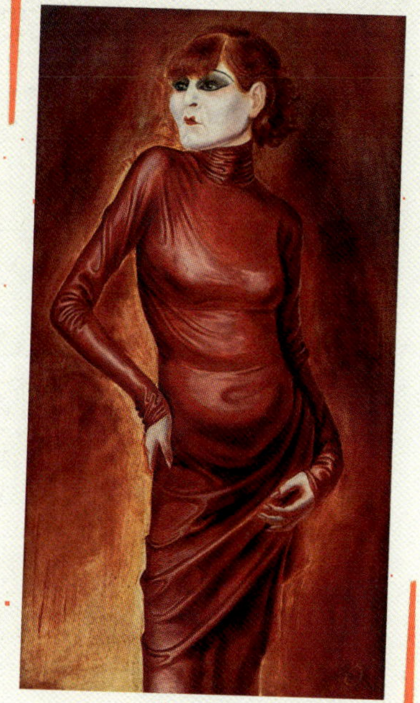

Le rouge occupe une place centrale dans toutes les civilisations. Dès la Préhistoire, les peintures rupestres sont réalisées avec de l'ocre rouge et de l'hématite. Pendant l'Antiquité, on utilise du cinabre, un pigment toxique qui est progressivement remplacé par le vermillon, son équivalent artificiel. Dès le Moyen Âge, les peintres se tournent vers le carmin, un rouge profond que l'on extrait d'un insecte, la cochenille. Au XXe siècle, des pigments synthétiques tels que le rouge de cadmium s'imposent grâce à leur stabilité à la lumière.

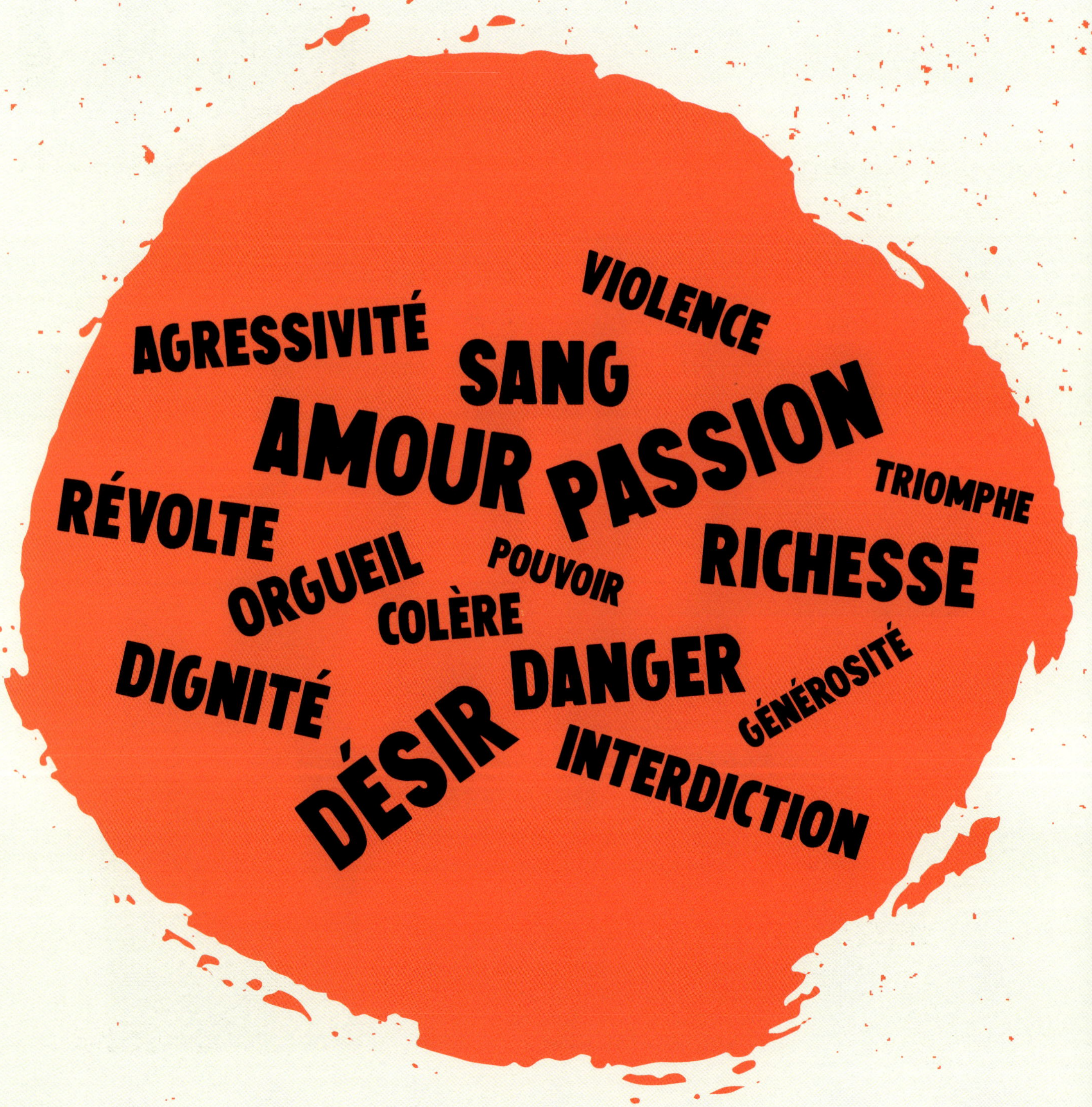

ROUGE

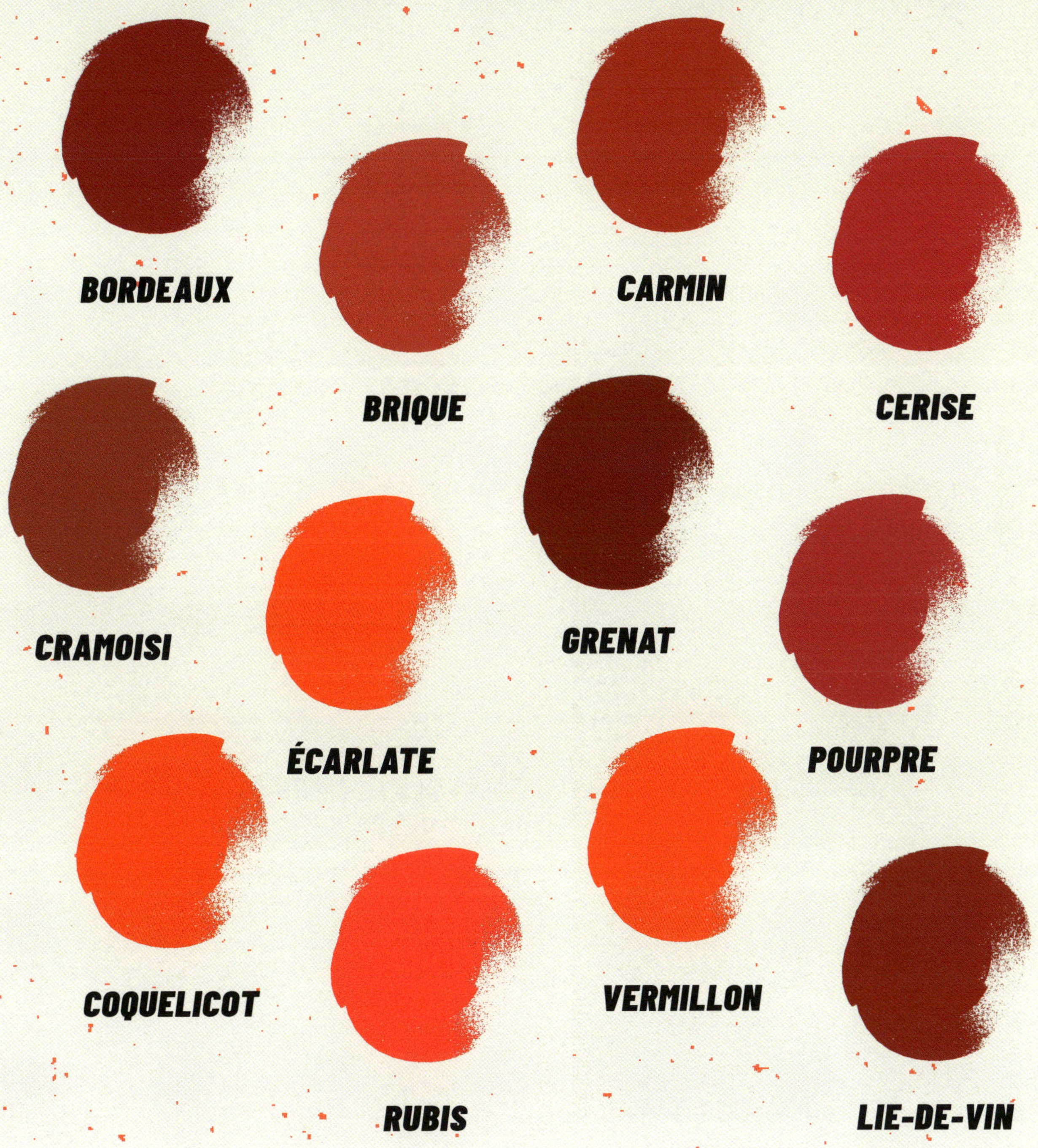
BORDEAUX
BRIQUE
CARMIN
CERISE
CRAMOISI
ÉCARLATE
GRENAT
POURPRE
COQUELICOT
RUBIS
VERMILLON
LIE-DE-VIN

LE MUSCLE

IL N'Y A PAS QUE LE PHYSIQUE QUI COMPTE. ET POURTANT, LE MUSCLE EST AU CŒUR DE L'HISTOIRE DE L'ART.

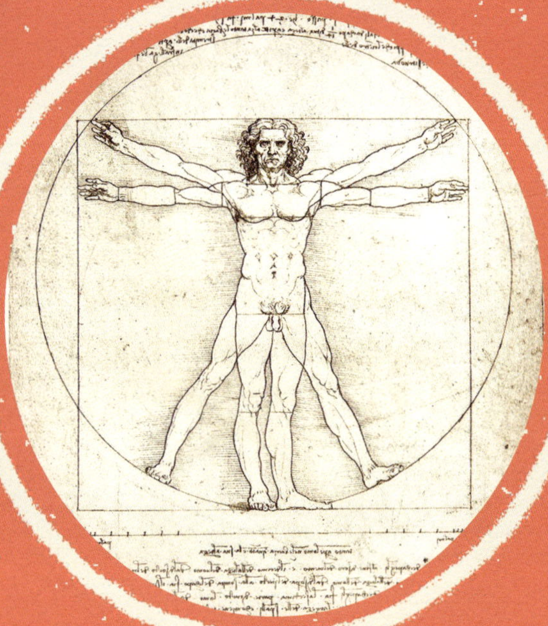

HOMME DE VITRUVE

LÉONARD DE VINCI

Vers 1490, plume, encre et lavis sur papier

Venise, Gallerie dell'Accademia

Attention, chef-d'œuvre ! Léonard **DEVINT SI** précis dans son trait qu'il est désormais considéré comme un génie. Il le démontre **EN CORPS** ici avec les proportions parfaites de l'*Homme de Vitruve*. On y trouve des muscles géométriques, graphiques, magnifiques...

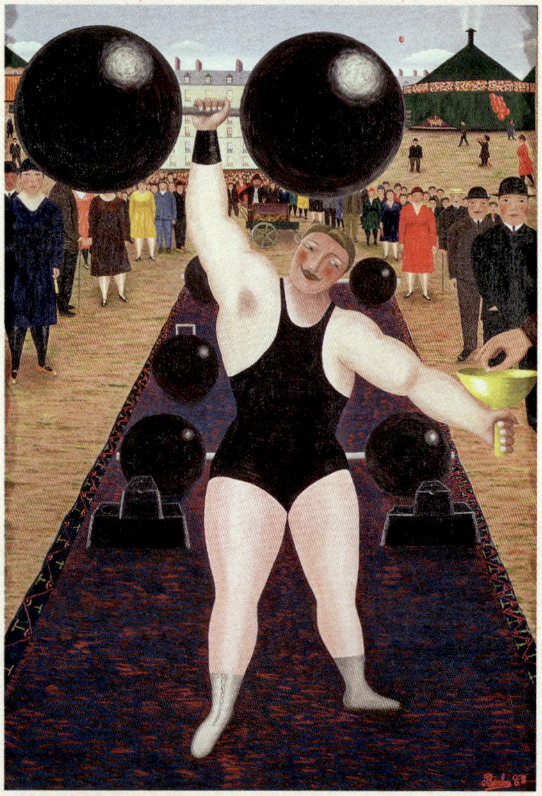

ATHLÈTE FORAIN

CAMILLE BOMBOIS

Vers 1930, huile sur toile

Paris, Centre Pompidou

... ou énergiques, avec cet athlète à l'**HALTÈRE, ET... GO** ! Il la soulève et démontre par là sa corpulence sportive. Les muscles sont stylisés, arrondis, robustes, comme pour mieux traduire l'exploit physique.

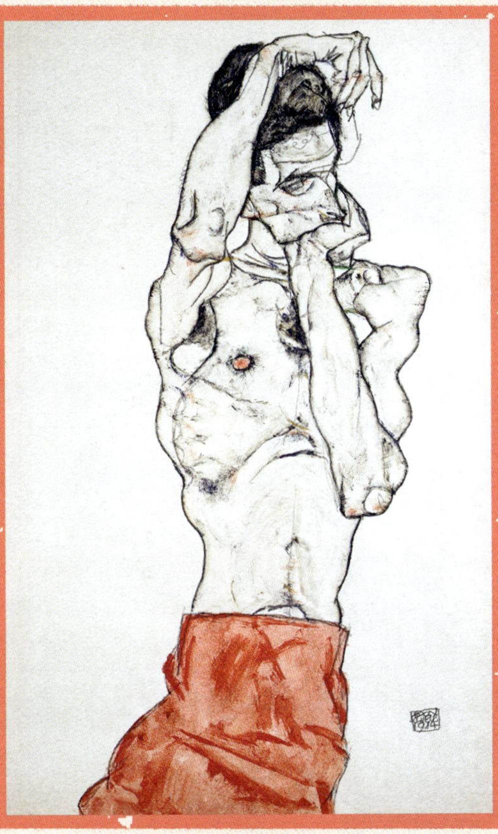

HOMME NU À LA SERVIETTE ROUGE

EGON SCHIELE

1914, crayon, aquarelle et tempera sur papier

Vienne, Musée Albertina

À l'inverse de cet autoportrait d'Egon Schiele. Esprit sain dans un corps sain ? Un corset, plutôt, composé de muscles anguleux et curieux qui ne feront pas d'envieux...

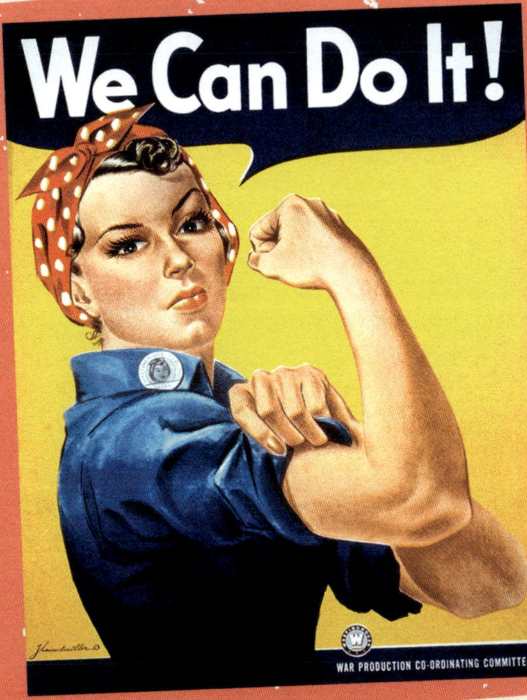

WE CAN DO IT!

JOHN HOWARD MILLER

1942-1943, affiche

Washington, Library of Congress

... ou donneront envie d'en découdre, avec cette affiche, cette femme et son fichu, qui musclent le propos. Celui d'une propagande qui incite les ouvrières américaines à participer à l'effort de guerre dans les usines d'armement.

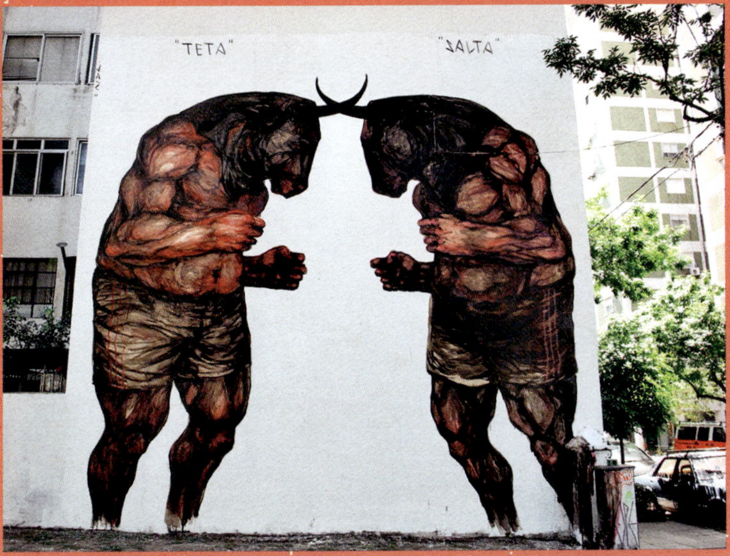

TETA Y SALTA

JAZ

2011, peinture murale à l'aérosol

Buenos Aires, quartier de Colegiales

Et là, le muscle animal qui fait mal. On le devine du moins. La force brute de ces créatures hybrides jaillit au détour de leurs courbes rouge sang. Est-ce pour le faire couler ou pour nous protéger ?

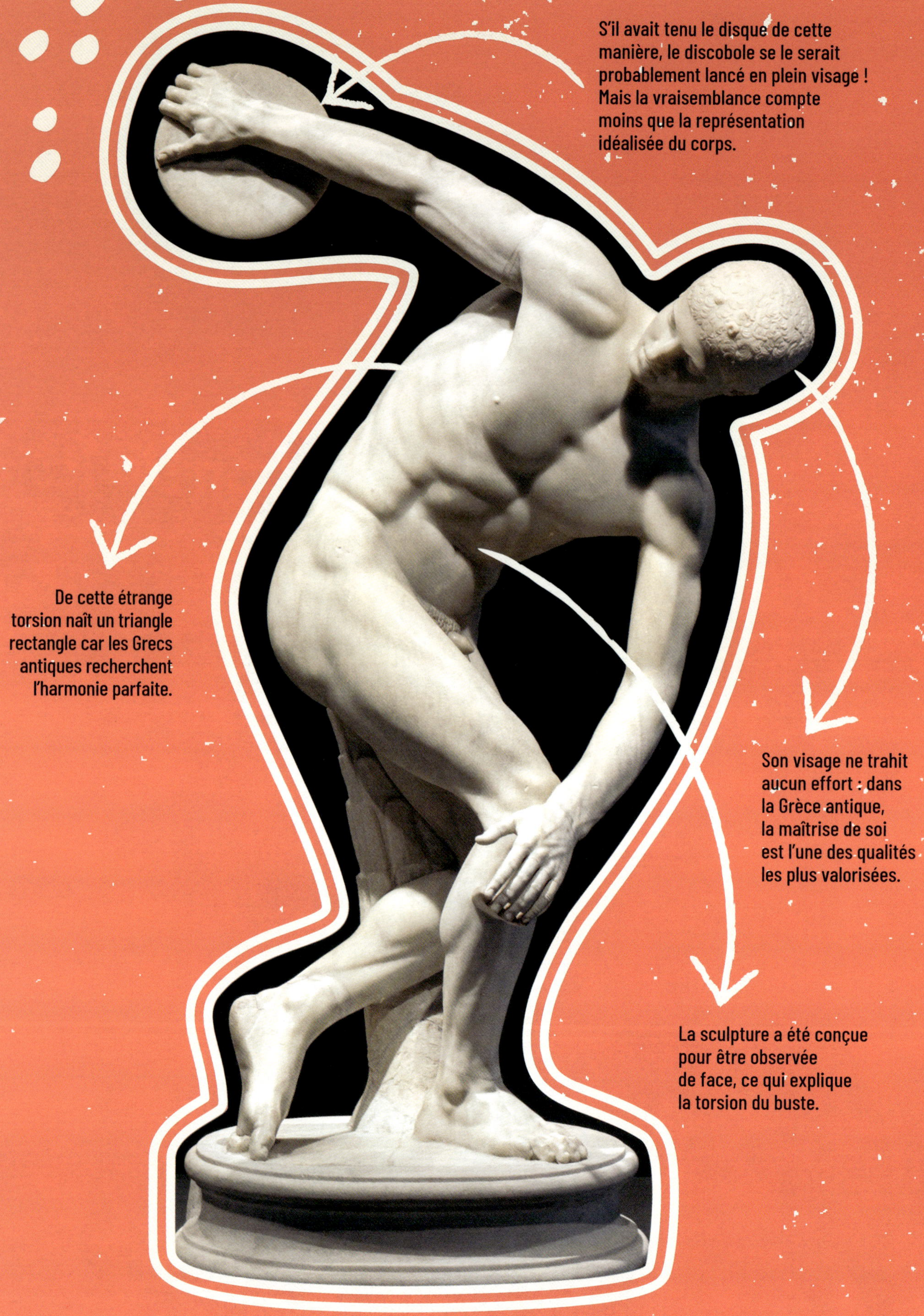
S'il avait tenu le disque de cette manière, le discobole se le serait probablement lancé en plein visage ! Mais la vraisemblance compte moins que la représentation idéalisée du corps.
De cette étrange torsion naît un triangle rectangle car les Grecs antiques recherchent l'harmonie parfaite.
Son visage ne trahit aucun effort : dans la Grèce antique, la maîtrise de soi est l'une des qualités les plus valorisées.
La sculpture a été conçue pour être observée de face, ce qui explique la torsion du buste.

DISCOBOLE LANCELLOTTI

ROME ANTIQUE

IIer siècle après J.-C., copie romaine en marbre d'une sculpture grecque datée du Ve siècle avant J.-C. et attribuée à Myron
Rome, palais Massimo, Musée national romain

Ici, les muscles sont parfaitement représentés par l'artiste, qui sculpte ceux de cet athlète en plein effort. Il est fort, d'ailleurs, avec ses muscles tendus, secs et puissants. Cette œuvre est le *Discobole* de MyRON, **PETIT PATAPON.**

MYRON

(Ve siècle avant J.-C.)

On sait peu de chose de Myron, si ce n'est qu'il sculptait le bronze et vivait dans la région d'Athènes. Si son nom a traversé les siècles, c'est avant tout parce que ses œuvres étaient très appréciées des Romains, qui les ont beaucoup copiées. La plupart des statues en métal de la Grèce antique ont été fondues au fil du temps. Comme le *Discobole*, sa sculpture la plus célèbre : seules des répliques en marbre nous sont parvenues, dont le *Discobole Lancellotti*, découvert à Rome au XVIIIe siècle.

LES FESSES

ON MONTRE BEAUCOUP SES FESSES DANS L'HISTOIRE DE L'ART. ELLES SONT SANS PUDEUR ET PAS FORCÉMENT ÉROTIQUES.

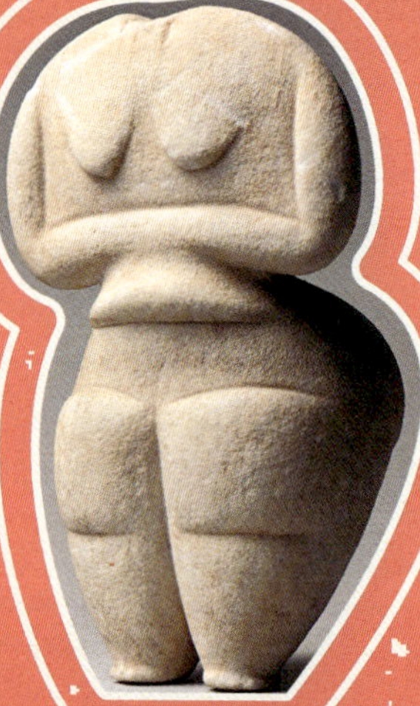

FIGURE FÉMININE

ART CYCLADIQUE

4500-4000 avant J.-C., marbre

New York, Metropolitan Museum of Art

On pourrait croire aux fausses fesses d'une femme forte, mais ce que l'art suggère dans ce séant préhistorique, à travers ces formes énormes, c'est la fertilité, tout simplement. Mais une **FESSE N'EST PAS FORCÉMENT L'AUTRE**, me direz-vous...

HERMAPHRODITE ENDORMI

ROME ANTIQUE

Vers 100-150 après J.-C., matelas sculpté par Le Bernin en 1620, marbre

Paris, musée du Louvre

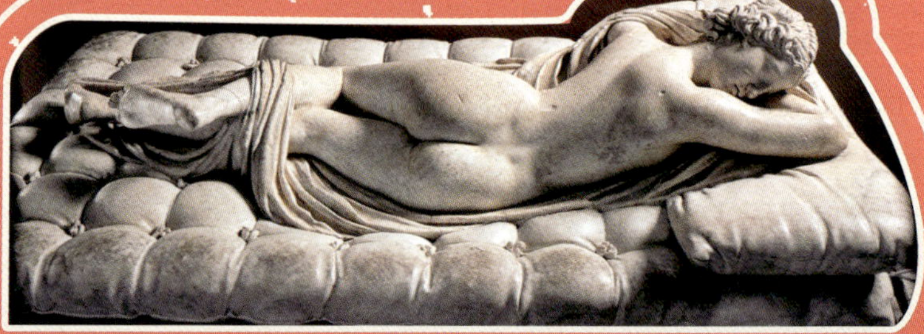

Alors voici des fesses antiques au réalisme sensuel. Les courbes d'Hermaphrodite attirent l'œil et nous font croire à celles d'une femme, mais c'est un androgyne. Des **FESSES À PERDRE LA FACE**, trompeuses et séduisantes. Démentes, elles aimantent l'amante ou l'amant...

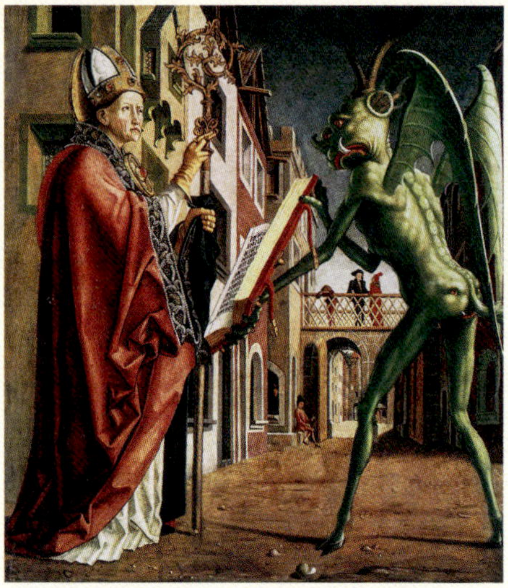

LE DIABLE TEND LE LIVRE DES VICES À SAINT AUGUSTIN

MICHAEL PACHER

Vers 1480, huile sur bois

Cologne, musée Ludwig

... ou le repoussent. Ces fesses à face aux formes de luxure sont celles du diable. Son derrière est son **VICE, ET VERS ÇA** le regard se porte. Symboles de perversion morale, ces fesses sont l'objet de dégoût.

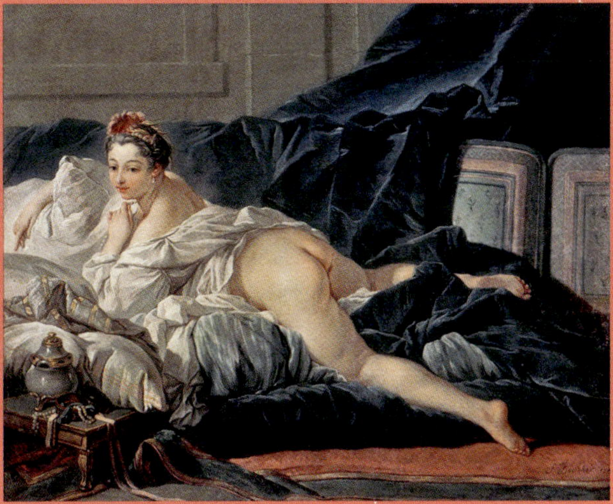

L'ODALISQUE
FRANÇOIS BOUCHER
1745, huile sur toile
Paris, musée du Louvre

Elles peuvent être de désir en s'offrant de la sorte. Elles dévoilent madame, sans-gêne dans *L'Odalisque* de Boucher. Sommes-nous voyeurs ou invités ? Que voulez-vous que je vous dise, que voulez-vous que je **FESSE**… si ce n'est observer ces formes libertines aux courbes érotiques d'un temps passé ?

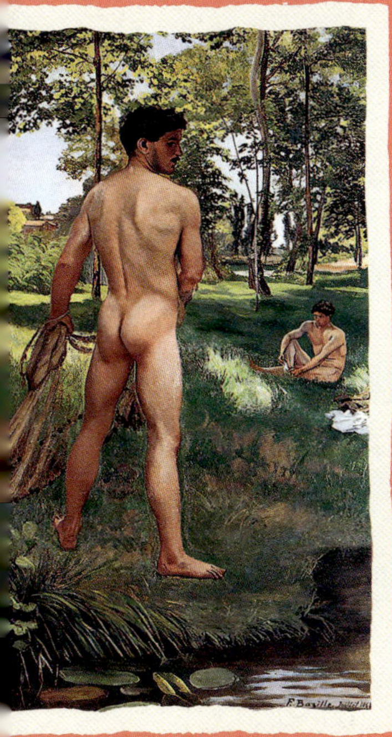

LE PÊCHEUR À L'ÉPERVIER
FRÉDÉRIC BAZILLE
1868, huile sur toile
Remagen (Allemagne), musée d'Art contemporain de Rolandseck, collection Rau

Au contraire de celles-ci, réalistes. On est content pour elles, car elles sont fermes et musclées. Ce sont les fesses viriles d'un homme en train de pêcher. De **PRÊCHER MÊME**…

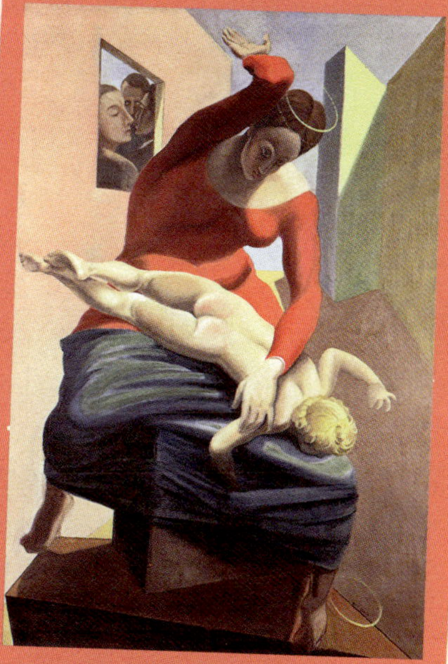

LA VIERGE CORRIGEANT L'ENFANT JÉSUS DEVANT TROIS TÉMOINS : ANDRÉ BRETON, PAUL ÉLUARD ET LE PEINTRE
MAX ERNST
1926, huile sur toile
Cologne, musée Ludwig

Les fesses de Max Ernst peuvent être bavardes ou bravardes, comme ici où elles subissent la fessée. Mais une fois la correction passée, l'Enfant Jésus aux fesses rosies par la main de la Vierge ira-t-il à **CONFESSE** ?

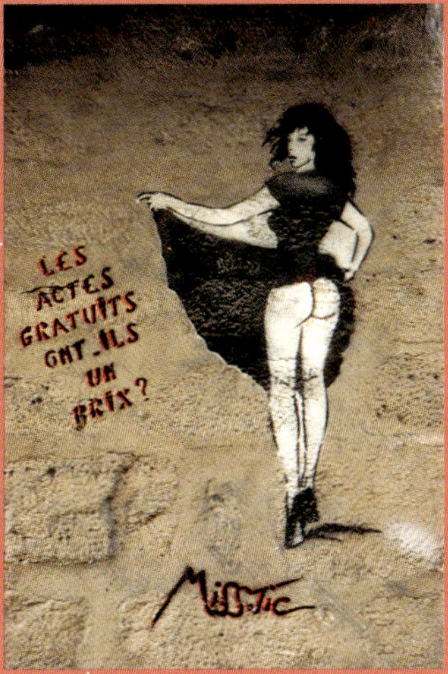

LES ACTES GRATUITS ONT-ILS UN PRIX ?
MISS.TIC
2004, peinture murale au pochoir
Paris, 5e arrondissement

Et enfin, par Miss.Tic, les fesses, elles s'exhibent. Sans en faire un fromage, juste pour faire de leur ramage un emblème féministe. Quant au plumage, il s'agit plutôt d'un **DÉPLUMAGE**.

LE PIED

QU'IL SOIT UNE MESURE, UNE EXPRESSION, UN SUPPORT OU BIEN ENCORE LE PROLONGEMENT DE NOS JAMBES, IL EST À PIED D'ŒUVRE DANS L'ART.

PIED GAUCHE DU COLOSSE DE CONSTANTIN

ROME ANTIQUE

Vers 311-315 après J.-C., marbre

Rome, palais des Conservateurs, musées du Capitole

Commençons par cette **POINTURE**… C'est un fragment de la statue colossale de Constantin Ier, découvert en 1486 dans la basilique de Maxence du Forum romain.

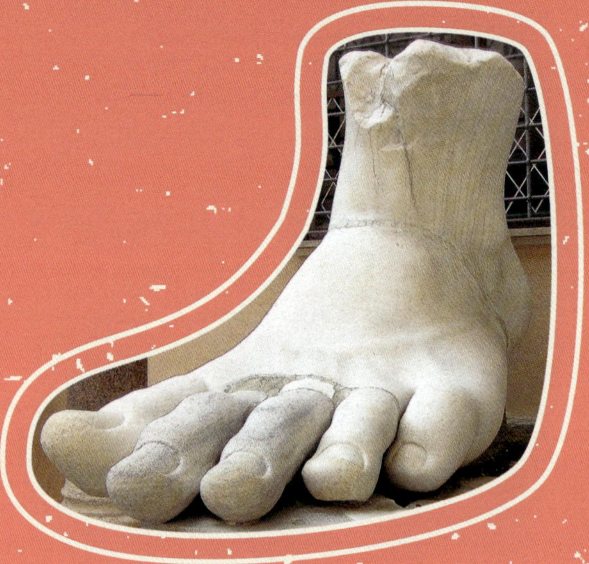

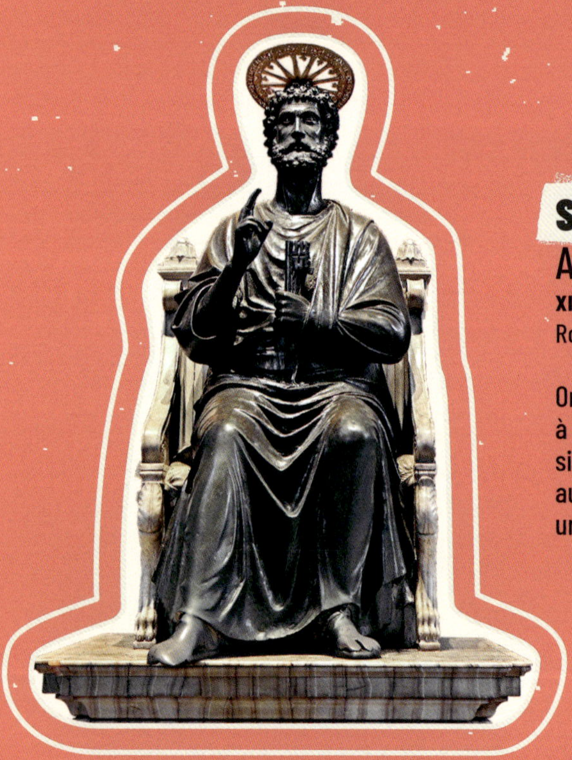

STATUE DE SAINT PIERRE

ATTRIBUÉE À ARNOLFO DI CAMBIO

XIIIe siècle, bronze

Rome, basilique Saint-Pierre

On peut dire que les pèlerins **PRENNENT LEUR PIED** à embrasser celui de saint Pierre. À force d'être touché en signe de vénération, le pied droit s'est poli au fil du temps, au point de faire disparaître les doigts de pied, comme une offrande. Des **DOIGTS DONNEURS**, en quelque sorte…

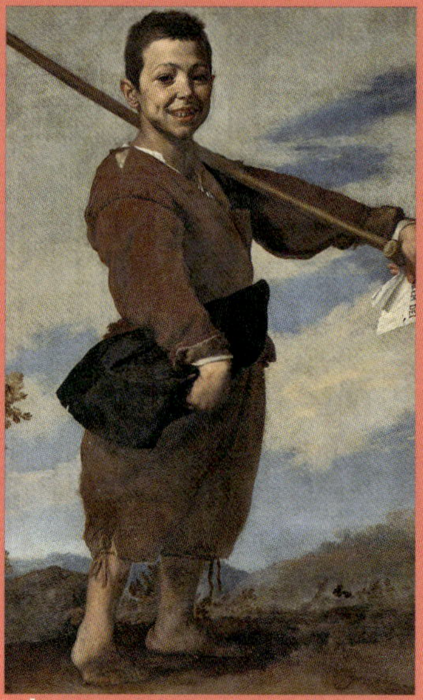

LE PIED-BOT

JUSEPE DE RIBERA

1642, huile sur toile

Paris, musée du Louvre

Ce pied-ci est bien là, mais dans quel état ! Et même si ce tableau de Jusepe de Ribera est intitulé *Le Pied-Bot*, celui-ci n'est que tordu. Enfin, que tordu… De même que la main droite, tordue elle aussi des suites d'une hémiplégie. Ceci n'empêche nullement le sujet de sourire…

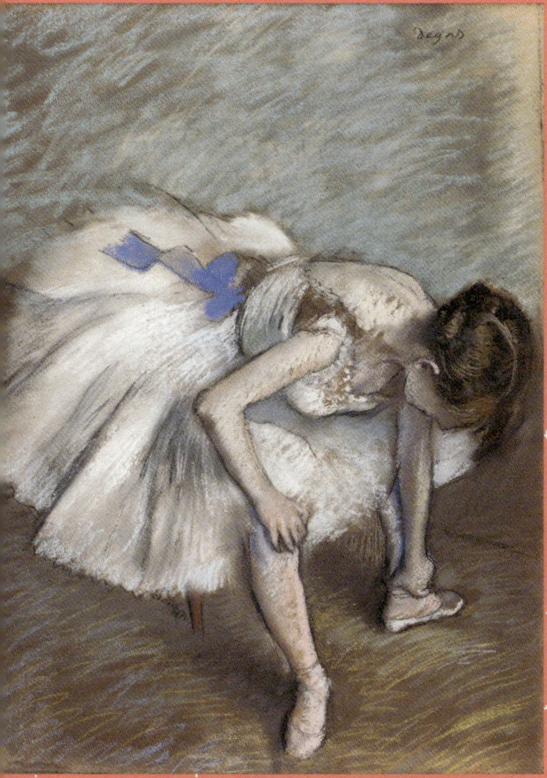

DANSEUSE ASSISE SE MASSANT LE PIED

EDGAR DEGAS

Vers 1881-1883, pastel sur papier marron contrecollé sur carton
Paris, musée du Louvre

... plutôt que de souffrir, comme cette danseuse occupée à se masser le pied, tant la danse est un art exigeant pour ses membres. Il s'agit d'éviter **LES DÉGÂTS** en prenant soin de soi. Et Degas prend soin d'elle en la peignant de la sorte.

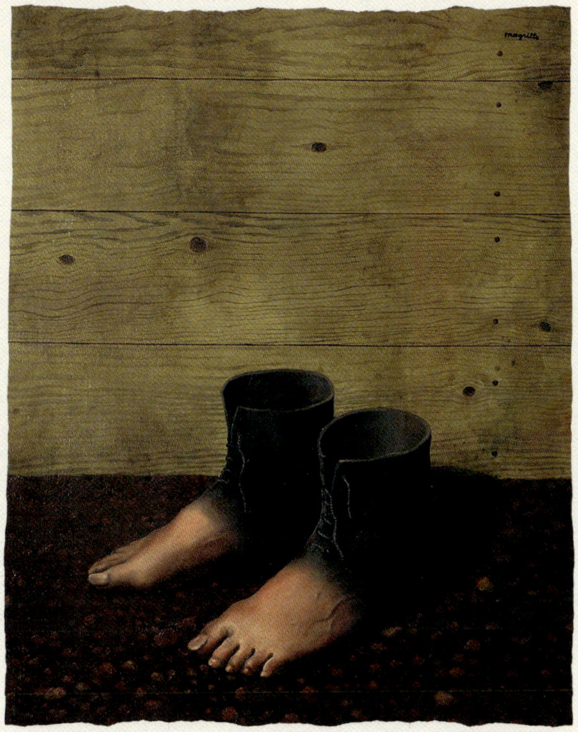

LE MODÈLE ROUGE

RENÉ MAGRITTE

1935, huile sur toile marouflée sur carton
Paris, Centre Pompidou

Magritte est un peintre surréaliste. Voilà une **CHOSE SÛRE**. Ou alors est-ce une paire de pieds ? On s'y perd, dans ce qui semble être la fusion d'un pied et d'un soulier. Il en a du **TALON**, René, pour emmêler les pinceaux.

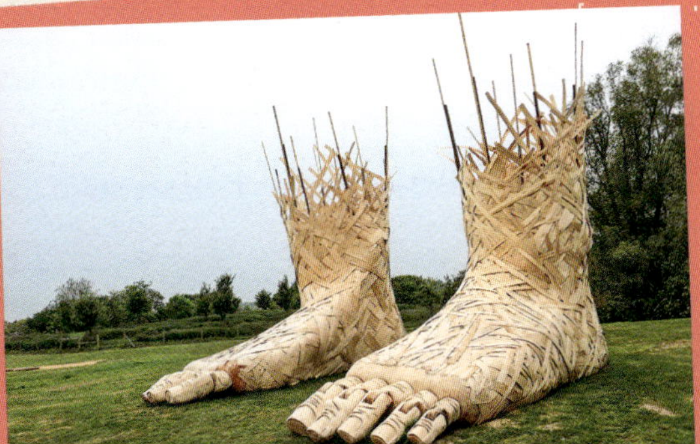

RUN !! NOS PIEDS SUR TERRE

PEDRO MARZORATI

2019, installation : bois déroulé et tronc d'arbres
Armentières (France), parc des Prés du Hem, festival El Dorado

Et enfin, ces pieds tressés de bois par Pedro Marzorati. Des pieds libres et **POINT LIÉS**, qui font écho à la situation des migrants de l'anthropocène. Cette œuvre nous interroge et nous invite à avoir les pieds bien sur terre.

LES AILES

L'HISTOIRE DE L'ART NOUS FAIT TANT DE LARGESSES QUE NOUS PRENONS ICI UN PEU DE HAUTEUR.

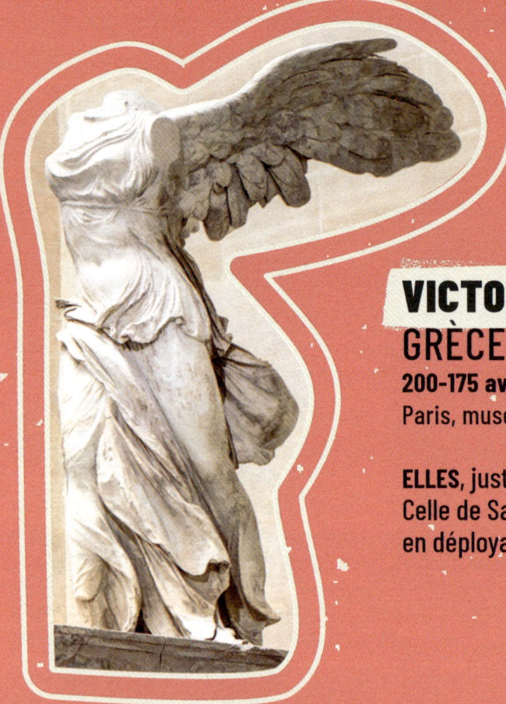

VICTOIRE DE SAMOTHRACE

GRÈCE ANTIQUE

200-175 avant J.-C., marbre

Paris, musée du Louvre

ELLES, justement, celles de Niké, la déesse qui symbolise la victoire. Celle de Samothrace. Posée à la proue d'un navire, elle prend des airs en déployant ses ailes, celles du succès et de la réussite en mer.

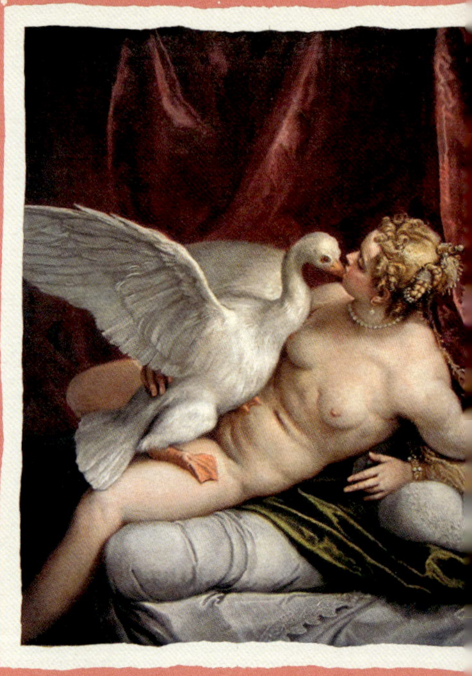

LÉDA ET LE CYGNE

D'APRÈS VÉRONÈSE

Vers 1585, huile sur toile

Paris, musée du Louvre, en dépôt au palais Fesch - musée des Beaux-Arts d'Ajaccio

Bien terre à terre que celles-ci, avec ce cygne d'après Véronèse qui déploie ses ailes du désir pour séduire la belle reine. Ou alors est-ce Jupiter lui-même qui se cache derrière ce plumage pour user de son ramage et se pavaner gracieusement ?

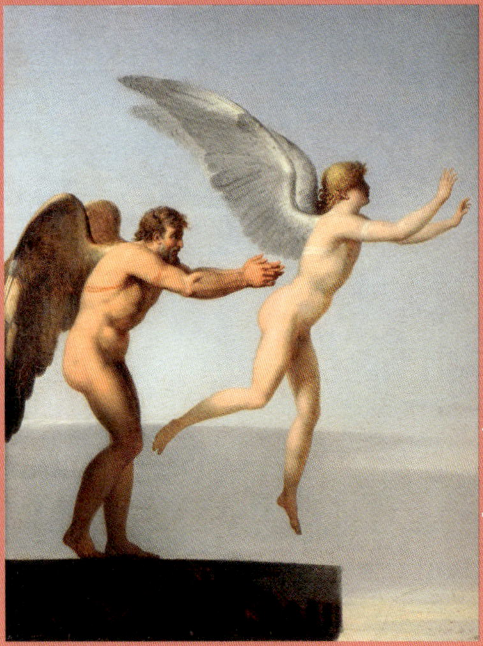

LA FUITE DE DÉDALE ET ICARE

CHARLES-PAUL LANDON

1799, huile sur bois

Alençon, musée des Beaux-Arts et de la Dentelle

Ici, l'aile est menteuse, élémentaire, car elle est de cire, donc factice. En s'approchant du soleil, Icare l'apprit à ses dépens, car on se brûle les ailes à vouloir aller toujours plus haut.

LA STRYGE
D'APRÈS EUGÈNE VIOLLET-LE-DUC

Vers 1850

Paris, cathédrale Notre-Dame

Pour la *Stryge* de Notre-Dame, en revanche, ça ne vole plus très haut et le moral est fort bas. Ce coup dans l'aile la rend mélancolique, alors elle se replie sur elle-même, comme si elle surveillait la ville.

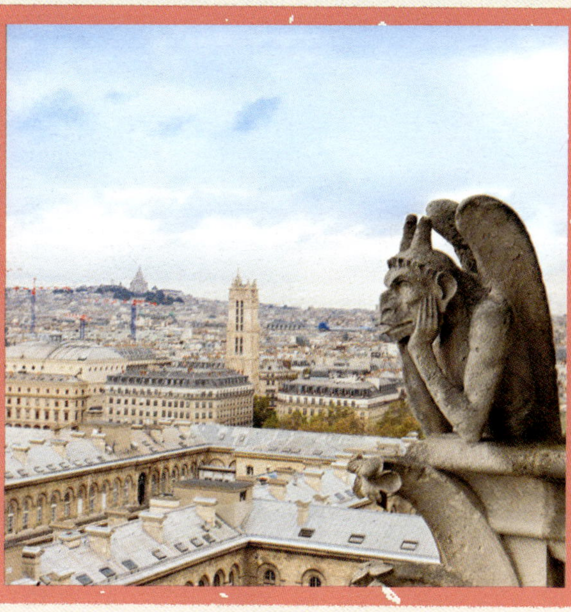

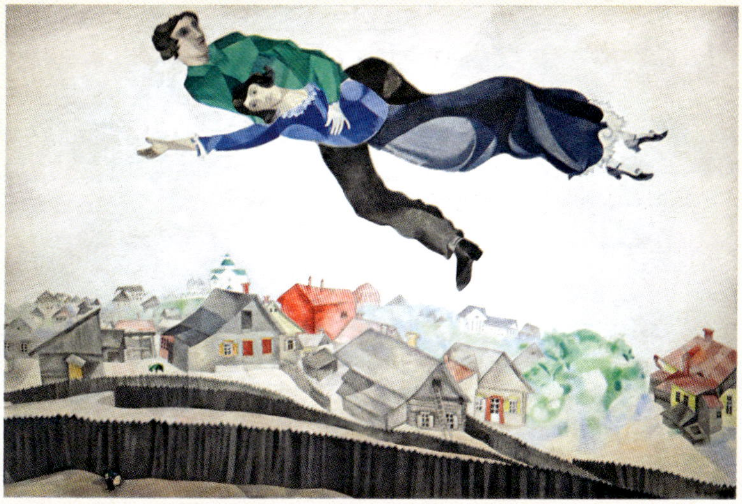

AU-DESSUS DE LA VILLE
MARC CHAGALL

1914-1918, huile sur toile

Moscou, galerie Tretiakov

Des ailes qui désolent ou qui défilent au-dessus de nos villes. En un coup de pinceau, Chagall se donne des ailes et vole avec sa femme, comme un symbole du sentiment amoureux. Ils ne sont point **VOLAGES**, ceux-ci, même s'ils **S'ENVOIENT EN L'AIR**...

AILES II
RACHEL LABASTIE

2008, grès modelé et émail

Collection Sandra Hegedus Mulliez

Et enfin, cette paire d'ailes perdues, accrochées au mur à défaut d'amour. Un ange est passé, et les voilà esseulées dans cet ancien hangar aéronautique. Des ailes désolées qui **NE SONT PLUS VRAIMENT AUX ANGES**, alors on les range.

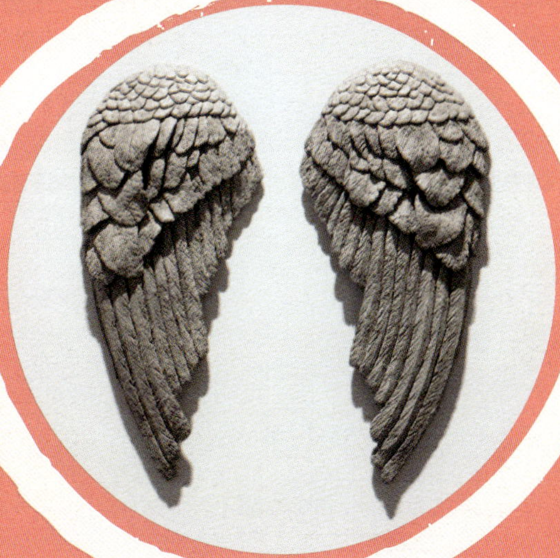

LE BÉBÉ

QU'IL SOIT POTELÉ OU JOUFFLU, DODU OU CHEVELU, RIEUR OU PLEUREUR, LE BÉBÉ DONNE À VOIR L'ENFANCE DE L'ART.

FIGURE D'ENFANT ASSIS

CULTURE OLMÈQUE (SITE DE LAS BOCAS, MEXIQUE)

XIIe-IXe siècle avant J.-C., céramique

New York, Metropolitan Museum of Art

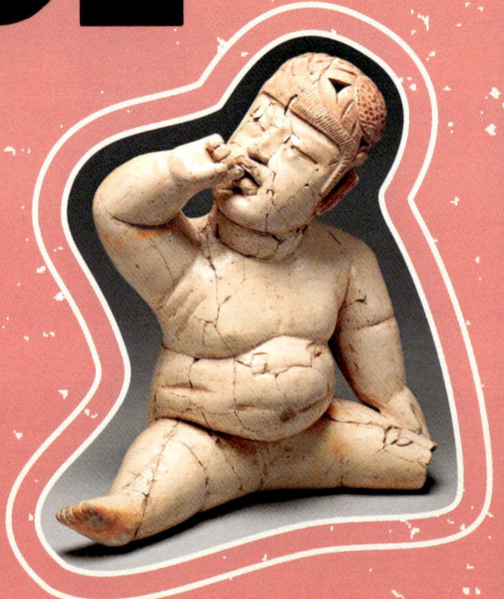

Et quel bébé que celui-ci ! Potelé par les préceptes de la culture olmèque, ni mec, ni fille, c'est un enfant non genré. **DÉJÀ, OUI**... Cette figurine figurait dans l'état des lieux du site archéologique de Las Bocas.

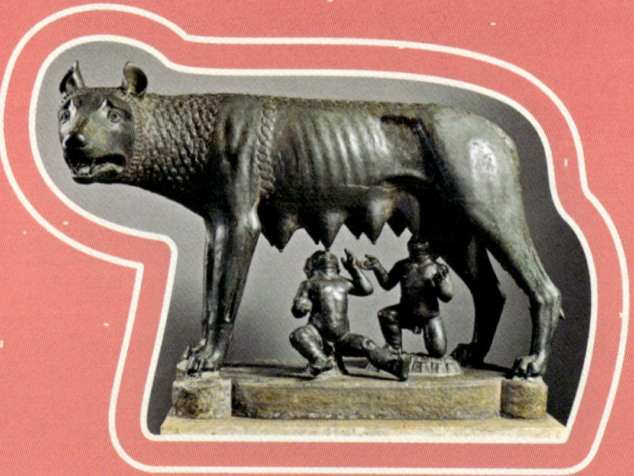

LOUVE CAPITOLINE

ANTIQUITÉ (LOUVE), ATTRIBUÉ À ANTONIO POLLAIUOLO (ROMULUS ET RÉMUS)

Vers le Ve siècle avant J.-C. (louve), XVe siècle après J.-C. (Romulus et Rémus), bronze

Rome, musées du Capitole

Loin du Mexique et de son lexique, nous voilà en Italie avec ces **BÉBÉS IMBIBÉS DE LAIT**. En le buvant, allaité par une louve, Romulus alimente le mythe de la création de Rome. Mais il nourrit alors la jalousie de son frère Rémus, qu'il finira par tuer...

LA NATIVITÉ

LORENZO COSTA

Vers 1490, huile sur bois

Lyon, musée des Beaux-Arts

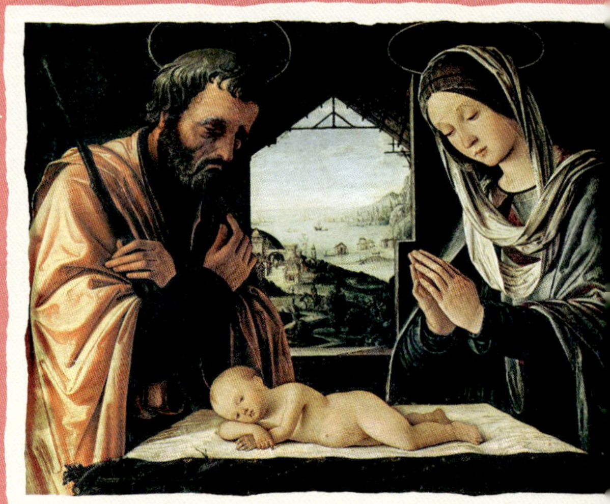

Alors qu'ici, voici le symbole ultime de la vie... puisqu'il s'agit du petit Jésus, le bébé le plus célèbre du monde, qui **CRÈCHE** dans bien des maisons à Noël. C'est à Lorenzo Costa que nous devons cette scène, et non cette Cène. C'est l'enfant du sacrifice, **UN SACRÉ FILS**, même...

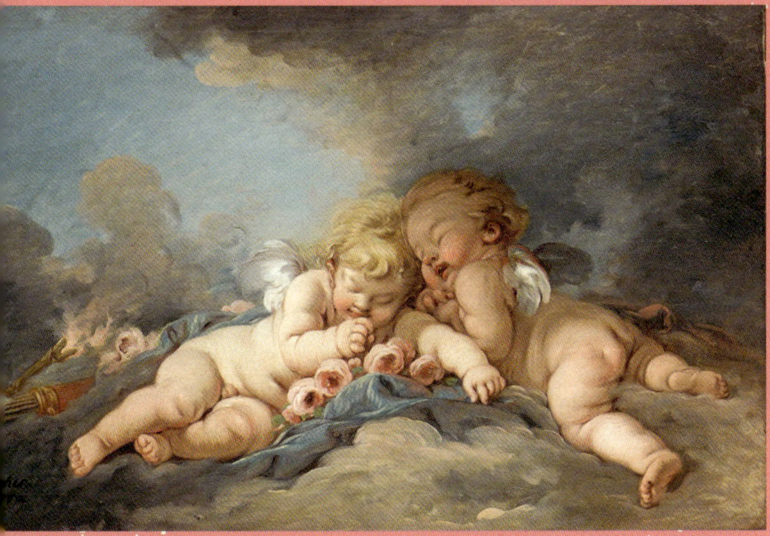

COMPOSITION AUX PUTTI

FRANÇOIS BOUCHER

1762, huile sur toile
Toulouse, Fondation Bemberg

Boucher est peintre, mais peu de peintres sont bouchers… Celui-ci s'appelle François, mais pour autant, il ne **PEINT PAS AU COUTEAU** ces putti ailés allongés dans les nuages. Putti, putti…
Mais qu'est-ce que des putti ? Ce sont des bambins nus. Et pas des bambous nains…

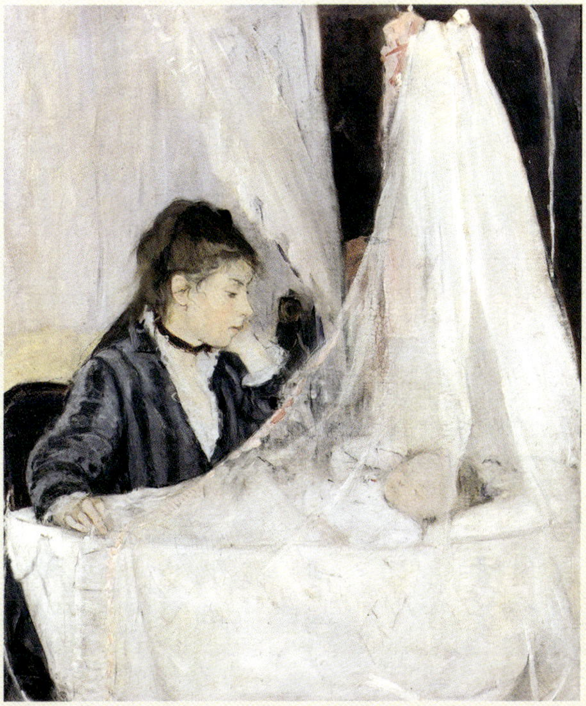

LE BERCEAU

BERTHE MORISOT

1872, huile sur toile
Paris, musée d'Orsay

Le b.a.-ba du bébé et de la *mamma* est symbolisé par cette image de la maternité peinte par Berthe Morisot. Elle y représente sa sœur Edma et sa fille, Blanche, comme ce linge qui les sépare et en même temps les unit en une douce intimité.

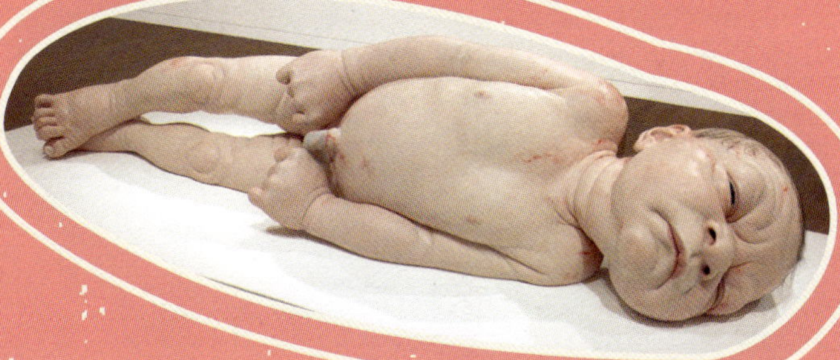

A GIRL

RON MUECK

2006, matériaux divers
Édimbourg, Scottish National Gallery of Modern Art

Et enfin, ce bébé plus grand que nature, paré de son cordon ombilical et de traces de sang qui offrent à deviner l'épreuve de la naissance. C'est Ron Mueck qui a accouché de cette œuvre hyperréaliste. Il est donc le père et la mère de cet enfant… unique !

LE VIEILLARD

QU'IL SOIT RICHE OU PAUVRE, CHAUVE OU BARBU, AIGRI OU BIENVEILLANT, LES ARTISTES LE TRAITENT SANS CONDITION. IL PEUT ÊTRE VIEUX OU TROP VIEUX, LE VIEILLARD.

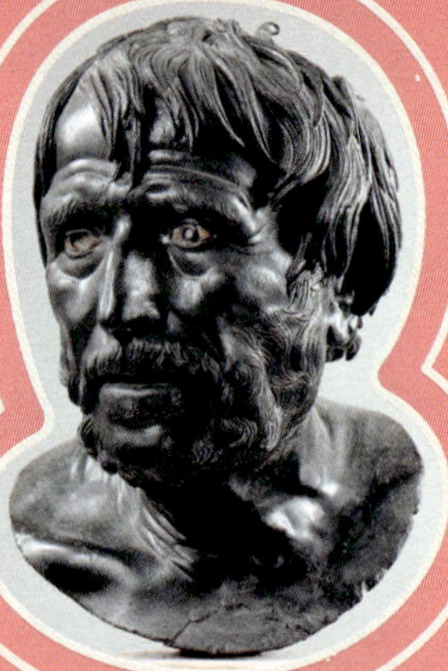

PSEUDO-SÉNÈQUE

ROME ANTIQUE

IIe ou Ier siècle avant J.-C., bronze et pâte de verre

Naples, Musée archéologique national

Qu'est-ce que vieillir, sinon devenir sage ? Cette pensée philosophique qui nous vient de l'Antiquité grecque se traduit ici par ce vieillard de bronze, qui **RESTE DE MARBRE** face au temps passé.

PORTRAIT D'UN VIEILLARD ET D'UN JEUNE GARÇON

DOMENICO GHIRLANDAIO

Vers 1490, tempera sur panneau de bois

Paris, musée du Louvre

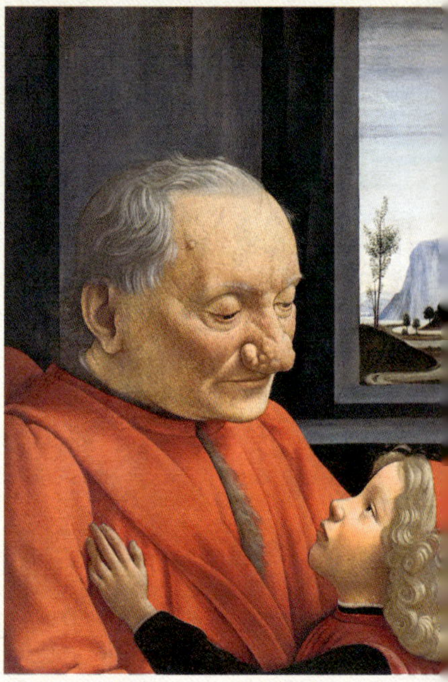

Mais la vieillesse se conjugue à tous les temps. Et ce grand-père, qui doit ses traits joufflus à Domenico Ghirlandaio, nous offre une image jolie de ce que peut être la vieillesse. Ce n'est pas tant la fin de vie à laquelle il se destine, mais c'est une autre vie qui se dessine.

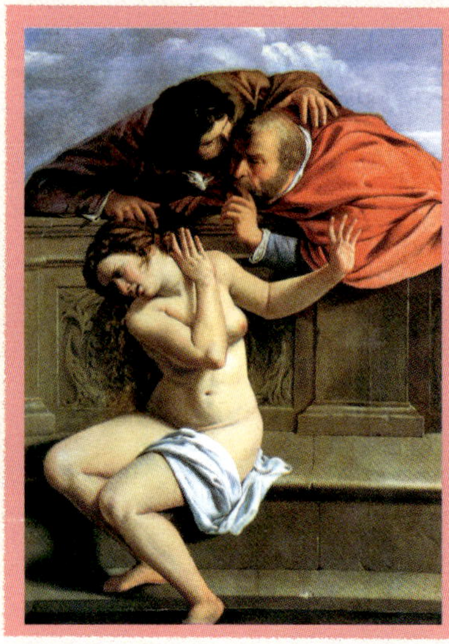

SUZANNE ET LES VIEILLARDS

ARTEMISIA GENTILESCHI

1610, huile sur toile

Pommersfelden (Allemagne), château Weissenstein

Et puis il y a les affres de l'âge, et on se dit que les **VIEUX, ÇA LASSE**... lorsqu'ils sont lubriques et vicieux. En quête d'une jeunesse éteinte, ils tentent d'allumer une flamme, mais se brûlent les ailes. Pensant consommer, ils se consument.

VOLTAIRE NU

JEAN-BAPTISTE PIGALLE

1776, marbre
Paris, musée du Louvre

La vieillesse, ici, Jean-Baptiste Pigalle la place à un autre endroit, celui de la glorification du corps vieux. Il s'agit de Voltaire, dont l'esprit vif contraste avec ce corps fatigué, décharné et osseux. La vieillesse n'est pas rose… alors pourvu qu'au moins demeure la prose…

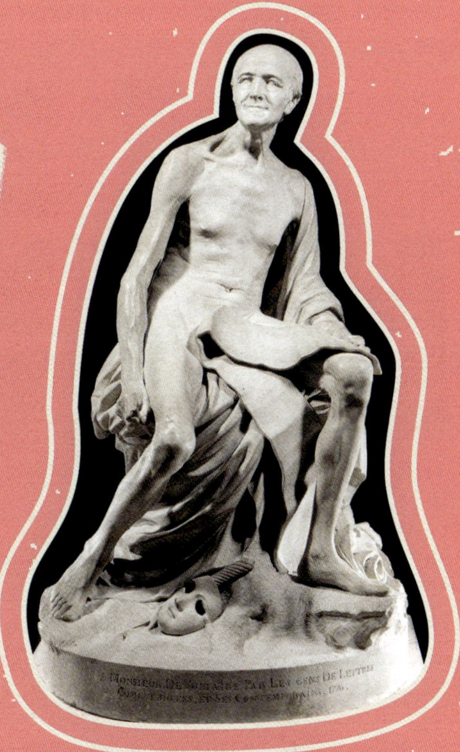

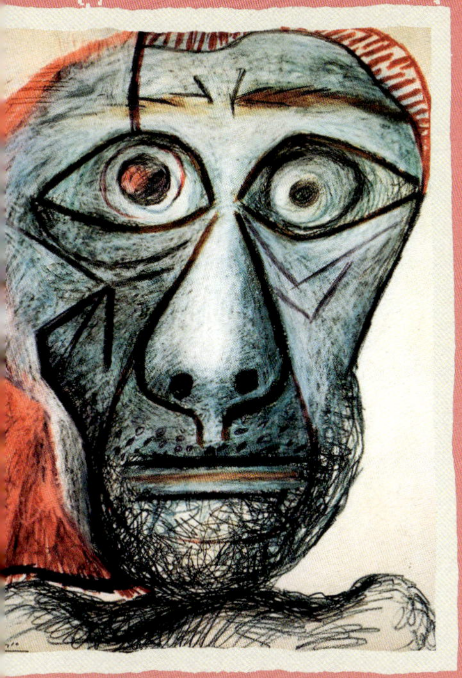

AUTOPORTRAIT FACE À LA MORT

PABLO PICASSO

1972, mine de plomb et crayons à la cire sur papier
Tokyo, Fuji Television Gallery

… ou la pose, que prend Pablo pour peindre Picasso. À moins que ce soit l'inverse. Peu importe qui peint qui, les yeux sont les mêmes. Ils ont le regard vieux et plein d'effroi de celui qui sait que la mort est proche.

MAIN DANS LA MAIN OU ÊTRE ENSEMBLE

SENO (GUILLAUME DUSOTOIT)

2015, peinture murale à l'aérosol
Montpellier, avenue de Toulouse

Et enfin, cette fresque de mains mêlées dépeint le temps qui vient ou qui s'en va. Comme un passage de relais entre ces deux êtres. L'un qui n'est plus tout à fait ce qu'il était, et l'autre qui n'est pas encore ce qu'il sera. L'artiste illustre cela en **UN TEMPS ET DEUX MOUVEMENTS.** Simplement… l'enfance de l'art.

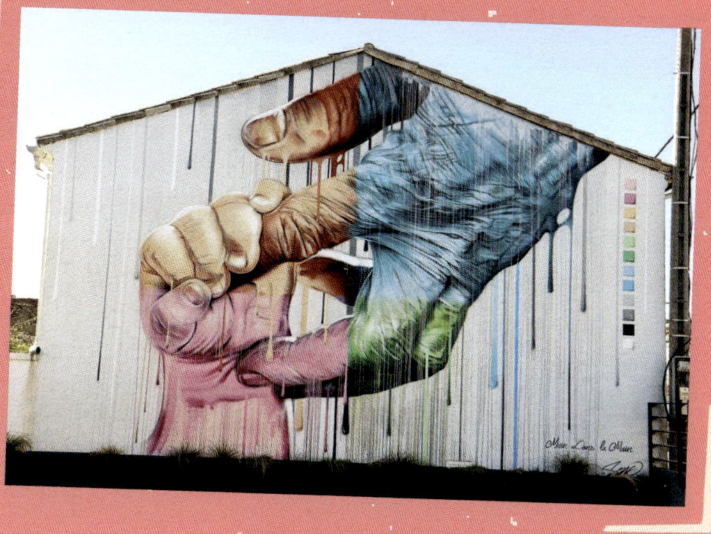

LE MORT

QU'IL SOIT EMBAUMÉ, FIGÉ DANS L'INFINI
OU QU'IL DONNE L'IMPRESSION DE DORMIR,
LE MORT RESSUSCITE DANS L'HISTOIRE DE L'ART.

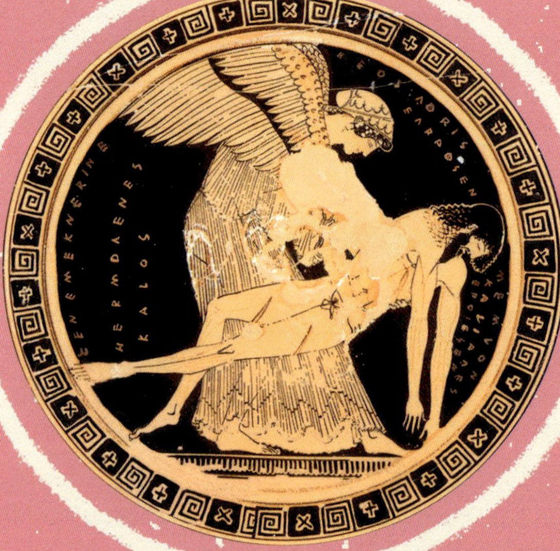

ÉOS ET LE CORPS DE MEMNON

KALLIADÈS (POTIER) ET DOURIS (PEINTRE)

Vers 490-480 avant J.-C., coupe attique à figures rouges, argile
Paris, musée du Louvre

Comme ici, avec l'amour d'une mère au bord de la mort. Dans cette scène Memnon est tué pendant la guerre de Troie, et est porté par sa mère Éos, la déesse de l'aurore. Mais l'horreur de ce moment est malgré tout apaisée par la grâce de l'instant.

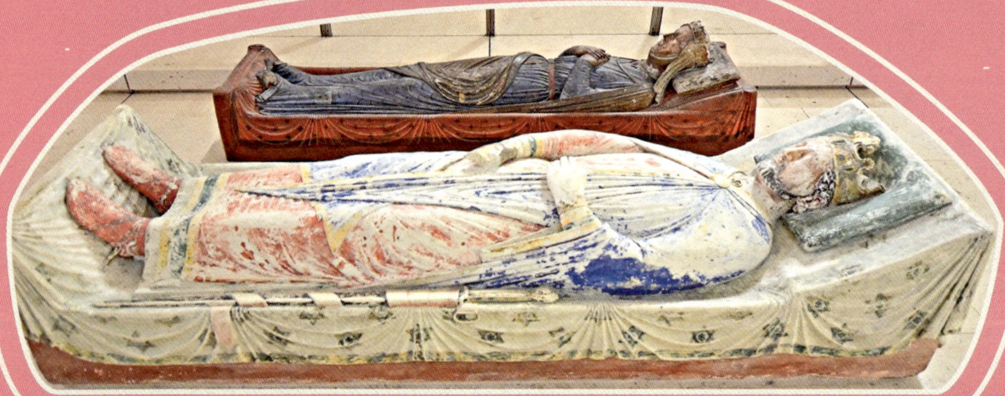

GISANTS DE RICHARD CŒUR DE LION ET D'ISABELLE D'ANGOULÊME

Respectivement 1204, tuffeau polychromé, et vers 1246-1255, bois polychromé
Fontevraud, abbaye royale Notre-Dame

Instant infini, comme cette pierre qui épouse Richard Cœur de Lion. Le monarque est ainsi **TAILLÉ POUR L'AVENTURE**… de la mort. Il dort, du moins il semble dormir paisiblement, ce roi bien droit sur le cercueil qui l'accueille pour l'éternité.

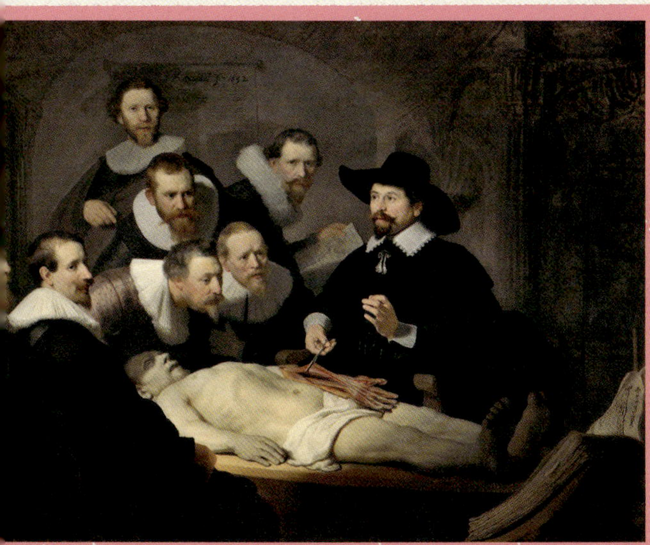

LA LEÇON D'ANATOMIE *DU DOCTEUR NICOLAES TULP*

REMBRANDT VAN RIJN

1632, huile sur toile

La Haye, Mauritshuis

De l'humain à la main nue qui vient disséquer le corps, il n'y a qu'un coup de bistouri, ou de pinceau – en l'occurrence, celui de Rembrandt et de sa *Leçon d'anatomie*. Ici, la mort est froide, comme ce **CADAVRE** qui n'a rien d'**EXQUIS**.

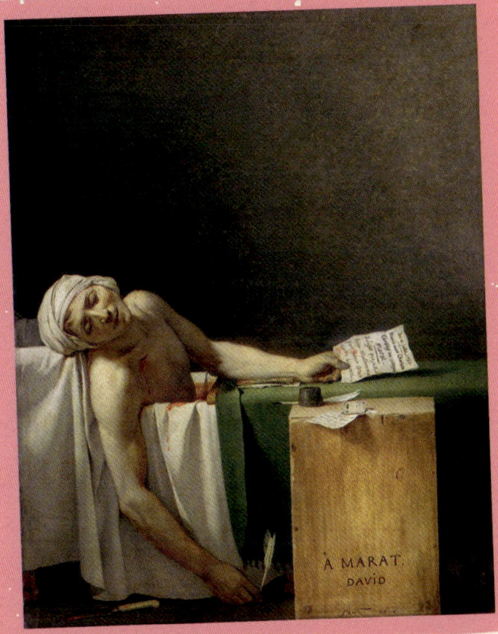

MARAT ASSASSINÉ, DIT AUSSI *LA MORT DE MARAT*

JACQUES-LOUIS DAVID

1793, huile sur toile

Bruxelles, Musées royaux des beaux-arts

De même que ce corps mort de Marat, assassiné dans sa baignoire par son opposante politique, Charlotte Corday. La plaie est encore visible, de là sort le sang qui fait **COULER BEAUCOUP D'ENCRE**.

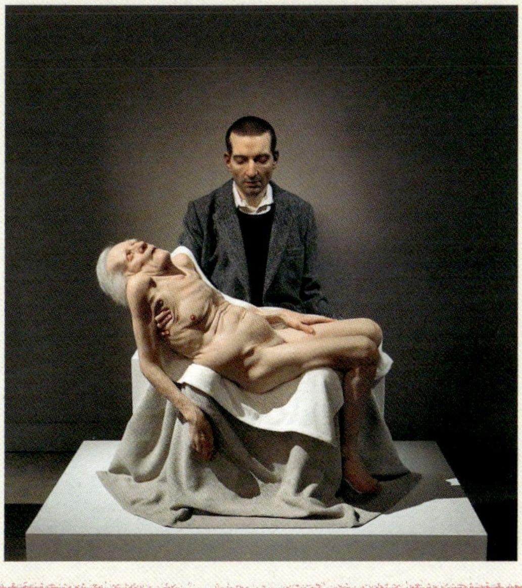

STILL LIFE (PIETA)

SAM JINKS

2007, silicone, peinture et cheveux

Collection particulière

Et enfin, cette mort hyperréaliste que l'on doit à Sam Jinks. Il nous montre presque la vie de la mort, avec ses rides et les plaies du temps qui est passé. D'un réalisme troublant, la sculpture en silicone de ce corps vieux nous montre un défunt défait à des fins funestes.

On distingue à peine Marie, Marie-Madeleine et l'apôtre Jean dans l'angle gauche. Leur tristesse est transcrite par l'usage de couleurs minérales.

Le Christ mort nous apparaît dans une perspective vertigineuse, comme si nous étions agenouillés à son chevet. Le rendu est si réel et précis que l'on a parfois du mal à le distinguer de la réalité.

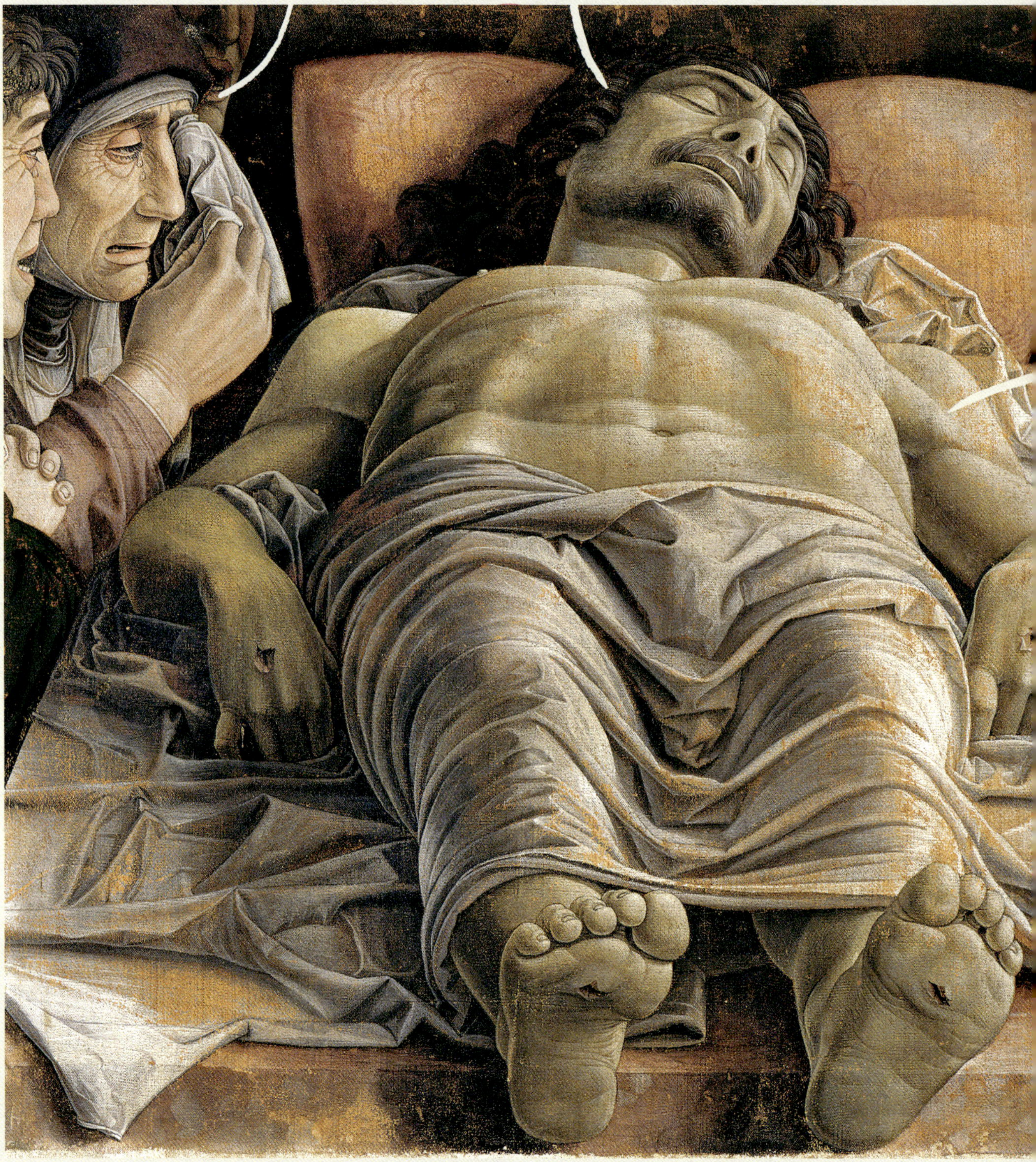

LA LAMENTATION SUR LE CHRIST MORT

ANDREA MANTEGNA

Vers 1483, tempera à la colle sur toile
Milan, pinacothèque de Brera

Mais la mort n'offre pas toujours le même visage. Celui du Christ mort de Mantegna nous frappe par la douleur et la tragédie qui s'en dégagent. Les stigmates sont encore visibles sur ce corps veillé par de bonnes âmes, qui, du coin de l'œil, portent le deuil de ce mort sacré, et pourtant sacrément humain.

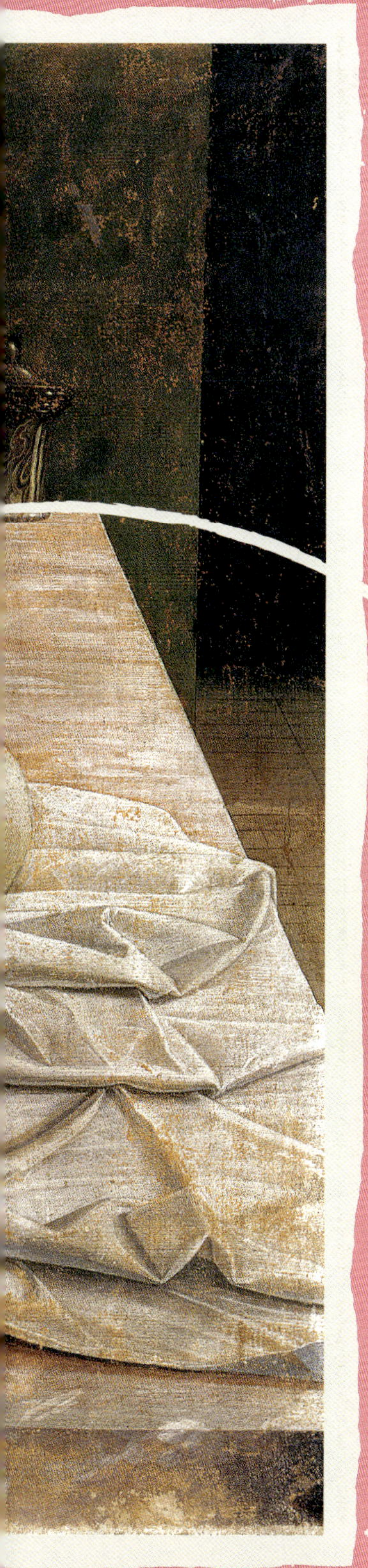

Ce cadavre livide pourrait être celui de n'importe quel homme, si ce n'était ses pieds et mains troués et sa fine auréole.

ANDREA MANTEGNA
(1431-1506)

Le peintre et graveur italien Andrea Mantegna est l'un des artistes les plus singuliers du début de la Renaissance. Ce grand perfectionniste est notamment connu pour ses trompe-l'œil et son usage nouveau de la perspective. Il aura une influence essentielle sur les grands maîtres de la Renaissance, tels que Léonard de Vinci ou Albrecht Dürer.

LE SERPENT

QU'IL SOIT DANGEREUX, MYSTÉRIEUX, CURIEUX, AFFREUX OU VENIMEUX, LE SERPENT GLISSE ET S'IMMISCE DANS NOMBRE D'ŒUVRES D'ART.

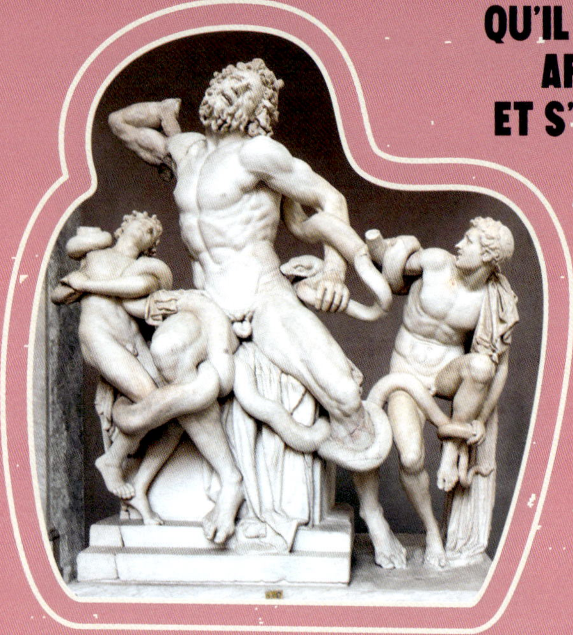

LAOCOON

ATTRIBUÉ À AGÉSANDROS, ATHANODOROS ET POLYDOROS

Vers 40-30 avant J.-C., marbre

Vatican, musée Pio-Clementino

Ces serpents serrent, étouffent. Voyez plutôt… Laocoon est flanqué de ses deux enfants. Lorsqu'il **VIT PÈRE** (envoyées par Poséidon…), Laocoon comprit qu'elles venaient le tuer, car il avait alerté de la menace du cheval de Troie.

SERPENT À PLUMES DU TEMPLE DE QUETZALCÓATL

CIVILISATION DE TEOTIHUACAN (MEXIQUE)

Vers 150-200 après J.-C., sculpture en pierre

Mexique, site de Teotihuacan

Si le serpent peut être un malfaiteur, il peut aussi être un bienfaiteur s'il est à plumes. Du moins en Mésoamérique, où il est considéré comme le dieu de la fertilité, de la pluie et de la terre.

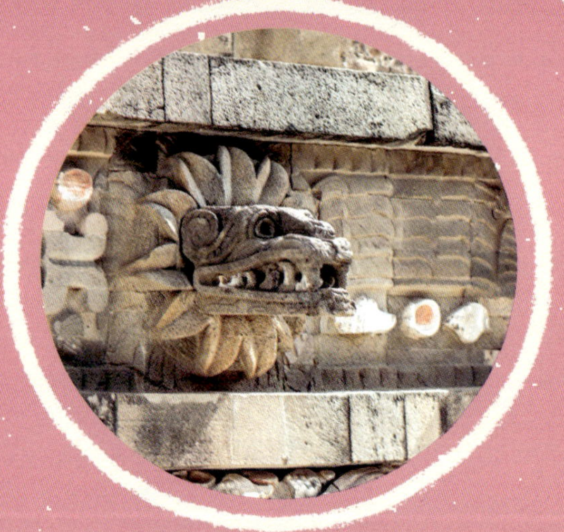

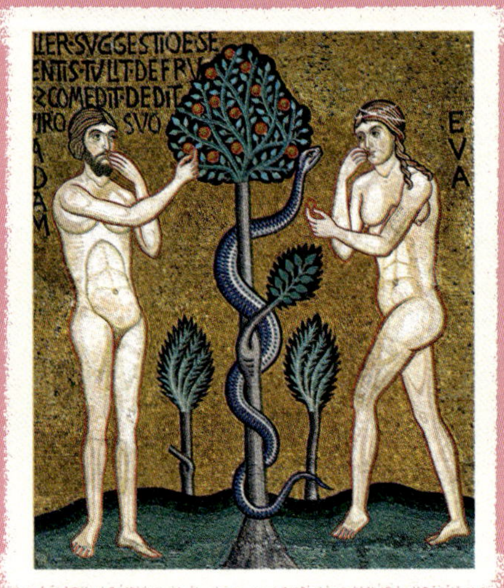

LE PÉCHÉ ORIGINEL

ART BYZANTIN

Vers 1140-1170, mosaïque

Palerme (Italie), Chapelle palatine

Ce serpent est probablement le plus connu des reptiles, car il est le sujet central de cette scène qui représente Adam et Ève. Dans l'Ancien Testament, le serpent est associé au Mal et, dans ce cas-ci, au mâle qui goûte le fruit défendu.

TÊTE DE MÉDUSE
ATTRIBUÉ À PIERRE PAUL RUBENS ET FRANS SNYDERS

Vers 1613, huile sur toile
Vienne, Kunsthistorisches Museum

On dirait des **SERPENTS TEINTS**, ces serpents de couleur. Des couleuvres, peut-être, qui se substituent aux che**VEUX… TU, EN VOILÀ**, et au sang qui coule de la tête tranchée de Méduse, tuée par Persée… qui porte bien son nom.

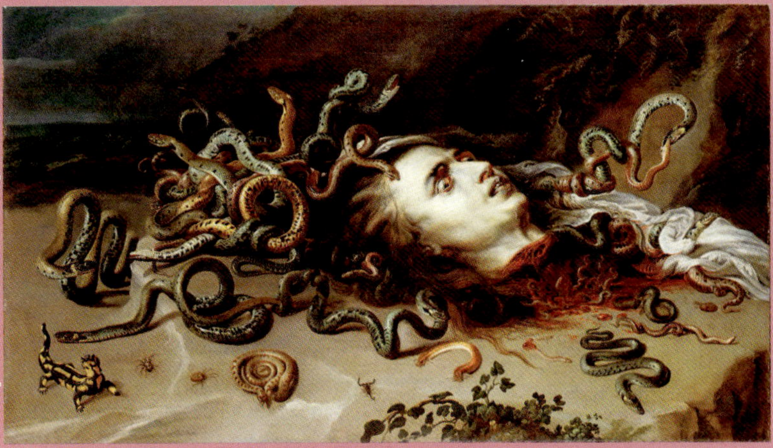

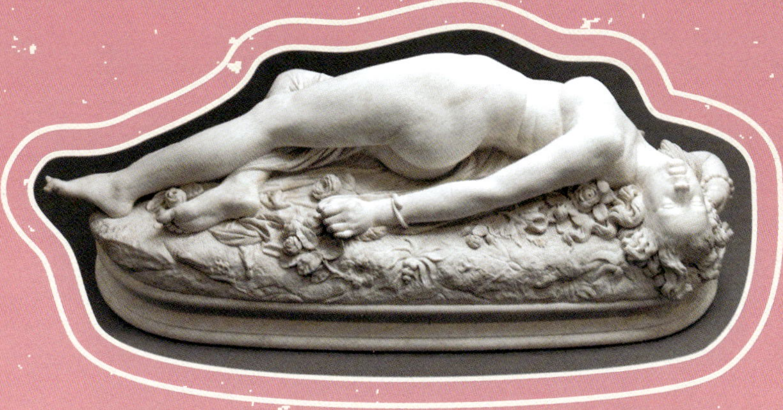

FEMME PIQUÉE PAR UN SERPENT
AUGUSTE CLÉSINGER

1847, marbre
Paris, musée d'Orsay

Baudelaire s'amuse. Plus précisément, la muse de Baudelaire, dont le corps a été moulé pour permettre à Auguste Clésinger de réaliser cette œuvre nommée *Femme piquée par un serpent…* Piquée au vif, elle se tord de douleur.

TRANSLUCENT SERPENT
NYCHOS

2016, peinture murale
Linz (Autriche)

Et enfin, ce serpent qui n'est pas à plumes, mais à poil, ou du moins à nu, car il est translucide afin de montrer son for intérieur. C'est à Nychos que l'on doit de voir ses viscères, mais aussi, par conséquent, le lapin qu'il a peint.

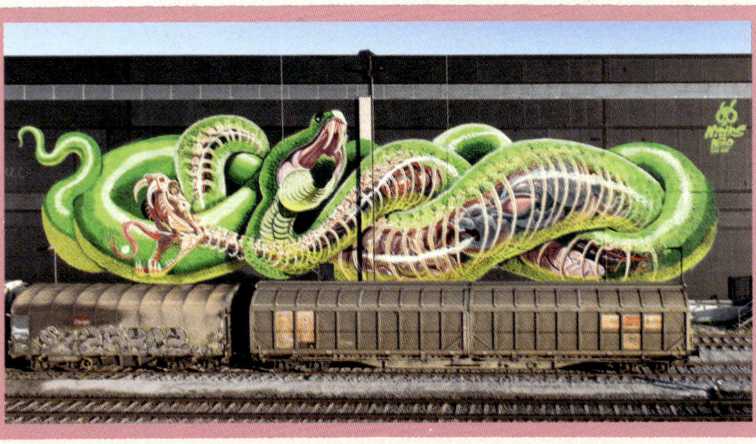

LES ŒUFS

QU'ILS SOIENT DURS, MOLLETS, POCHÉS, SUR LE PLAT, BROUILLÉS OU À LA COQUE, L'ART EN EST PLEIN… COMME UN ŒUF.

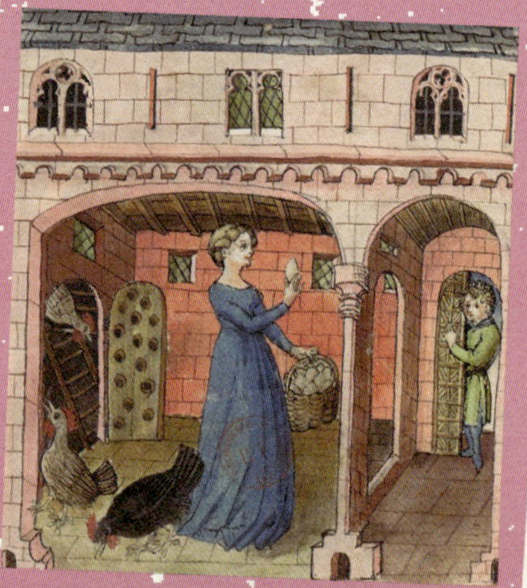

RESSERRE POUR LES POULES, AU SEIN MÊME DE L'HABITATION

RHÉNANIE (ALLEMAGNE)

Vers 1450, enluminure du *Tacuinum sanitatis* d'Ibn Butlân

Paris, Bibliothèque nationale de France

Pour avoir des œufs, il faut des poules. Pour avoir des poules, il faut un poulailler, et pour avoir un poulailler, il faut aménager une pièce dédiée. Ici, c'est une resserre qui accueille les poules. Une **POULE *HOUSE***, en quelque sorte…

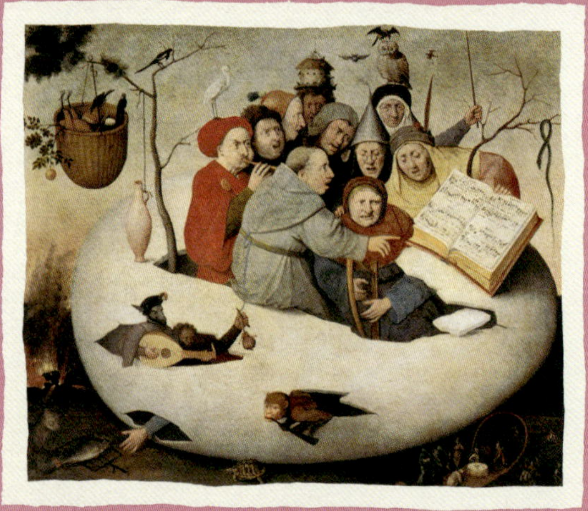

LE CONCERT DANS L'ŒUF

D'APRÈS JÉRÔME BOSCH

Après 1549, huile sur toile

Lille, palais des Beaux-Arts

Il y a eux, et puis il y a œufs… enfin, œuf, puisqu'il est tout seul à accueillir ces personnages euphoriques qui jouent et chantent dans cette coquille géante. Cet œuf brisé est emprunté aux œuvres de Bosch pour illustrer la bêtise et le péché.

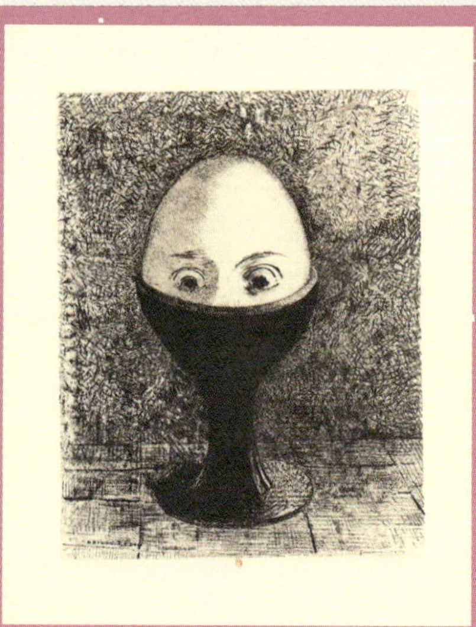

L'ŒUF

ODILON REDON

1885, lithographie

Paris, Bibliothèque nationale de France

Dans l'œuvre, ou hors-d'œuvre, d'Odilon Redon, ce personnage au crâne d'œuf semble avoir **LES ŒUFS PLUS GROS QUE LE VENTRE**. Au point d'être immergé dans ce coquetier jusqu'à mi-**MOLLET**.

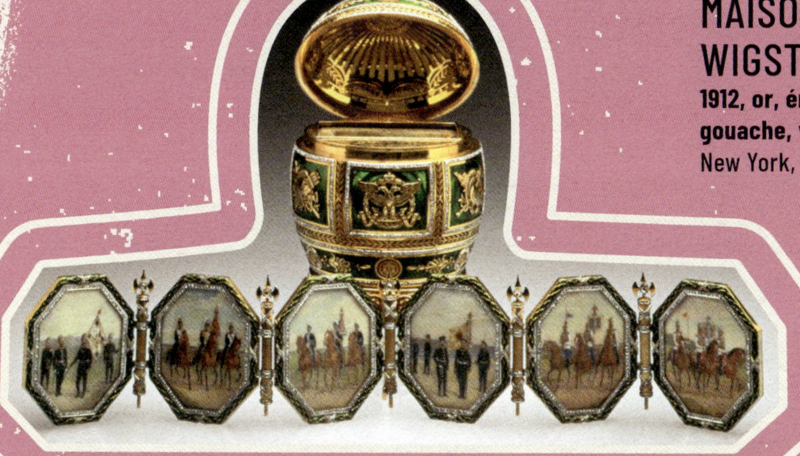

ŒUF IMPÉRIAL NAPOLÉONIEN

MAISON FABERGÉ, HENRIK EMANUEL WIGSTRÖM, VASSILY IVANOVICH ZUIEV

1912, or, émail, platine, pierres précieuses, ivoire, gouache, velours et soie

New York, Metropolitan Museum of Art

Fabergé a créé la poule aux œufs d'or. Son œuvre traduit cette impression, avec des pièces qui valent les **ŒUFS DE LA TÊTE**. Les plus connues ont été créées pour les épouses d'Alexandre III et de Nicolas II, qui les recevaient à Pâques.

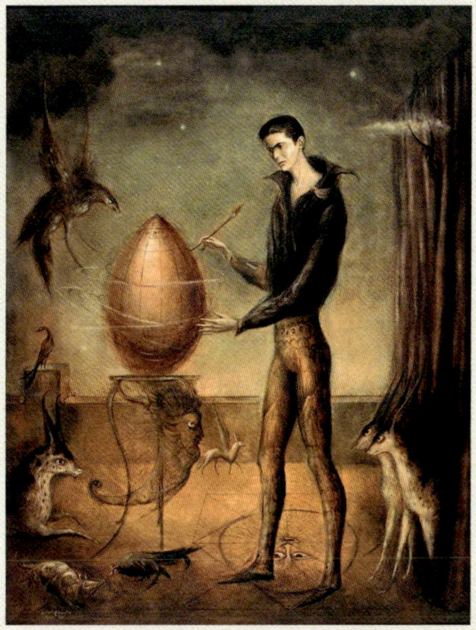

JE VOULAIS ÊTRE UN OISEAU

LEONORA CARRINGTON

1960, huile sur toile

Collection particulière

L'acteur mexicain Enrique Álvarez Félix est ici occupé à décoder un œuf avec l'envie de se métamorphoser en oiseau. Ce tableau intitulé *Je voulais être un oiseau* laisse supposer qu'un volatile sortira de cet œuf... produisant ainsi un effet bœuf.

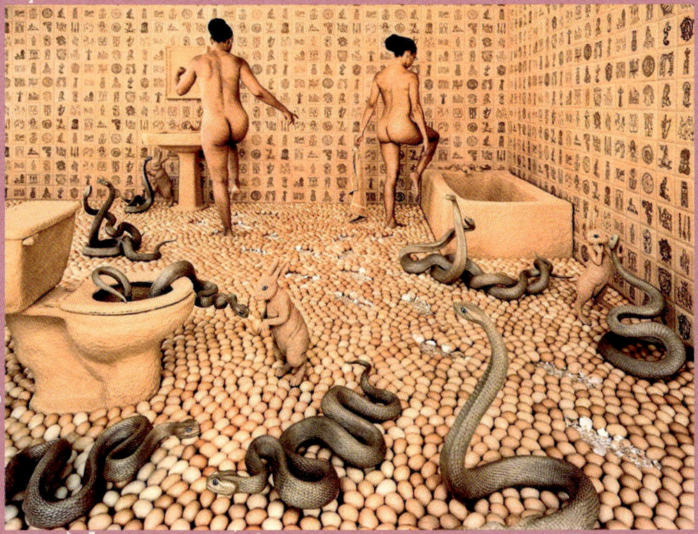

WALKING ON EGGSHELLS

SANDY SKOGLUND

1997, photographie, tirage cibachrome

Collection particulière

Et enfin, Sandy Skoglund, connue pour ses photographies surréalistes, fait marcher des femmes sur des œufs qui se brisent sous leur poids. À l'inverse, les lapins préservent ces œufs sur le plat... de leurs pattes.

LE PAPILLON

QU'IL SOIT BLEU, JAUNE, ROUGE, VERT... OU FERMÉ, EN VOL OU POSÉ, LE PAPILLON FAIT LE BONHEUR DES ARTISTES LORSQU'IL PREND LA POSE.

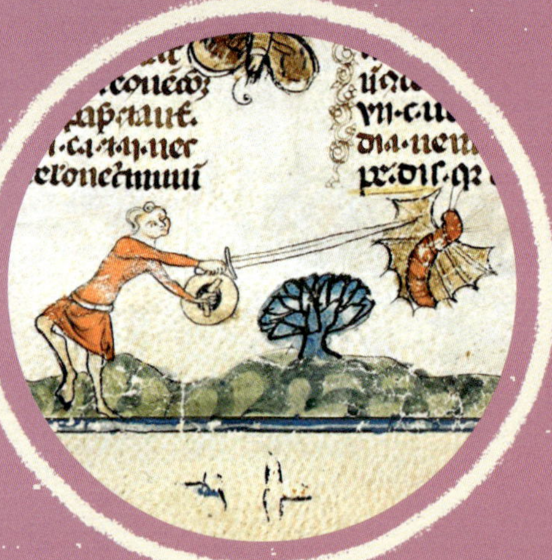

HOMME ATTAQUANT UN PAPILLON AVEC UNE ÉPÉE

ANGLETERRE

XIVe siècle, enluminure des *Décrétales de Smithfield*

Londres, British Library

Alors que le papillon est généralement présenté comme un magnifique insecte, celui-ci est infect et monstrueux. Il est teinté de rouge et de noir, comme le diable. Mi-chrysalide, mi-papillon, il est surtout mi-moche, mi-laid.

DÉTAIL DU DÉCOR DE LA *CHAMBRE DES ÉPOUX*

ANDREA MANTEGNA

1465-1474, fresque

Mantoue, Palais ducal

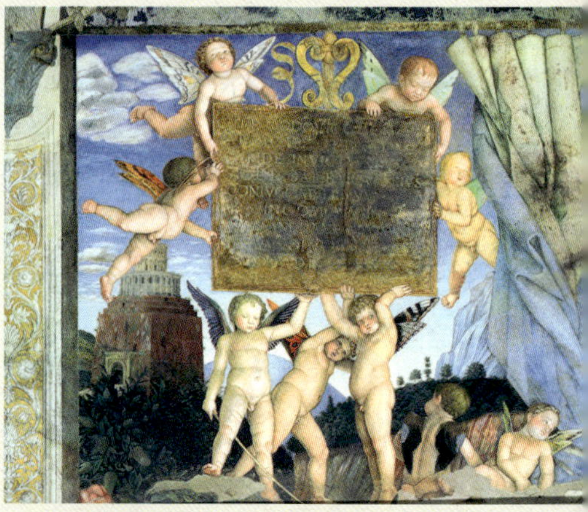

PUTTI, PUTTI... Les putti sont de petits angelots nus et joufflus que l'on peut voir ici sur le mur de la *Chambre des époux* du Palais ducal de Mantoue. L'artiste Andrea Mantegna leur a peint des ailes de papillon pour en faire des symboles de résurrection.

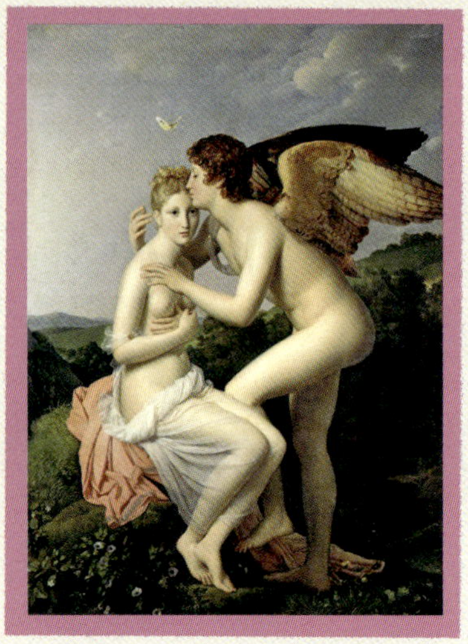

PSYCHÉ ET L'AMOUR

FRANÇOIS GÉRARD

1798, huile sur toile

Paris, musée du Louvre

Il papillonne, celui-ci, et l'amour lui donne des ailes, même si c'est en réalité le peintre François Gérard qui lui en a donné. Éros est ainsi paré pour voler quelques baisers au temps et les offrir à la déesse Psyché, **QUI N'EN DEMANDAIT PAS TANT...**

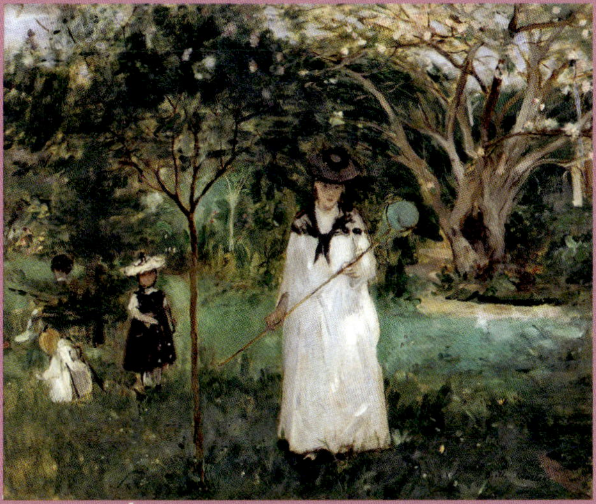

CHASSE AUX PAPILLONS

BERTHE MORISOT

1874, huile sur toile

Paris, musée d'Orsay

Un papillon chasse l'autre. Alors dans cette chasse, sachez ce que cache la *Chasse aux papillons* de Berthe Morisot. Les papillons, justement, sont quasi cachés par cette touche impressionniste. Ils ne sont plus que des lueurs délicates noyées dans la verdure du paysage.

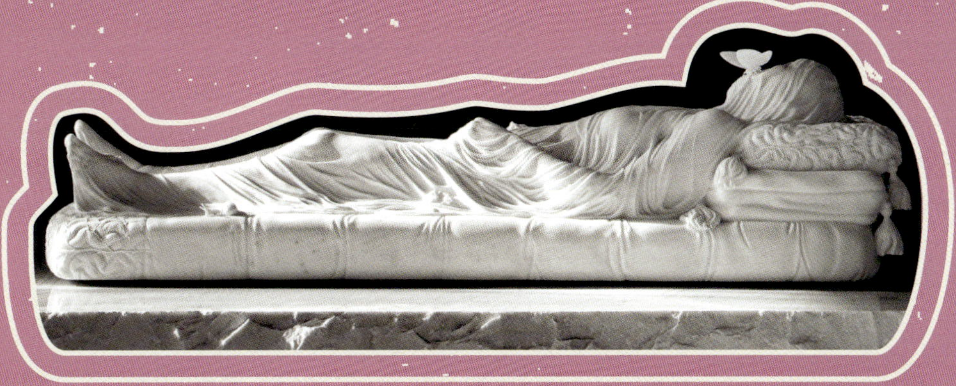

GISANT (HOMMAGE À C. E. CROSBY ET K. Z. LORENZ)

JAN FABRE

2012, marbre

Collection de l'artiste

UN PAPY, DES PAPILLONS. Il est assez singulier de le voir disposé sur le cadavre de ce gisant sculpté par Jan Fabre en 2012. Ce papillon de marbre ne vole plus guère, car c'est l'âme de l'homme, désormais, qui prend son envol.

WIENER SCHMETTERLINGE

MANTRA

2017, peinture murale

Vienne

Et enfin – très fin même, puisque tout en hauteur –, cette boîte à papillons que l'artiste français Mantra transpose en immense fresque murale. Si nous observons généralement ces papillons à la loupe, ici, personne ne les loupe.

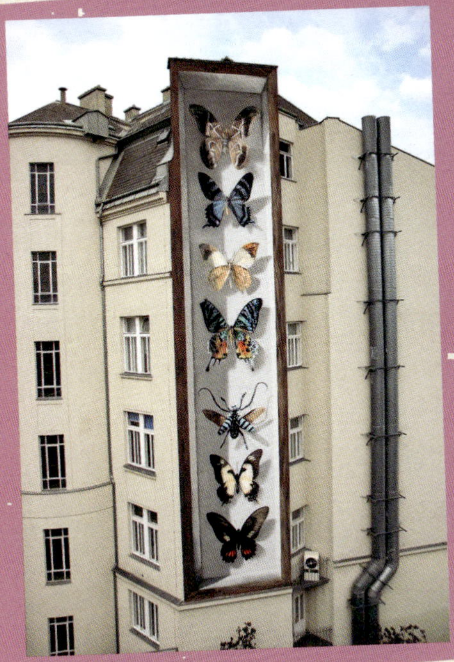

LES FLEURS

QU'ELLES SOIENT DANS UN VASE OU DANS UN CHAMP, EN PÉTALES OU EN BOUQUET, TEINTÉES DE ROSE OU DE BLANC, LES FLEURS RESTENT ÉTERNELLEMENT OUVERTES LORSQUE L'ART LES CAPTURE.

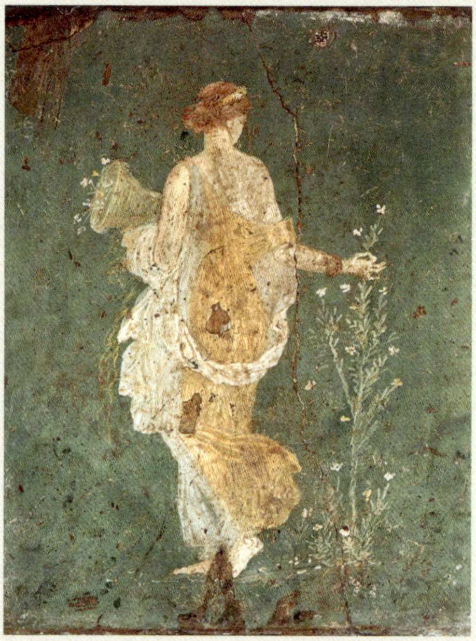

FLORE

ROME ANTIQUE, SITE DE STABIES

Vers le Ier siècle après J.-C., fresque

Naples, Musée archéologique national

Cette Flore sans faune effleure en douceur ces fleurs de la paume pour en faire un bouquet coquet. Dans l'Antiquité romaine, elle était la déesse des fleurs, des jardins et du printemps, ce temps où nous sommes tous en odeur de sainteté…

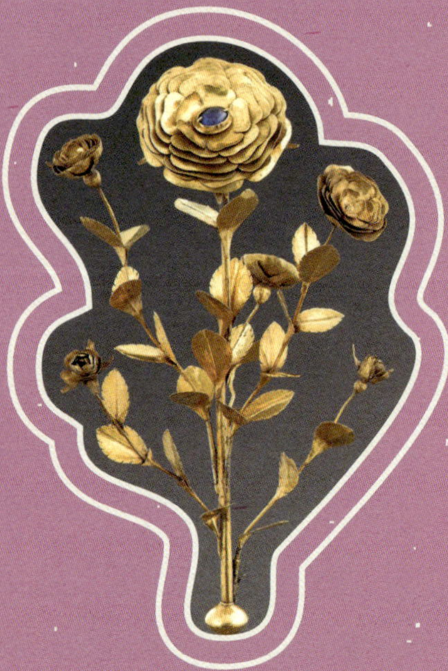

ROSE D'OR

MINUCCHIO

1330, or et verre coloré

Paris, musée de Cluny

… comme le pape, qui offrait chaque année une rose d'or à un fidèle pour le remercier de sa dévotion. C'est à la demande de Jean XXII que Minucchio réalisa cette rose. Il l'offrit ensuite au comte de Neuchâtel, qui l'avait aidé à chasser Louis de Bavière de la botte – non pas de fleurs, mais d'Italie.

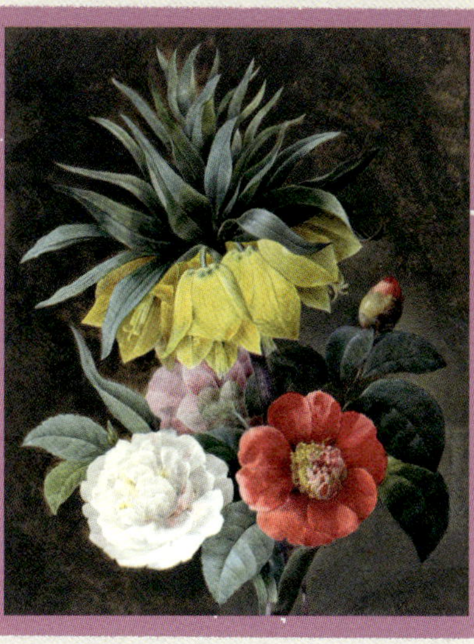

QUATRE PIVOINES ET UNE COURONNE IMPÉRIALE

PIERRE-JOSEPH REDOUTÉ

Début du XIXe siècle, aquarelle et gouache sur parchemin
Washington, National Gallery of Art

Pierre-Joseph Redouté n'a pas à rougir de ses pivoines. Il est considéré comme le plus grand peintre naturaliste de fleurs, au point même d'être surnommé le Raphaël des Fleurs. Il a composé ce bouquet de pivoines tel un fleuriste, voire un **FLORISTE**.

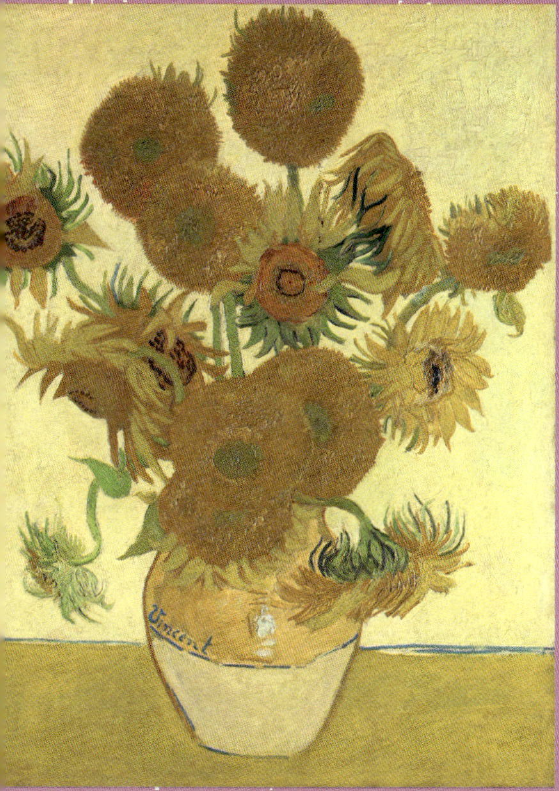

LES TOURNESOLS

VINCENT VAN GOGH

1888, huile sur toile
Londres, National Gallery

Si la nature a du génie, il faut en être un véritable pour la réinventer. Van Gogh était de ceux-là. Il était même à **FLEUR DE PEAU**… Comme avec ses fameux *Tournesols*, peints en sept versions entre 1888 et 1889. Tant de talent avec un vase pour écrin !

INSIDE RED CANNA

GEORGIA O'KEEFFE

1919, huile sur toile
Collection Sylvia Neil et Daniel Fischel

O'Keeffe, c'est son nom, mais **ON LA KIFFE**, aussi, avec ses fleurs peintes en gros plan. Elle s'inspire de l'effet *blow-up*, ce qui veut dire « agrandissement » en photographie… en anglais aussi, d'ailleurs. Si une sensualité se dégage de ses pistils, elle se défend de leur avoir donné un caractère sexuel.

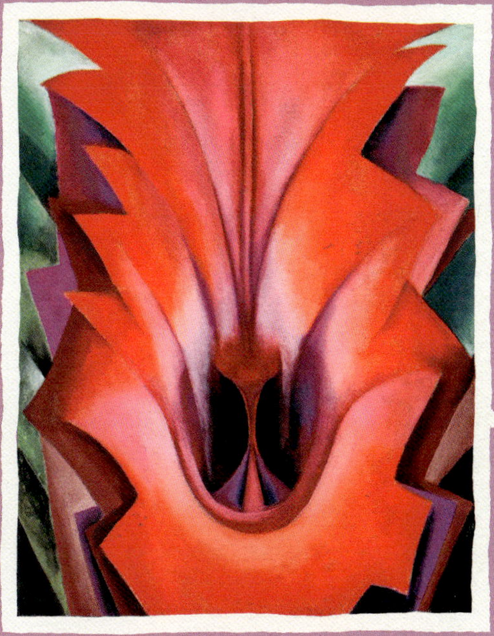

L'ARBRE

QUE CE SOIT UN CHÊNE, UN SAPIN OU UN BOULEAU, QU'IL SOIT TOUFFU OU MALINGRE, ISOLÉ DANS LES CAMPAGNES OU RÉSIDENT DES FORÊTS, L'ARBRE FASCINE.

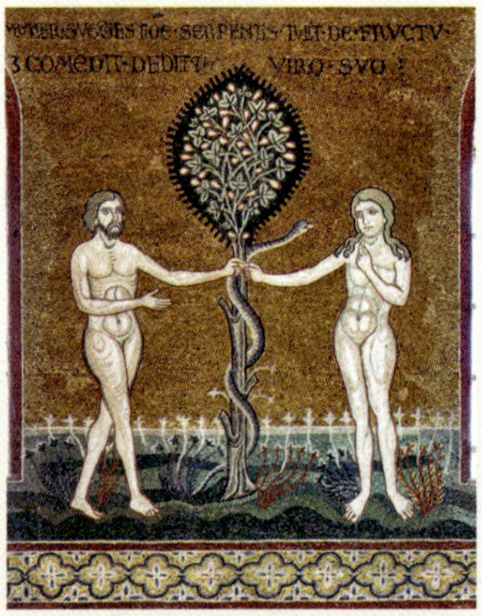

ADAM ET ÈVE

ART BYZANTIN

Entre 1172 et 1176, mosaïque

Monreale (Italie), cathédrale Sainte-Marie-la-Nouvelle

Le premier d'entre eux, c'est celui de la connaissance. Au temps où la sève nourrissait le fruit défendu du péché, donc du pommier... et en particulier la **POMME D'ADAM** et Ève. Planté dans le jardin d'Éden, il symbolise le bien et le mal.

TYMPAN SCULPTÉ

ART GOTHIQUE

Vers 1530, pierre

Beauvais, cathédrale Saint-Pierre, portail nord

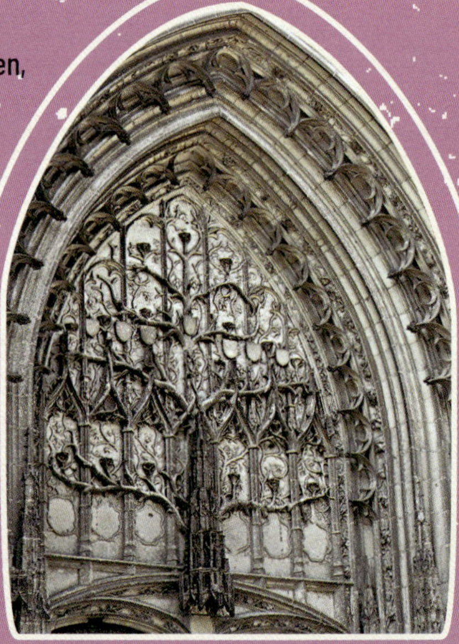

Celui-ci n'est point de bois, mais de pierre. Finement sculpté sur le tympan d'une cathédrale, cet arbre généalogique est celui de Jessé. Et je sais également qu'il retrace la filiation de Jésus à travers ses racines. Voilà, maintenant vous le savez aussi.

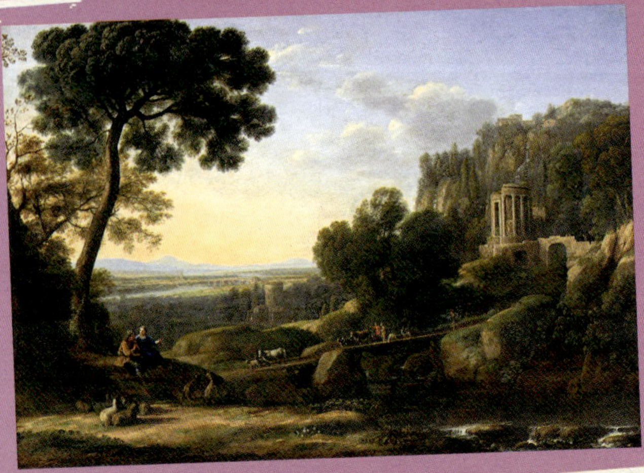

PAYSAGE PASTORAL

CLAUDE GELLÉE DIT LE LORRAIN

1644, huile sur toile

Grenoble, Musée de Grenoble

Et saviez-vous que ce pay**SAGE** – **COMME UNE IMAGE** – est l'œuvre de Claude Gellée ? Ce qui frappe d'emblée, ce sont les personnages à l'avant-plan. Ils sont comme écrasés par la magnificence de ces arbres. Figés dans le temps, ils prennent racine à l'ombre de sujets à la majesté royale.

ÉTUDE D'UN TRONC D'ORME

JOHN CONSTABLE

Vers 1821, huile sur papier

Londres, Victoria and Albert Museum

L'image tronquée de ce tronc est trompeuse. On dirait une photo, alors que c'est bien d'une peinture qu'il s'agit. On doit ce constat à Constable, l'artiste presque ébéniste, tant il travaille le bois de cet orme avec naturel.

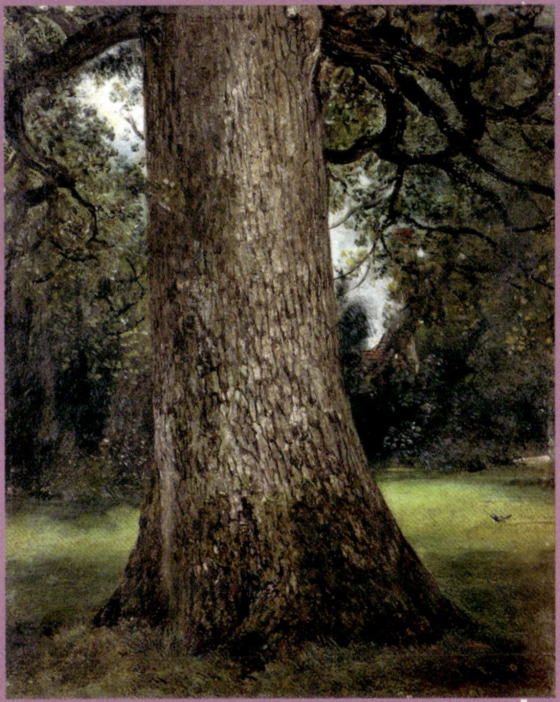

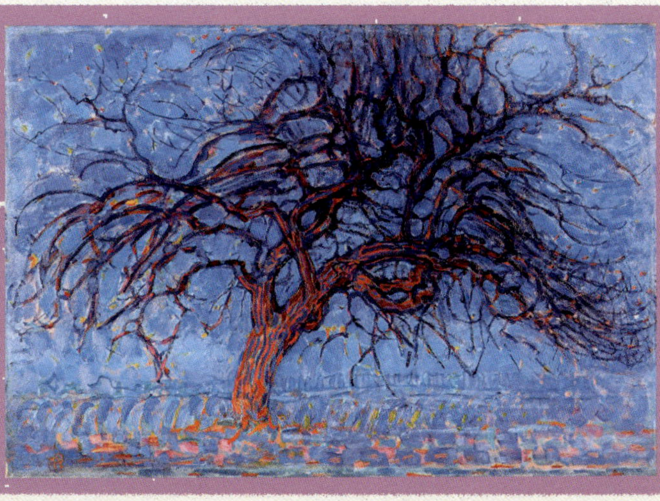

ARBRE ROUGE

PIET MONDRIAN

1908-1909, huile sur toile

La Haye, Kunstmuseum

Ici, les branches de cet arbre donnent l'illusion de cheveux en bataille. Comme la coiffe d'une vieille personne, d'une vieille branche, dénudée de la moindre feuille par Mondrian. Il lui offre cependant des couleurs éclatantes de rouge et de bleu, comme un bouquet **DE TOUTES LES DOULEURS**.

MAINTIEN DE 8 ANNÉES DE CROISSANCE (CONTINUERA À CROITRE ENTRETEMPS)

GIUSEPPE PENONE

2016, bronze, installation présentée lors de la Saison d'Art au domaine de Chaumont-sur-Loire

Collection particulière

Et enfin, cette sculpture étonnante, qui nous fait dire que pour une fois, couler un bronze n'est point vulgaire. On la doit à Giuseppe Penone. Un Italien qui joue l'écorce… et symbolise la force de la nature. Comme quoi, on peut faire feu de tout bois, surtout avec les arbres…

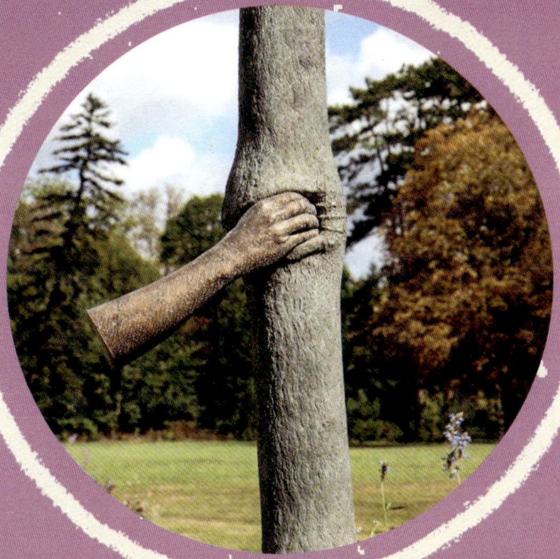

LA FEUILLE

QU'ELLES SE RAMASSENT À LA PELLE AUX SONS D'AUTOMNE, OU SONOTONE, POUR LES DURS DE LA FEUILLE QUI MANQUERAIENT À L'APPEL, LES FEUILLES VIREVOLTENT À TRAVERS L'HISTOIRE DE L'ART.

CHAPITEAU À DÉCOR DE FEUILLES D'ACANTHE

ART ROMAN

Deuxième quart du XIIe siècle, calcaire

Paris, musée de Cluny

Voici la première d'entre elles. Elle est souvent représentée dans l'histoire de l'art, car elle a l'art de se faufiler partout, et en particulier dans l'Antiquité, avec l'ordre corinthien… Mais tiens, quelle est-elle ? La feuille d'acanthe, d'accord, mais encore ? C'est une plante méditerranéenne aux contours très découpés…

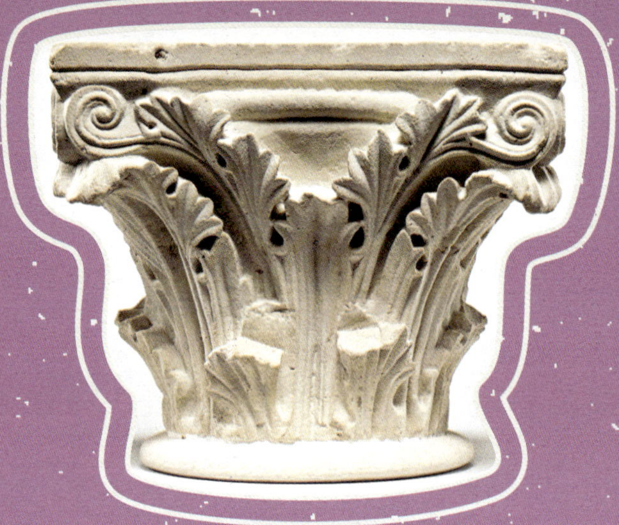

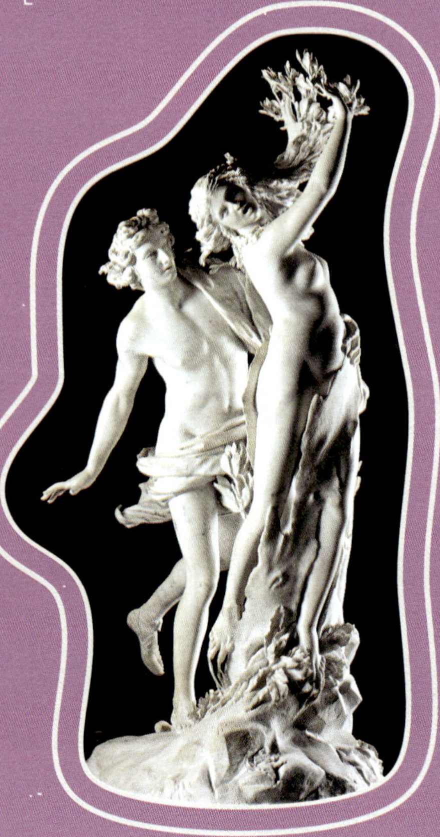

APOLLON ET DAPHNÉ

LE BERNIN

1622-1625, marbre de Carrare

Rome, galerie Borghèse

… ou couplés, comme Daphné et Apollon, ici représentés d'après les *Métamorphoses* d'Ovide. Mais cette feuille de laurier, **L'AURIEZ**-vous remarquée si Le Bernin ne l'avait si subtilement sculptée ? En réalité, c'est le père de Daphné qui la transforma, mais l'artiste qui la forma.

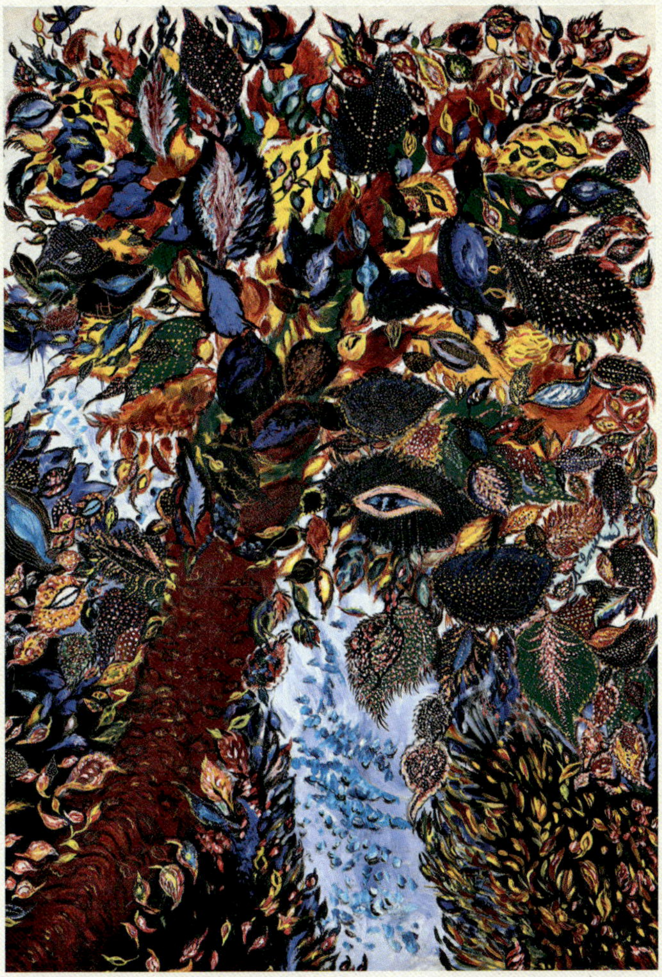

L'ARBRE DU PARADIS

SÉRAPHINE DE SENLIS

Vers 1929-1930, huile sur toile

Paris, Centre Pompidou

Quel joli fouillis de feuilles colorées que celui qu'offre cet arbre planté-là par le pinceau de Séraphine de Senlis. Cette artiste aux œuvres imprégnées d'un caractère mystique ne donnait jamais de nom à ses tableaux. Alors le collectionneur lui attribua le titre d'*Arbre du Paradis*.

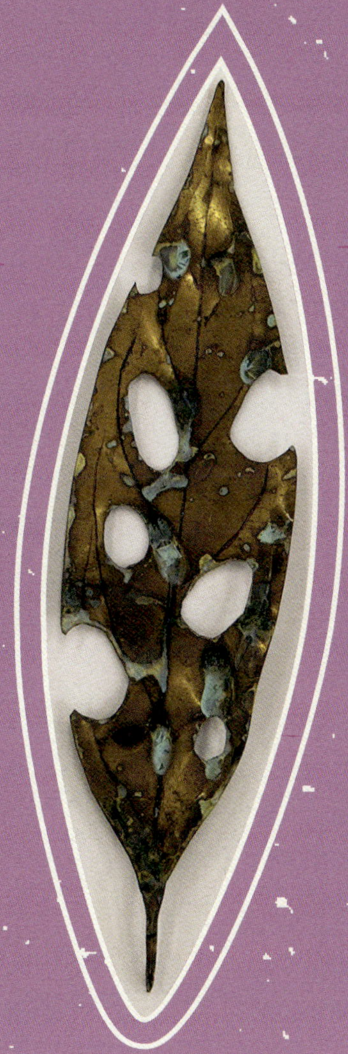

ERI SÁLI

DANIEL STEEGMANN MANGRANÉ

2019, laiton

Villeurbanne, Institut d'art contemporain

Cette feuille Daniel Steegmann Mangrané l'a trouée, comme si **LE POINÇONNEUR DES LILAS** était passé par là. Elle se nomme *Eri Sáli*, un nom d'origine amérindienne qui désigne un objet oblong en mouvement. Traitée au laiton, le temps n'aura pas de prise sur elle.

Les feuilles d'érable, qui semblent toutes proches de nous, font écran au paysage pour mieux le mettre en valeur.

Ici, nous voyons le sanctuaire dédié à Tekona, sanctuaire shinto connu pour la beauté de ses arbres en automne.

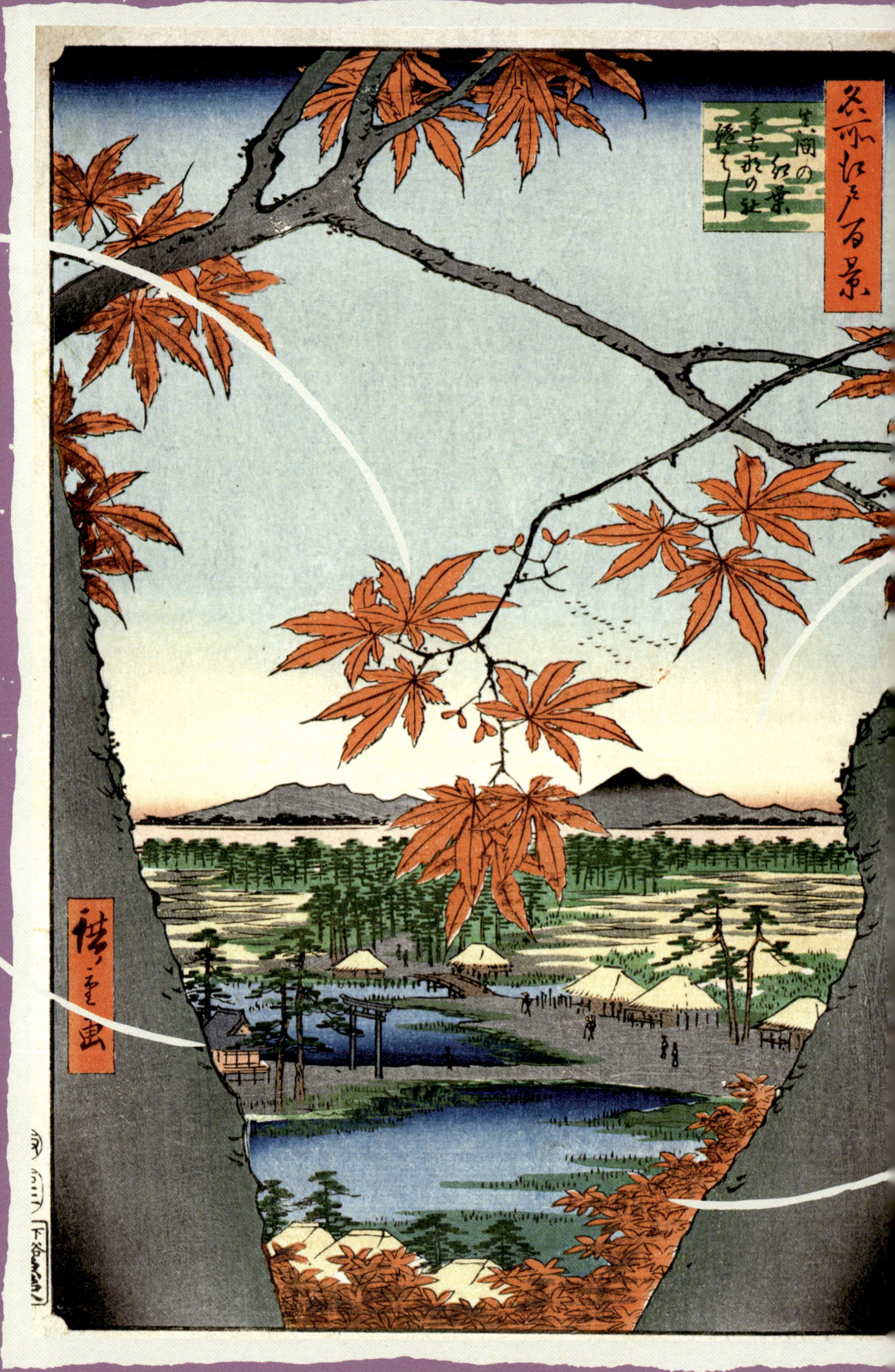

LES ÉRABLES DE MAMA, LE SANCTUAIRE DE TEKONA ET LE PONT

1857, estampe
Londres, British Museum

UTAGAWA HIROSHIGE

Hiroshige aime jouer avec les oppositions : le plein et le vide, le permanent (les montagnes, les fleuves) et le fugace (la succession des saisons, la nature qui meurt et renaît).

Qu'elle soit de frêne ou de chêne, elle nous cueille, la feuille. Ici, l'érable plante le décor d'emblée. Pas celui du Canada, mais plutôt celui du Japon. Lorsqu'elle est rouge, comme ici, à défaut de sirop et de douceur, la feuille d'érable symbolise la force et la passion.

Pour obtenir ces couleurs franches, Hiroshige a imprimé son œuvre en six fois, un passage par couleur.

UTAGAWA HIROSHIGE
(1797-1858)

Hiroshige est l'un des maîtres des estampes japonaises *ukiyo-e* (« images du monde flottant »). Ces gravures sur bois témoignent de l'époque d'Edo, pendant laquelle le Japon était presque entièrement coupé du reste du monde. La plupart des œuvres d'Hiroshige représentent des paysages baignés par une atmosphère poétique dans lesquels quelques personnages vaquent à leurs occupations. Il est notamment l'auteur de la série des *Cent vues célèbres d'Edo*, qui a rencontré un immense succès.

DANS L'HISTOIRE DE L'ART, ELLE EST DURE À CROQUER. LA POMME S'ÉPÉPINE.

LA POMME

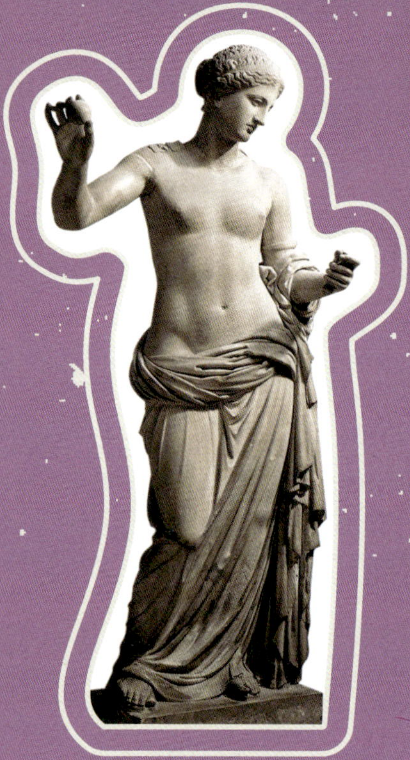

VÉNUS D'ARLES,
D'APRÈS PRAXITÈLE

Fin du Ier siècle avant J.-C., copie romaine en marbre

Paris, musée du Louvre

Aphrodite nous montre ici sa pomme dans sa paume. Elle l'a reçue en récompense, provoquant ainsi un gros pépin : la guerre de Troie. La plus belle des déesses ne devint pas **POM-POM** girl pour autant, mais fut la cause d'une grave pomme de discorde.

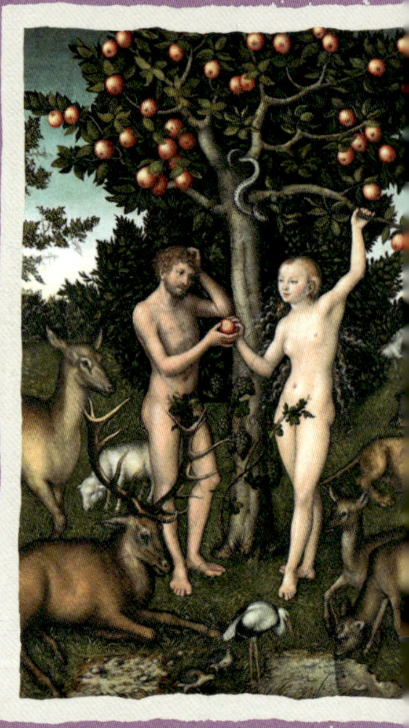

ADAM ET ÈVE
LUCAS CRANACH L'ANCIEN

1526, huile sur bois

Londres, Courtauld Institute of Art

Comment ne pas citer la pomme la plus célèbre ? Non, pas la pomme d'Adam, quoique... mais le fruit défendu. Cette pomme rouge, belle à croquer, est le fruit qui mènera l'Homme à sa chute. En y goûtant, Ève signe son renvoi du jardin d'Éden.

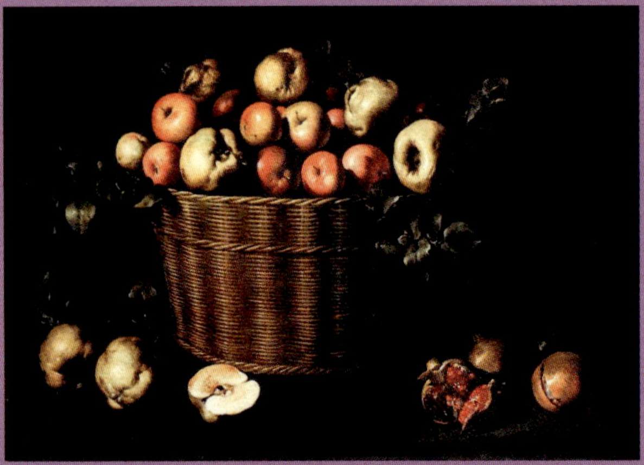

PANIER AVEC POMMES, COINGS ET GRENADES
JUAN DE ZURBARÁN

1643-1645, huile sur toile

Barcelone, Musée national d'art de Catalogne

Voici une nature morte, et pourtant bien vivante dans l'humeur qu'elle propose. Si les fruits se gâtent, ils nous gâtent aussi de leurs formes difformes et de leurs couleurs singulières, symboles du temps qui passe. Le peintre **NE FAIT PAS DE QUARTIER** en peignant ces pommes plaignantes et moribondes.

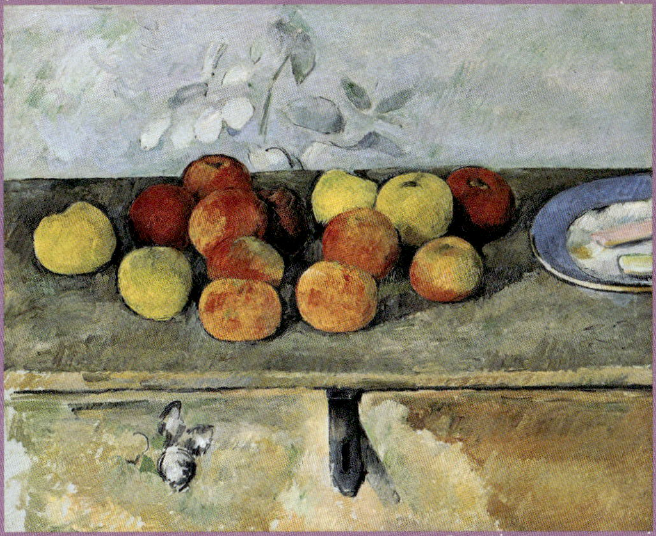

POMMES ET BISCUITS

PAUL CÉZANNE

1880, huile sur toile

Paris, musée de l'Orangerie

Et puis il y a aussi leur version banale. De simples pommes posées sur une table de cuisine. Mais c'est Cézanne… Alors il les épluche sous toutes les coutures, les épouse de toutes les couleurs. Et comme c'est son fruit préféré, il les dévore de son pinceau gourmand.

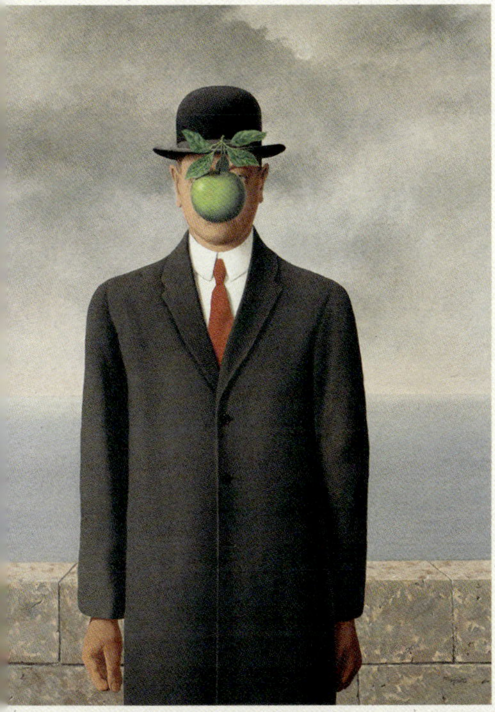

LE FILS DE L'HOMME

RENÉ MAGRITTE

1964, huile sur toile

Collection particulière

Fruit de son imaginaire surréaliste, ce personnage avec une drôle de pomme est croqué par Magritte, René, avec ce **NEZ RENIÉ**, puisque caché par cette Granny Smith qui s'immisce. Peut-être parce qu'on aimerait toujours voir ce qu'on ne peut pas voir ?

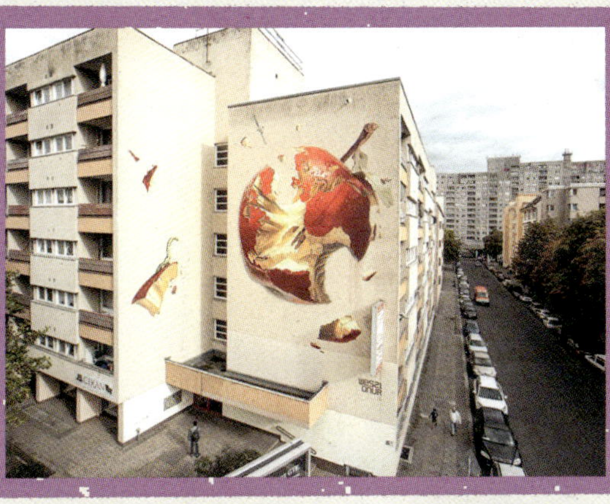

SWEETEST SIN PT. 1

ONUR ET WES21

2015, peinture murale

Berlin, quartier de Kreuzberg, Prinzenstraße

Et enfin, la pomme symbolique. Celle-ci est exposée, comme explosée, détruite. Illustration de la dégradation de la planète Terre. Une **POMME DE TERRE**, en somme…

LE PAYSAN

SANS LUI, NOUS NE SERIONS PAS LÀ. IL CULTIVE L'ART DE LA TERRE ET NOUS EN OFFRE LE MEILLEUR. POUR LE PAYSAN, L'ART EST DU COCHON.

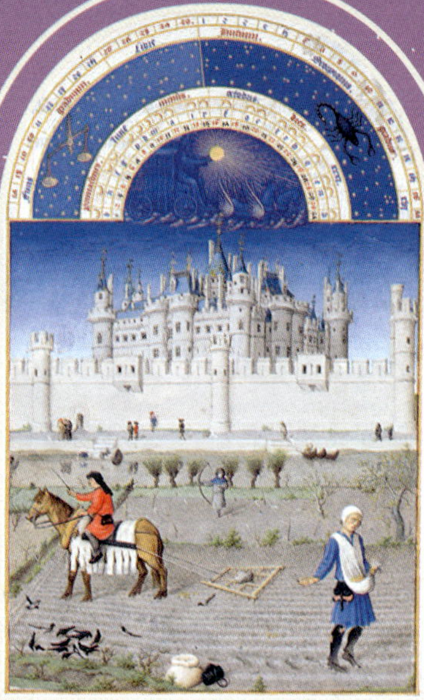

OCTOBRE

FRÈRES LIMBOURG

XVe siècle, enluminure des *Très Riches Heures du duc de Berry*, peinture sur vélin

Chantilly, musée Condé

Un pays sans paysan n'est point nourri. Nous en dépendons, tout comme le paysan dépend du roi qui l'emploie, du moins au Moyen Âge. Il dépend aussi des saisons, qui lui donnent des raisons de semer et de récolter ensuite les fruits de son travail. Mais après le labeur du labour…

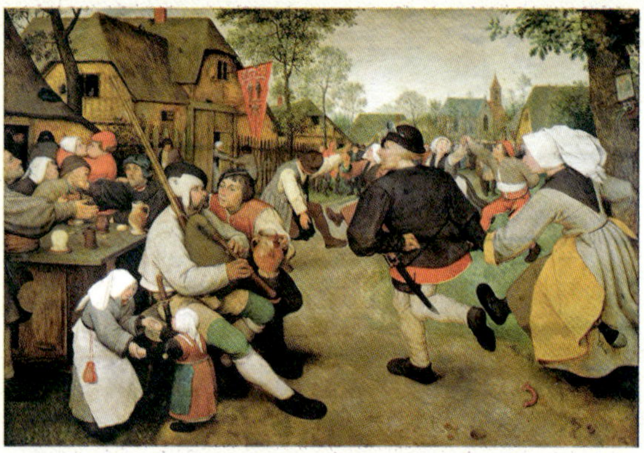

LA DANSE PAYSANNE

PIETER BRUEGEL L'ANCIEN

Vers 1568, huile sur panneau de bois

Vienne, Kunsthistorisches Museum

… vient le temps de l'amour et du bon temps. Comme illustré ici par Bruegel, qui peint la danse paysanne de ce monde rural qui s'amuse au son de la cornemuse. Nous passons ainsi d'un champ à l'autre…

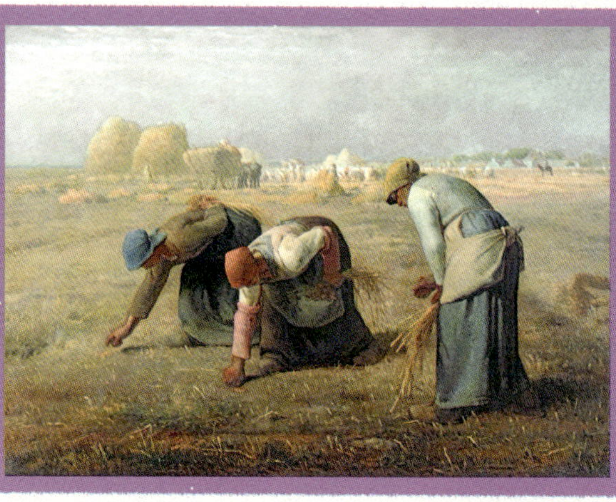

DES GLANEUSES

JEAN-FRANÇOIS MILLET

1857, huile sur toile

Paris, musée d'Orsay

… avec ces glaneuses de **MILLET** – le peintre Jean-François, et non la céréale. Ces femmes gagnent leur blé en le ramassant, le peintre en les peignant, en les plaignant presque, tant on devine l'effort nécessaire pour se plier de la sorte aux exigences du travail manuel.

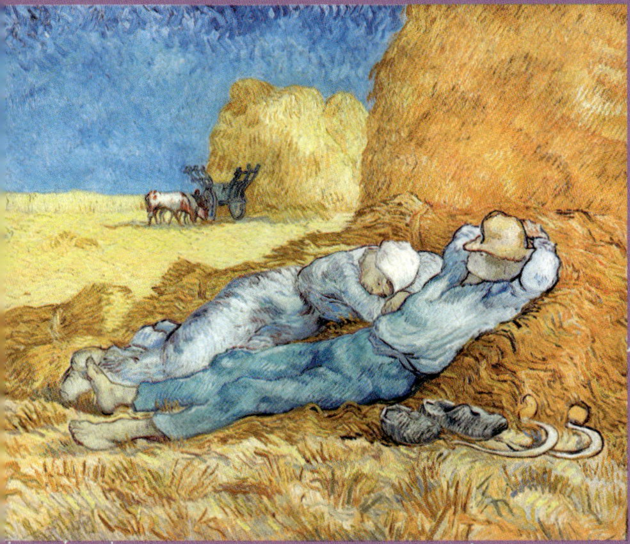

LA MÉRIDIENNE

VINCENT VAN GOGH

1889-1890, huile sur toile

Paris, musée d'Orsay

Être sur la paille a parfois du bon. Au milieu de ce paysage bleu et jaune, ces jeunes paysans en bleu abandonnent l'espace d'un instant leur faucille et vacillent dans un somme. Ils le doivent à Van Gogh, qui a fait tout un foin pour leur permettre de s'y adosser.

PAYSANS

KASIMIR MALÉVITCH

Vers 1930, huile sur toile

Saint-Pétersbourg, Musée russe

Ils sont plutôt ballots, ces paysans sans visages plantés là par Malévitch. Curieuse mise en scène. Aux alentours, la campagne n'est pas meilleure compagne, car elle est froide et déshumanisée. Il suggère de la sorte les conditions difficiles du métier de paysan.

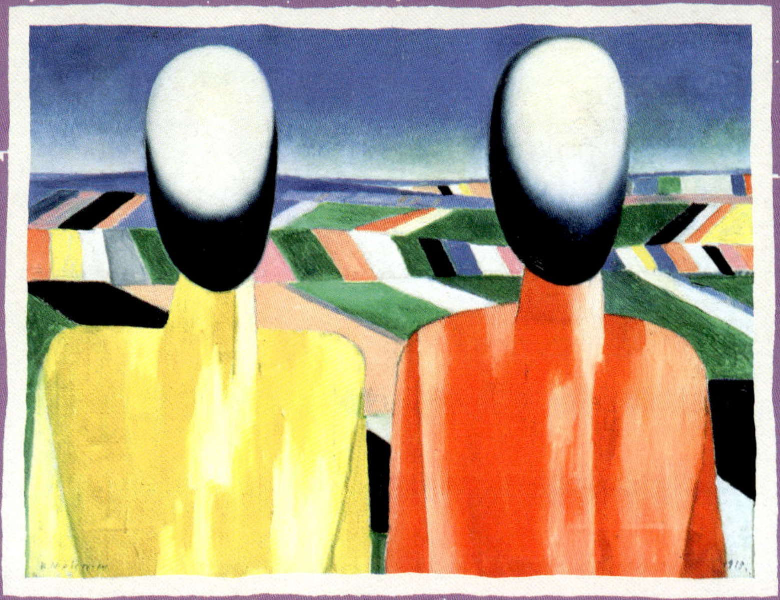

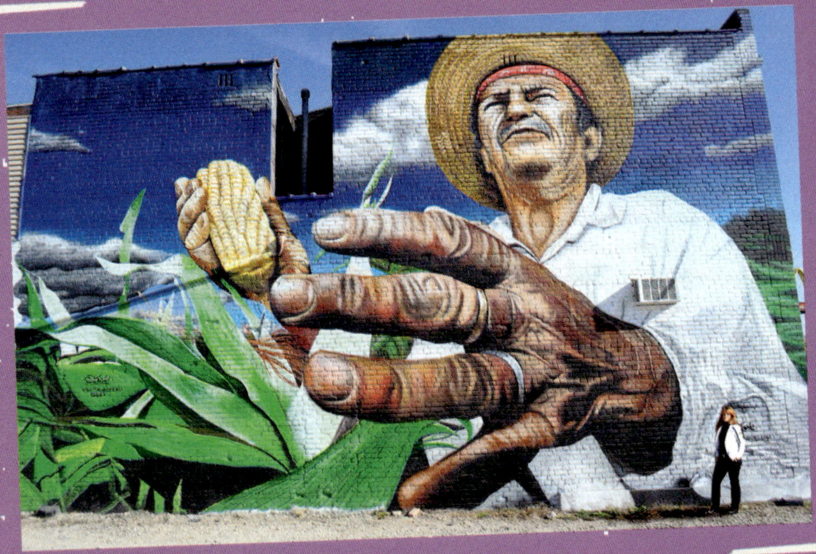

MANO DE OBRA CAMPESINA

DASIC FERNÁNDEZ

2010, peinture murale

Detroit (États-Unis), quartier de Mexicantown

Et enfin, cette main. On dirait un outil, celui de ce paysan mexicain venu à Detroit récolter du maïs. C'est la main de Dasic Fernández qui a peint ce symbole du monde agricole. Cette fresque **SANS FRASQUES** s'expose sur un mur de brique, mais pas de **BROC**.

LE CHEVAL

QU'IL SOIT AU PAS OU AU GALOP, IL EST L'ANIMAL LE PLUS REPRÉSENTÉ DANS L'UNIVERS DE L'ART, LE CHEVAL.

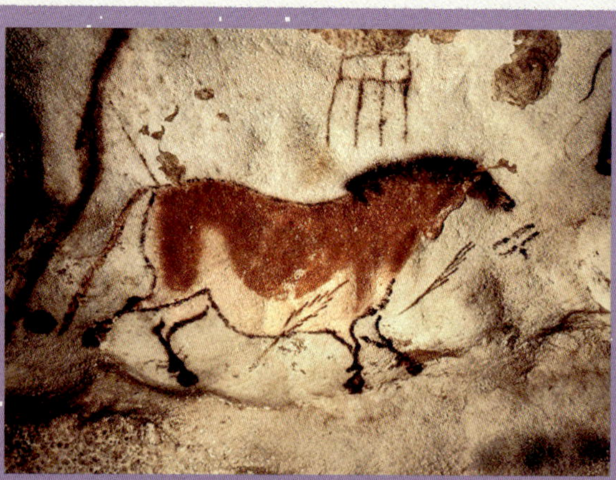

LE CHEVAL DE LASCAUX

PALÉOLITHIQUE SUPÉRIEUR

Entre 25 000 et 21 000 avant J.-C., peinture et gravure sur calcaire

Montignac-Lascaux, grotte de Lascaux

De cette fresque **CHEVALERESQUE** peinte dans la grotte de Lascaux, le nom de l'artiste n'est pas connu. Mais la peinture de cet équidé nous permet d'observer le corps trapu des chevaux d'autrefois.

CAVALIERS NORMANDS JETANT LEURS LANCES, DÉTAIL DE LA TAPISSERIE DE BAYEUX

Entre 1066 et 1082, toile en lin brodée de laine

Bayeux, musée de la Tapisserie de Bayeux

Là, on dirait une queue de cheval… enfin, **DE CHEVAUX**. Et quand je dis de chevaux, je ne parle pas de voiture, mais de cette tapisserie. Y sont brodés quelques cavaliers galopant vers le combat sur leurs chevaux de bataille.

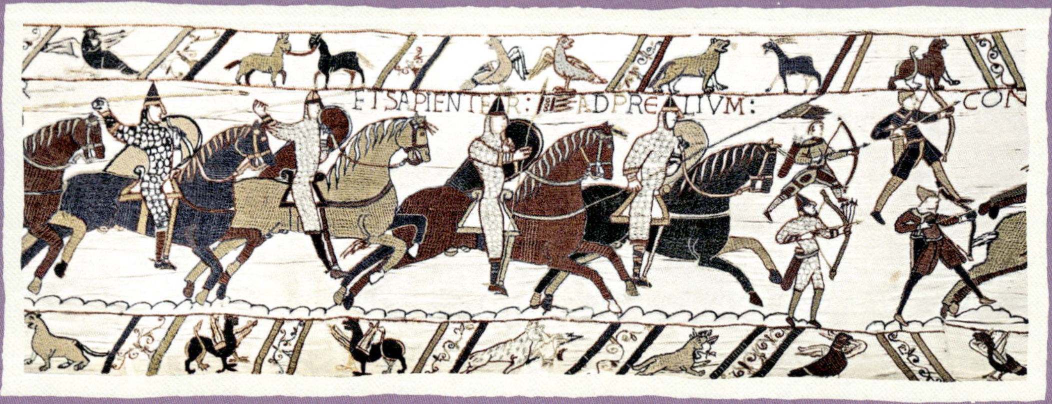

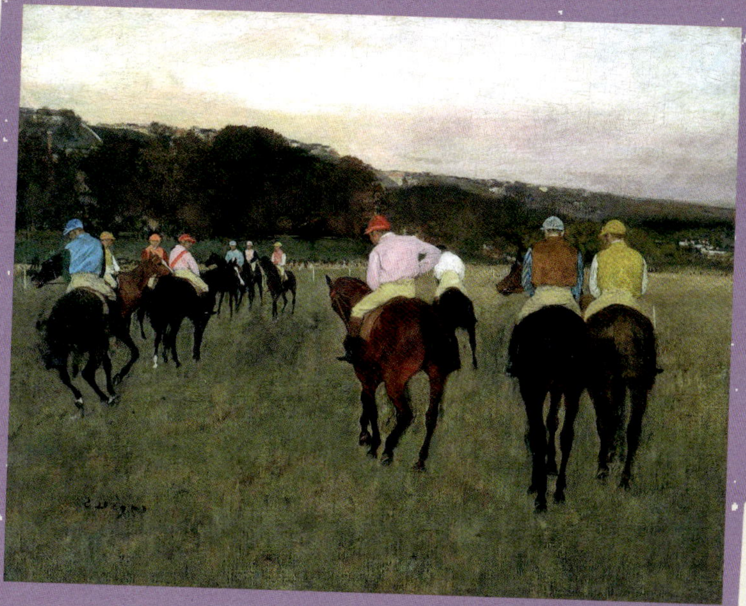

CHEVAUX DE COURSE À LONGCHAMP

EDGAR DEGAS

1871, huile sur toile

Boston, Museum of Fine Arts

Un autre **THÈME (MOI NON PLUS)** est abordé dans cette œuvre, qui représente parfaitement le dada de Degas. En l'occurrence, les corps graciles et élancés des chevaux de course trottant sur l'hippodrome de Longchamp.

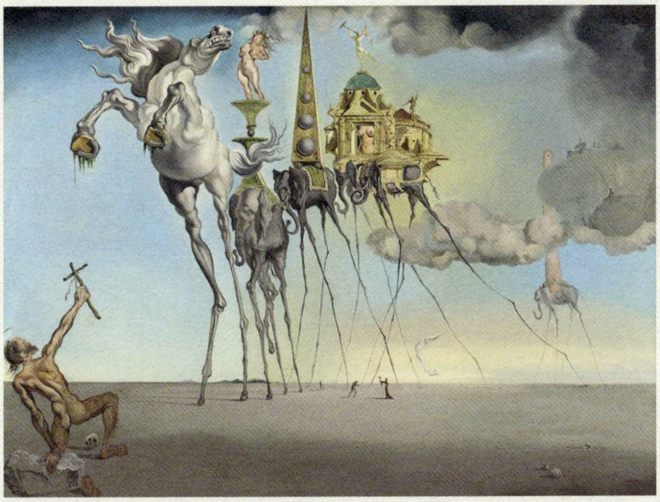

LA TENTATION DE SAINT ANTOINE

SALVADOR DALÍ

1946, huile sur toile

Bruxelles, Musées royaux des beaux-arts

Celui qui tient les rênes de ce cheval cabré, c'est Dalí. Il le met en scène dans son univers fantasmagorique habituel. Il doit peut-être ce galop à Gala, sa muse… On s'amuse beaucoup nous aussi.

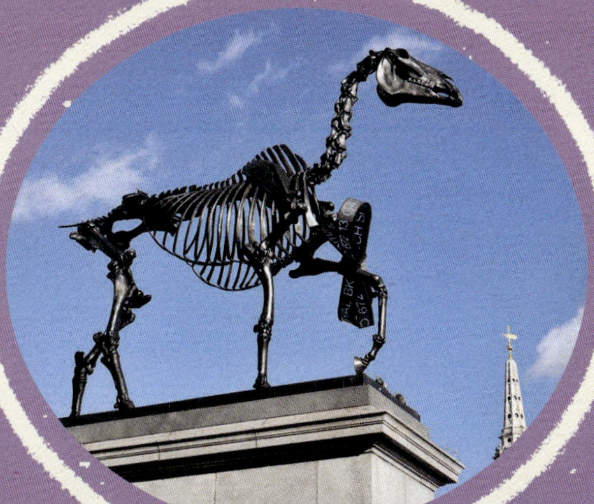

GIFT HORSE

HANS HAACKE

2014, bronze

Oslo

Entre le squelette de ce cheval, érigé sur un piédestal. Hans Haacke, l'artiste, détourne ainsi les codes de la statue équestre pour en faire un symbole de la spéculation financière. Alors, face à ces déboires, il tourne les talons.

David a peint cinq versions de ce portrait équestre, sorte de cartes de visite du portrait officiel.

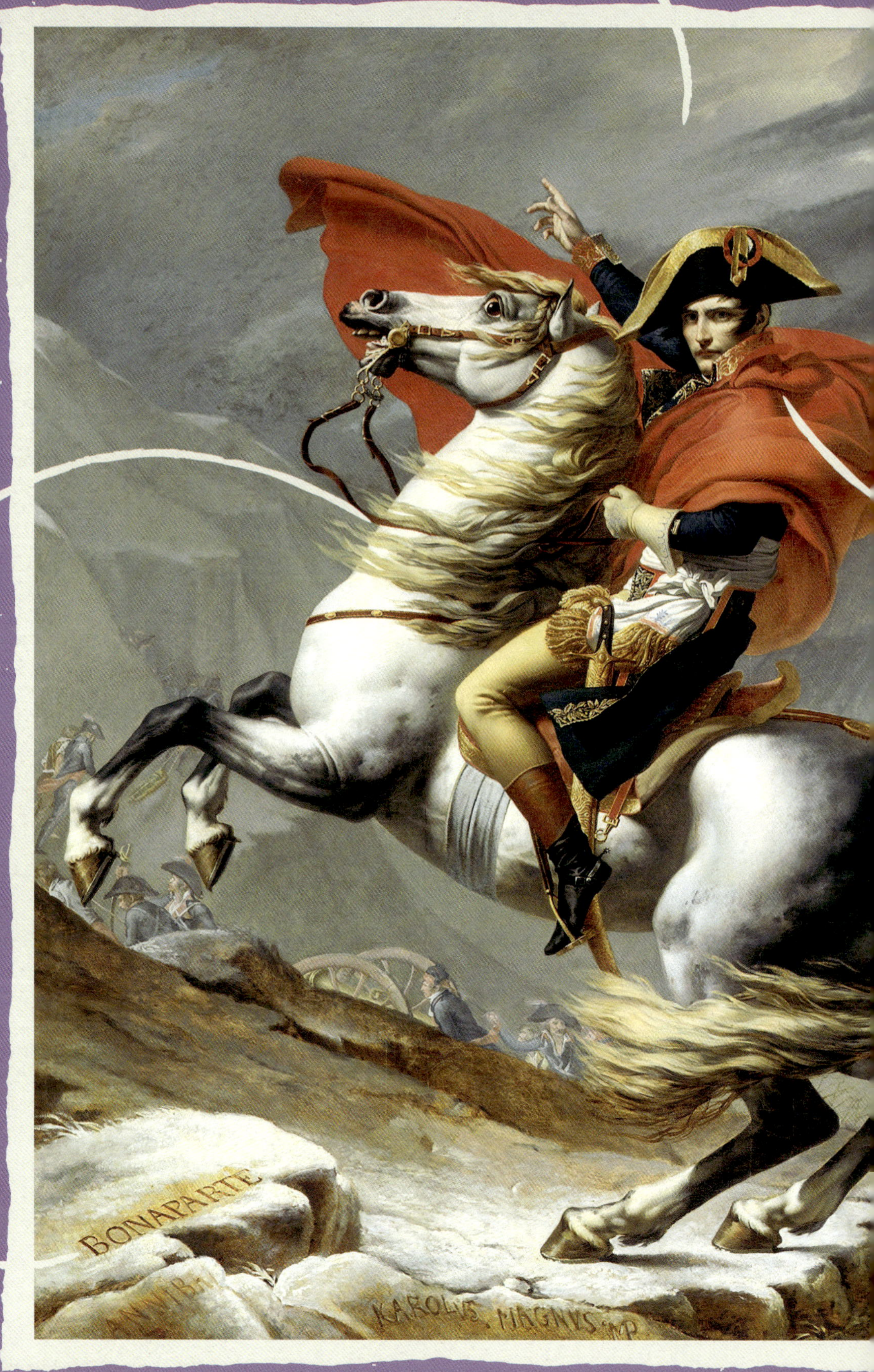

En réalité, Napoléon n'a pas traversé le col du Grand-Saint-Bernard à dos de cheval blanc, mais à dos de mule !

Son nom est gravé au-dessus de ceux des hommes illustres qui ont traversé les Alpes avant lui : Hannibal et Charlemagne. Nous sommes ainsi prévenus de ses ambitions politiques.

BONAPARTE FRANCHISSANT LES ALPES AU COL DU GRAND-SAINT-BERNARD

JACQUES-LOUIS DAVID

Vers 1800-1802, huile sur toile
Rueil-Malmaison, Musée national des châteaux de Malmaison et de Bois-Préau

Quand il s'agit de livrer bataille, Napoléon n'est pas en reste. Le peintre David a peint depuis son **CHEVALET** ce **CHEVAL BEAU** monté par le futur empereur. Oui, car à l'époque il était de mise d'immortaliser les sujets royaux sur leurs montures, symboles de conquête.

Le peintre maîtrise parfaitement toutes les techniques de la peinture : le rendu des muscles du cheval se cabrant, les cheveux et la cape dans le vent !

JACQUES-LOUIS DAVID

(1748-1825)

Jacques-Louis David est le principal représentant du néoclassicisme français. À la fin du XVIIIe siècle, l'Antiquité est remise au goût du jour dans toute l'Europe en réaction aux excès du style rococo. Les néoclassiques s'inspirent des découvertes archéologiques pour créer un nouveau style fondé sur la rigueur et la représentation de scènes historiques ou mythologiques. Après avoir participé à la Révolution, David met son art au service de Napoléon Bonaparte, son « héros », avant même qu'il soit sacré empereur.

LE CHIEN

IL EST LE MEILLEUR AMI DE L'HOMME AVEC UN GRAND H, ET ON EN FAIT GRAND CAS DANS L'HISTOIRE DE L'ART. LE CHIEN EST UN SUJET DE NICHE.

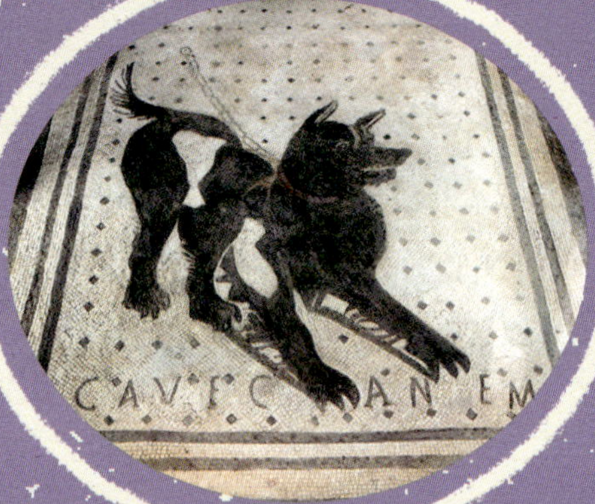

CAVE CANEM

[« ATTENTION AU CHIEN »]

ROME ANTIQUE

Ier siècle après J.-C., mosaïque

Pompéi, maison du Poète tragique

À regarder ce **CHIEN DE FAÏENCE**, on comprend rapidement ses intentions protectrices. Il monte en grade en montant la garde, protège cette villa italienne du visiteur qui se montrerait trop audacieux. Il semble de mauvais poil, alors passons notre chemin…

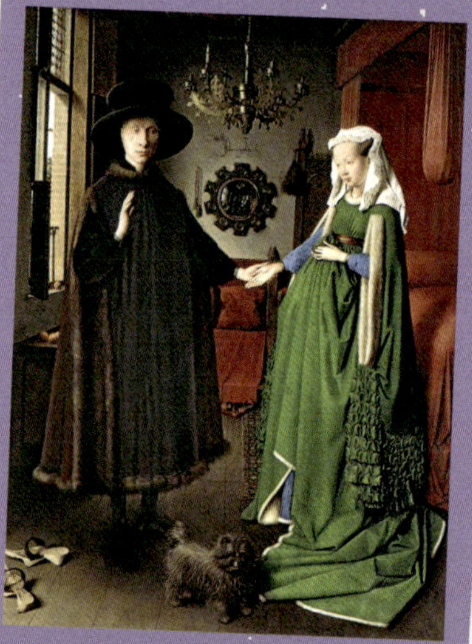

LES ÉPOUX ARNOLFINI

JAN VAN EYCK

1434, huile sur bois

Londres, National Gallery

… pour tenter d'apercevoir ce petit chien installé aux pieds de ses maîtres. Jan van Eyck ne déroge pas à cette habitude qui nous vient de la Renaissance et consiste à disposer discrètement un chien sur la toile comme symbole de fidélité. Il est le meilleur ami de l'homme, ou de l'âme…

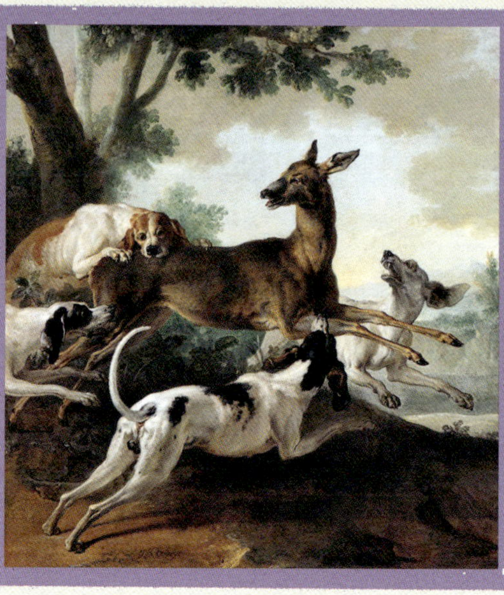

CHASSE AU CHEVREUIL

JEAN-BAPTISTE OUDRY

1725, huile sur toile

Rouen, musée des Beaux-Arts

… mais le pire ennemi de cette bête, pourchassée par des chiens sachant chasser chevreuils et autres gibiers. Ces chiens de race rossent l'animal étourdi par Oudry, qui peint l'hallali avec beaucoup de précision.

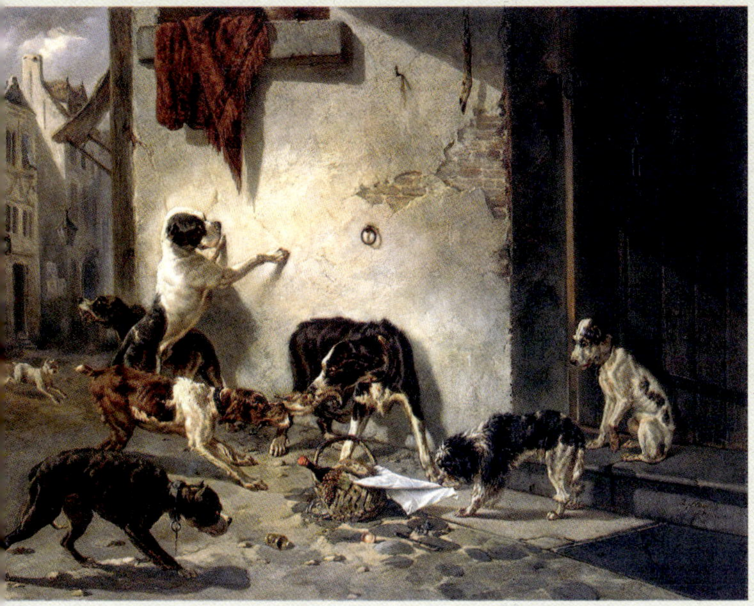

LE CHIEN QUI PORTE À SON COU LE DÎNER DE SON MAÎTRE

JOSEPH STEVENS

1846, huile sur toile

Saint-Pétersbourg, musée de l'Ermitage

Moins flamboyants sont ces chiens errants serrant les dents pour tenter de voler quelques bouchées à la volée. Certains font la queue, d'autres la gueule, en attendant de pouvoir profiter d'un bout de gras.

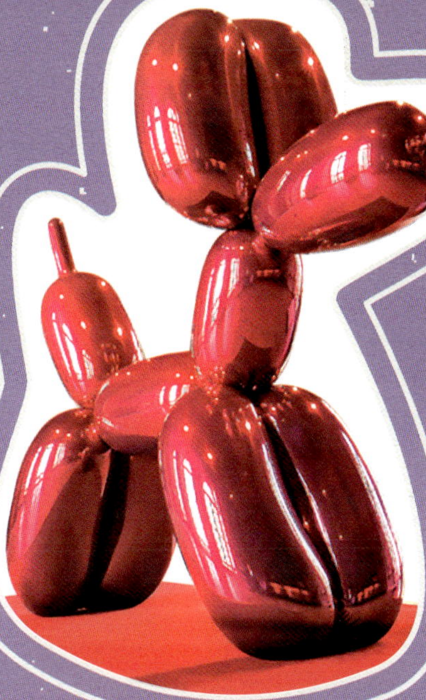

BALLOON DOG (MAGENTA)

JEFF KOONS

1994-2000, acier inoxydable chromé, revêtement coloré

Paris, Collection Pinault

Ce chien debout n'a nul besoin de trouver pitance. Il est déjà bien joufflu. Il doit ce corps à la patte de Jeff Koons, qui rend hommage au monde de l'enfance avec ce semblant de ballon aussi gonflé que son auteur.

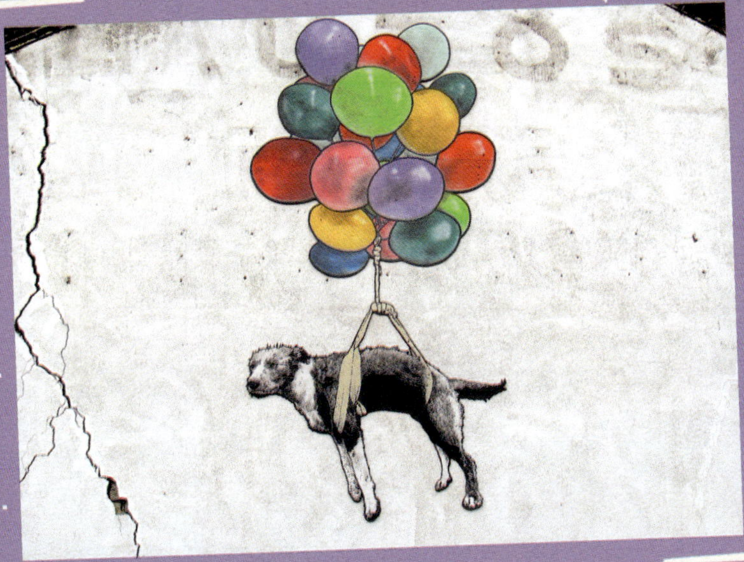

FLY BYE

TEDDY BADEN

2015, peinture murale

Londres, près de Latimer Road

Et enfin, ce chien. Moins gonflé, mais qui ne manque pas d'air, lui non plus, à vouloir s'envoler de la sorte. Il est à parier qu'avec cet attelage de ballons colorés, on le retrouvera **TOU-TOU** là-haut.

LE LAPIN

QU'IL SOIT EN PELUCHE, EN CHAIR OU EN OS, DANS UN CLAPIER OU DANS LES CHAMPS, HÂTONS-NOUS D'OBSERVER LE LAPIN AVANT QU'IL DÉTALE DE LA TOILE.

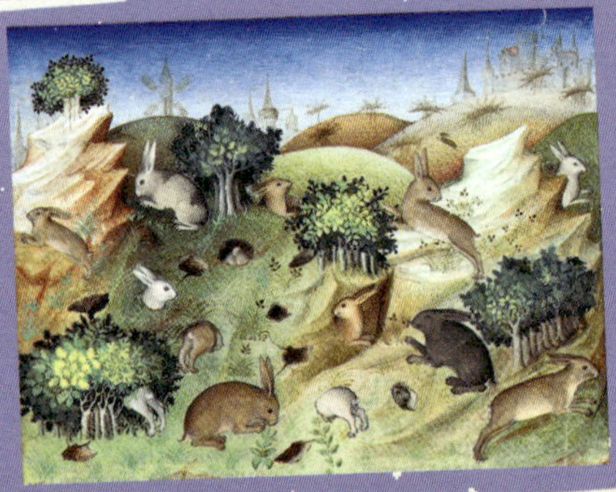

LE LAPIN

ANONYME

1408-1410, enluminure du *Livre de chasse* de Gaston Phébus, peinture et or sur parchemin

Paris, Bibliothèque nationale de France

Ceux-ci sont représentés dans leur habitat naturel avant qu'ils ne finissent à la casserole. Au propre comme au figuré, d'ailleurs. Car leur réputation n'est pas galvaudée, les lapins se reproduisent... comme des lapins !

LA VIERGE AU LAPIN

TITIEN

1525-1530, huile sur toile

Paris, musée du Louvre

Ici, c'est tout l'inverse, car c'est un symbole moral. En incarnant la pureté de la Vierge, assise dans ce pré avec l'Enfant Jésus, le lapin passe de chasse à chaste. Il pose gentiment aux côtés de la pomme, qui incarne le péché originel, et du raisin, qui évoque la Passion du Christ.

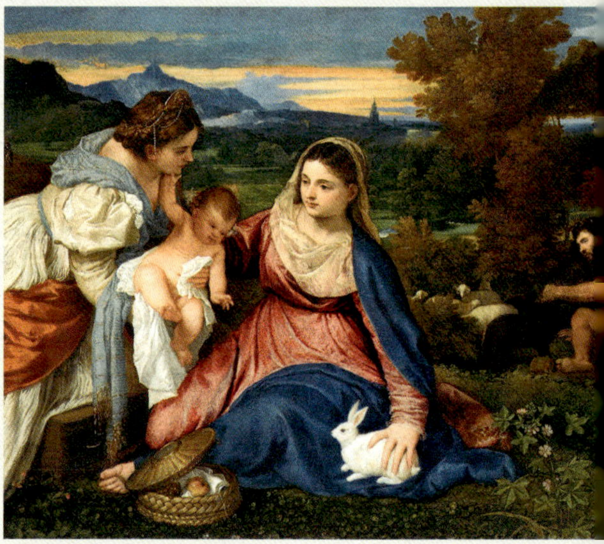

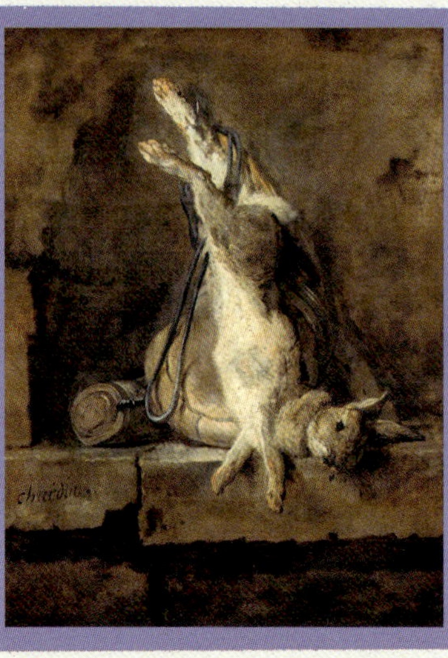

LAPIN MORT ET ATTIRAIL DE CHASSE

JEAN SIMÉON CHARDIN

1728-1729, huile sur toile

Paris, musée du Louvre

L'**ART TRISTE** de Chardin montre la vulnérabilité et la fragilité de l'existence du lapin. Entouré de l'attirail de chasse qui a certainement servi à le capturer, le gibier mort est mis en scène, suspendu à un clou. Ci-gît le civet sur le gibet.

BRÛLE-PARFUM EN FORME DE LAPIN

JAPON

XVIIIe-XIXe siècle, bronze

Paris, musée Cernuschi

Celui-ci n'est pas mort, même si le **COU DU LAPIN** est très volumineux. Et de lapin, il ne fut point, car il s'agit d'un brûle-parfum en bronze. Cependant, avec ses longues oreilles, ses yeux ronds, sa bouche ouverte et son expression très douce, cet animal de métal nous attendrit.

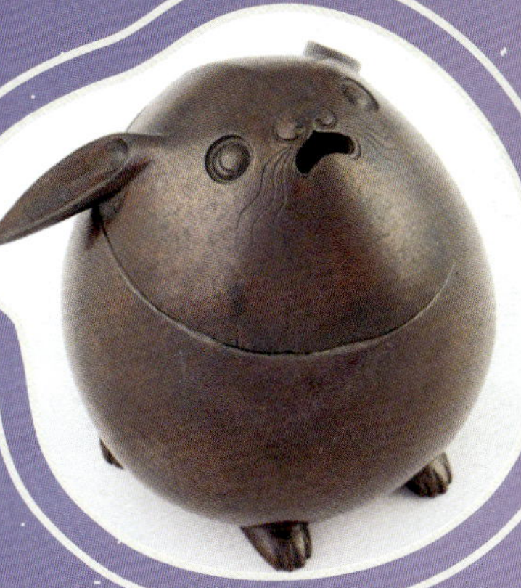

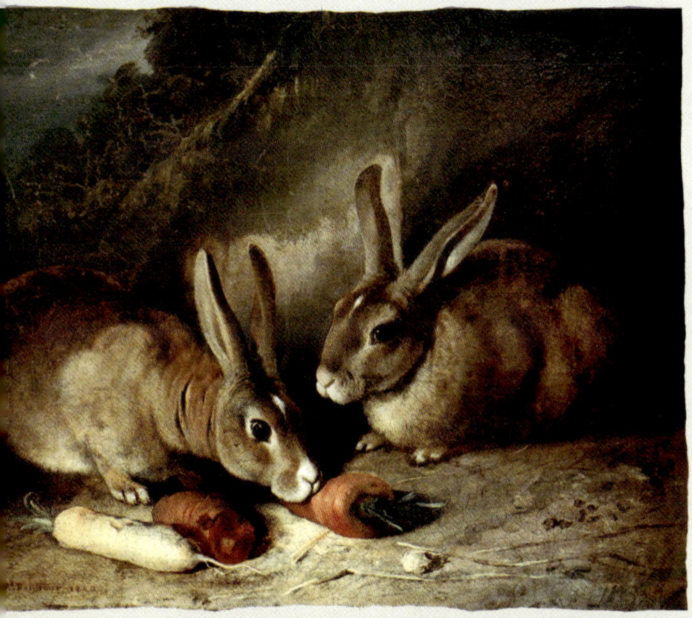

LAPINS

ROSA BONHEUR

1840, huile sur toile

Bordeaux, musée des Beaux-Arts

Quel bonheur de voir ces lapins ! Et c'est bien Bonheur qui les a peints, Rosa de son prénom. Elle avait 19 ans lorsqu'elle les a croqués croquant leurs carottes. Spécialisée dans la peinture animalière, elle représente ses sujets tels qu'ils sont, sans véritable mise en scène.

HALF RABBIT

BORDALO II

2017, déchets et objets trouvés

Portugal, Vila Nova de Gaia

À l'inverse de celui-ci, qui fait le trottoir et nous regarde du coin de l'œil. Afin de dénoncer la pollution, il a été composé à partir de déchets en plastique… alors qu'on pourrait croire que l'artiste portugais Bordalo II l'a peint, tout simplement.

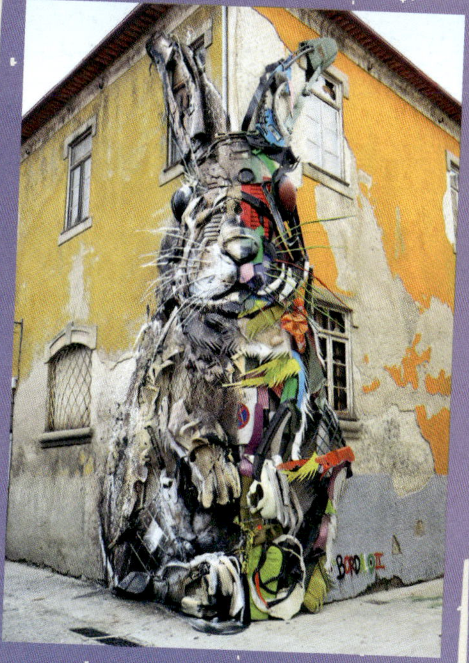

LE CHAT

QU'IL MIAULE, QU'IL CHASSE OU QU'IL GRIFFE, LE CHAT EST LE ROI AUSSI DANS L'HISTOIRE DE L'ART...

MOMIE DE CHAT

ÉGYPTE ANTIQUE

VIIe-IVe siècle avant J.-C., tissu peint

Paris, musée du Louvre

Il y a la vie de chien et les vies du chat. Il en a sept. Dans l'Égypte antique, il a même une vie dans la mort. Il reste à l'état de momie pour un moment, à honorer des divinités ou pour suivre son maître dans l'au-delà.

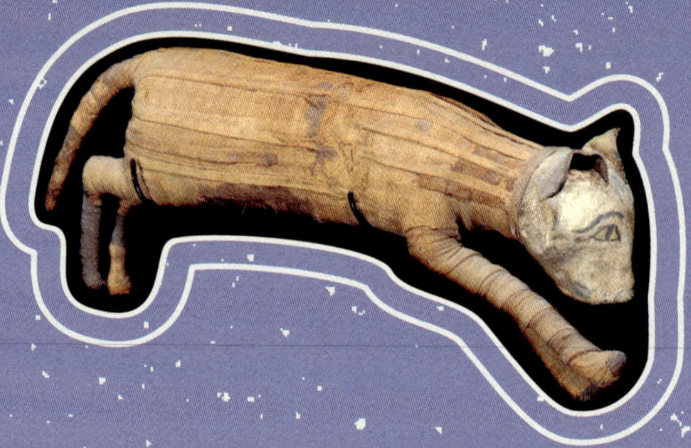

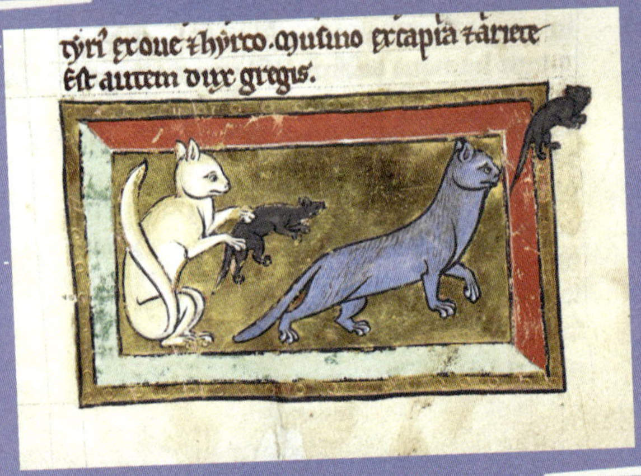

CHATS ET SOURIS

ANGLETERRE

Vers 1185, enluminure du *Worksop Bestiary*

New York, The Morgan Library

Ici, il est dépeint en... chasseur. Car un chat chassant chasser... oui, bon... Au Moyen Âge, les souris ne dansent pas. Alors que le chat sourit à l'idée d'attraper les rongeurs qui grignotent les livres ou véhiculent des maladies. Le chat est partout, c'est ce qui fait son **CHARME**.

NATURE MORTE AVEC CHAT ET POISSON

CLARA PEETERS

Vers 1620, huile sur toile

Collection particulière

Il y a celui qui guette, comme dans cette nature morte où le **MATOU VEILLE**. La patte posée sur un poisson, les oreilles coiffées en arrière, il protège les victuailles. Ce chat-là, nonchalant, attend là le chaland.

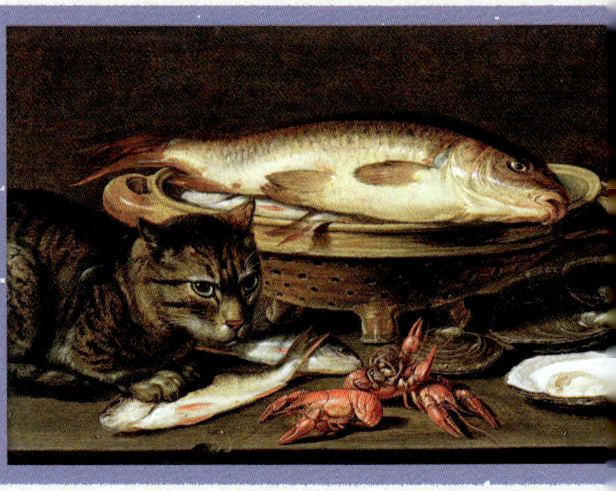

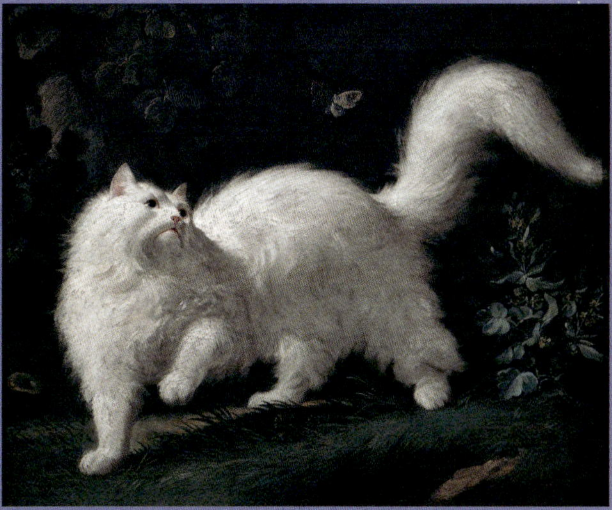

CHAT ANGORA BLANC, GUETTANT UN PAPILLON

JEAN-JACQUES BACHELIER

1761, huile sur toile

Versailles, musée Lambinet

Paré de son blanc manteau, ce chat est fier et hautain. Un chat royal, un chatelain… qui a probablement appartenu à Louis XV. Élégant avec sa patte en l'air, cet angora semble prendre la pose. Car oui, au XVIIIe siècle, le chat devient un sujet de portrait. Disons qu'il est chatoyant, celui-ci…

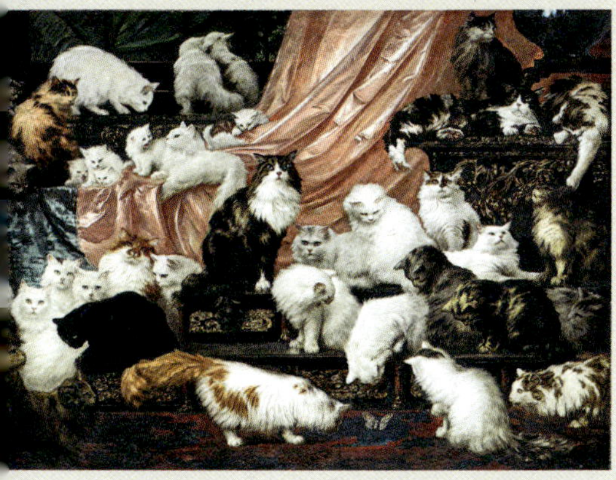

LES AMANTS DE MA FEMME

CARL KAHLER

1891, huile sur toile

Collection particulière

… ou domestiqués, ceux-là. Calmes et indifférents, comme les 42 **CHATS PRÔNÉS** de cette milliardaire américaine. Ce sont les minets de luxe, les chats de race. Des **CHATS MAJESTÉS**…

TOURNÉE DU CHAT NOIR AVEC RODOLPHE SALIS

THÉOPHILE ALEXANDRE STEINLEN

1896, lithographie

Paris, musée Carnavalet

Il y a bien sûr le chat de gouttière, qui vit dans les rues de nuit comme de jour. À l'instar, très star, de celui-ci, qui s'affiche pour vanter les entrechats proposés dans ce cabaret. Il est noir comme un mystère. Son regard en dit des choses, mais quoi ? Nul ne le sait, c'est son **CHA**rabia…

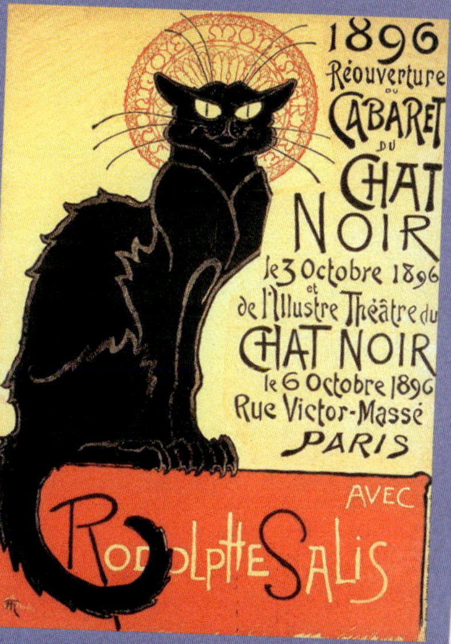

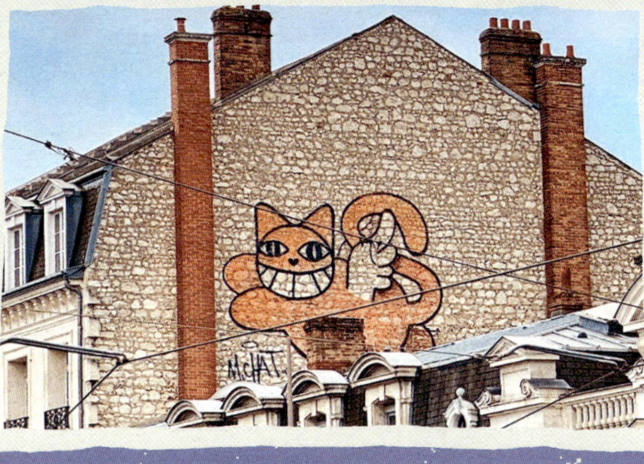

M. CHAT

THOMAS VUILLE

2019, peinture murale

Orléans, quartier de la gare, boulevard Alexandre Martin

Et enfin, le chat perché qui grimpe sur les murs, reflet d'un engouement toujours constant. C'est un chapitre qui se clôt avec ce M. Chat et son **SOURIRE DE FAÇADE**.

LE POISSON

QU'IL SOIT PÊCHÉ DANS L'HOROSCOPE, DANS DES EAUX DOUCES OU SAUMÂTRES, QU'IL SOIT D'AVRIL OU DU VENDREDI, LE POISSON VOGUE DANS L'ART.

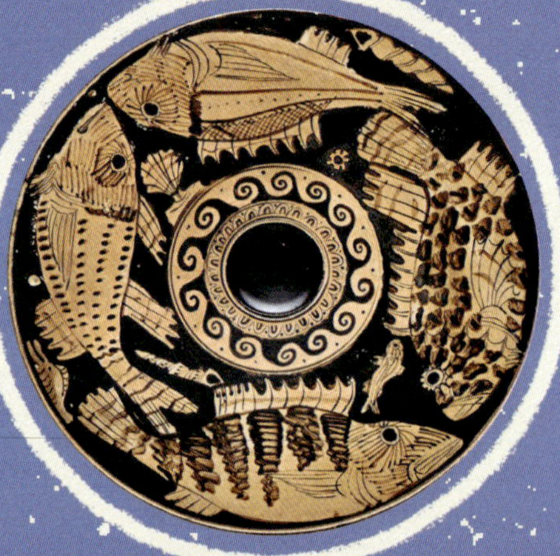

PLAT AUX POISSONS

GRÈCE ANTIQUE

400-370 avant J.-C., plat attique à figures rouges

Chicago, Art Institute

Alors quoi de plus logique que d'en faire tout un plat avec cette assiette ornée de poissons issus d'espèces aussi variées que la rascasse, la daurade royale ou encore le rouget ? On dirait un aquarium, mais c'est pour le décorum.

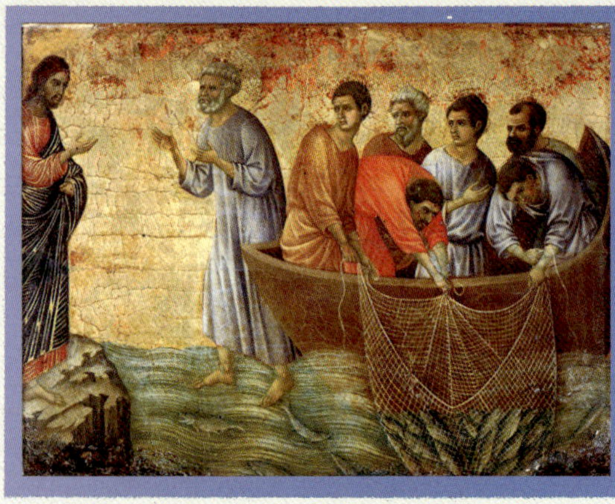

APPARITION DU CHRIST AU LAC TIBÉRIADE, DIT AUSSI *LA PÊCHE MIRACULEUSE*

DUCCIO DI BUONINSEGNA

1308-1311, tempera sur bois

Sienne, Museo dell'Opera del Duomo

L'artiste représente ici avec son pinceau — ou **CANNE À PRÊCHE** — Jésus invitant Simon-Pierre à pêcher. Non pas qu'il ait mis le **TURBO**, mais il captura tellement de poissons que sa pêche fut considérée comme miraculeuse.

LE MARCHÉ AUX POISSONS

JOACHIM BUECKELAER

1548-1574, huile sur toile

Hull (Royaume-Uni), Ferens Art Gallery

C'est Joachim Bueckelaer qui nous invite là au marché aux poissons. À foison, sur l'étal, s'étale une grande variété de sujets qui témoignent de la capacité de l'artiste à peindre avec précision les différentes espèces. Un **TRAVAIL BIEN FRAIS.**

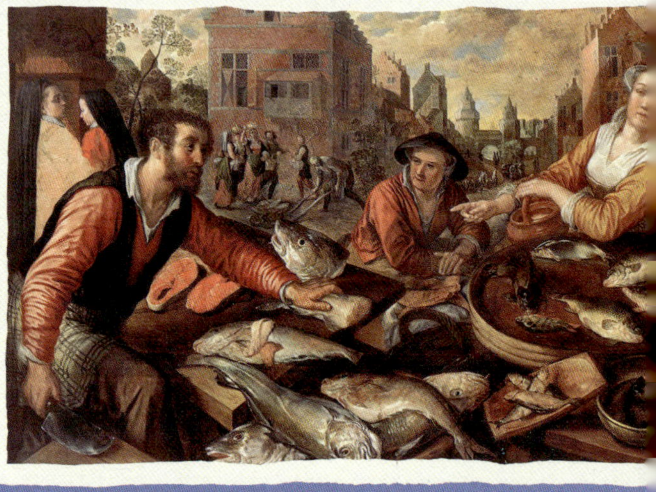

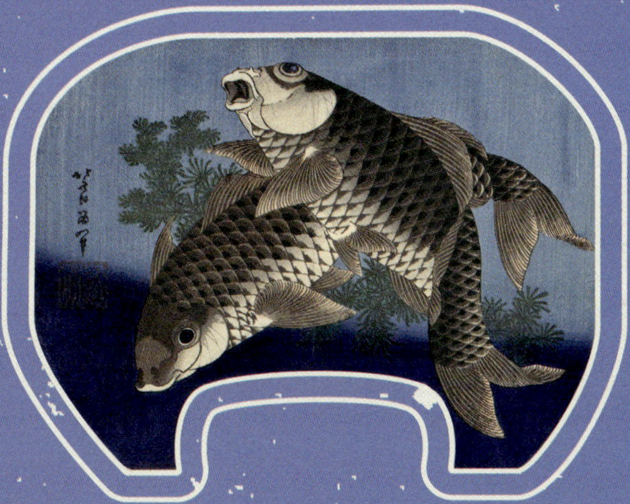

DEUX CARPES

KATSUSHIKA HOKUSAI

1832, estampe pour éventail

Collection particulière

Une **CARPE DIT AIME**, et l'autre aussi visiblement… Avec doigté, Hokusai **MET À CARPE** ce que je métaphore pour évoquer cette œuvre japonaise qui représente la force et la persévérance.

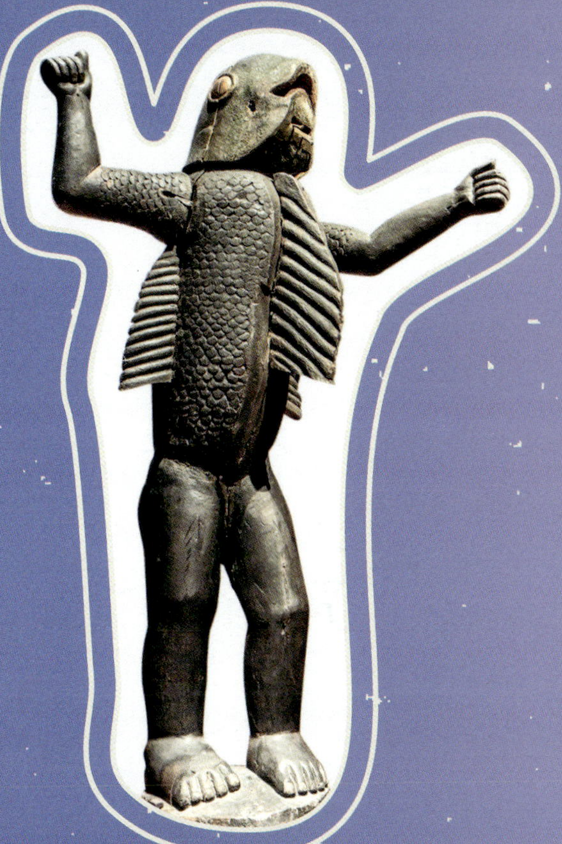

STATUE MI-HOMME MI-REQUIN DU ROI BÉHANZIN

ATTRIBUÉE À SOSSA DEDE

Vers 1890, bois, clous de fer, pigments

Abomey (Bénin), musée de l'Épopée des amazones et des rois du Danhomè

Dans le royaume du Danhomè, ces statues étaient chargées de substances magiques. Cette représentation de requin **REQUINQUAIT** les soldats, les protégeait et les incitait à ramener la victoire.

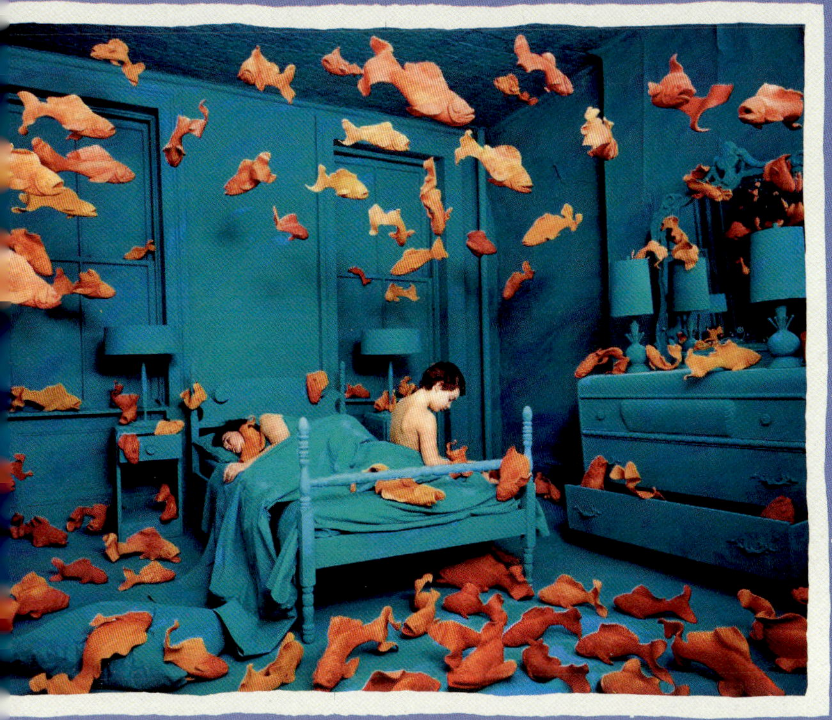

REVENGE OF THE GOLDFISH

SANDY SKOGLUND

1981, photographie, tirage cibachrome

Los Angeles, J. Paul Getty Museum

Et enfin, passons à ces poissons ludiques et dérangeants, comme les films fantastiques dont l'artiste s'inspire. Mais les humains restent indifférents. Ce sont des **POISSONS NIÉS**, en quelque sorte.

LE COQUILLAGE

QUE CE SOIT POUR ÉCOUTER LE BRUIT DE LA MER OU POUR ABRITER UN MOLLUSQUE, QU'IL SOIT EN PLEIN AIR OU EN PLEINE MER, LE COQUILLAGE BRILLE DANS L'ART.

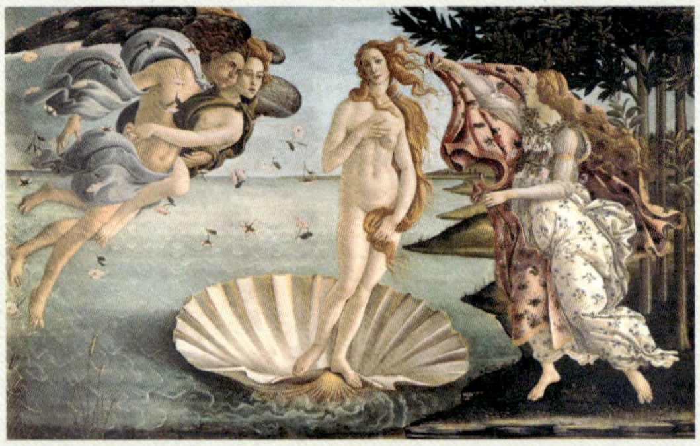

LA NAISSANCE DE VÉNUS

SANDRO BOTTICELLI

1484-1485, tempera sur toile

Florence, galerie des Offices

Peinte par Botticelli et pulsée par le souffle de Zéphyr, voici venue Vénus, nue au milieu de cette coquille – **QUI EST LOIN D'ÊTRE UNE ERREUR**. Elle fait fureur, plutôt, car elle est tellement belle. En même temps, c'est la déesse de la beauté et de l'amour.

COUPE AU NAUTILE

NIKOLAUS SCHMIDT

Vers 1600, coquille de nautile, monture en argent doré

Château de Windsor (Royaume-Uni), Royal Collection Trust

Et puisqu'on parle d'amour, voici Neptune chevauchant un hippocampe et diverses créatures marines... et non narines, même s'il a du nez. Du moins, c'est le cas de cet orfèvre, qui a fait de ce nautile une coupe destinée aux arts de la table.

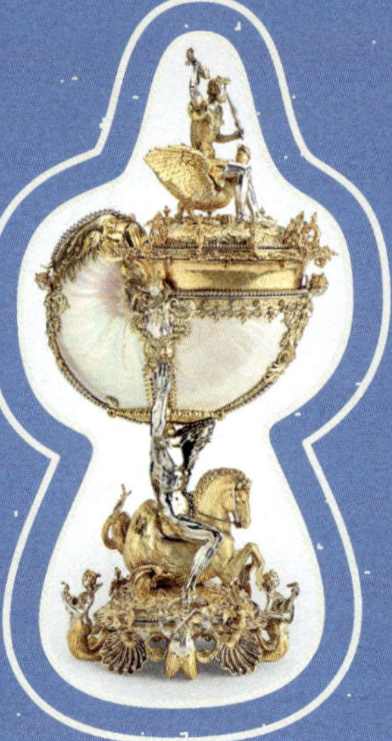

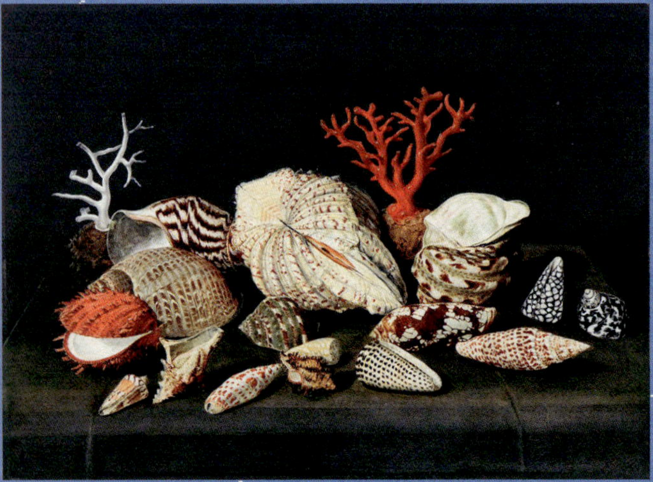

NATURE MORTE AUX COQUILLAGES ET AU CORAIL

JACQUES LINARD

1620-1640, huile sur toile

Paris, Fondation Custodia

L'âge de ces coquilles, ou les coquillages ne font pas nature morte... Et de coquilles vides, il n'en n'est rien à la vue de cette œuvre. Ce qui importe ici, c'est la précision des détails sur lesquels s'est penché Jacques Linard. Oui, parce que les **COQUILLES, C'EST JACQUES...**

LE DÉJEUNER D'HUÎTRES

JEAN-FRANÇOIS DE TROY

1735, huile sur toile

Chantilly, musée Condé

Sur cette huile peinte en 1735, quelques huiles et quelques pintes... Et des huîtres, surtout, car à cette époque, elle est très à la mode dans les repas aristocratiques. Sans parler de ses vertus aphrodisiaques, qui incitent les hommes coquins à sortir de leurs coquilles.

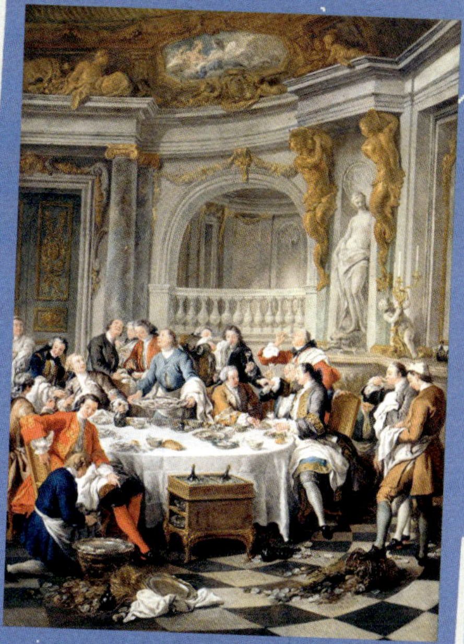

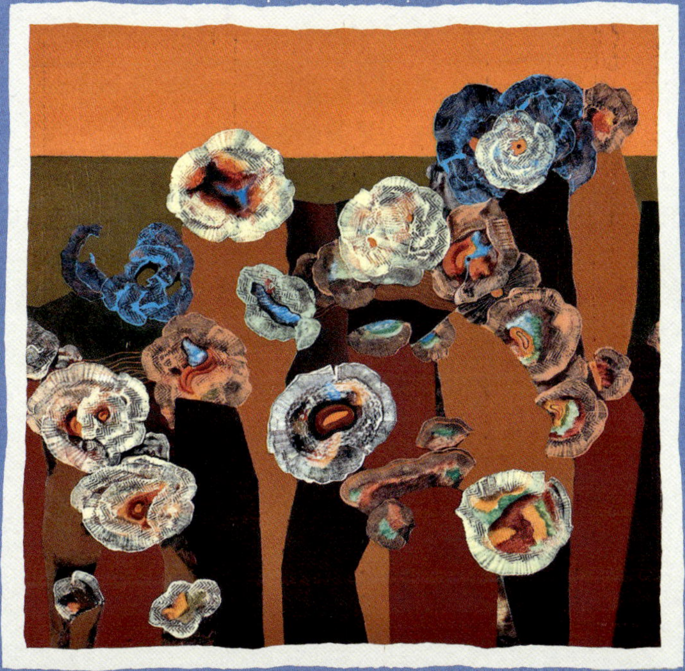

FLEURS DE COQUILLAGES

MAX ERNST

1929, huile sur toile

Paris, Centre Pompidou

Sont-ce des fleurs ou des coquillages ? Un peu des deux, car Max Ernst mêle pêle-mêle animal, végétal et minéral en une composition surréaliste. Cela pourrait aussi être des choux. C'est au choix.

THE SPIRIT OF THE DARK

VICTOR HARRIS

2018, cauris, plumes, raphia, tissu, perles, feuilles de palmier, bois

Paris, musée du quai Branly - Jacques Chirac

Et enfin, ce costume taillé par Victor Harris, ancien chef au sein de la communauté des Black Indians. Les coquillages qui composent cette étoffe sont des symboles de fertilité en Afrique. Et on **L'A, LE FRIC**, avec ceux-là, car ils servaient de monnaie d'échange.

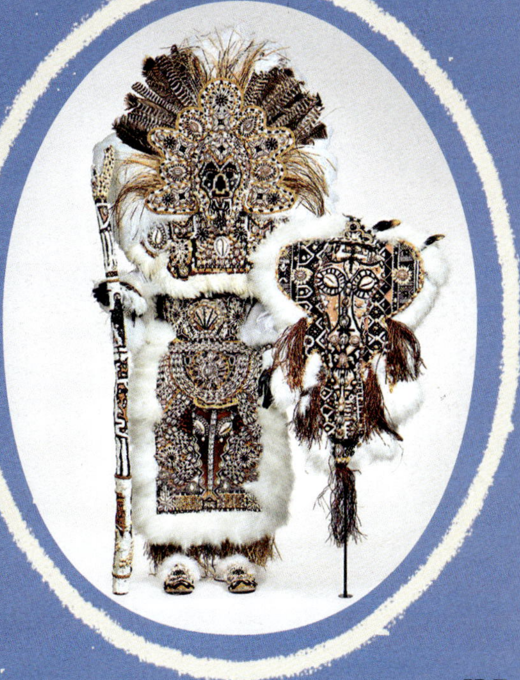

LA MER

QU'ELLE SOIT D'HUILE OU AGITÉE, SYMBOLE DE VIE OU DE MORT, LA MER NOUS PORTE ET NOUS EMPORTE.

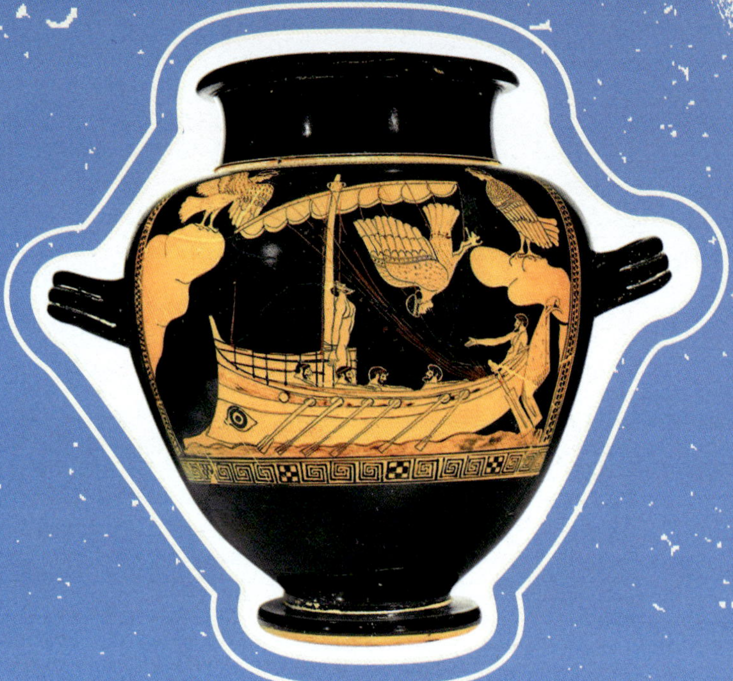

ULYSSE ET LES SIRÈNES

GRÈCE ANTIQUE

Vers 480 avant J.-C., hydrie attique à figures rouges

Londres, British Museum

La plus symbolique d'entre elles est la mer que parcourt Ulysse pour rentrer chez lui à son retour de la guerre de Troie. Une mer amère qui en fait, des vagues, notamment par la disgrâce de Poséidon, qui lui en veut d'avoir crevé l'œil de son fils, le cyclope.

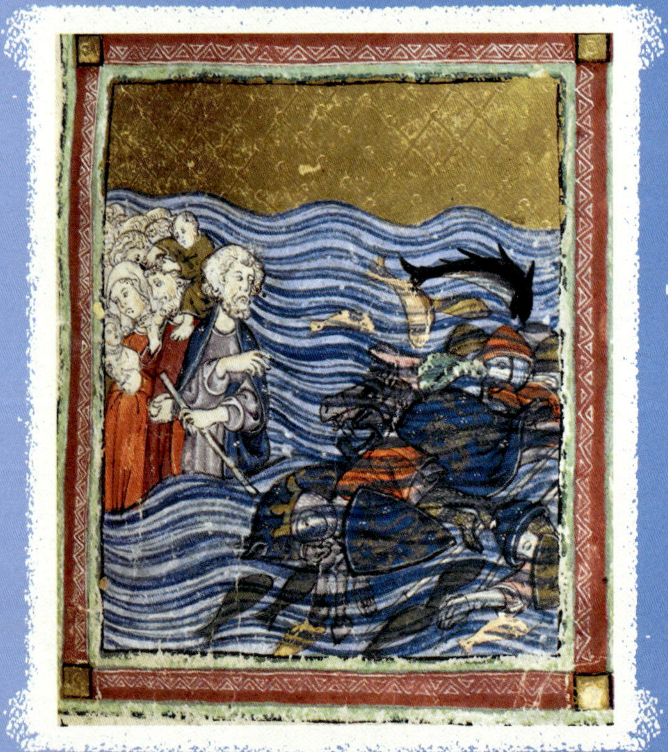

LE PASSAGE DE LA MER ROUGE

CATALOGNE

Vers 1320-1330, enluminure de la *Haggadah dorée*

Londres, British Library

Ici claque le ressac de cette mer que Moïse ouvre afin de permettre aux Hébreux de fuir les troupes envoyées par Pharaon. Ils peuvent lui dire **MER**ci, car Moïse referme ensuite la mer, noyant ainsi les soldats égyptiens.

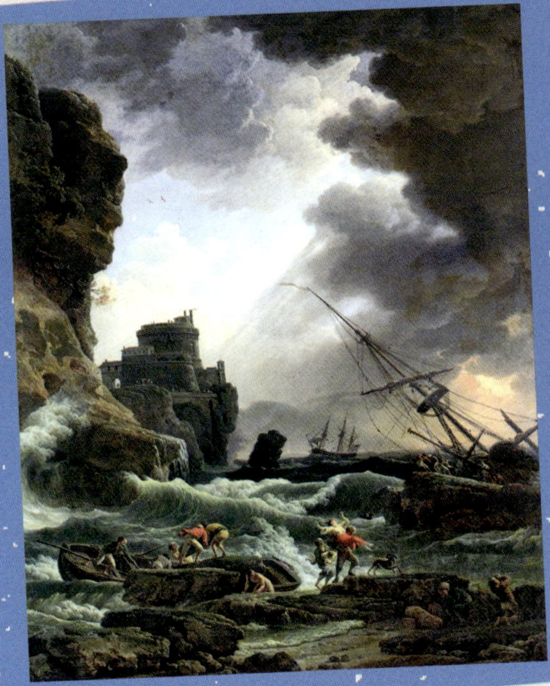

TEMPÊTE AVEC NAUFRAGE D'UN VAISSEAU

CLAUDE JOSEPH VERNET

1777, huile sur toile

Collection particulière

Le célèbre peintre de marines Claude Joseph Vernet représente dans cette œuvre la mer dans tous ses états. Si les sombres nuages contrastent avec un bout de ciel bleu, celui-ci ne peut rien contre les vagues qui précipitent le naufrage d'un **VAISSEAU, SANS GAINS** désormais.

FORT VIMIEUX

JOSEPH MALLORD WILLIAM TURNER

1831, huile sur toile

Collection particulière

Dans ce tableau de William Turner, il n'y a pas que le soleil qui se couche. Il y a aussi le bateau, qui chavire et s'enfonce dans une mer étonnamment calme. Si ce n'était un drame, ce pourrait être une trame poétique, avec pour décor cette lumière aux tons orangés, et non orageux.

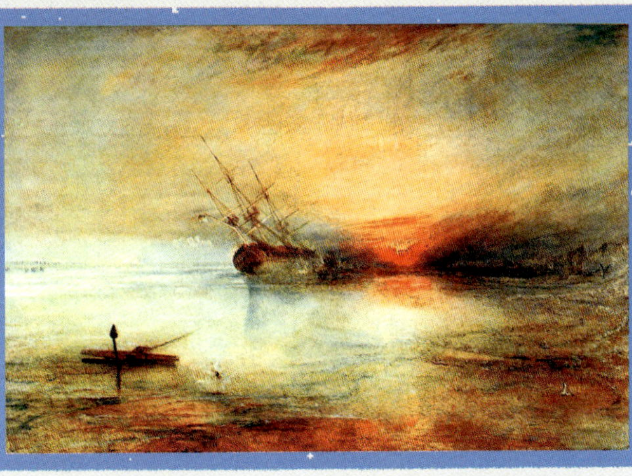

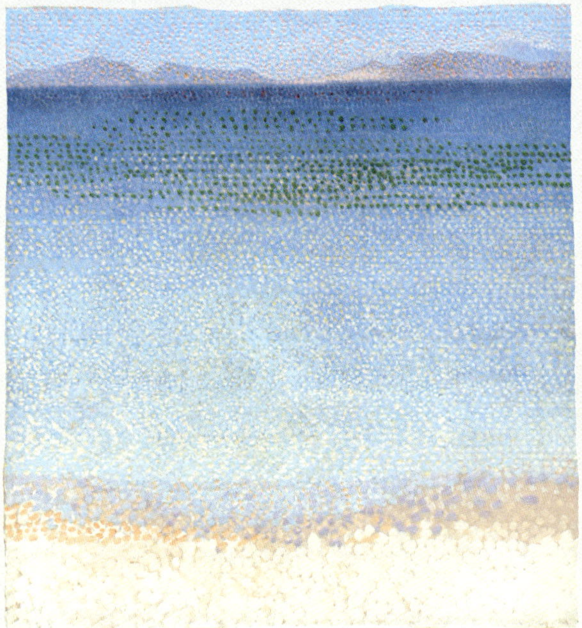

LES ÎLES D'OR

HENRI-EDMOND CROSS

1891-1892, huile sur toile

Paris, musée d'Orsay

On parle de grain en mer, de tempête, mais ici, le grain est celui du pinceau d'Henri-Edmond Cross, qui peint les îles d'Or à travers mille petits points d'art. Ces îles tracent l'horizon de la mer Méditerranée, qui invite à la baignade.

ROAD TO EXILE

BARTHÉLÉMY TOGUO

2008, barque en bois, ballots de tissu, bouteilles
Paris, musée du quai Branly - Jacques Chirac

Et enfin, ce frêle esquif que Barthélémy Toguo a posé sur des bouteilles d'eau afin d'illustrer les drames que vivent les migrants en tentant de traverser les mers. Ces eaux, qui portent les stigmates de l'exil, représentent une maigre chance d'échapper à de funestes destins. Des **EAUX SECOURS**, en quelque sorte…

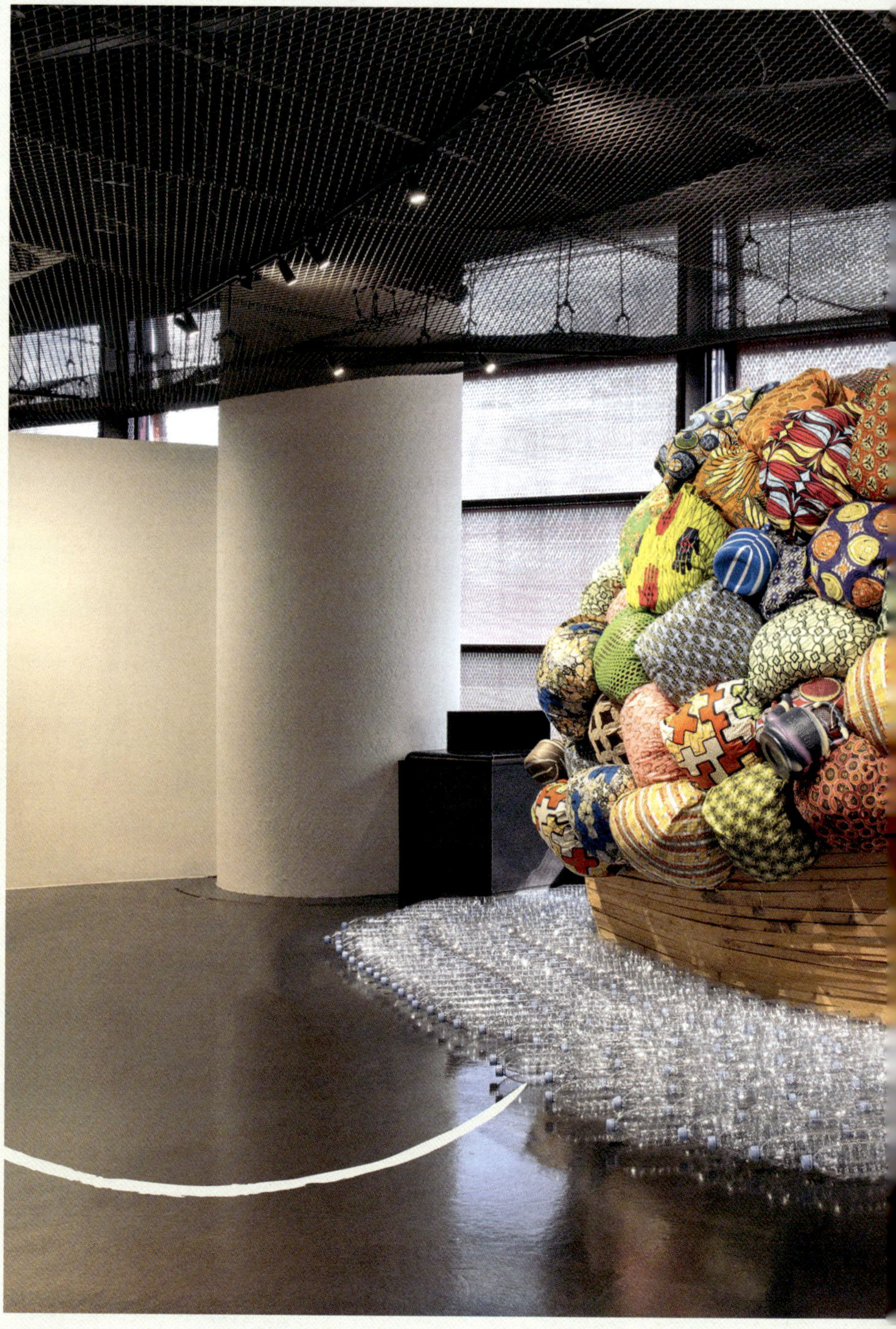

Ces bouteilles de plastique sont nombreuses et scintillantes. Mais il suffirait qu'elles se déchirent pour devenir coupantes et menaçantes, comme les vagues que les migrants affrontent lorsqu'ils font face à une tempête.

Si l'on ajoutait quoi que ce soit à cette pile de ballots de tissu, elle s'écroulerait. Comme les barques qui traversent les mers avec des dizaines de personnes à leur bord, ce frêle esquif est plein à craquer.

Les couleurs vives de ces ballots en wax donnent une touche de gaieté à la scène. Ils rappellent l'héritage culturel que les hommes et les femmes qui quittent l'Afrique transportent dans leurs bagages.

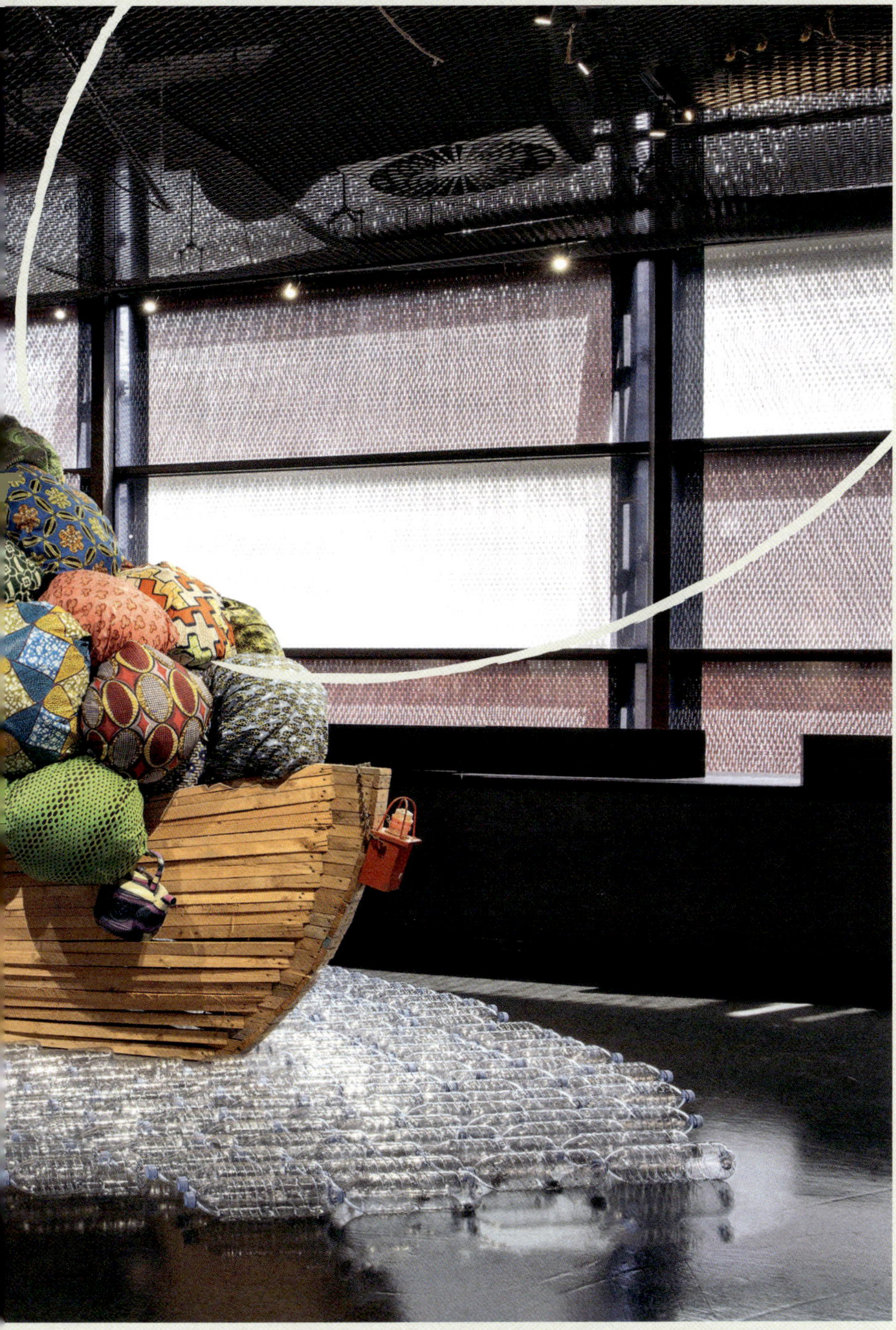

BARTHÉLÉMY TOGUO

(né en 1967)

L'artiste Barthélémy Toguo vit entre la France et le Cameroun. Au cours de sa carrière, il a développé une pratique artistique hybride mêlant sculpture, peinture, photographie, performances et installations créées à partir de matériaux variés. Dans son œuvre multiforme, il aborde souvent des sujets éminemment politiques, comme les flux migratoires, les conflits et les échanges culturels, par le prisme de l'humour et de la poésie.

LE BAIN

ON LE FAIT COULER POUR S'Y REPOSER, S'IMMERGER, S'Y LAVER DANS UNE EAU TIÈDE, FROIDE OU BRÛLANTE. LE BAIN FAIT PARTIE DE NOTRE QUOTIDIEN.

VÉNUS DANS UNE COQUILLE

ROME ANTIQUE

Ier siècle après J.-C., fresque

Pompéi, péristyle du jardin de la maison de Vénus

Et le premier d'entre eux, c'est celui de la naissance, qui nous plonge dans le **GRAND BAIN** de la vie. Il est illustré ici par cette fresque de la Vénus anadyomène, qui nous emmène et nous immerge dans une mer peuplée de naïades et de divines divinités.

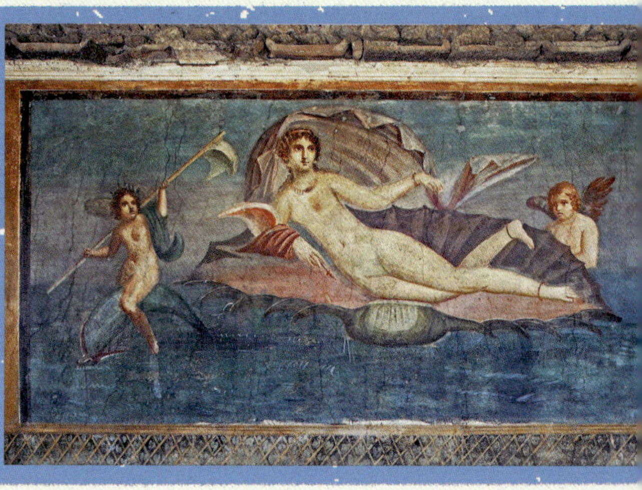

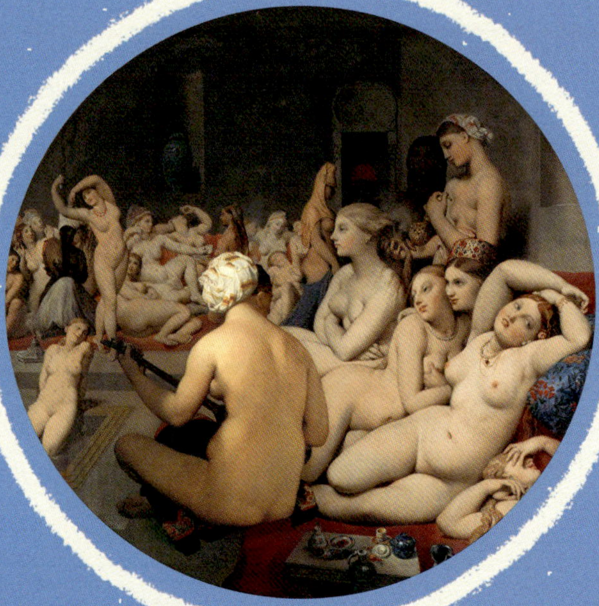

LE BAIN TURC

JEAN-AUGUSTE-DOMINIQUE INGRES

1862, huile sur toile

Paris, musée du Louvre

Le violon d'Ingres ne serait-il pas précisément le bain, lui qui le peint ici avec tant de grâce et de plaisir fantasmé ? Ce **BAIN DE FOULE** défoule ces femmes lascives et pensives, tout en sueur par trop de chaleur.

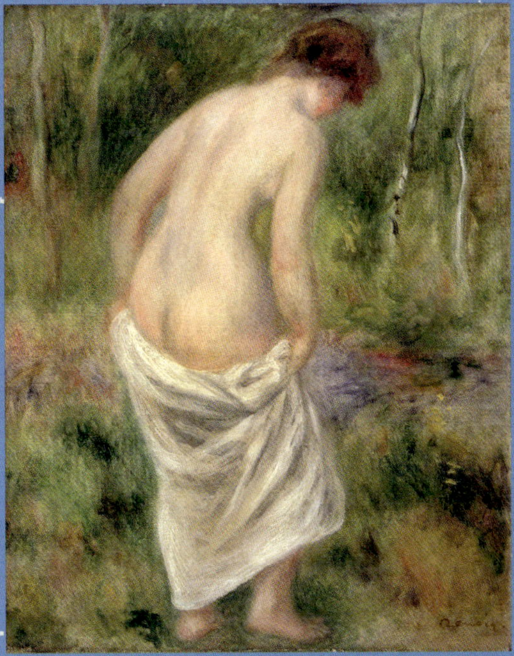

APRÈS LE BAIN
AUGUSTE RENOIR
1901, huile sur toile
Philadelphie, Fondation Barnes

Cette baigneuse de Renoir semble vouloir **PRENDRE SON BIEN EN PATIENCE.** Elle s'offre à moitié nue, ou à moitié vêtue, c'est selon... On devine derrière elle que l'eau qui **COULE – DE SOURCE –** est salvatrice et réconfortante.

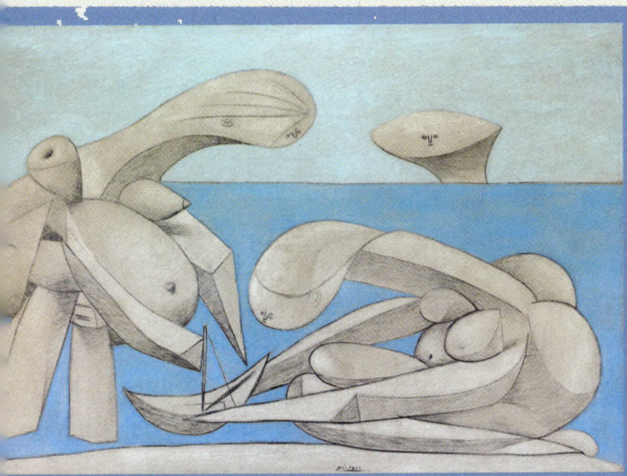

LA BAIGNADE
PABLO PICASSO
1937, huile, pastel et crayon sur toile
Venise, collection Peggy Guggenheim

À l'inverse, peut-être, de ce bain de mer où Picasso peint ces créatures étranges **ENTRE DEUX EAUX.** À l'arrière-plan, il nous interroge sur les intentions de ce personnage énigmatique. Va-t-il rejoindre ces deux femmes ? **PEUT-ÊTRE BAIN QUE OUI, PEUT-ÊTRE BAIN QUE NON...**

TWO RIVERS
GUS EAGLETON ET FINTAN MAGEE
2021, peinture murale
Beenleigh (Australie)

Voici ce qui aurait pu être un bain de jouvence si ce couple n'avait décidé de plonger tout habillé dans les eaux troubles de cette piscine. **EN VEUX-TU DES VÊTUS**, en voilà... Lascifs et pensifs. Alors laissons-les se délasser.

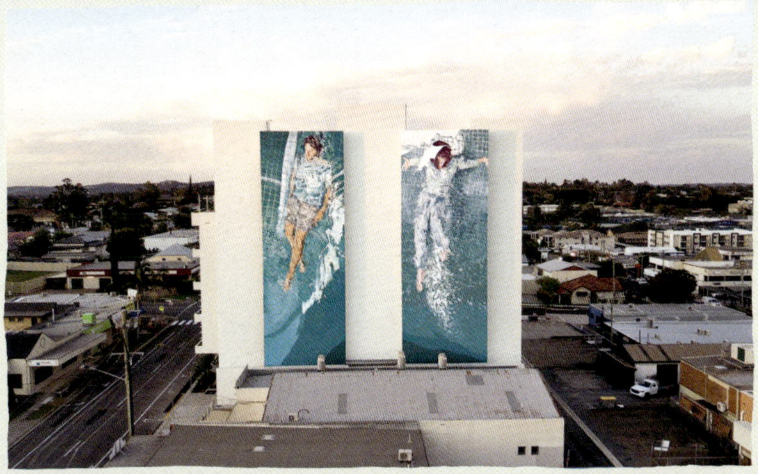

UNE BAIGNADE À ASNIÈRES

GEORGES SEURAT

1884, huile sur toile
Londres, National Gallery

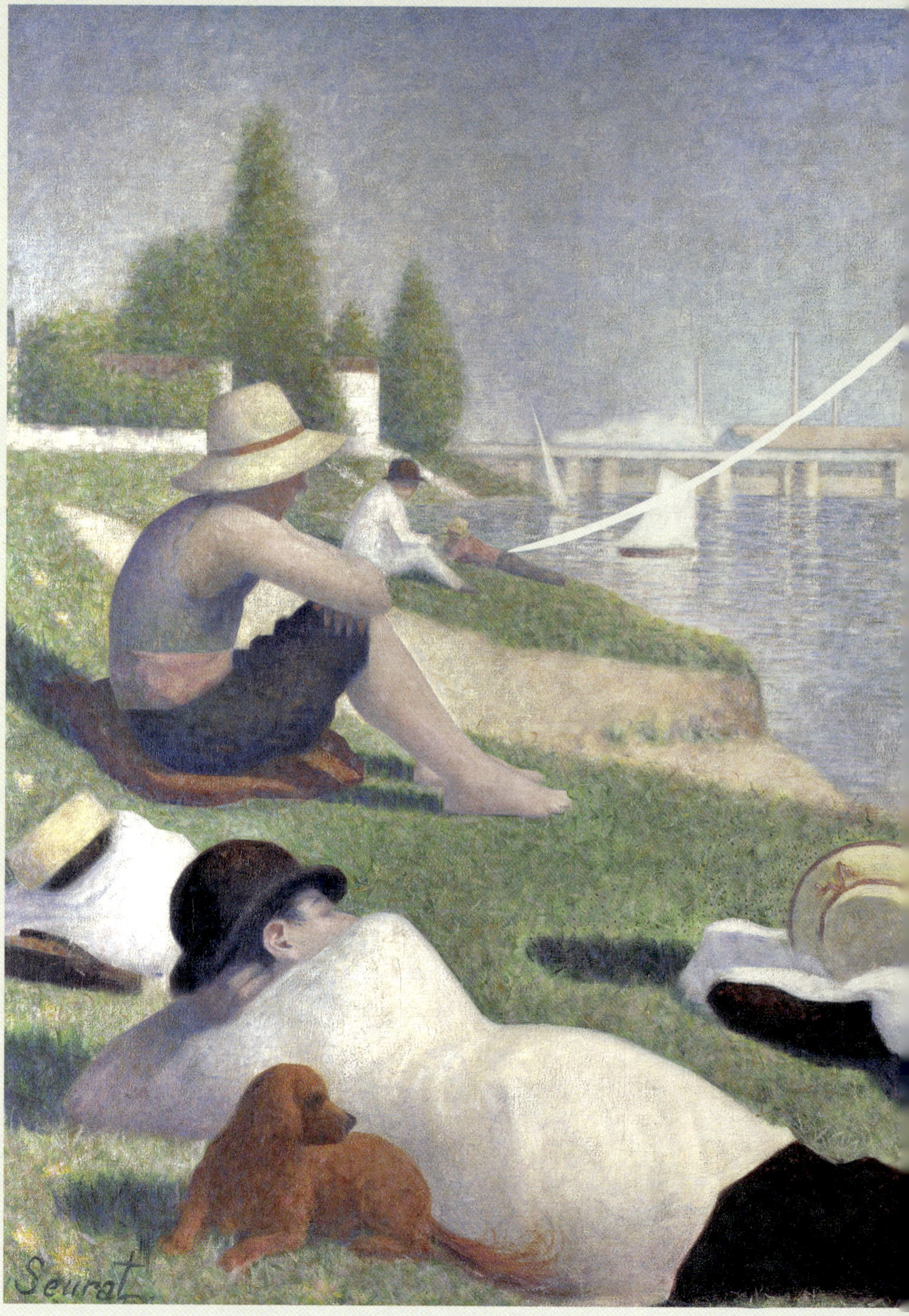

Parcourons les rives de la Seine pour observer les petits baigneurs que Seurat, avec son pinceau, fait passer de la **PEINTURE À L'EAU.** Nous sommes au XIXe siècle et voilà qu'apparaissent les premiers maillots de bain.

GEORGES SEURAT

(1859-1891)

Malgré sa mort prématurée à l'âge de 31 ans, Georges Seurat a révolutionné l'art de son temps en inventant une nouvelle façon de peindre, le divisionnisme (ou « pointillisme »). Très jeune, il s'intéresse aux recherches scientifiques sur la perception des couleurs. Il se met ensuite à juxtaposer dans ses tableaux des milliers de petites touches de couleurs contrastées qui se mélangent dans l'œil du spectateur, créant l'illusion du relief et de la lumière.

Au bord de l'eau, les simples canotiers se mêlent aux chapeaux melons. Les classes sociales se côtoient pour se détendre et piquer une tête.

Le XIXe siècle rime aussi avec révolution industrielle. Les cheminées qui fument à l'horizon sont le symbole de la modernité et des usines qui se multiplient autour de Paris.

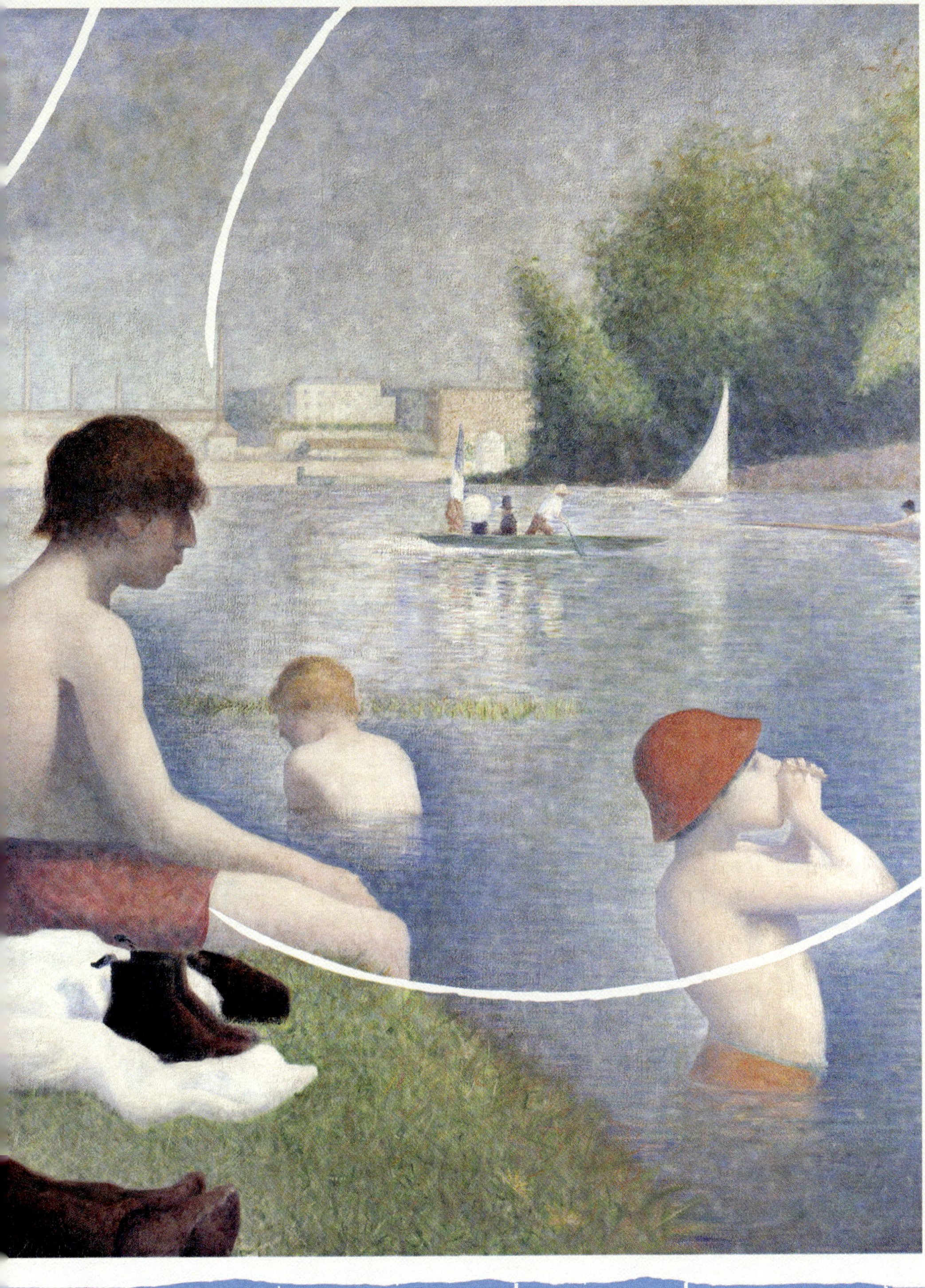

Ce maillot de bain, loin d'être peint en violet, est composé de plusieurs nuances de bleu, de rose, de jaune, d'orange.

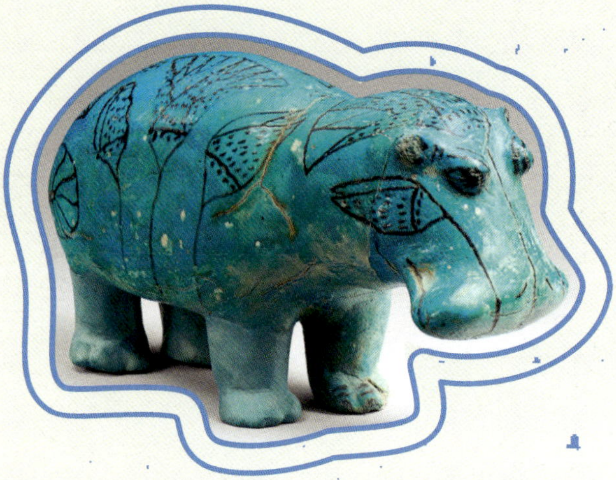

HIPPOPOTAME EN FAÏENCE,
ÉGYPTE ANTIQUE
Vers 1 961-1 878 avant J.-C., faïence
New York, Metropolitan Museum of Art

Commençons par cet hippopotame bleu turquoise. Il est en faïence pour éviter **TOUTE DÉFAILLANCE** aux portes de la mort. Au bord du Nil, ce type d'objet accompagnait les défunts dans leur tombeau, très beau d'ailleurs. Il symbolise la renaissance, le chemin vers l'au-delà.

LE BLEU

COULEUR AMBIGUË, FROIDE, MAIS ÉMINEMMENT ENVOÛTANTE. DU BLEU SIBYLLIN AU BLEU OUTRANCIER, NE PASSONS PAS LE BLEU AU BLEU.

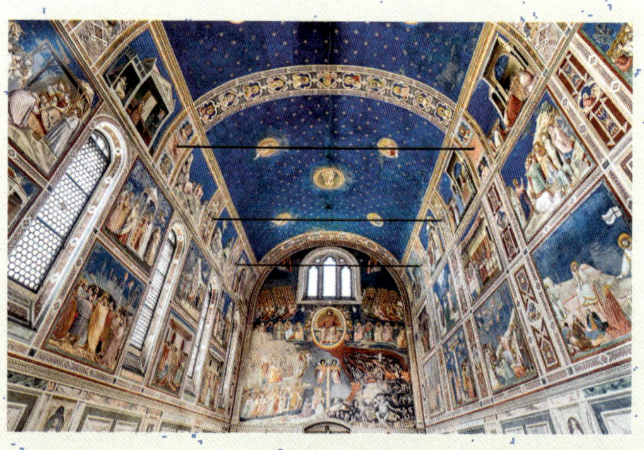

CYCLE DE FRESQUES
GIOTTO
1304-1306, fresques
Padoue (Italie), chapelle des Scrovegni

Voici une plongée mystique dans le bleu de Giotto. Celui des fresques de la chapelle des Scrovegni à Padoue. Il n'y en a pas deux comme elle, avec son plafond d'un bleu profond obtenu à partir de lapis-lazuli, un pigment plus cher que l'or. De l'**OR D'ŒUVRE**, en somme…

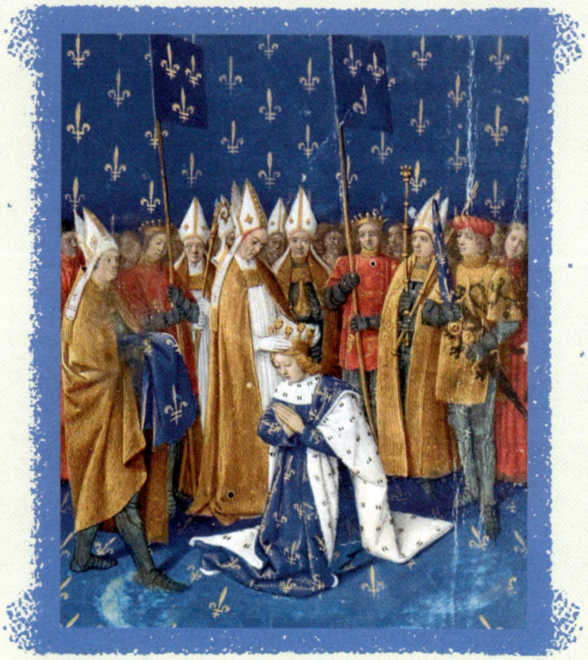

LE COURONNEMENT DE CHARLES VI LE BIEN-AIMÉ
JEAN FOUQUET
Vers 1455-1460, enluminure des *Grandes Chroniques de France*
Paris, Bibliothèque nationale de France

… ou de royauté. Comme avec ces fleurs de lys, délices de la cour, que Fouquet dresse en bouquet. Et c'est bien du sang bleu aussi qui coule dans l'arène royale, car c'est la couleur de la monarchie de droit divin. Un bleu noble. Un bleu **SANS GAINS**, sans appâts, juste **D'APPARAT, CHIC**.

LA MADONE À LA PRAIRIE

RAPHAËL

1505-1506, huile sur bois

Vienne, Kunsthistorisches Museum

Ici, c'est le peintre Raphaël qui habille de son pinceau la Vierge Marie. Quelques traits, et voici un très beau manteau bleu assorti d'une robe mariale rouge. Un bleu pieux, précieux, symbole de pureté et de sainteté...

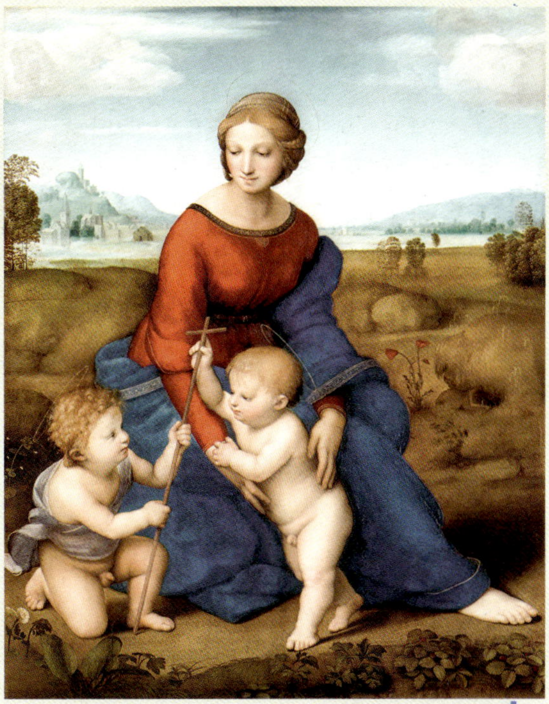

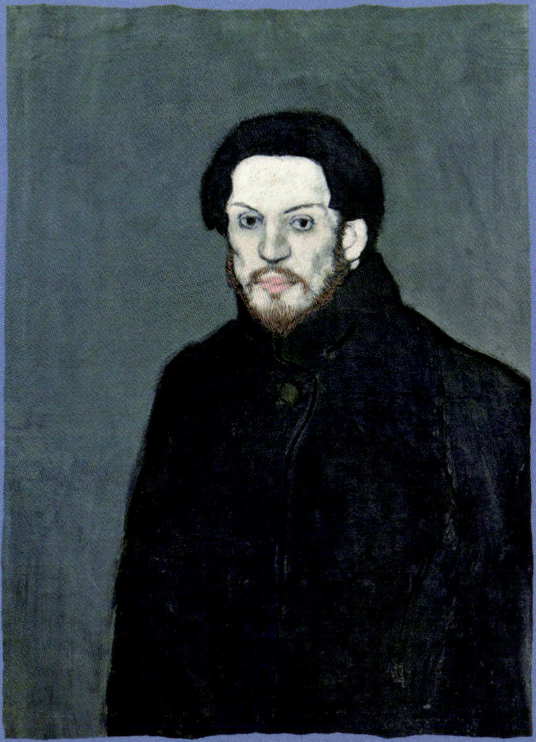

AUTOPORTRAIT

PABLO PICASSO

1901, huile sur toile

Paris, musée Picasso

Ici apparaît un autoportrait de l'**ART TRISTE...** Oui, car Picasso semble avoir le bleu à l'âme, le blues. Celui-ci est dû à ce bleu froid mêlant le vert et le noir, mélancolique surtout.

IK3, MONOCHROME BLEU

YVES KLEIN

1960, pigment pur et résine synthétique sur toile marouflée sur bois

Paris, Centre Pompidou

Et pour finir, ce bleu reconnaissable entre tous, celui d'Yves Klein. Ce monochrome attire l'œil par sa force, que l'on pourrait croire tranquille. Mais il envoûte et nous entraîne d'un simple **CLIN** d'œil.

Dans l'Antiquité, les Grecs et les Romains ne considèrent pas le bleu comme une couleur à part entière. Ce n'est qu'à partir du XIIe siècle que le bleu est valorisé en Occident, car il est progressivement assimilé à la Vierge. Au Moyen Âge, le lapis-lazuli est utilisé sous la forme d'un pigment, l'outremer, mais son prix est très élevé. On lui substitue souvent l'azurite, moins stable et moins coûteuse. L'indigo, un pigment végétal, est employé dès le XVIIe siècle. Après la révolution industrielle, les artistes accèdent à une grande variété de nuances grâce à l'apparition de pigments synthétiques tels que le bleu de Prusse, le bleu de cobalt et l'outremer artificiel.

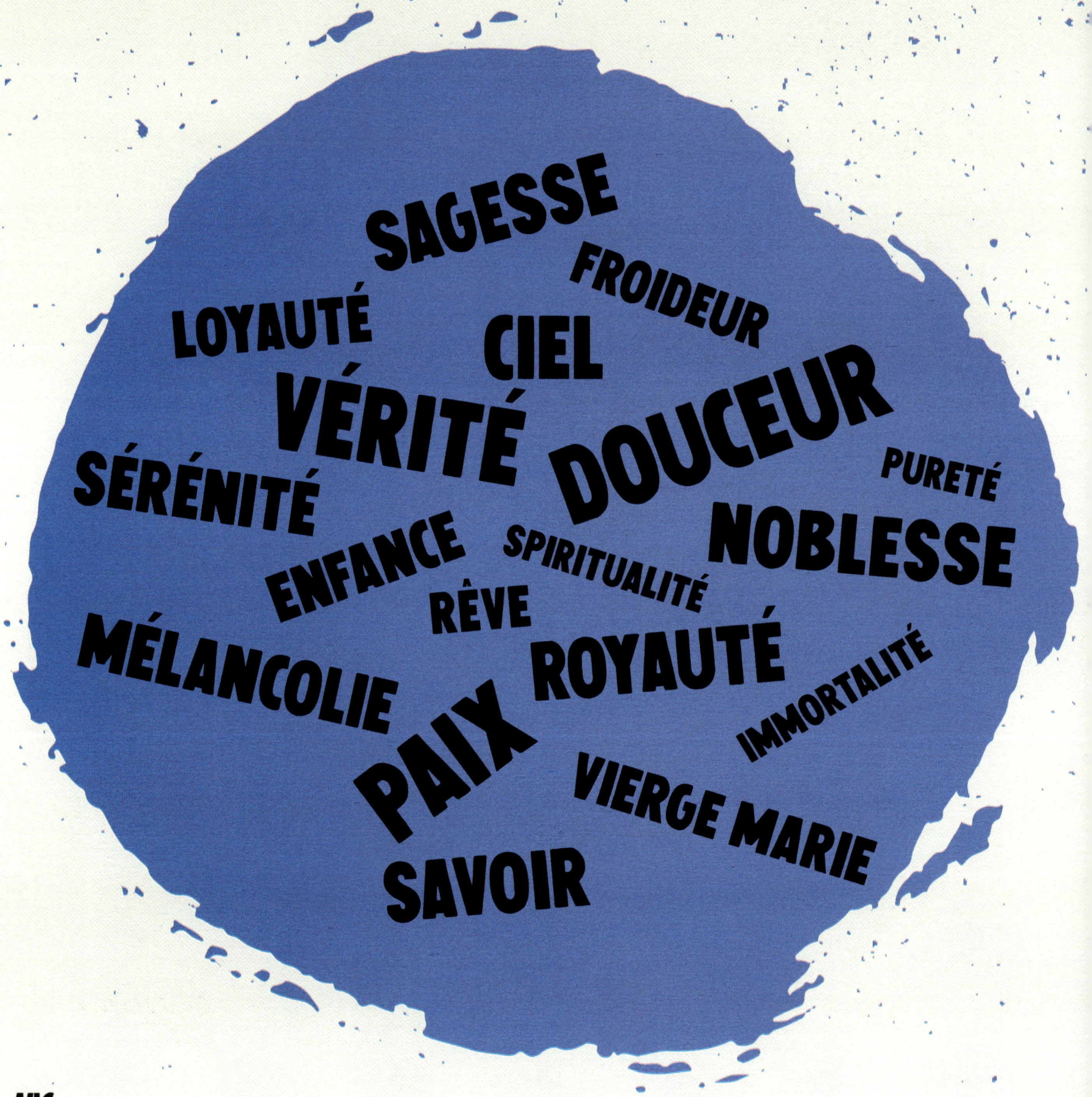

BLEU

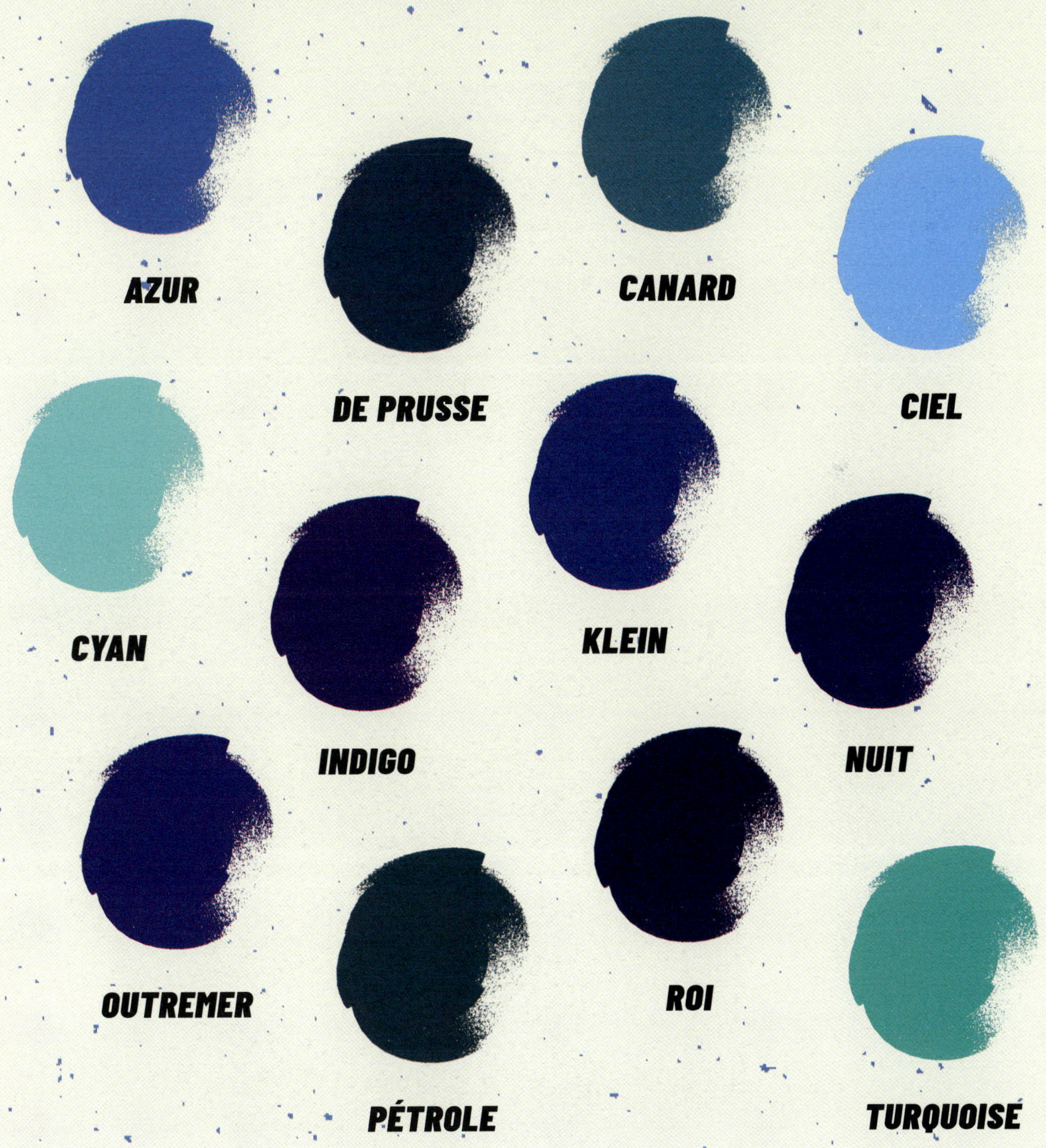
AZUR
CANARD
DE PRUSSE
CIEL
CYAN
KLEIN
INDIGO
NUIT
OUTREMER
ROI
PÉTROLE
TURQUOISE

LA LUNE

DANS L'HISTOIRE DE L'ART, QU'ELLE SOIT DEMIE, PLEINE OU EN CROISSANT, LA LUNE EST DANS TOUS SES ÉTATS.

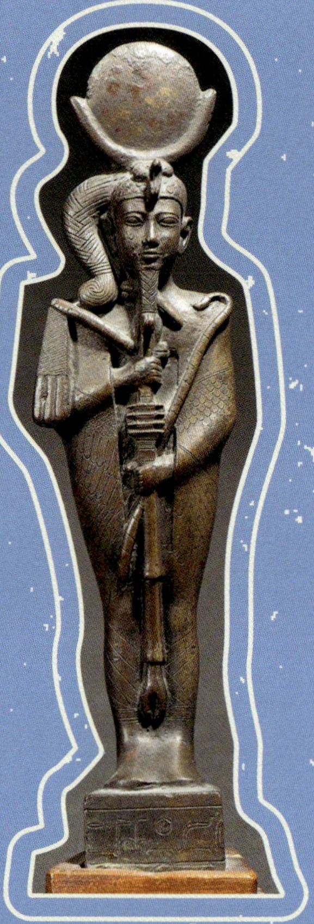

KHONSOU

ÉGYPTE ANTIQUE

VIIe-IVe siècle avant J.-C., alliage cuivreux et or

Paris, musée du Louvre

Des astres, la lune est l'un de ceux qui fascinent depuis toujours. Elle est celle qui protège les voyageurs. Dans l'Égypte antique, elle est personnifiée par le dieu Khonsou. Il n'a pas la tête dans la lune, mais la lune sur la tête, car il est coiffé d'un disque lunaire et d'un croissant.

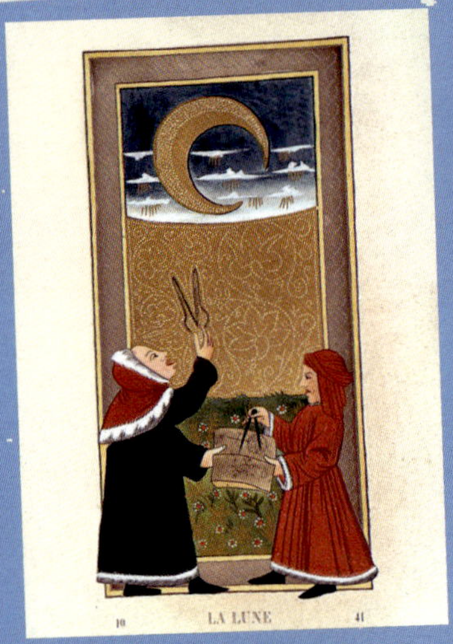

***LA LUNE*, CARTE DU TAROT DIT DE CHARLES VI**

ITALIE DU NORD

XVe siècle, tempera à l'œuf, rinceaux estampés, feuilles d'or et d'argent sur papier

Paris, Bibliothèque nationale de France

Elle est aussi et surtout accrochée au ciel, à côtoyer les étoiles, **À NULLE AUTRE... À LUNE AUTRE PAREILLE.** Alors pour la comprendre, on l'observe au compas. Comme ces astronomes qui s'affairent à prendre les mesures de la démesure. L'un pose ses yeux dans les cieux, l'autre dessine. C'est leur dessein, tenter de la maîtriser. Mais chaque jour elle disparaît...

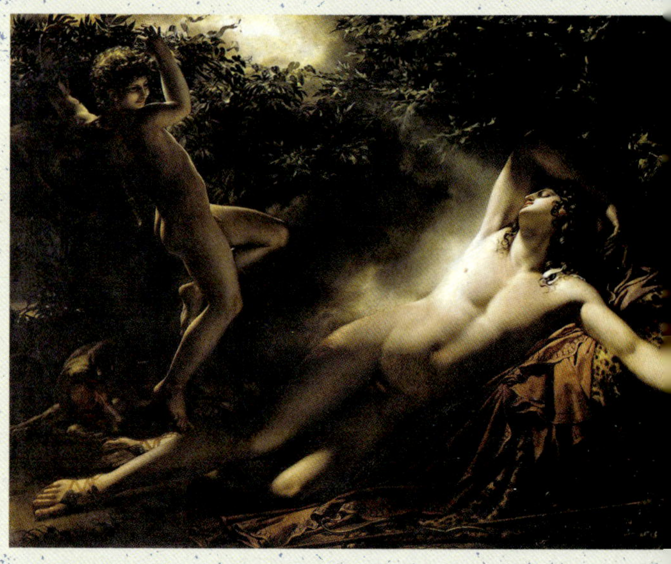

LE SOMMEIL D'ENDYMION*, DIT AUSSI *ENDYMION. EFFET DE LUNE

ANNE-LOUIS GIRODET

1791, huile sur toile

Paris, musée du Louvre

On la devine alors, on en ressent même les effets, comme ce berger endormi à sa lueur. Les rayons, comme des crayons, dessinent une caresse en une lumière poétique...

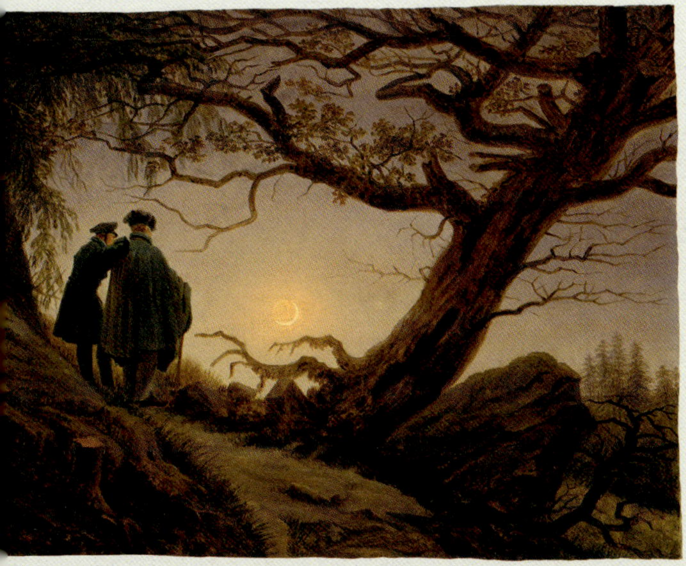

DEUX HOMMES CONTEMPLANT LA LUNE

CASPAR DAVID FRIEDRICH

1819-1820, huile sur toile

Dresde (Allemagne), Galerie Neue Meister

… ou une lumière chaude, lorsque la lune se fait rousse comme une ruse. La lune, à l'aune de la nuit, se détache alors, sublime et romantique, intriguant ces deux hommes qui goûtent dans cette **LUNE DU MIEL**.

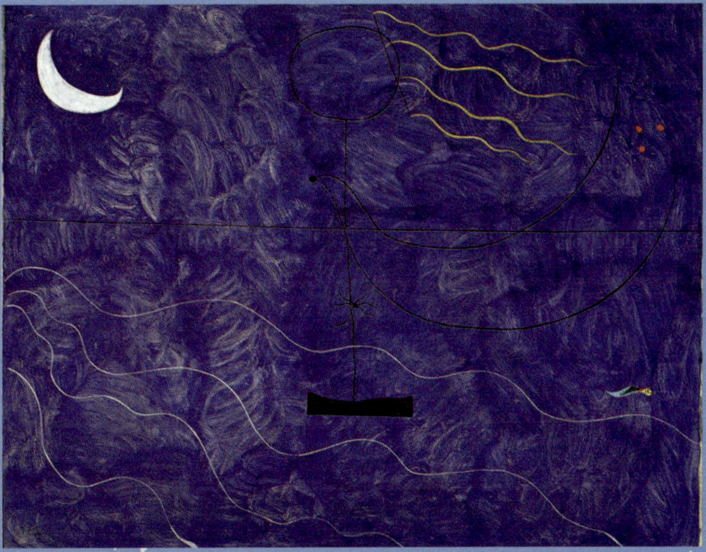

BAIGNEUSE

JOAN MIRÓ

1924, huile sur toile

Paris, Centre Pompidou

La voici statique et isolée dans un coin de cette **GRAND'MER**. Elle donne l'illusion qu'elle fut découpée et posée en regard de cette femme. Tenterait-elle de décrocher la lune de Miró, esquissée ici en un fin croissant ?

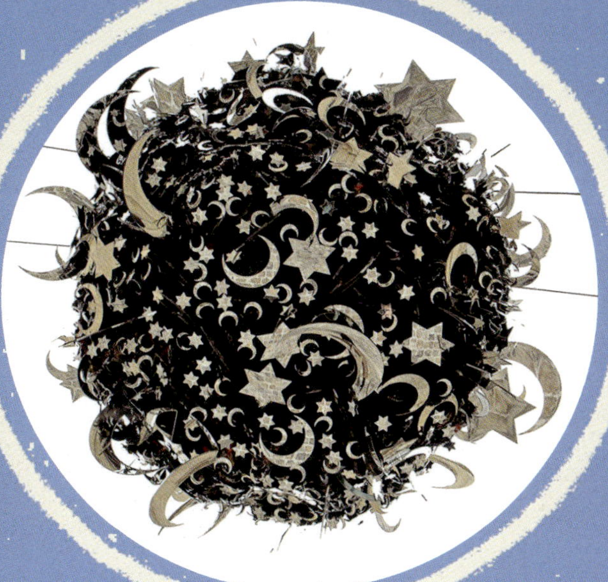

BIG BANG

KADER ATTIA

2005, lustre sphérique, structure en métal, résine et miroirs

Paris, musée d'Art et d'Histoire du judaïsme

Dans cette **LUNE Y SONT** représentés les symboles des cultures juive et musulmane ainsi que leurs origines communes. Une union de pleines lunes cosmiques et universelles.

LA NUIT ÉTOILÉE

VINCENT VAN GOGH

1889, huile sur toile
New York, Museum of Modern Art

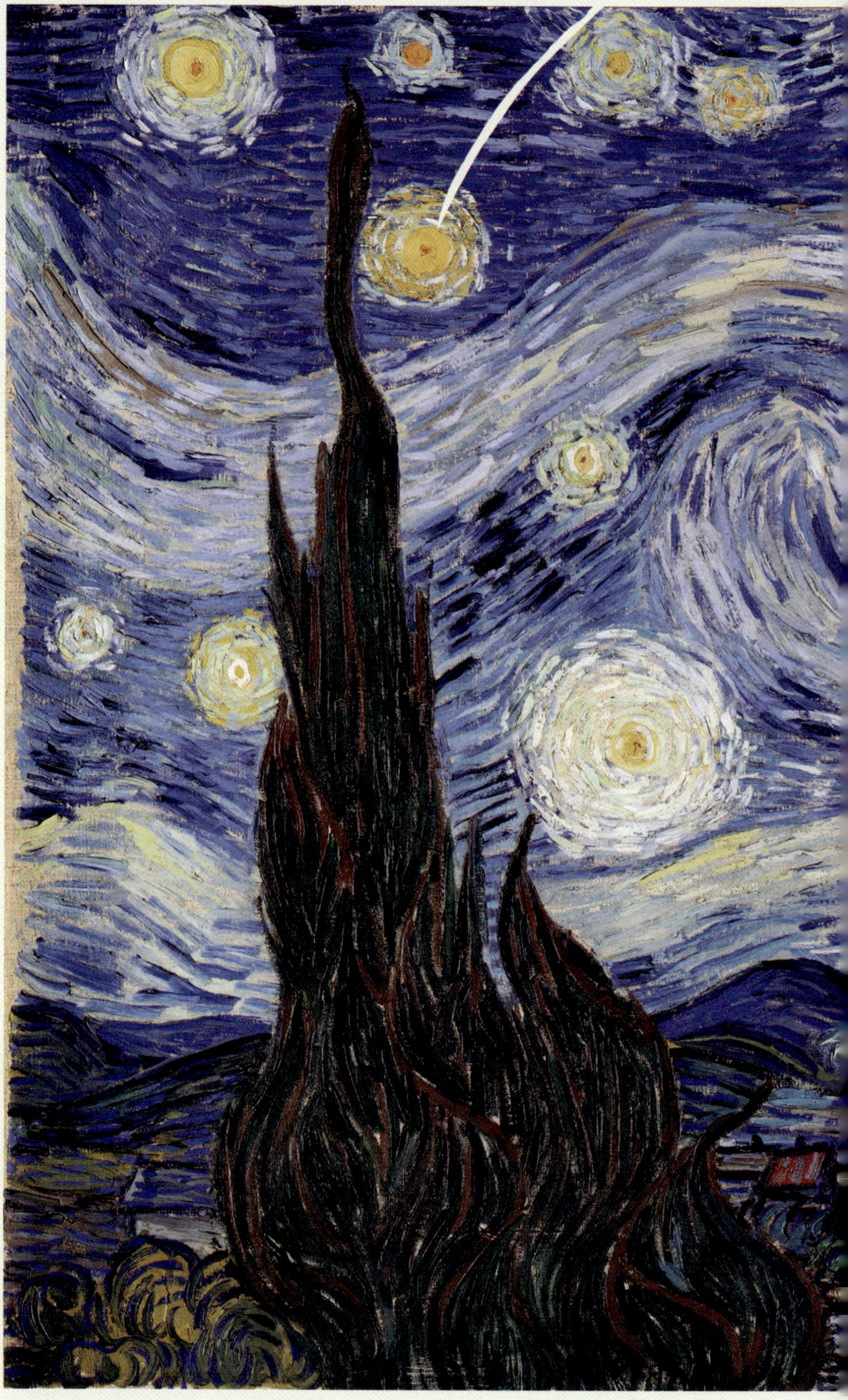

Parfois, la lune se confond avec la nuit — une nuit étoilée, comme celle que Van Gogh nous donne à voir avec cette toile, brillante comme une é**TOILE… DE MAÎTRE**. La lune y est éclatante, malgré son éclipse. Hypnotique et onirique, elle est vibrante.

VINCENT VAN GOGH
(1853-1890)

Pratiquement inconnu de son vivant, Van Gogh a élaboré son style unique à partir d'influences allant des scènes rurales de Millet aux estampes japonaises. Après sa rencontre avec Camille Pissarro et Paul Signac, il découvre les nouvelles théories sur le coloris et la lumière, qui révolutionnent son travail. À la fin de sa vie, il s'installe dans le sud de la France pour y découvrir une nouvelle lumière et réinventer son usage de la couleur. Tourmenté par une santé mentale fragile, il est interné à Saint-Rémy, en Provence, après s'être tranché l'oreille. Il se suicide à l'âge de 37 ans.

Des touches rectangulaires forment des tourbillons dans le ciel et le cyprès qui se trouve au premier plan ressemble à une flamme. C'est son style le plus expressif.

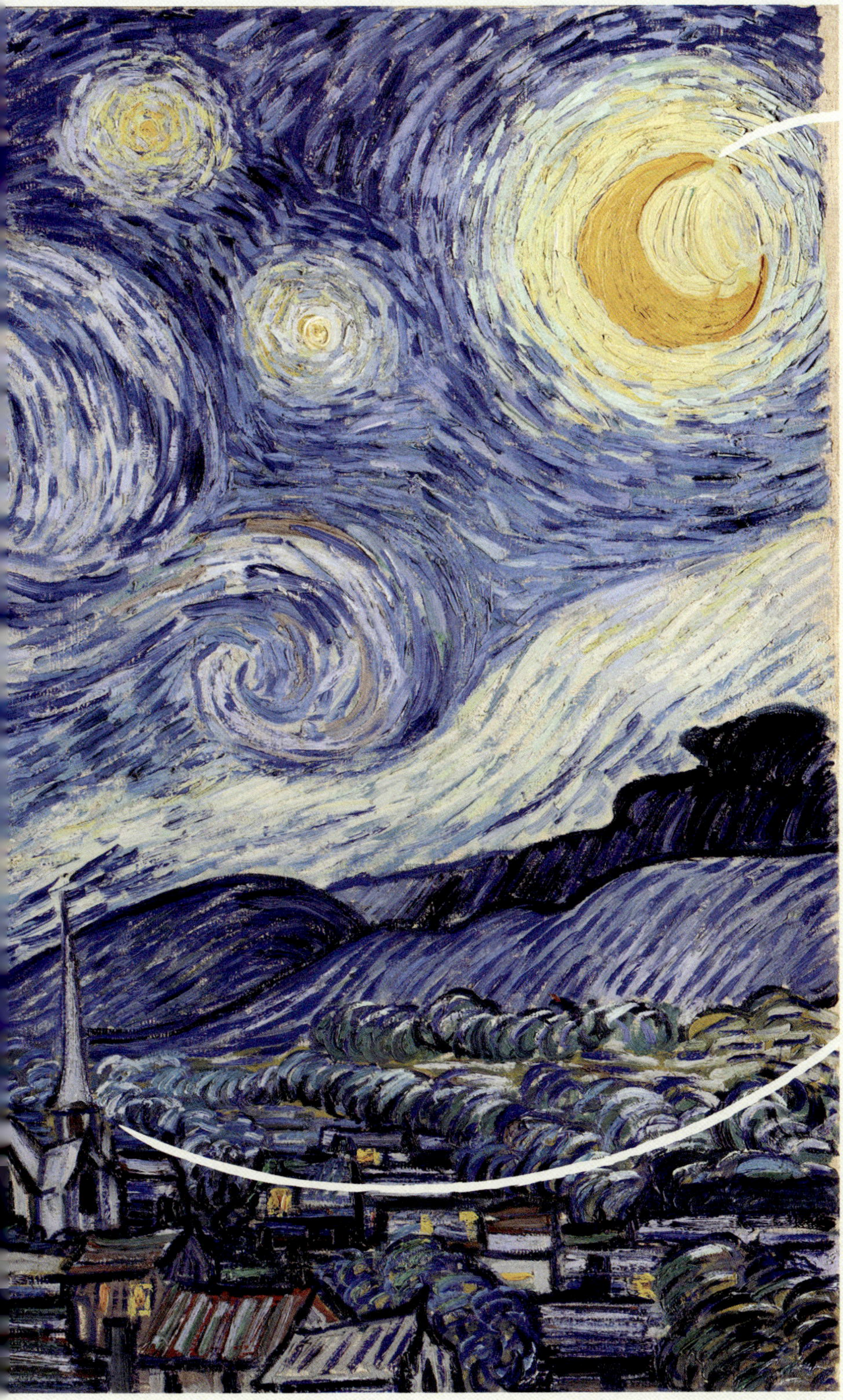

Ici, le contraste entre le jaune, le vert et le bleu de Prusse fait scintiller la lune de façon presque surnaturelle.

On distingue la ville de Saint-Rémy, où Van Gogh a vécu et était obsédé par l'idée de peindre la nuit.

LE SOLEIL

QU'IL SOIT ROUGE OU JAUNE, SYMBOLE DIVIN OU FAISEUR DE VIN, QU'IL BRILLE DE MILLE RAYONS OU DE QUELQUES ÉCLATS, LE SOLEIL RÉCHAUFFE L'ART DE SA LUMIÈRE.

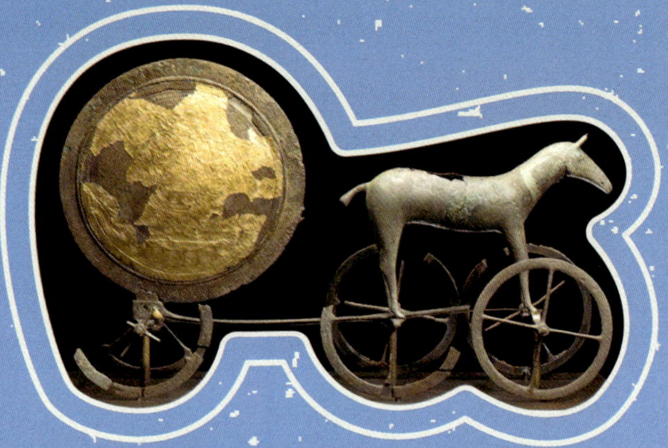

CHAR SOLAIRE DE TRUNDHOLM

ÂGE DU BRONZE NORDIQUE

Vers 1400 avant J.-C., bronze

Copenhague, musée national du Danemark

Dans la mythologie scandinave, sa course est représentée par ce char composé d'un disque solaire à deux côtés. **L'UN DIT**... enfin, **JE DIS**... ou parce que **ÇA ME DIT**... que la face dorée illustre son parcours diurne et la face sombre son parcours nocturne.

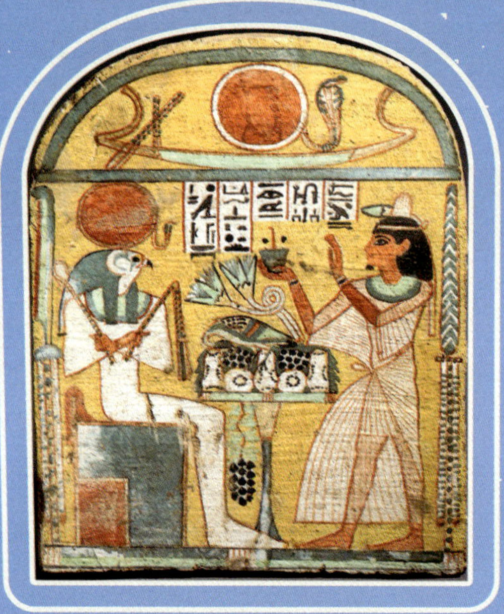

STÈLE D'AAFENMUT

ÉGYPTE ANTIQUE

X^{e}-IXe siècle avant J.-C., bois peint

New York, Metropolitan Museum of Art

À défaut de soleil, c'est une scène qui nous éclaire presque avec cette stèle où apparaît le dieu Rê-Horakhty. Il est incarné par un homme à tête de **FAUCON**, mais de **VRAI SOLEIL**. On remarque également une barque solaire semblable au char dont je viens de parler, pour ceux qui suivent...

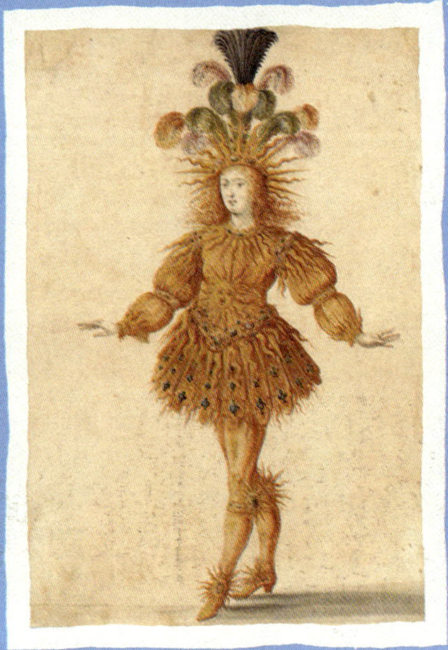

COSTUME POUR LE SOLEIL LEVANT, RÔLE DU *BALLET ROYAL DE LA NUIT* INTERPRÉTÉ PAR LOUIS XIV

ANONYME

1653, dessin à l'aquarelle et à la mine de plomb

Paris, Bibliothèque nationale de France

Le soleil est un dieu, mais c'est aussi un monarque, et non des moindres, car voici le roi Louis XIV à 14 ans. Il s'apprête à danser pour célébrer le carnaval de la cour. Mine de rien, à la mine de plomb, ce dessin illustre bien le travail sur les costumes de scène de cette époque épique.

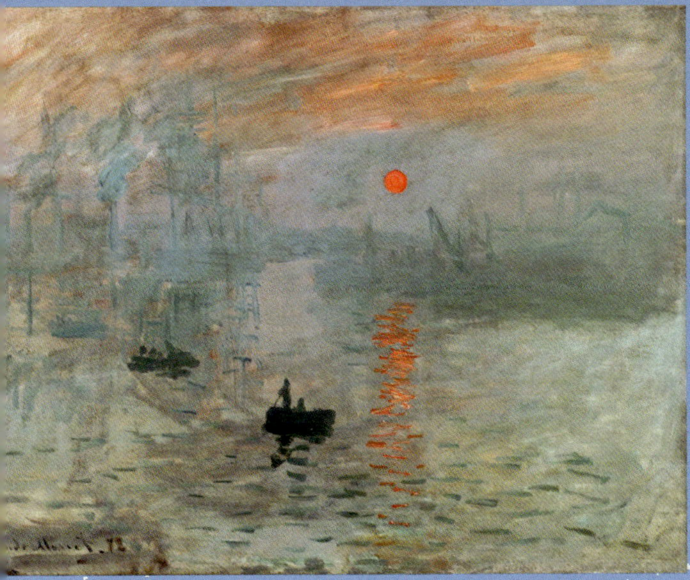

IMPRESSION, SOLEIL LEVANT

CLAUDE MONET

1872, huile sur toile
Paris, musée Marmottan Monet

Au XIXe siècle, plutôt que des symboles, les impressionnistes peignent les effets du soleil, comme ceux de cet astre orangé rangé dans le ciel. Peint au Havre trente minutes après l'aube, ce tableau de Monet a donné son nom au mouvement. Oui, car l'**INSTANT FUIT, IL PREND LE TEMPS**.

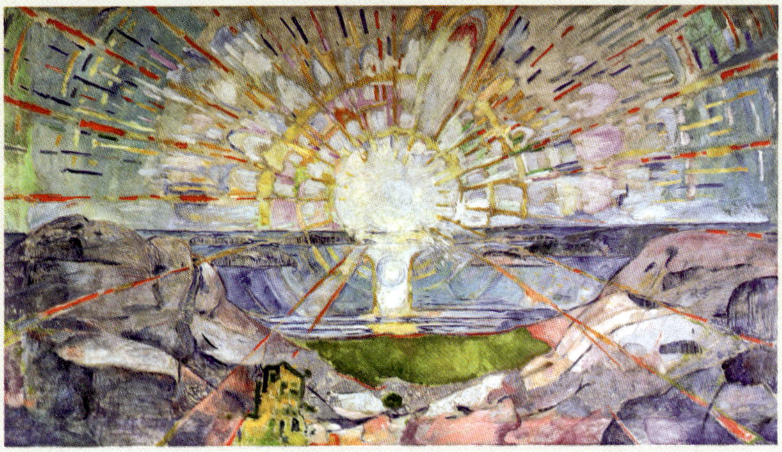

LE SOLEIL

EDVARD MUNCH

1912, huile sur toile
Oslo, musée Munch

Davantage qu'un lever de soleil, c'est une explosion de lumière que Munch, **QUI EN CONNAÎT UN RAYON**, nous propose avec cet éblouissement psychédélique. Dans la lignée du symbolisme européen, il peint le soleil comme un symbole de la connaissance éclairant les hommes.

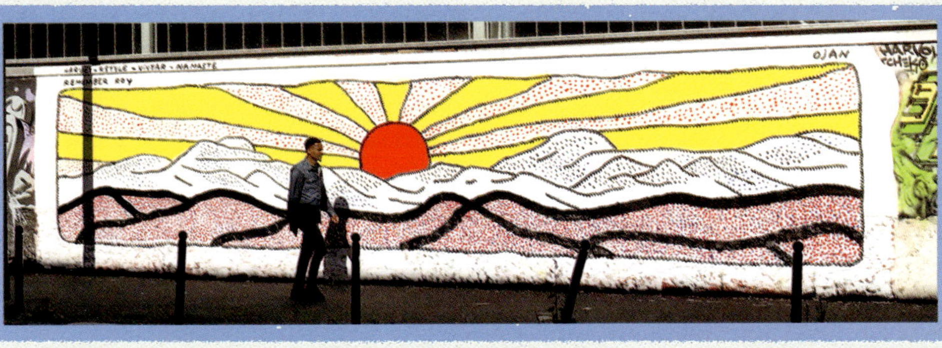

LEVER DE SOLEIL

OJAN

2020, peinture murale
Paris, 19e arrondissement, rue d'Aubervilliers

Et enfin, un des soleils que le street artiste Ojan a peints en pointillé. Pointilleux, il a souhaité insuffler de l'ambiguïté dans ses œuvres. Le symbole d'un futur souhaitable et commun ou une injonction dystopique à être heureux ? À chacun de se faire une idée **DES ASTRES**...

LE VENT

DANS L'HISTOIRE DE L'ART, LE VENT SOUFFLE DE BIEN DES MANIÈRES...

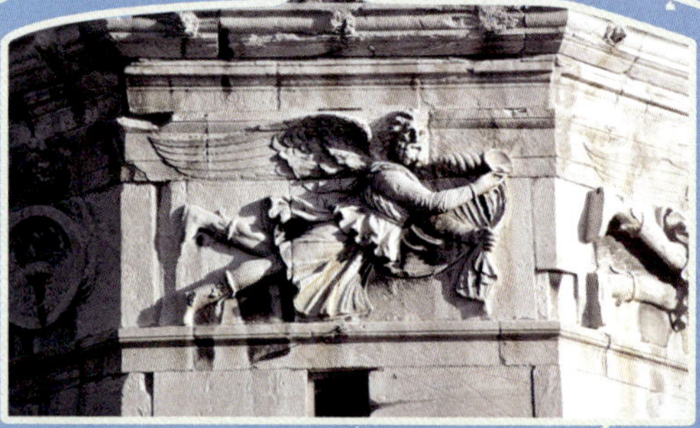

TOUR DES VENTS

ANDRONICUS DE CYRRHUS

Ier siècle avant J.-C., marbre

Athènes, agora romaine

Dans l'Antiquité, **T'ES QUI** ? Tu es Notos, une divinité personnifiée. Et on s'y fie, car tu illustres le vent. Comme ici avec la tour des Vents, et derrière aussi d'ailleurs. Tu incarnes le vent du sud et déverses ton vase de pluie d'une fin d'été. Mais après la pluie...

LA NAISSANCE DE VÉNUS

SANDRO BOTTICELLI

1484-1485, tempera sur toile

Florence, galerie des Offices

... nous voilà emportés par un vent printanier avec *La Naissance de Vénus*. Ici, point de tempête, juste un courant d'air porté en un courant d'art par les joues gonflées de Zéphyr. D'une brise légère, il conduit la déesse sur l'île de Cythère. L'œuvre est signée Botticelli, **BEAUTÉ-CELLI** même... Et puis le vent tourne...

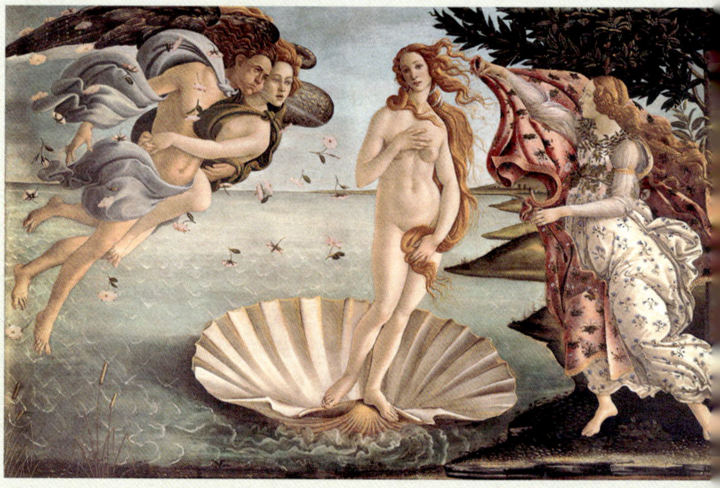

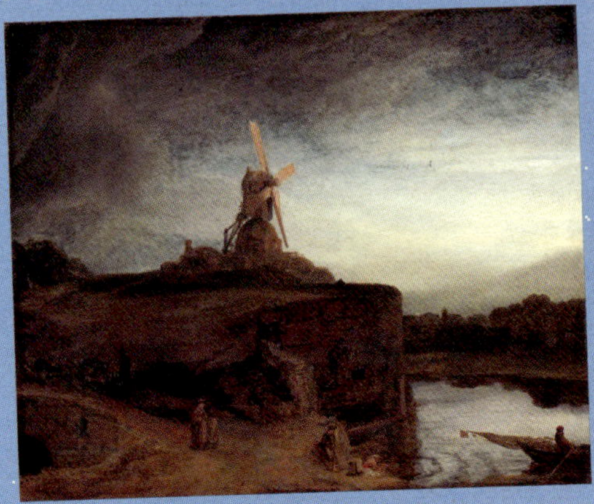

LE MOULIN

REMBRANDT VAN RIJN

1645-1648, huile sur toile

Washington, National Gallery of Art

... comme ce vent malin de Rembrandt, qui fait tourner le moulin de ce paysage hollandais. Un vent sublime et pittoresque qui anime les nuages et délave le ciel.

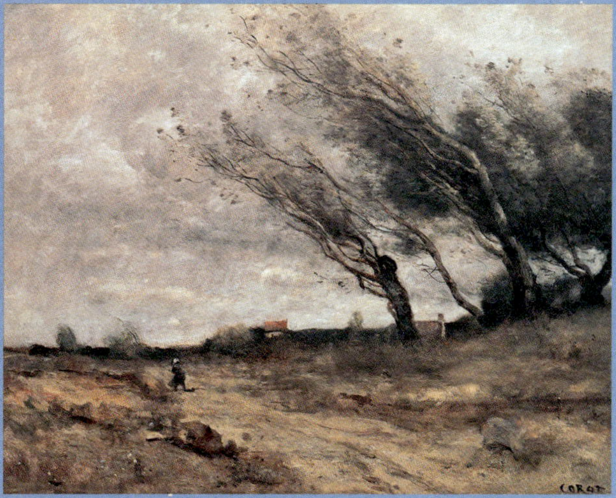

LE COUP DE VENT
CAMILLE COROT
1865-1870, huile sur toile
Reims, musée des Beaux-Arts

Mais qui sème le vent… récolte la tempête. Car le vent, se levant d'un souffle violent, devient bourrasque et déchaîne cette nature, qui n'a rien de morte. Elle est même bien vivante. Les arbres fléchissent, les feuilles s'enfuient et les branches débranchent.

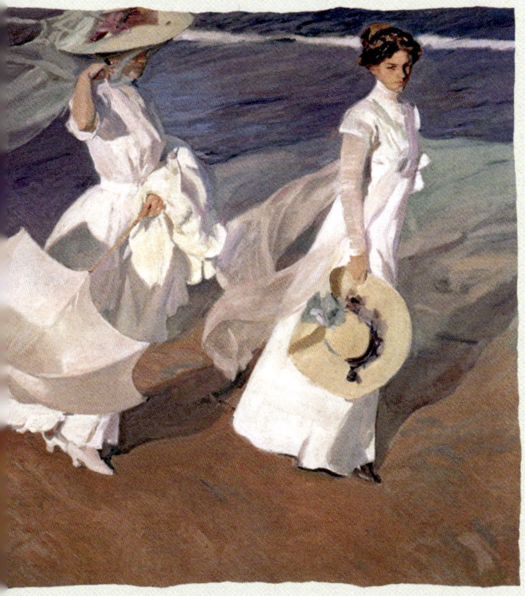

PROMENADE AU BORD DE LA MER
JOAQUÍN SOROLLA
1909, huile sur toile
Madrid, musée Sorolla

Ici, sur la plage, les femmes s'éventent — on dirait du Molière… Elles retiennent leurs chapeaux et ainsi leur élégance contre vents et marées. Les vents marins forcent l'artiste à tenir sa toile telle une voile. Tout vole, même le sable s'invite au chevalet, servant à ces femmes quelques grains.

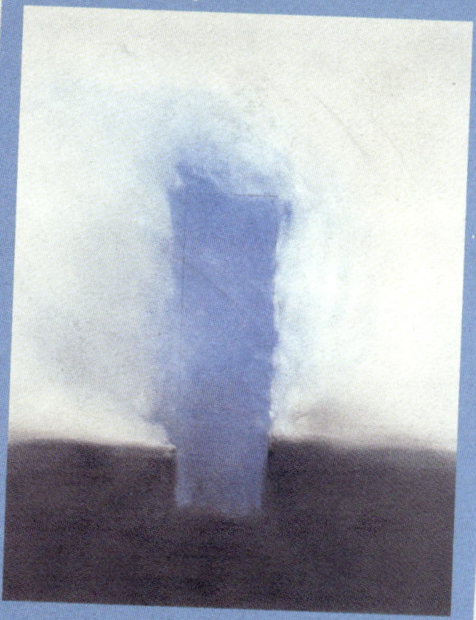

HOMMAGE AU VENT
PATRICK DAMIOLINI
1983, pastel sur papier
Caen, FRAC Normandie

Dans cet hommage, il y a dommage causé par ces vents qu'on tente en vain de représenter autour de la tour en un **TOURBILLON**. L'artiste capte ainsi l'envol de la brise qui vient se briser.

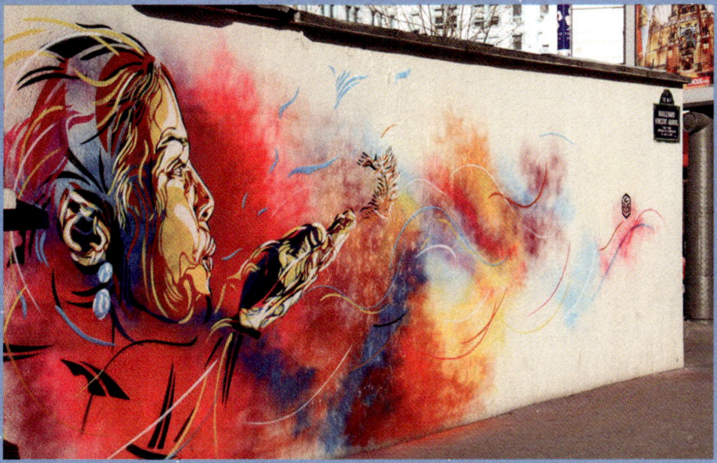

LA PLUME
C215
2011, peinture murale à l'aérosol
Paris, boulevard Vincent-Auriol

Pour conclure, voici un souffle de poésie avec cette peinture murale. Le vent est une couleur qui a l'art de faire de l'air, et sous son air, d'en faire de l'art.

LE NUAGE

QU'IL SOIT CUMULUS, NIMBUS, STRATUS OU ENCORE STRATOCUMULUS, LE CIEL EST SON ROYAUME. IL SE BALADE, SE FORME ET SE DÉFORME AU GRÉ DES VENTS. DANS L'ART, LE NUAGE FAIT DE MÊME AU GRÉ DES INSPIRATIONS.

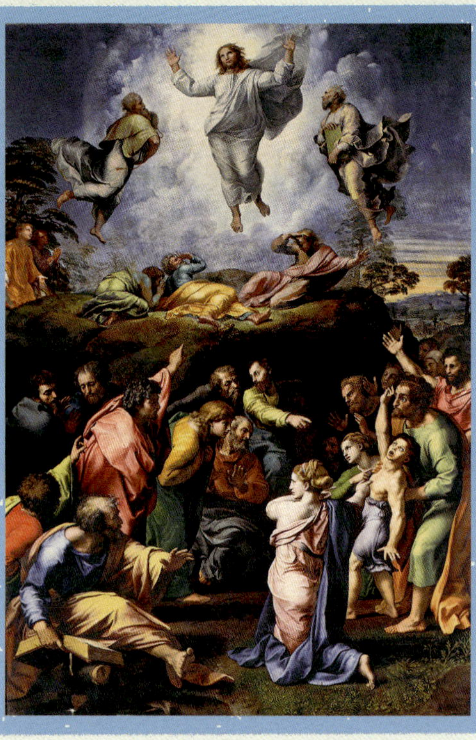

LA TRANSFIGURATION
RAPHAËL
1516-1520, tempera grasse sur bois
Vatican, Pinacothèque vaticane

Et le premier qui se forme sous nos yeux est celui que Raphaël compose dans ce ciel divin, où le Christ est comme sur un petit nuage. Il trône au milieu des cieux. On le devine puissant, capable de faire la pluie et le beau temps.

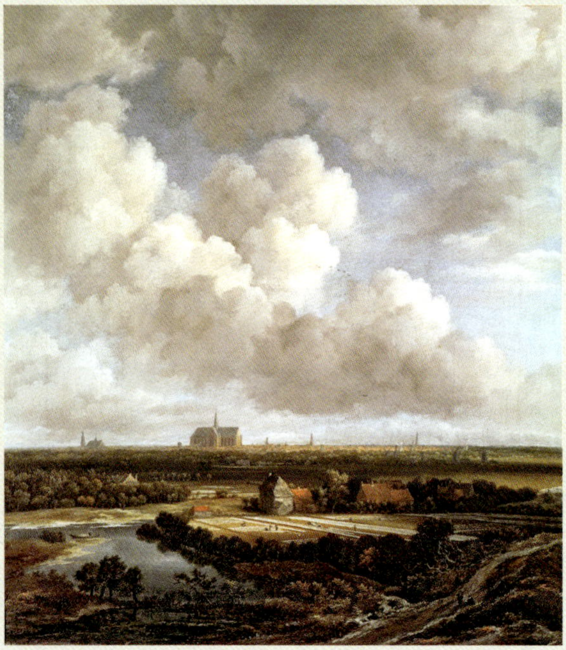

VUE DE HAARLEM* OU *LES BLANCHISSERIES DE HAARLEM
JACOB VAN RUISDAEL
Vers 1670-1675, huile sur toile
Zurich, Kunsthaus

Il y a le nuage de lait et les **NUAGES DU BEAU.** Ceux-ci se déploient dans le ciel comme un tissu de coton qui s'étendrait de tous côtés pour tisser cette toile. Il y a de la couleur dans ces gris peints par Jacob van Ruisdael, qui nous offre au regard Haarlem et son clocher.

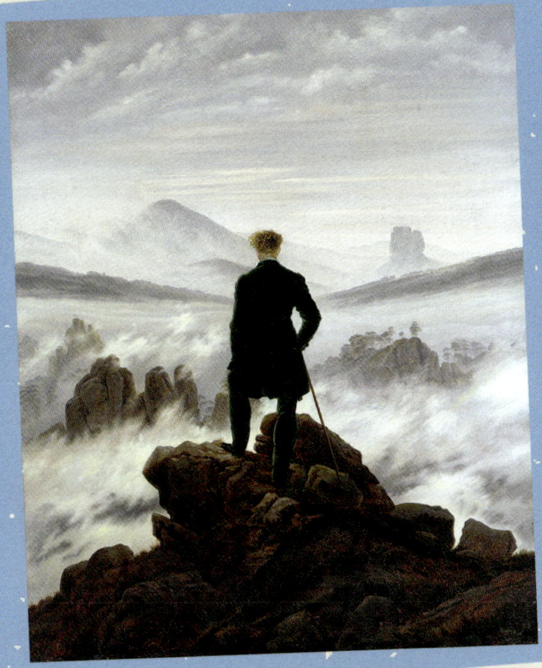

LE VOYAGEUR CONTEMPLANT UNE MER DE NUAGES

CASPAR DAVID FRIEDRICH

Vers 1817, huile sur toile

Hambourg, Kunsthalle

Prenons un peu de hauteur et envolons-nous au-dessus des nuages avec Caspar David Friedrich. À contempler cette mer brumeuse et vaporeuse, l'esprit vagabond de ce voyageur peut se perdre à l'infini.

MER ET NUAGES

NICOLAS DE STAËL

1953, huile sur toile

Collection particulière

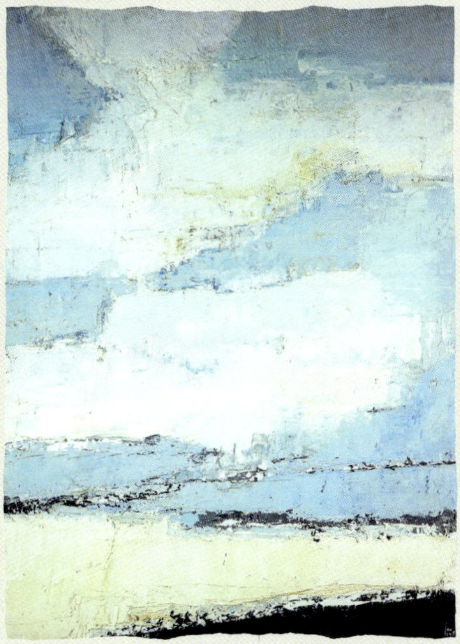

Avec Nicolas de **STAËL, DE RÉUNION** il est question. Car il unit ces matières, qu'il mélange en une pâte épaisse pour former un aplat nuageux relativement abstrait. On ne sait guère ce que c'est, alors laissons l'imaginaire nous prendre la tête… et l'emporter dans les nuages.

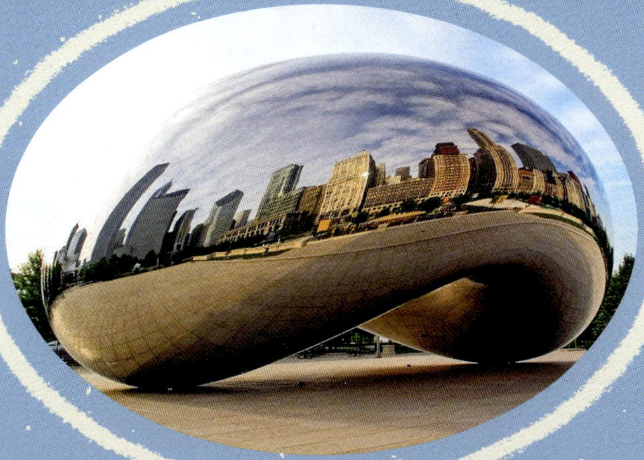

CLOUD GATE, DIT AUSSI THE BEAN

ANISH KAPOOR

2006, acier inoxydable

Chicago, Millennium Park

Ainsi, ce dernier nuage, qui n'en n'est pas un, mais mille apparaissant dans le reflet de son miroir. En forme de haricot, il est le fruit du travail d'Anish Kapoor. Une œuvre qu'il nomme *The Bean*. Curieux nuage tout de même. **TO BEAN OR NOT TO BEAN**… C'est bien la question.

La lumière des éclairs
qui traverse les nuages
donne une atmosphère
dramatique à la scène
et rend le paysage
presque fluorescent.

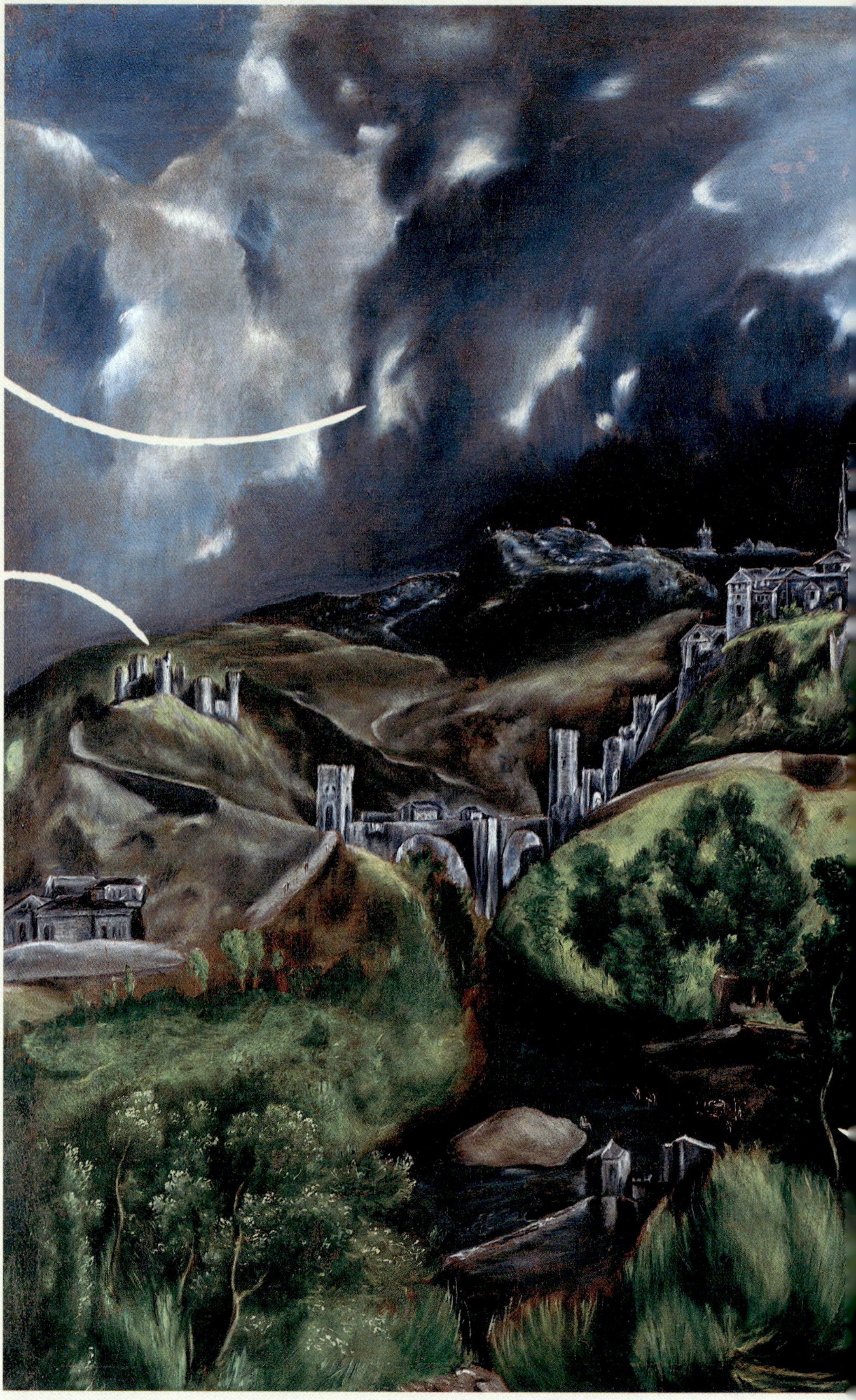

Mais cette vue
de Tolède n'est pas
simplement visuelle :
on croirait entendre
le tonnerre qui gronde.

VUE DE TOLÈDE

LE GRECO

Vers 1599-1600, huile sur toile
New York, Metropolitan Museum of Art

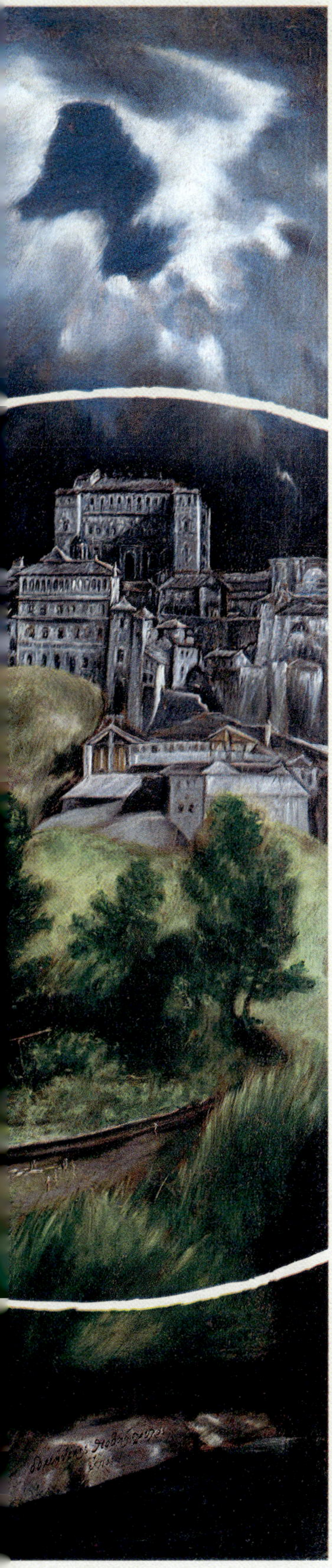

Le Greco souffle un coup de vent dans ce ciel menaçant. Il nous fait passer de l'**ORAGE AU DÉSESPOIR**, tant ces couleurs sombres sabrent le moral et invitent le ciel à nous tomber sur la tête.

L'alcazar n'est en réalité pas aussi proche de la cathédrale. La ville est comme repliée sur elle-même pour faire face à l'orage.

Le Greco a accentué la sinuosité des troncs et l'aspect flouté des feuillages pour nous donner la sensation du vent violent.

LE GRECO
(1541-1614)

Domínikos Theotokópoulos, dit le Greco, tient son surnom de ses origines crétoises. Après être passé par Venise, où il a travaillé auprès de Titien, puis par Rome et Madrid, il s'est durablement installé à Tolède, en Espagne. L'artiste a élaboré son propre langage pictural en combinant la spiritualité de l'art byzantin avec le style maniériste, qui consiste à s'éloigner du réalisme pour gagner en expressivité à travers des couleurs tranchées et des formes étirées.

LA NEIGE

QU'ELLE SOIT BLANCHIE PAR LE FROID, FONDUE PAR LE SEL OU SOYEUSE COMME DE LA OUATE, LA NEIGE HABILLE L'ART DE SON BLANC MANTEAU.

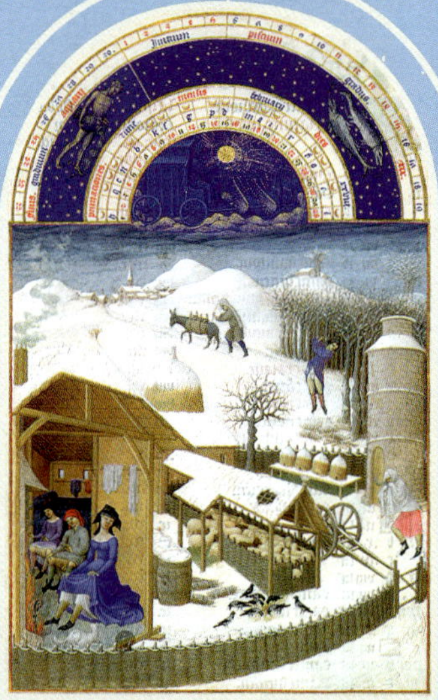

FÉVRIER

FRÈRES LIMBOURG

XVe siècle, enluminure des *Très Riches Heures du duc de Berry*, peinture sur vélin

Chantilly, musée Condé

Il n'est jamais trop tard pour apprendre… Alors sachez que selon l'historien Erwin Panofsky – Panof**SKY**, ça ne s'invente pas –, cette miniature des *Très Riches Heures du duc de Berry* serait le premier paysage de neige de l'histoire de la peinture.

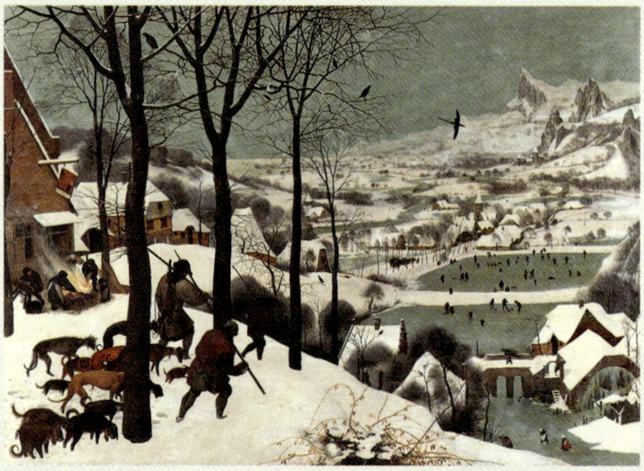

CHASSEURS DANS LA NEIGE

PIETER BRUEGEL L'ANCIEN

1565, huile sur panneau de bois

Vienne, Kunsthistorisches Museum

Avec *Chasseurs dans la neige*, Bruegel, ou Bru-**GEL** si vous avez froid, peint une population habituée aux hivers longs et glacés. L'épais manteau neigeux tricoté par son pinceau n'est pas source de peine ou de misère, mais de loisirs.

LA RIVIÈRE TAMA DANS LA PROVINCE DE MUSASHI, SÉRIE DES « TRENTE-SIX VUES DU MONT FUJI »

KATSUSHIKA HOKUSAI

Vers 1830-1832, estampe

New York, Metropolitan Museum of Art

Et voici les neiges éternelles du mont Fuji, ou ton Fuji, ou encore notre Fuji, puisqu'il s'offre à tous dans son immaculée blancheur. Et d'ailleurs, Hokusai dédie une série d'estampes à cette montagne sacrée, presque nacrée, comme une perle aux reflets bleu de Prusse.

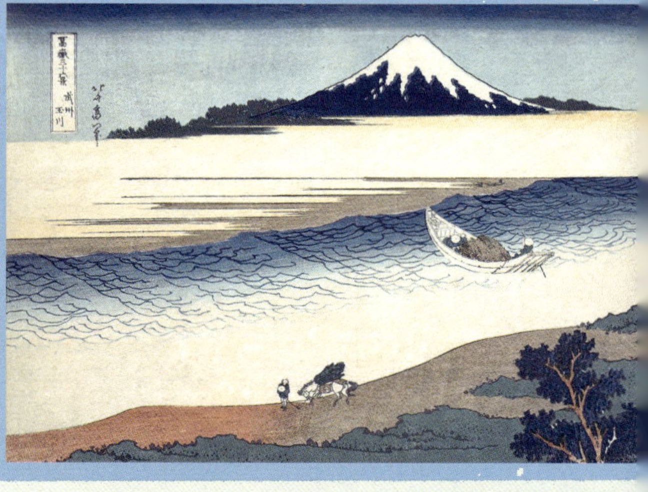

LA PIE
CLAUDE MONET
1868-1869, huile sur toile
Paris, musée d'Orsay

La neige est tombée. Surtout, que personne ne vienne la ramasser ! Claude Monet est venu enneiger ce tableau d'une beauté simple, comme les plus belles œuvres de la nature. Il a peint cette campagne si belle qu'on aimerait l'avoir pour compagne.

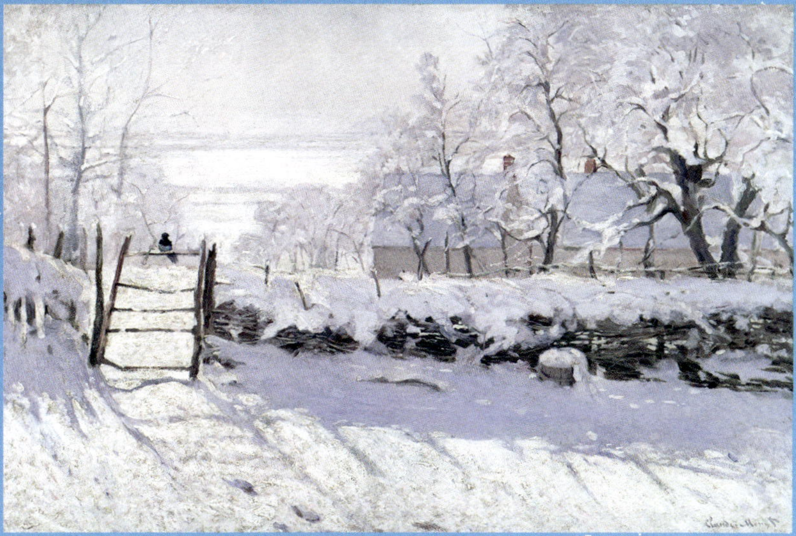

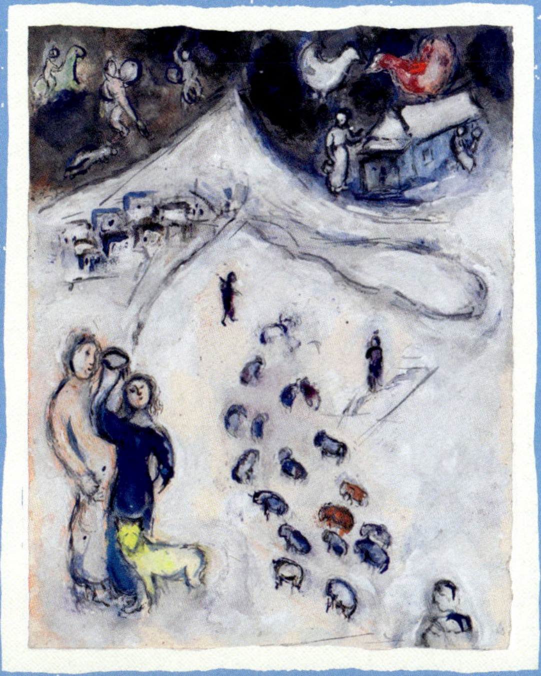

L'HIVER
MARC CHAGALL
1954-1956, gouache sur papier
Paris, Centre Pompidou

La chaleur de cet amour à en faire fondre la neige. Chagall a peint ces galopins de Daphnis et Chloé, héros antiques de l'écrivain grec Longus. Ils **FONDENT L'UN POUR L'AUTRE**, avec pour témoins ces moutons aux tons d'hiver divers et variés.

SANS TITRE
SIMON BECK
2022
Savoie, domaine des Arcs

Et enfin, le Britannique Simon Beck, qui fait une toile de ces montagnes en y dessinant des formes géométriques. Chaussé de raquettes en guise de pinceaux, il pratique le *snow art* dans les montagnes du monde entier. Ici, c'est en France qu'il a trouvé **SA VOIE**.

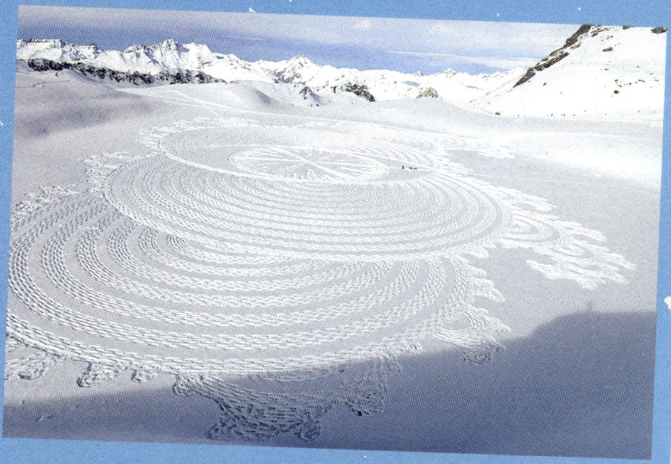

CHRONOLOGIE

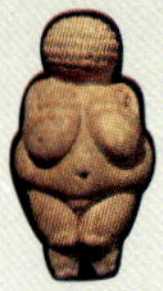

Vénus de Willendorf
voir p. 74

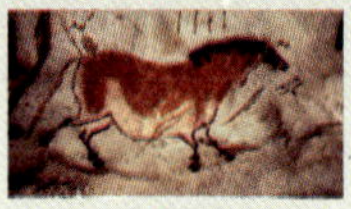

Le Cheval de Lascaux
voir p. 122

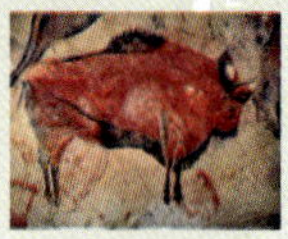

Bison rouge d'Altamira
voir p. 82

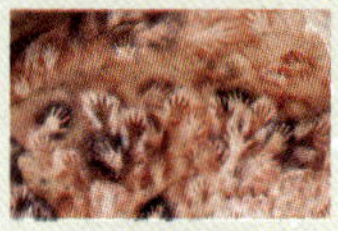

Cueva de las Manos
voir p. 72

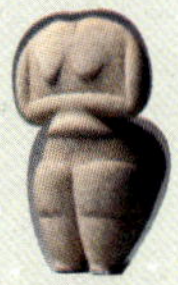

Figure Féminine
voir p. 90

-30 000

-5000

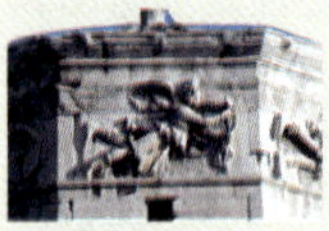

Tour des Vents
voir p. 154

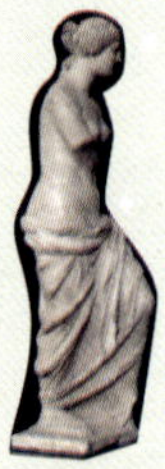

Vénus de Milo
voir p. 66

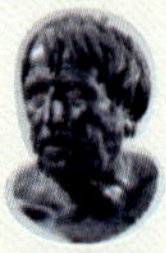

Pseudo-Sénèque
voir p. 98

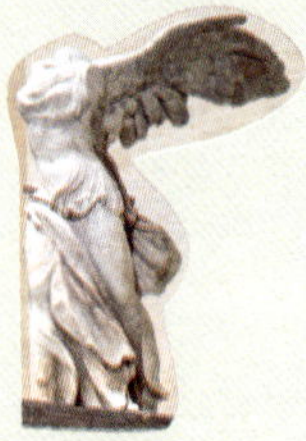

Victoire de Samothrace
voir p. 94

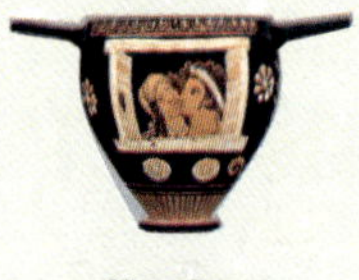

Skyphos avec un couple amoureux
voir p. 10

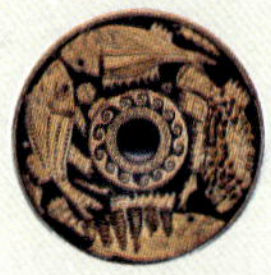

Plat aux poissons
voir p. 132

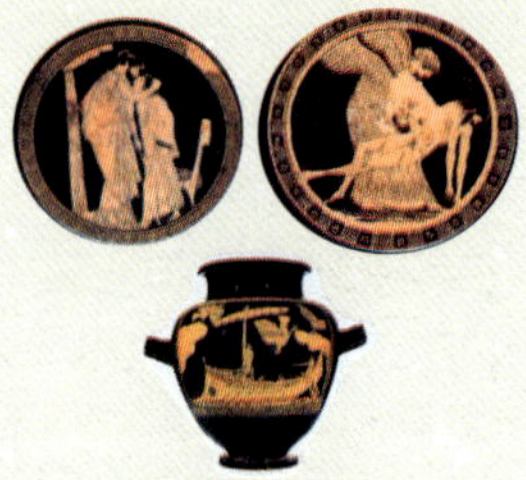

Vases grecs à figures rouges
voir p. 78, 100 et 136

-100

-250

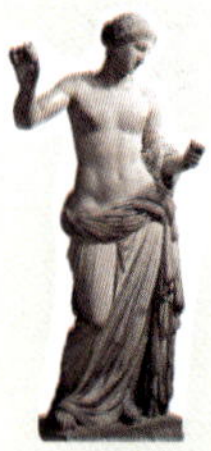

Vénus d'Arles
voir p. 118

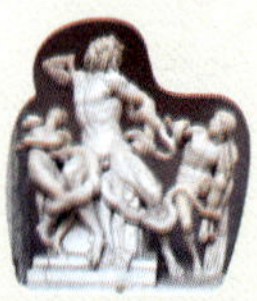

Laocoon
voir p. 104

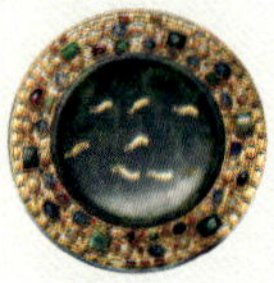

Patène de serpentine du trésor de Saint-Denis
voir p. 40

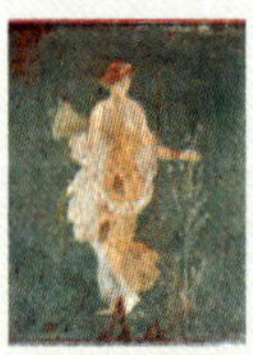

Flore
voir p. 110

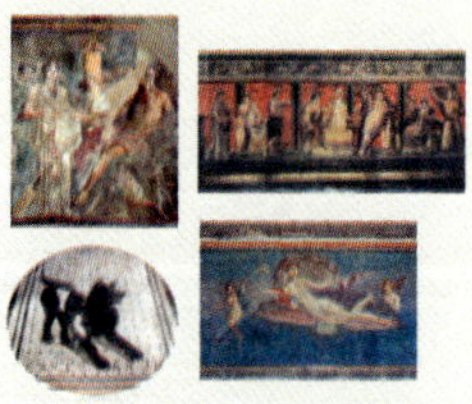

Fresques et mosaïque de Pompéi
voir p. 44, 82, 126 et 140

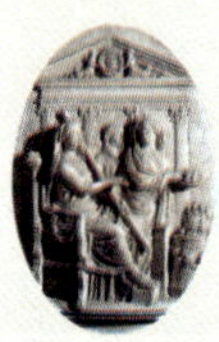

Scène de sacrifice à Vesta de la villa Albani
voir p. 28

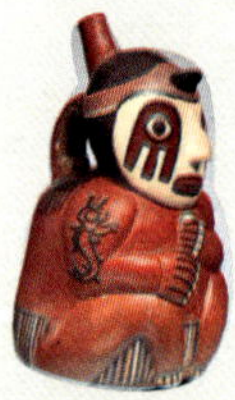

Bouteille en forme de figure assise
voir p. 24

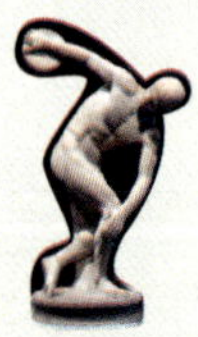

Discobole Lancellotti
voir p. 88

0

100

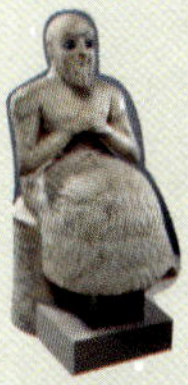

Statue d'Ebih-Il
voir p. 58

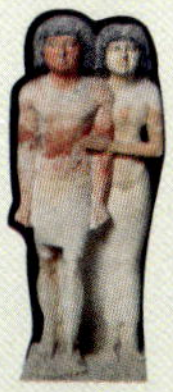

L'inspecteur des scribes et son épouse
voir p. 68

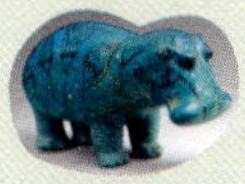

Hippopotame en faïence
voir p. 144

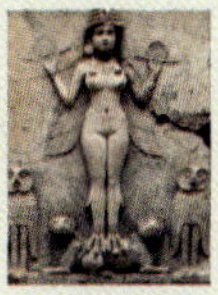

La Reine de la Nuit
voir p. 54

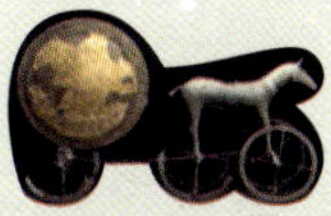

Char solaire de Trundholm
voir p. 152

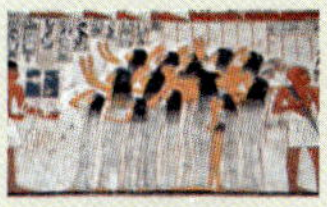

Cortège de pleureuses
voir p. 64

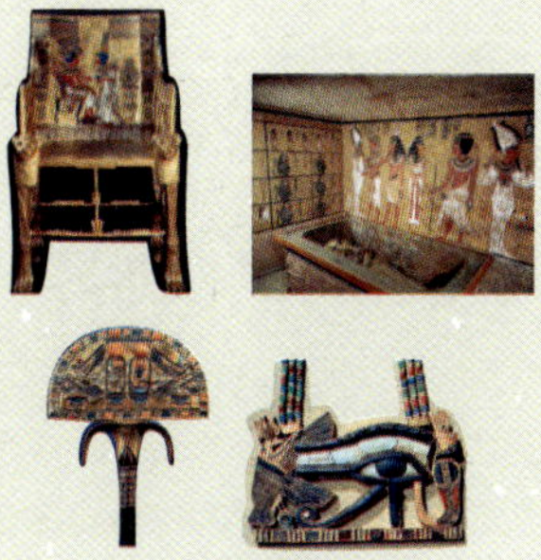

Tombeau de Toutankhâmon
voir p. 14, 30, 38 et 62

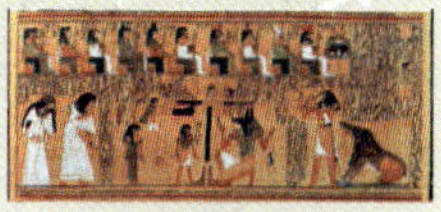

Livre des morts
voir p. 76

-2000

-1500

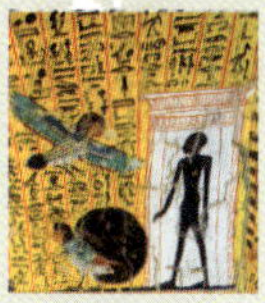

L'Ombre et l'Âme-Ba du défunt Irynefer
voir p. 20

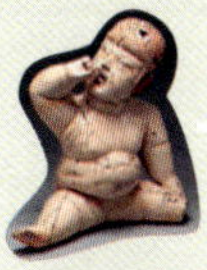

Figure d'enfant assis
voir p. 96

-1250

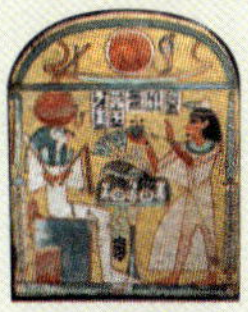

Stèle d'Aafenmut
voir p. 152

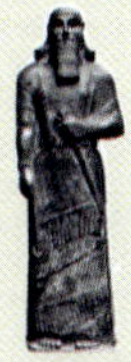

Assurnasirpal II
voir p. 56

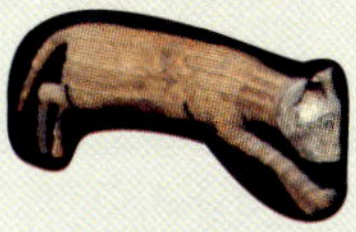

Momie de chat
voir p. 130

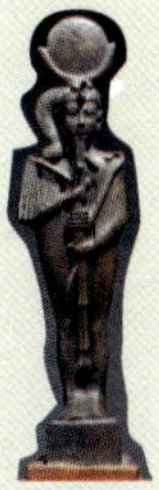

Khonsou
voir p. 148

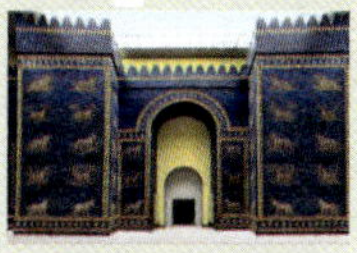

Porte d'Ishtar
voir p. 8

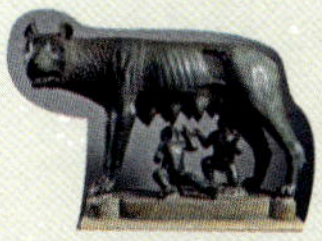

Louve capitoline
voir p. 96

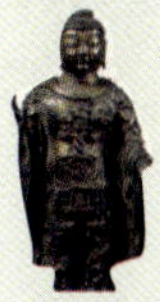

Bouddha cosmique Mahavairocana
voir p. 72

-1000

-500

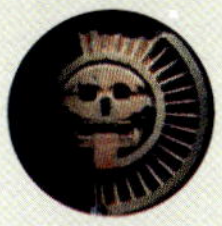

Disque de la mort
voir p. 50

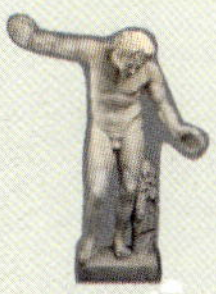

Satyre dansant
voir p. 42

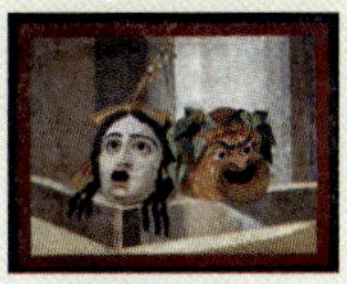

Masques de théâtre
voir p. 48-49

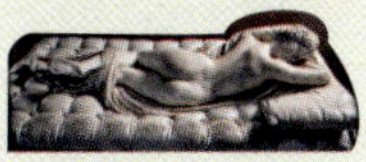

Hermaphrodite endormi
voir p. 90

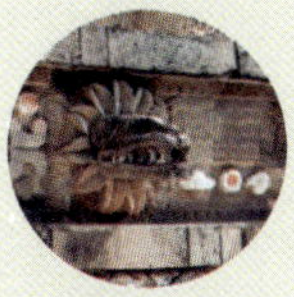

Serpent à plumes du temple de Quetzalcóatl
voir p. 104

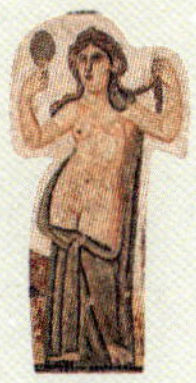

Vénus à sa toilette
voir p. 22

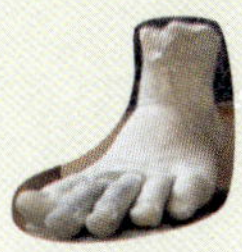

Pied gauche du colosse de Constantin
voir p. 92

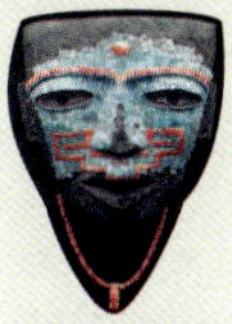

Masque de Malinaltepec
voir p. 46

200

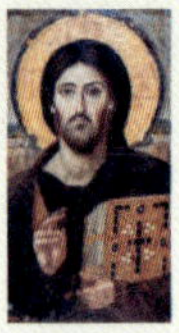

Christ pantocrator
voir p. 18

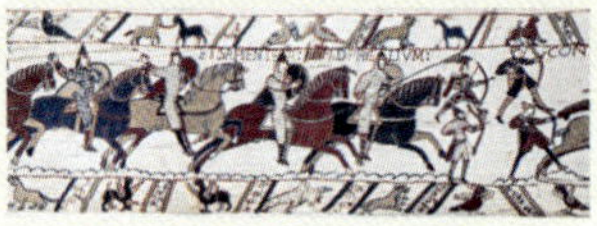

Cavaliers normands jetant leurs lances
voir p. 122

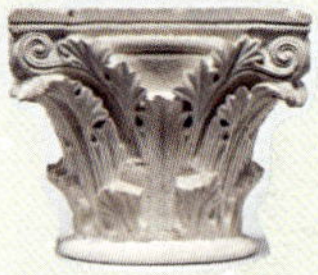

Chapiteau à décor de feuilles d'acanthe
voir p. 114

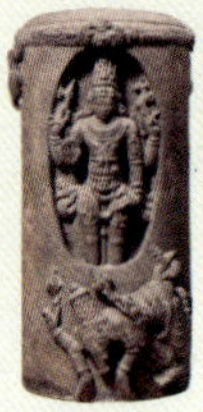

Shiva Lingodbhavamurti
voir p. 28

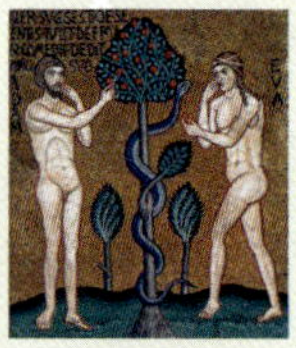

Le Péché originel
voir p. 104

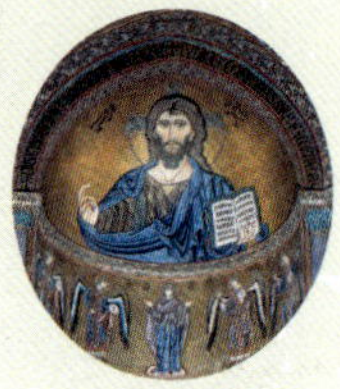

Christ pantocrator
voir p. 72

600

1100

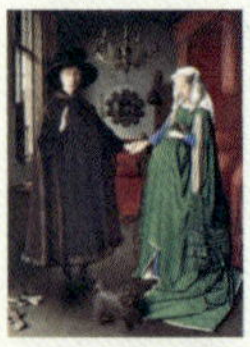

Les Époux Arnolfini
voir p. 126

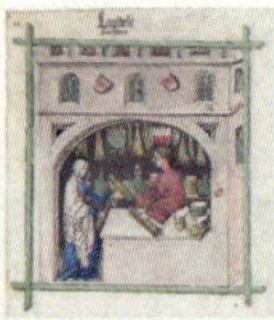

Le Marchand de chandelles
voir p. 26

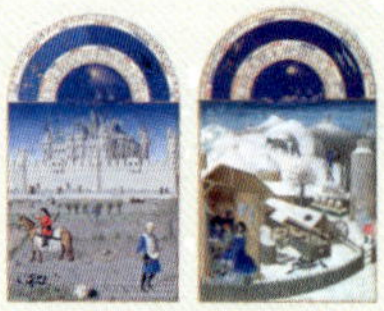

Les Très Riches heures du duc de Berry
voir p. 120 et 160

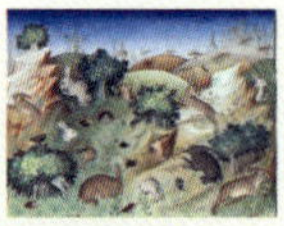

Le lapin
voir p. 128

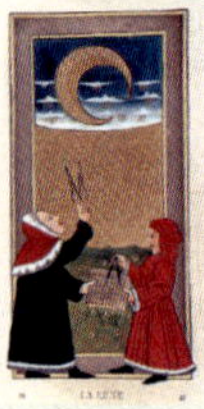

La Lune, carte du tarot dit de Charles VI
voir p. 148

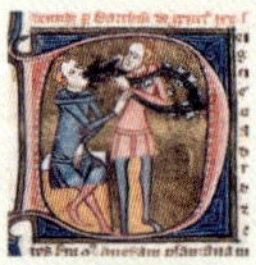

Arracheur de dents
voir p. 60

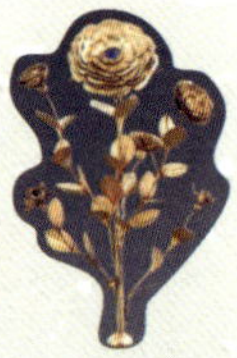

Rose d'or
voir p. 110

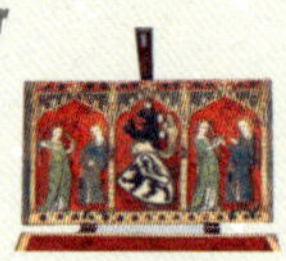

Coffret
voir p. 76

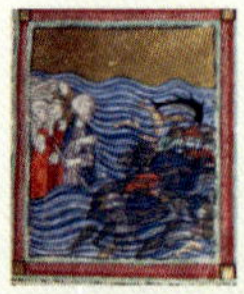

Le passage de la mer rouge
voir p. 136

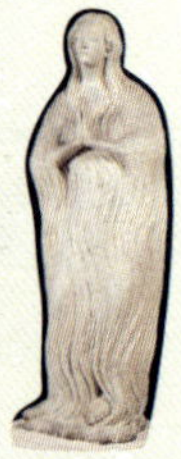

Sainte Marie-Madeleine
voir p. 68

1400

1350

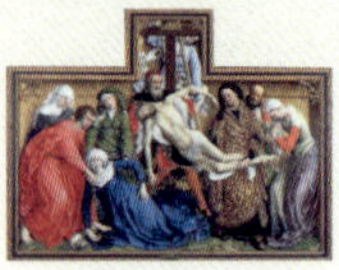

La Descente de Croix
voir p. 64

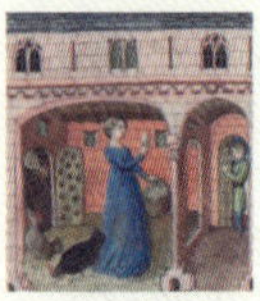

Resserre pour les poules, au sein même de l'habitation
voir p. 106

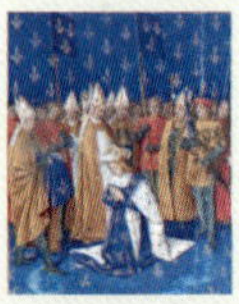

Le Couronnement de Charles VI le Bien-Aimé
voir p. 144

1450

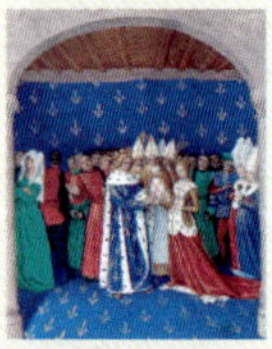

Mariage de Charles IV le Bel et Marie de Luxembourg
voir p. 44

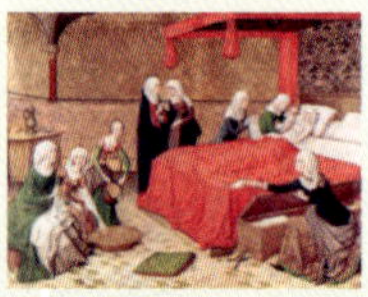

La Naissance de Marie
voir p. 16

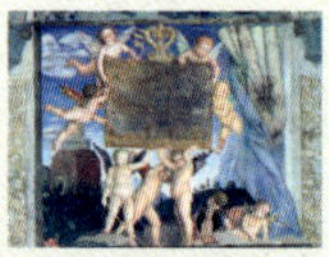

Décor de la Chambre des époux
voir p. 108

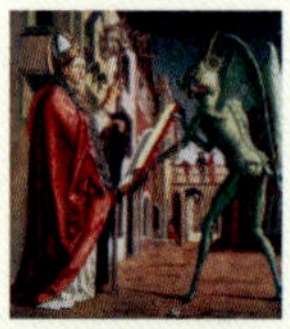

Le Diable tend le Livre des Vices à saint Augustin
voir p. 90

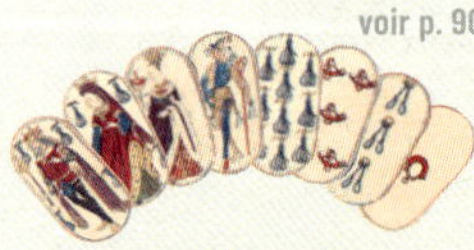

Jeu de cartes dit « de Cloisters »
voir p. 34

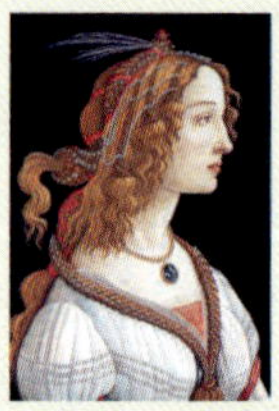

Portrait de jeune femme
voir p. 70

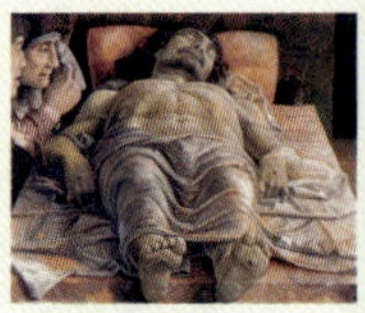

La Lamentation sur le Christ mort
voir p. 102-103

1470

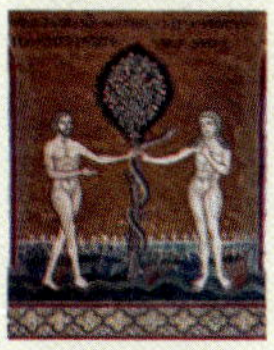

Adam et Ève

voir p. 112

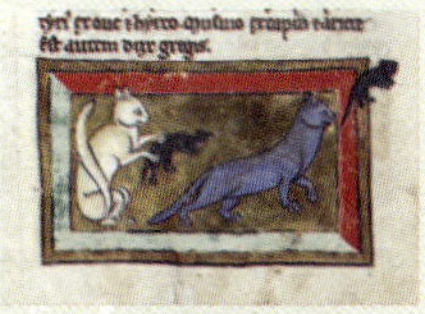

Chats et souris

voir p. 130

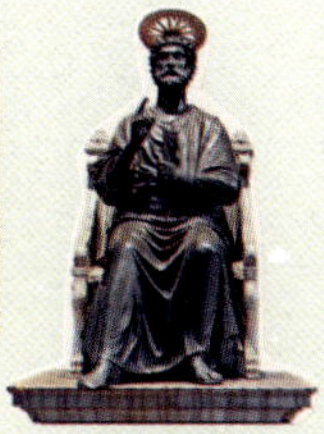

Statue de Saint Pierre

voir p. 92

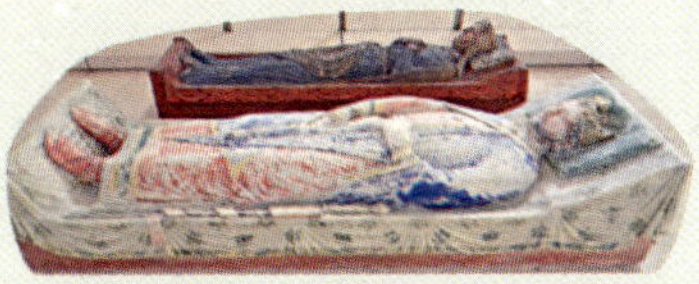

Gisants de Richard Cœur de Lion et d'Isabelle d'Angoulême

voir p. 100

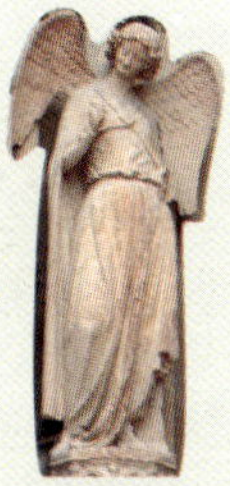

L'Ange au Sourire

voir p. 58

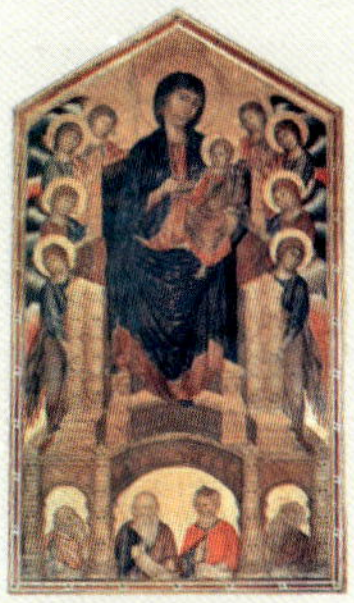

Maestà di Santa Trinita

voir p. 14

1200

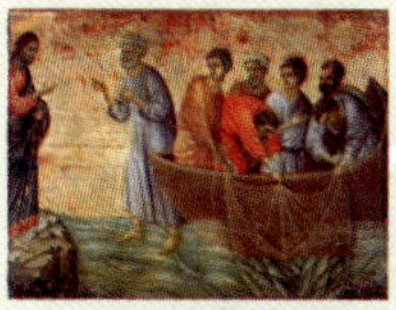

La pêche miraculeuse

voir p. 132

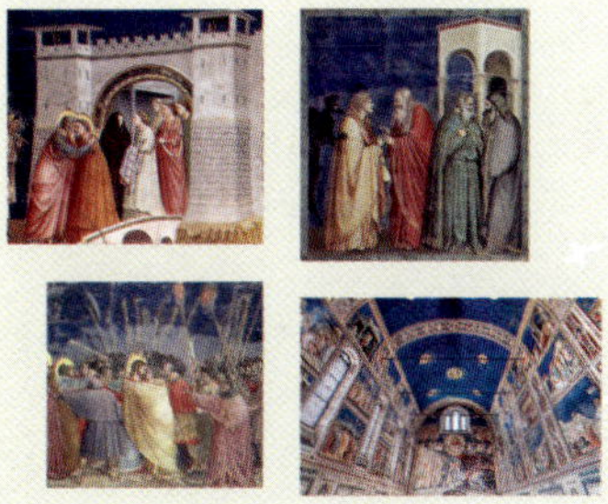

Cycle de fresques de la vie de Jésus

voir p. 8, 30, 78 et 144

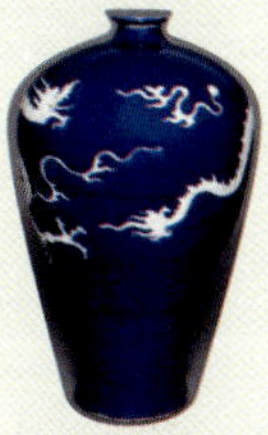

Vase meiping

voir p. 40

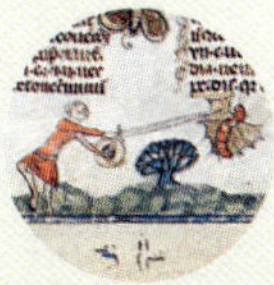

Homme attaquant un papillon avec une épée

voir p. 108

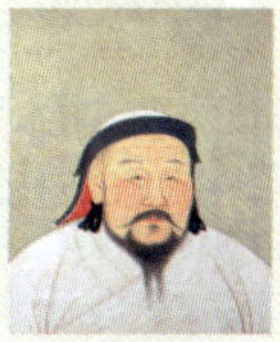

Portrait de Kubilai Khan

voir p. 56

1300

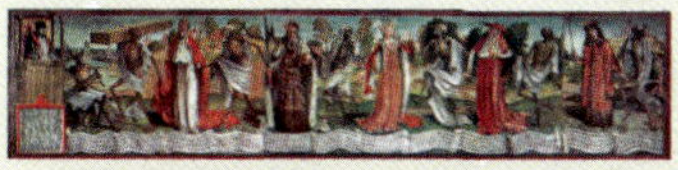

Danse macabre

voir p. 42

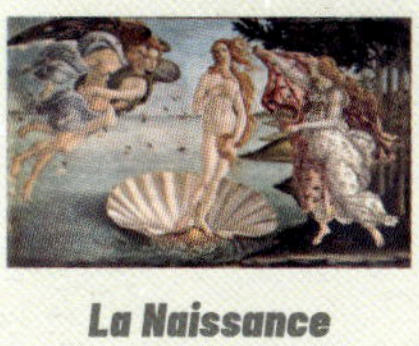

La Naissance de Vénus

voir p. 134 et 154

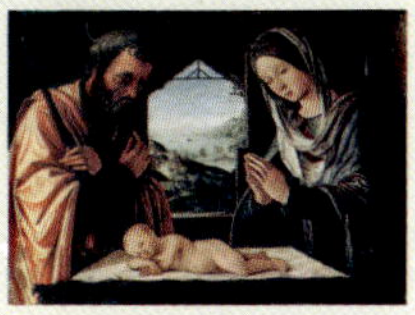

La Nativité

voir p. 96

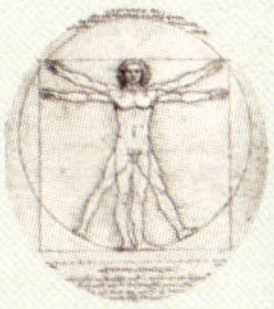

Homme de Vitruve

voir p. 86

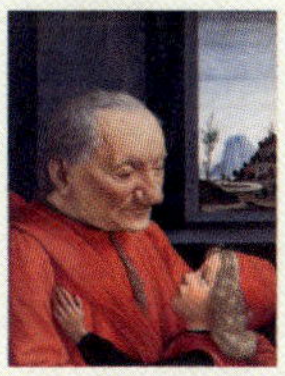

Portrait d'un vieillard et d'un jeune garçon

voir p. 98

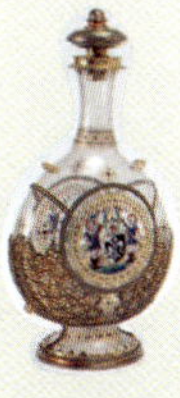

Gourde de pèlerin

voir p. 24

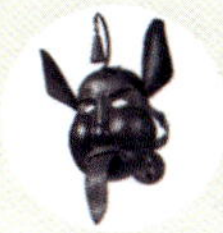

Masque de la honte

voir p. 46

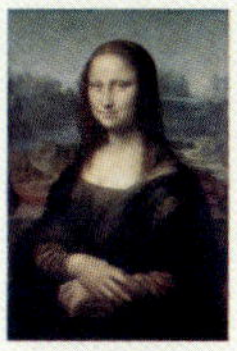

La Joconde

voir p. 58

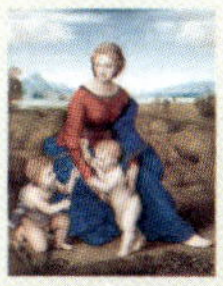

La Madone à la prairie

voir p. 145

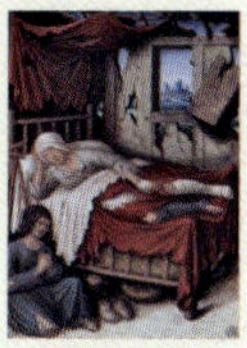

L'Homme misérable ou l'État de pauvreté

voir p. 10

1480

1500

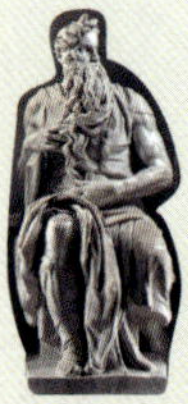

Moïse
voir p. 56

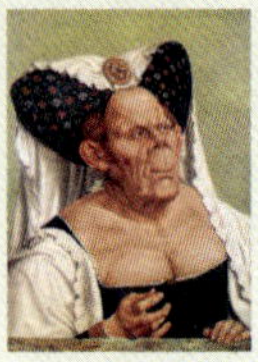

Vieille femme grotesque
voir p. 74

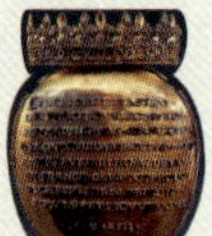

Écrin funéraire du cœur d'Anne de Bretagne
voir p. 76

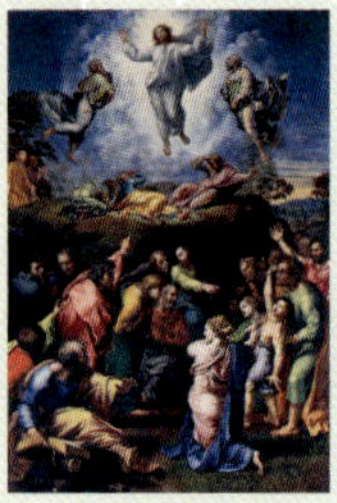

La Transfiguration
voir p. 156

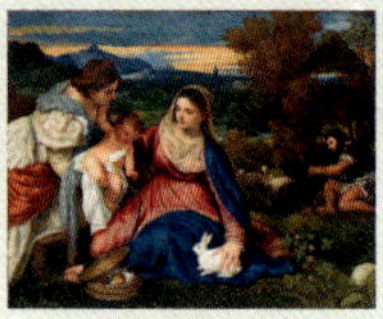

La Vierge au lapin
voir p. 128

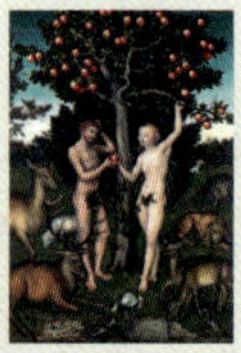

Adam et Ève
voir p. 118

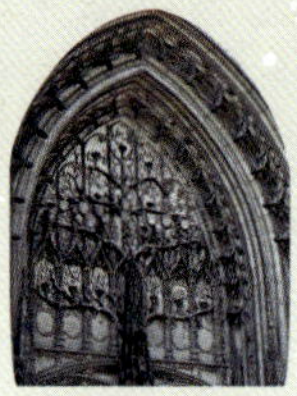

Tympan sculpté
voir p. 112

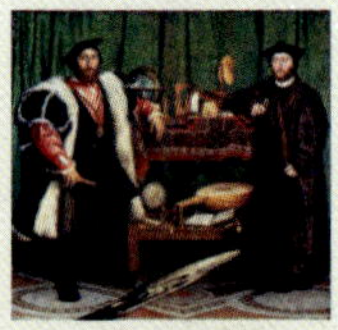

Les Ambassadeurs
voir p. 52-53

1510

1530

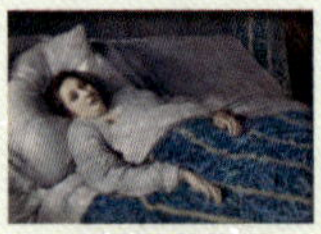

Jeune femme sur son lit de mort
voir p. 16

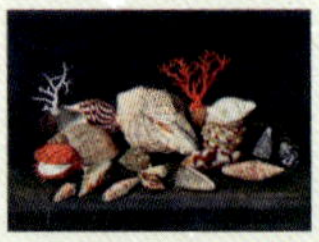

Nature morte aux coquillages et corail
voir p. 134

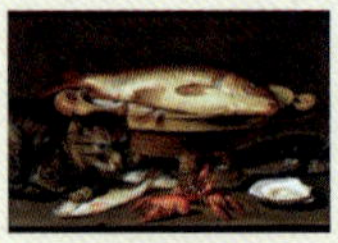

Nature morte avec chat et poisson
voir p. 130

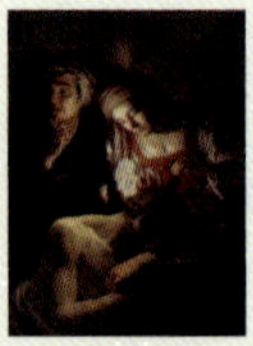

Samson et Dalila
voir p. 69

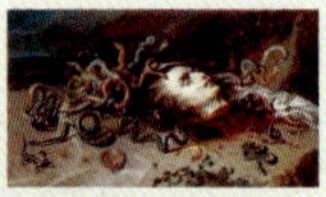

Tête de Méduse
voir p. 105

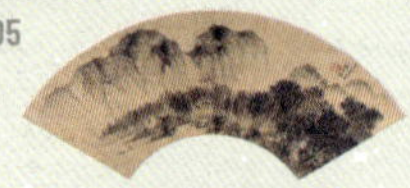

Éventail à décor de paysage
voir p. 38

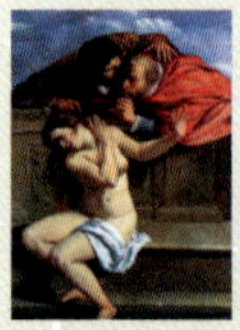

Suzanne et les vieillards
voir p. 98

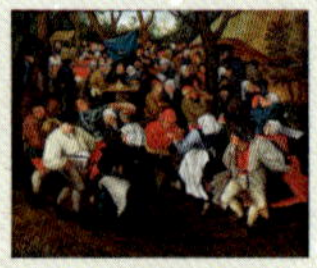

La Danse de noce
voir p. 42

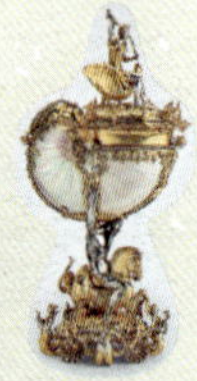

Coupe au Nautile
voir p. 134

1610

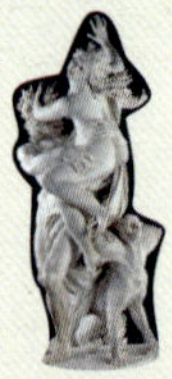

L'Enlèvement de Proserpine
voir p. 65

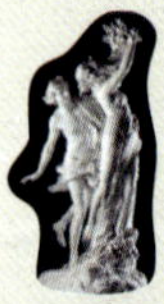

Apollon et Daphné
voir p. 114

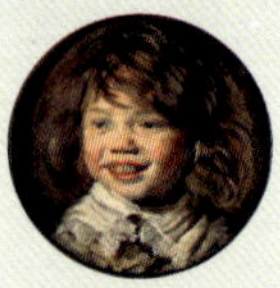

Jeune garçon riant
voir p. 60

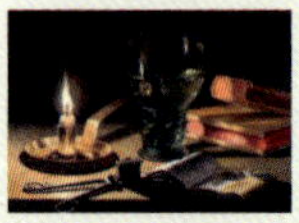

Nature morte à la chandelle allumée
voir p. 26

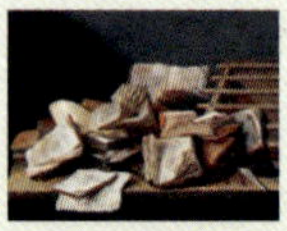

Nature morte aux livres
voir p. 18

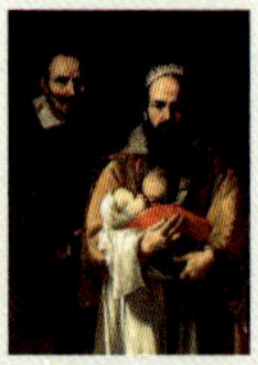

La Femme à barbe
voir p. 57

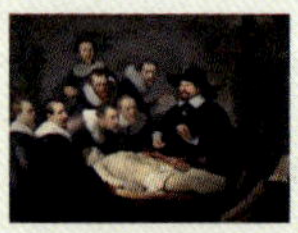

La Leçon d'anatomie du docteur Nicolaes Tulp
voir p. 101

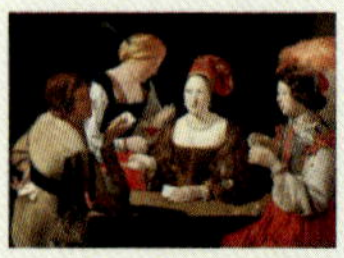

Le Tricheur à l'as de carreau
voir p. 36-37

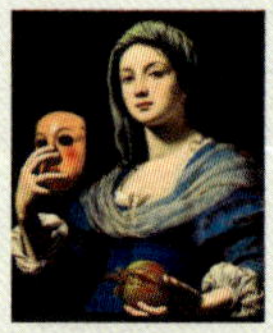

Allégorie de la Simulation
voir p. 47

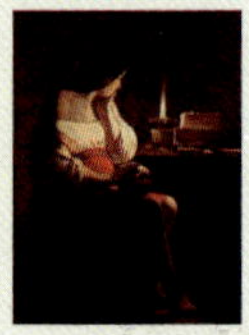

La Madeleine à la Veilleuse
voir p. 26

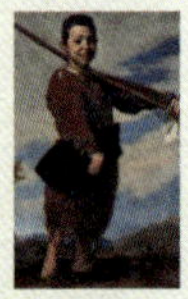

Le Pied-bot
voir p. 92

1630

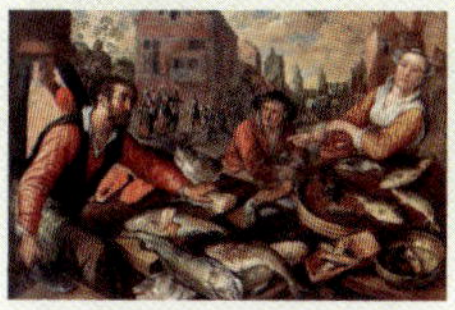
Le Marché aux poissons
voir p. 132

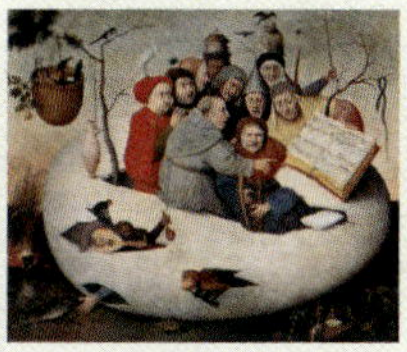
Le Concert dans l'œuf
voir p. 106

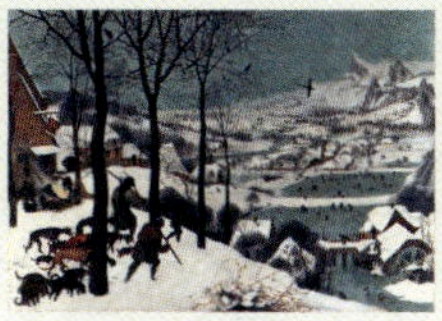
Chasseurs dans la neige
voir p. 160

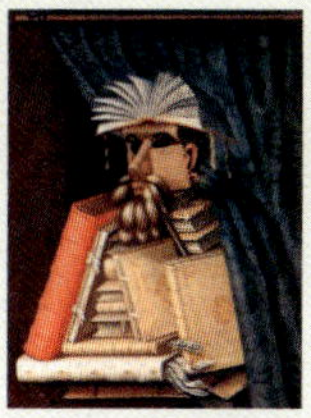
Le Bibliothécaire
voir p. 18

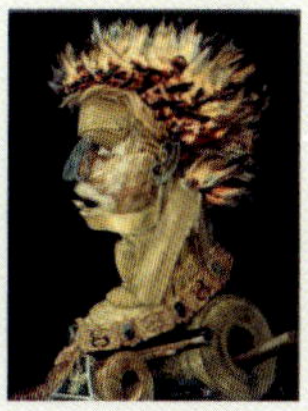
Le Feu
voir p. 28

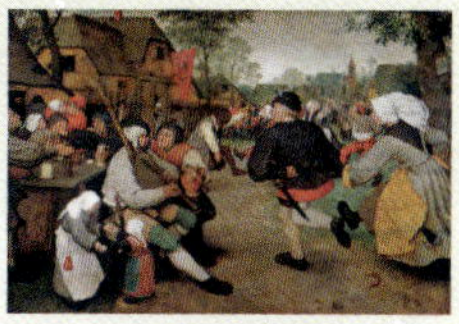
La Danse paysanne
voir p. 120

1550

1570

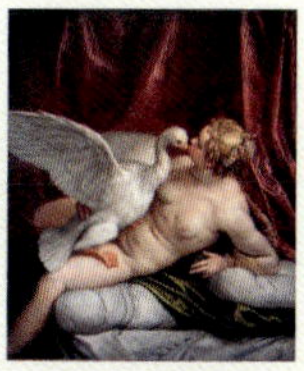
Léda et le cygne
voir p. 94

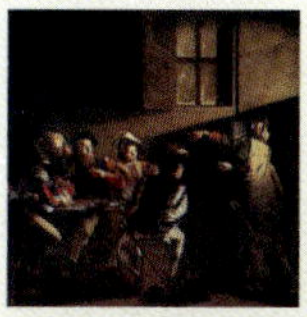
La Vocation de saint Matthieu
voir p. 20

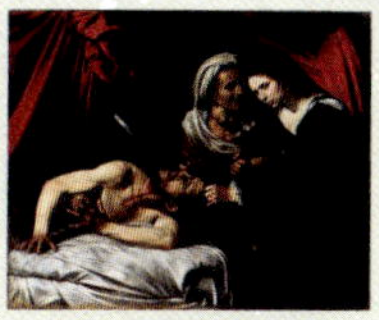
Judith et Holopherne
voir p. 82

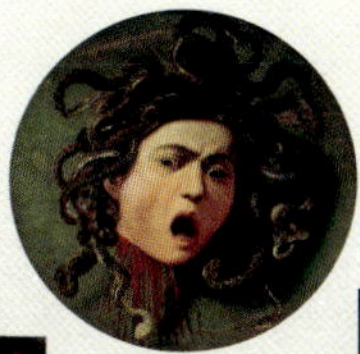
Méduse
voir p. 62

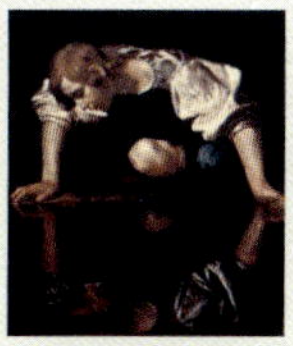
Narcisse
voir p. 22

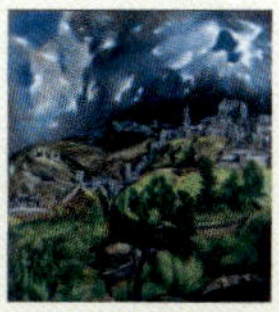
Vue de Tolède
voir p. 158-159

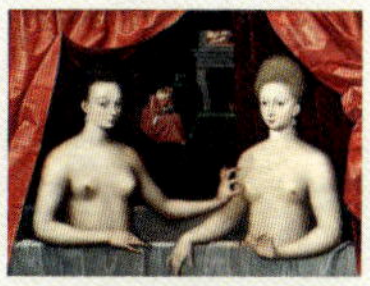
Gabrielle d'Estrées et une de ses sœurs
voir p. 74

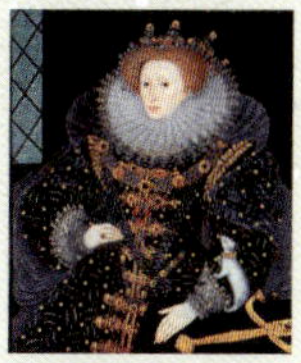
Portrait à l'hermine d'Élisabeth Ire
voir p. 40

1590

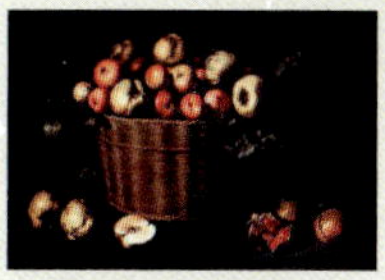
Panier avec pommes, coings et grenades
voir p. 118

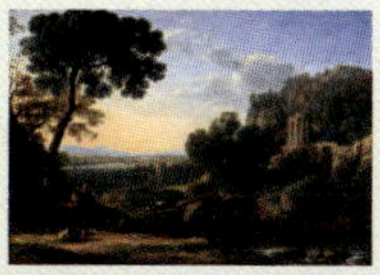
Paysage pastoral
voir p. 112

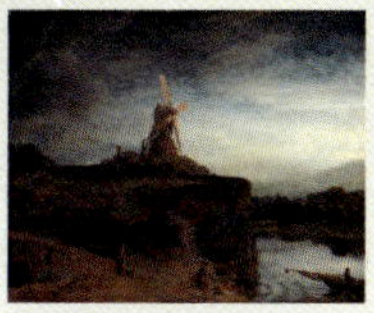
Le Moulin
voir p. 154

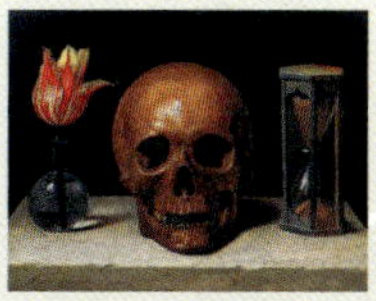
Vanité ou Allégorie de la vie humaine
voir p. 50

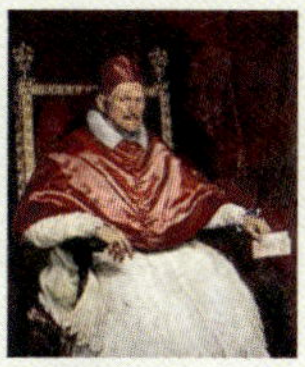
Portrait d'Innocent X
voir p. 14

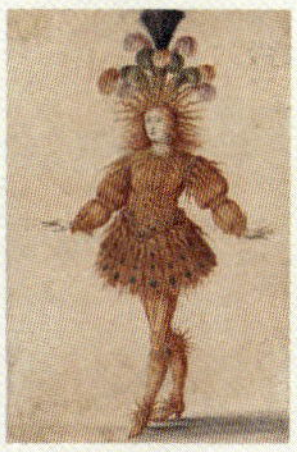
Costume du Ballet du roi Soleil
voir p. 152

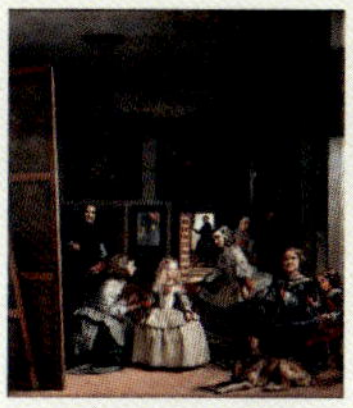
Les Ménines
voir p. 22

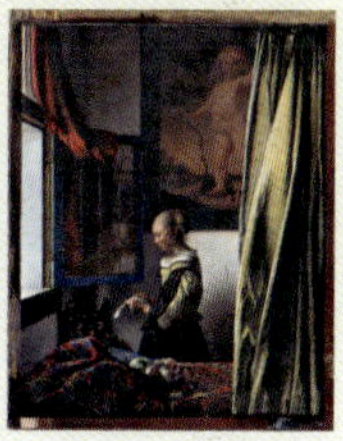
La Liseuse à la fenêtre
voir p. 12

1650

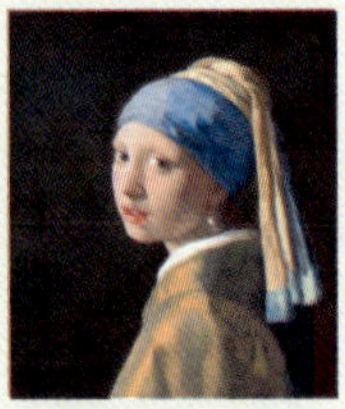
La Jeune Fille à la perle
voir p. 41

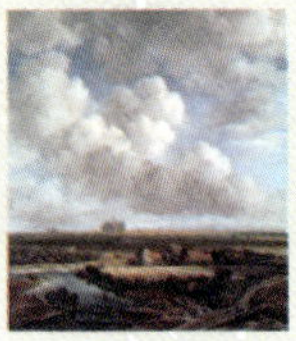
Vue de Haarlem ou Les Blanchisseries de Haarlem
voir p. 156

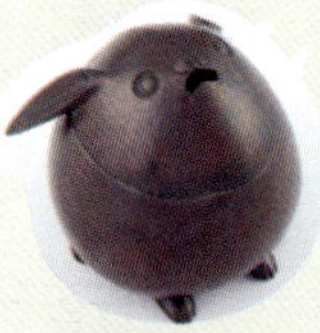
Brûle-parfum en forme de lapin
voir p. 129

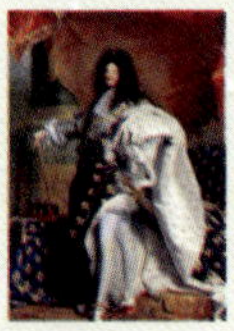
Portrait de Louis XIV en costume de sacre
voir p. 83

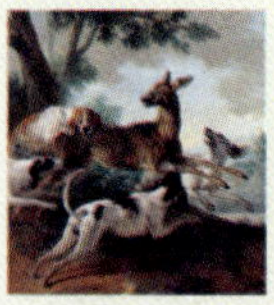
Chasse au chevreuil
voir p. 126

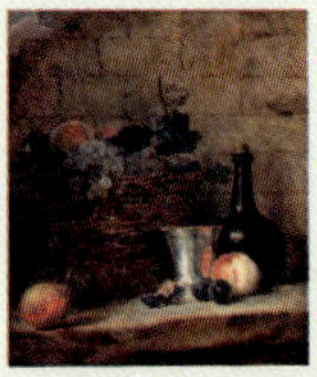
Panier de raisins, gobelet d'argent et bouteille
voir p. 24

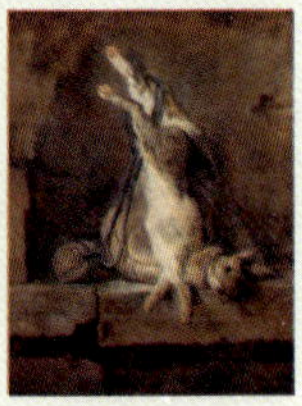
Lapin mort et attirail de chasse
voir p. 128

1660

1700

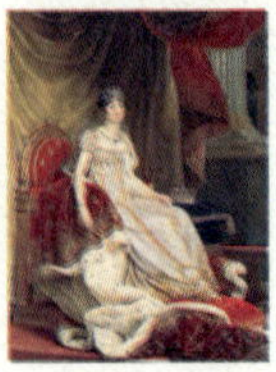
Joséphine en costume de sacre
voir p. 15

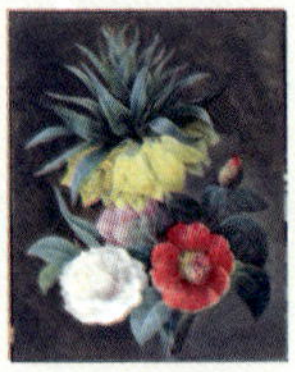
Quatre pivoines et une couronne impériale
voir p. 110

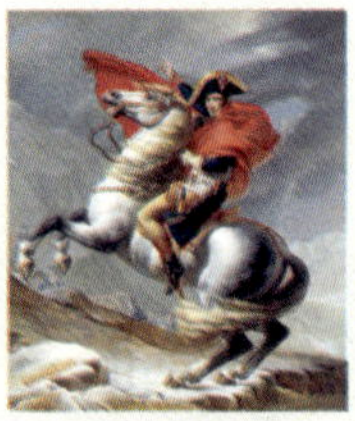
Bonaparte franchissant les Alpes au col Grand-Saint-Bernard
voir p. 124-125

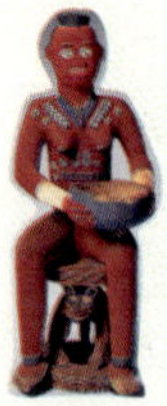
Reine porteuse de coupe
voir p. 41

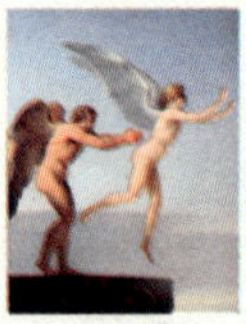
La Fuite de Dédale et Icare
voir p. 94

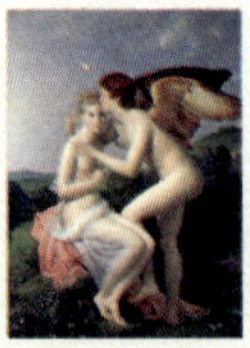
Psyché et l'Amour
voir p. 108

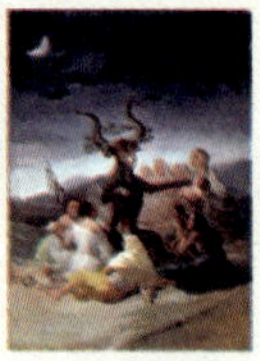
Le Sabbat des Sorcières
voir p. 54

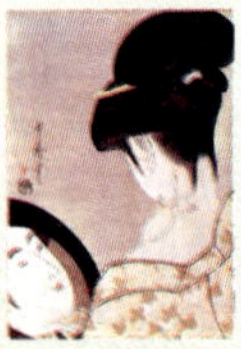
Femme se poudrant le cou
voir p. 66

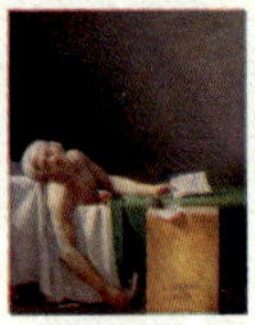
La Mort de Marat
voir p. 101

1800

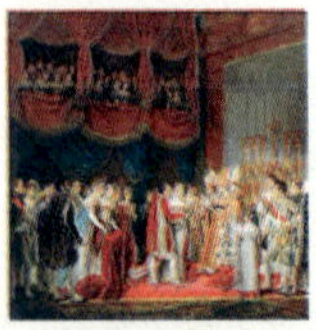
Mariage de Napoléon Ier et de Marie-Louise dans le Salon carré du Louvre
voir p. 44

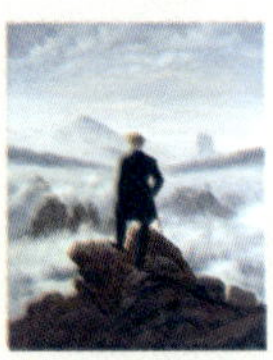
Le Voyageur contemplant une mer de nuages
voir p. 157

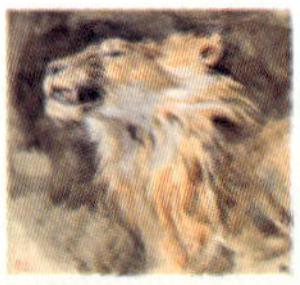
Tête de lion rugissant
voir p. 61

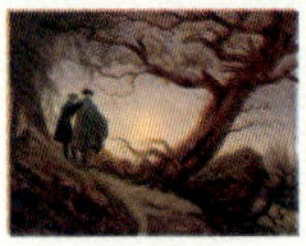
Deux hommes contemplant la lune
voir p. 149

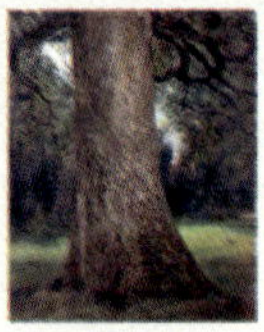
Étude d'un tronc d'orme
voir p. 113

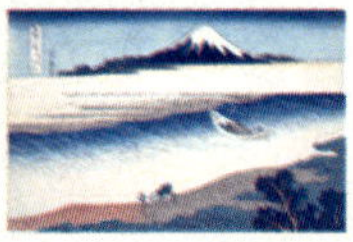
La Rivière Tama dans la province de Musashi
voir p. 160

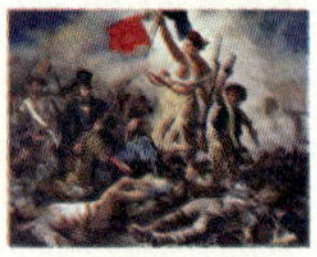
Le 28 juillet 1830. La Liberté guidant le peuple
voir p. 75

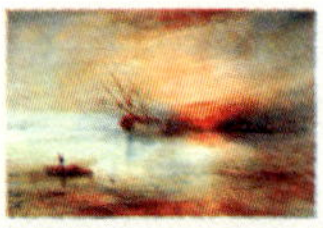
Fort Vimieux
voir p. 137

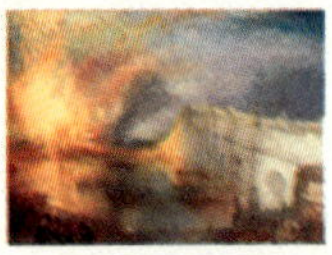
L'Incendie de la Chambre des lords et des communes, 16 octobre 1834
voir p. 29

1820

1840

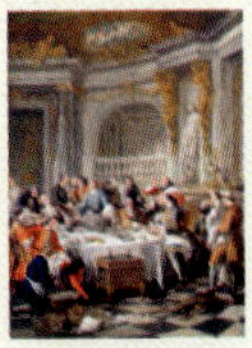
Le Déjeuner d'huîtres
voir p. 135

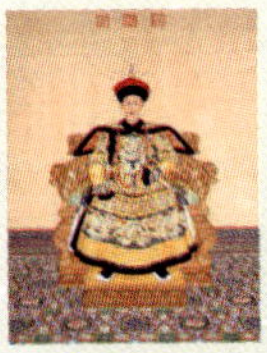
Portrait de l'empereur Qianlong
voir p. 15

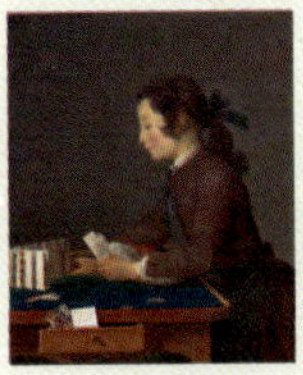
Le Château de cartes
voir p. 34

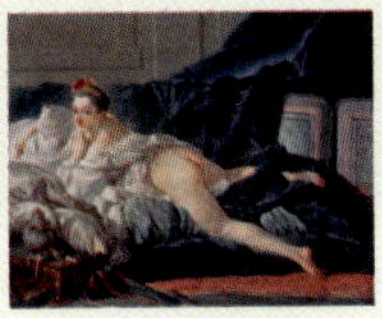
L'Odalisque
voir p. 91

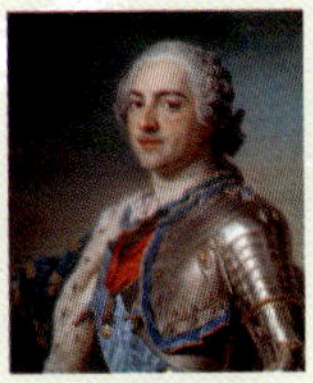
Portrait de Louis XV
voir p. 69

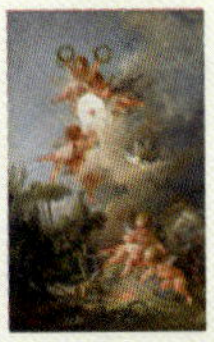
La Cible d'amour
voir p. 77

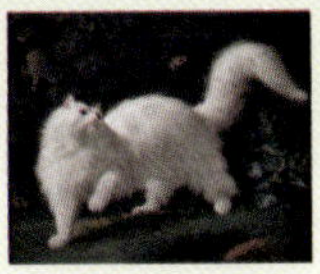
Chat angora blanc, guettant un papillon
voir p. 131

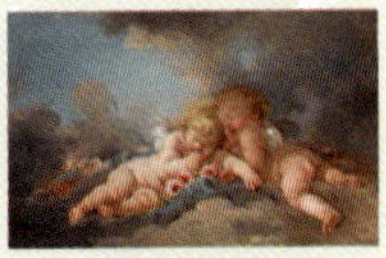
Composition aux putti
voir p. 97

1730

1760

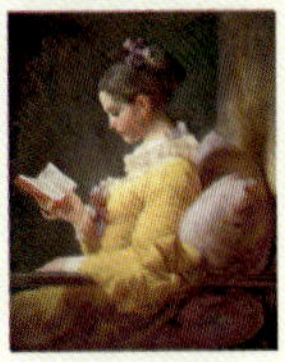
La Liseuse
voir p. 19

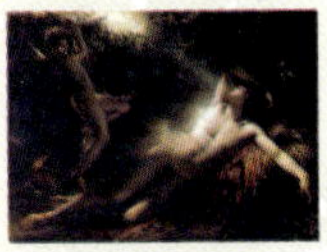
Le Sommeil d'Endymion
voir p. 148

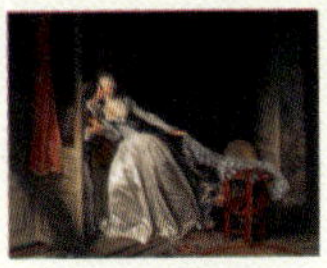
Le Baiser à la dérobée
voir p. 79

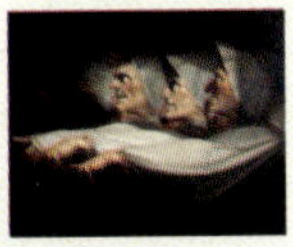
Les Trois Sorcières
voir p. 54

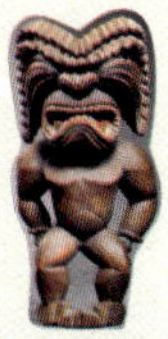
Statue de style Kona représentant le dieu de la guerre Ku-ka'ili-moku
voir p. 60

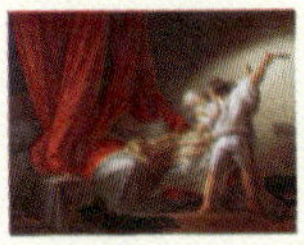
Le Verrou
voir p. 9

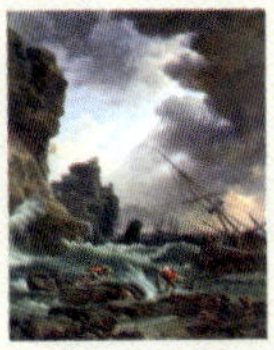
Tempête avec naufrage d'un vaisseau
voir p. 137

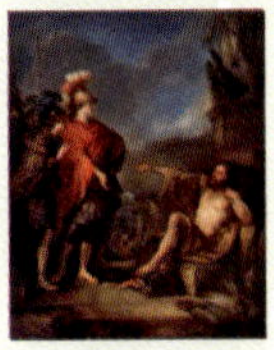
Alexandre et Diogène
voir p. 20

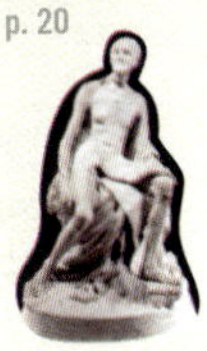
Voltaire nu
voir p. 99

1780

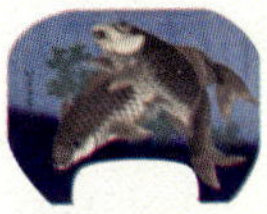
Deux carpes
voir p. 133

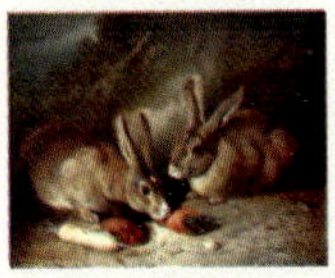
Lapins
voir p. 129

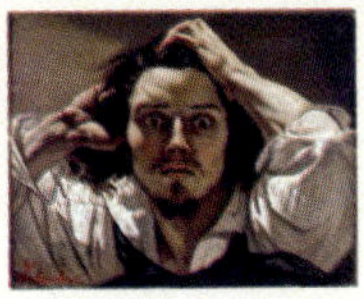
Le Désespéré
voir p. 62

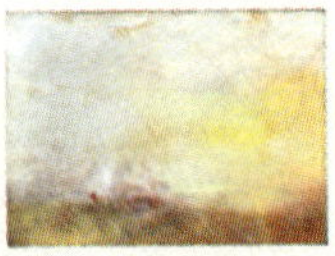
Lever de soleil avec monstres marins
voir p. 30

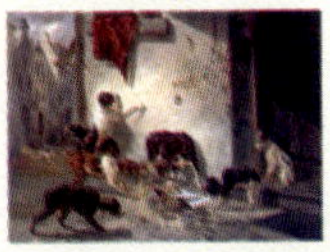
Le Chien qui porte à son cou le dîner de son maître
voir p. 127

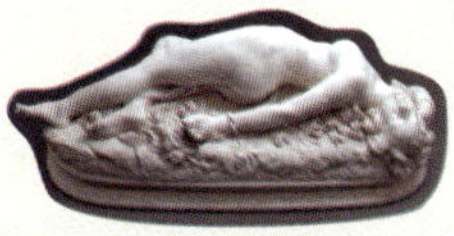
Femme piquée par un serpent
voir p. 105

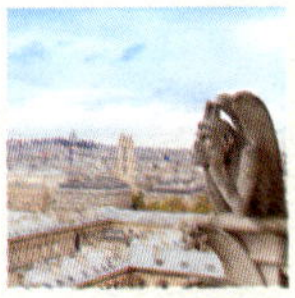
La Stryge
voir p. 95

1850

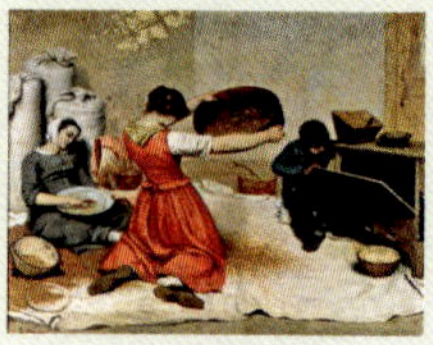
Les Cribleuses de blé
voir p. 66

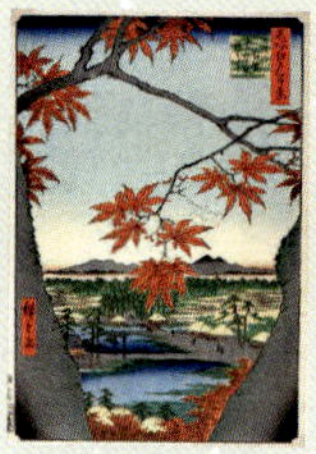
Les Érables de Mama, le sanctuaire de Tekona et le pont
voir p. 116

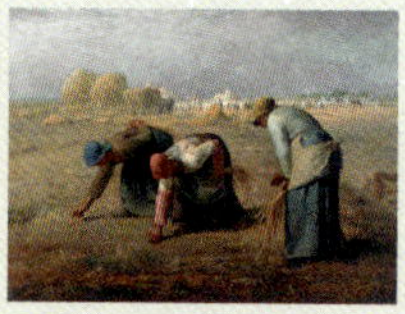
Des glaneuses
voir p. 120

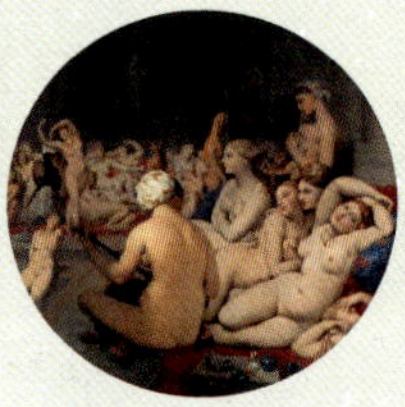
Le Bain turc
voir p. 140

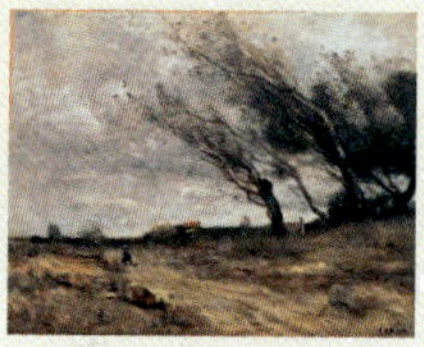
Le Coup de vent
voir p. 155

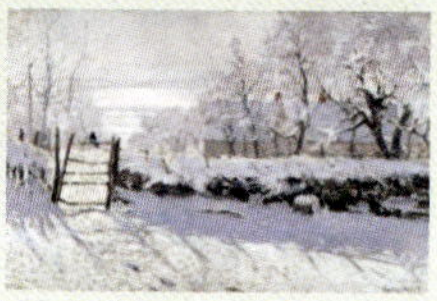
La Pie
voir p. 161

1860

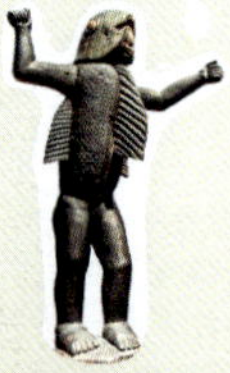
Statue mi-homme mi-requin du roi Béhanzin
voir p. 133

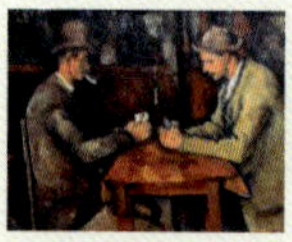
Les Joueurs de cartes
voir p. 35

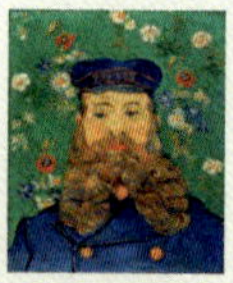
Portrait de Joseph Roulin
voir p. 57

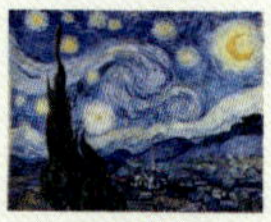
La nuit étoilée
voir p. 150-151

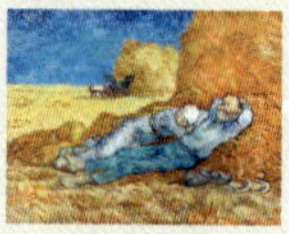
La Méridienne
voir p. 121

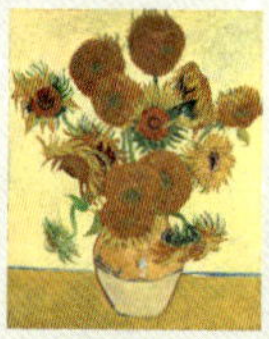
Tournesols
voir p. 31

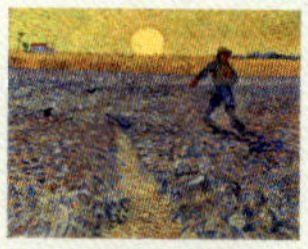
Le Semeur au soleil couchant
voir p. 73

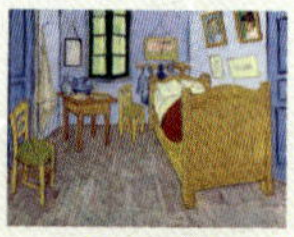
La Chambre de Van Gogh à Arles
voir p. 17

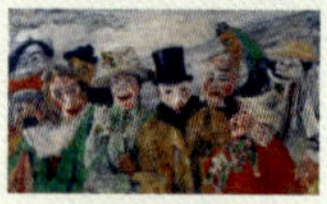
L'Intrigue
voir p. 59

1890

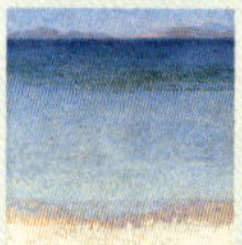
Les Îles d'Or
voir p. 137

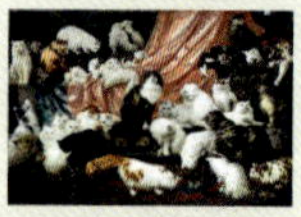
Les Amants de ma femme
voir p. 131

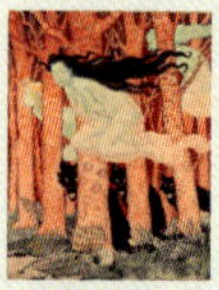
Trois femmes et trois loups
voir p. 55

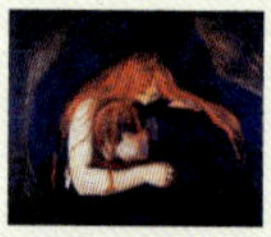
Vampire
voir p. 69

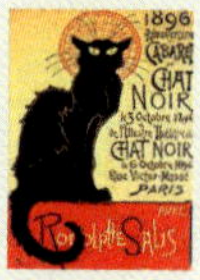
Tournée du Chat noir avec Rodolphe Salis
voir p. 131

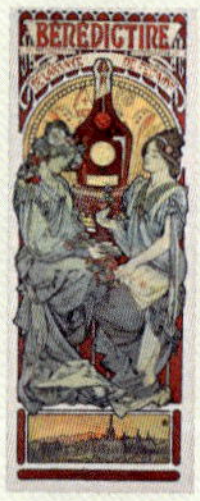

Bénédictine de l'abbaye de Fécamp
voir p. 25

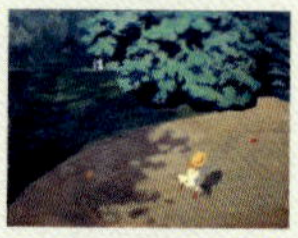
Le Ballon
voir p. 21

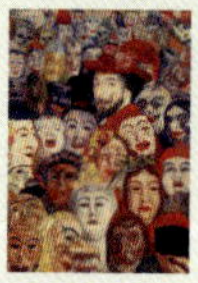
Autoportrait aux masques
voir p. 47

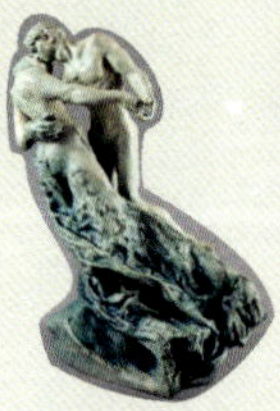
La Valse
voir p. 43

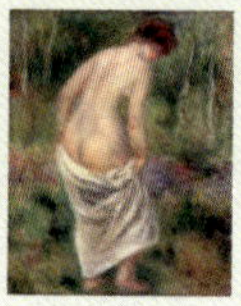
Après le bain
voir p. 141

1895

1900

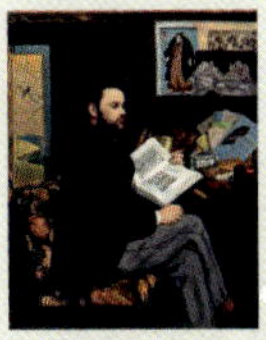

Émile Zola
voir p. 19

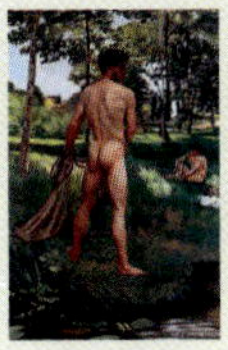

Le Pêcheur à l'épervier
voir p. 91

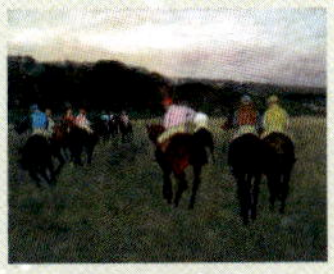

Chevaux de course à Longchamp
voir p. 123

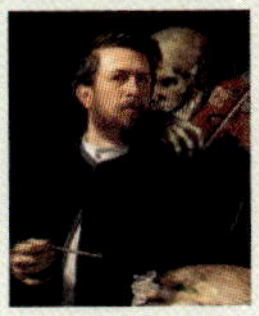

Autoportrait avec la Mort au violon
voir p. 51

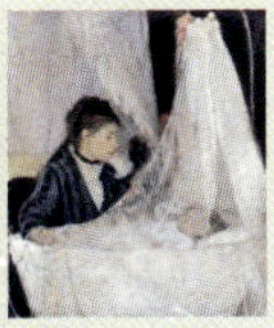

Le Berceau
voir p. 97

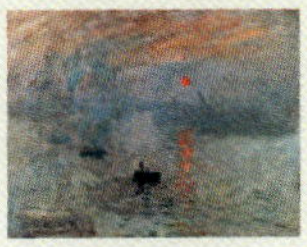

Impression, soleil levant
voir p. 153

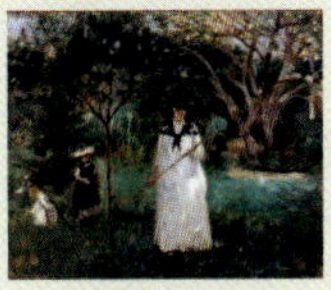

Chasse aux papillons
voir p. 109

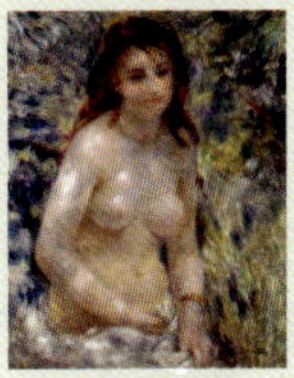

Étude. Torse, effet de soleil
voir p. 75

1870

1875

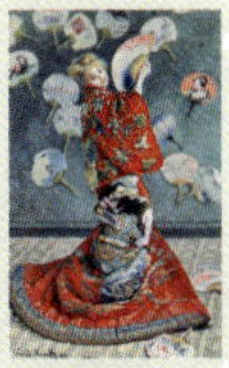

La Japonaise
voir p. 39

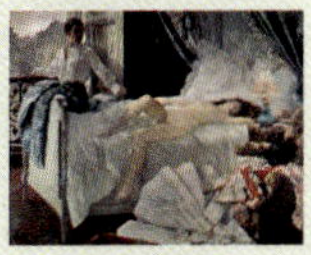

Rolla
voir p. 16

1880

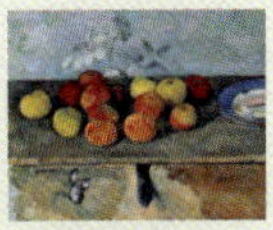

Pommes et biscuits
voir p. 119

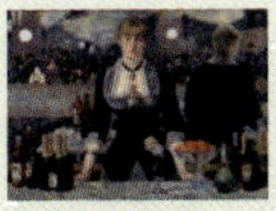

Un bar aux Folies Bergère
voir p. 23

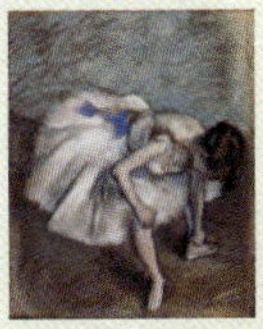

Danseuse assise se massant le pied
voir p. 93

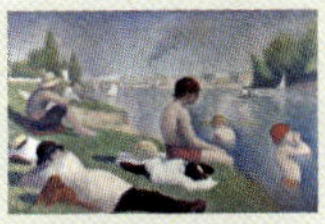

Une baignade à Asnières
voir p. 142-143

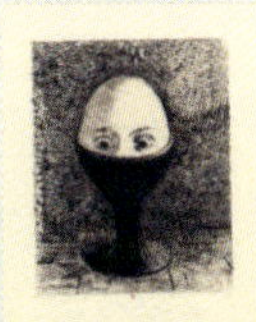

L'Œuf
voir p. 106

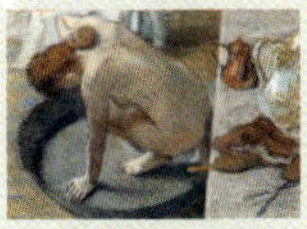

Le Tub
voir p. 67

1885

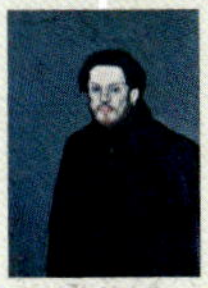

Autoportrait
voir p. 145

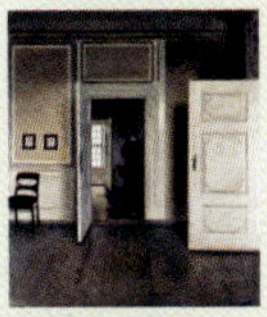

Intérieur, Strandgade 30
voir p. 9

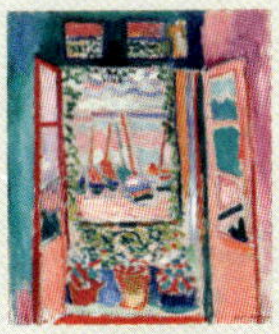

La Fenêtre ouverte à Collioure
voir p. 11

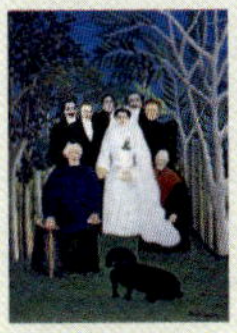

La Noce
voir p. 45

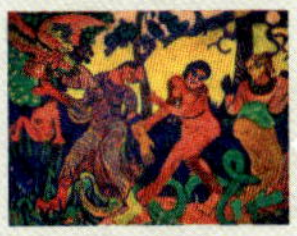

La Danse
voir p. 43

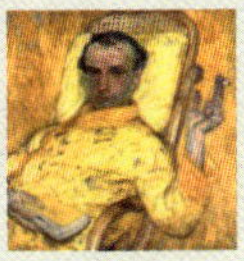

IIe Étude pour La Gamme jaune
voir p. 31

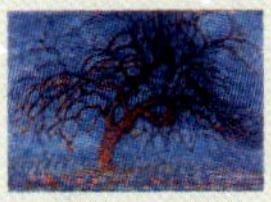

Arbre rouge
voir p. 113

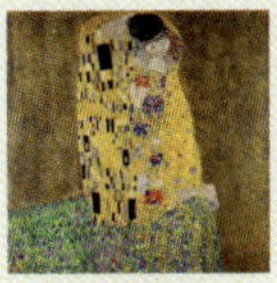

Le Baiser
voir p. 79

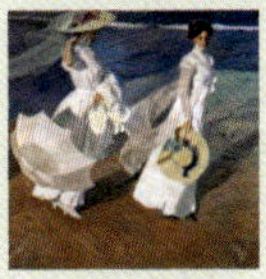

Promenade au bord de la mer
voir p. 155

1905

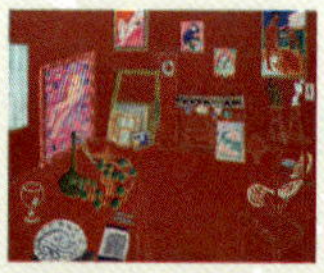

L'Atelier rouge
voir p. 83

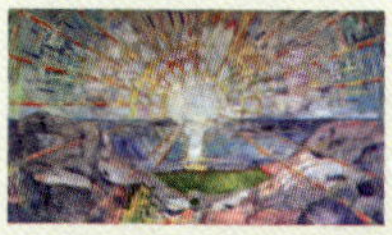

Le soleil
voir p. 153

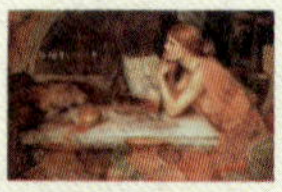

La Sorcière
voir p. 55

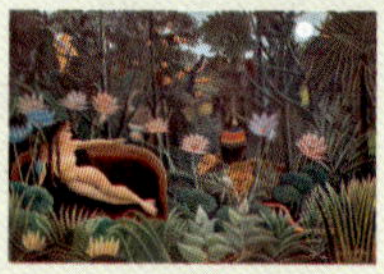

Le Rêve
voir p. 63

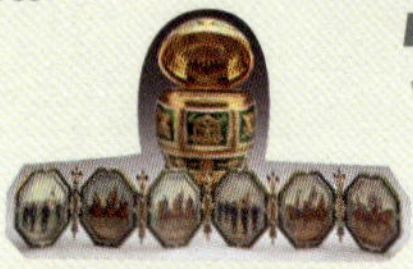

Œuf impérial napoléonien
voir p. 107

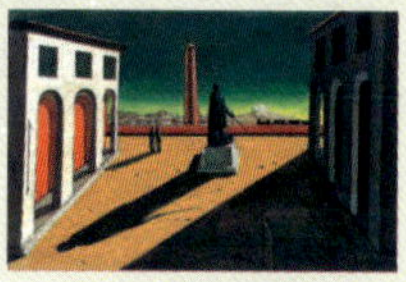

Place
voir p. 21

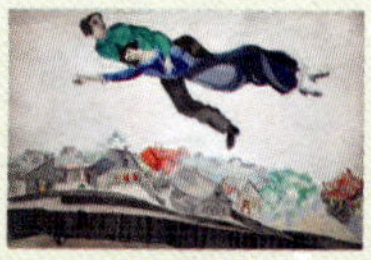

Au-dessus de la ville
voir p. 95

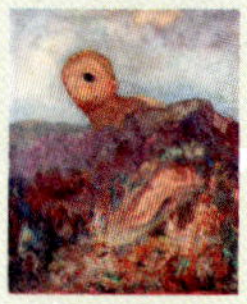

Le Cyclope
voir p. 63

1910

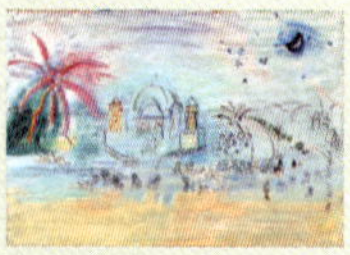

Le Feu d'artifice et la jetée promenade
voir p. 29

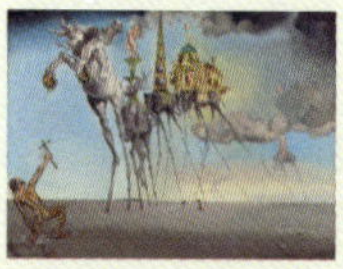

La Tentation de saint Antoine
voir p. 123

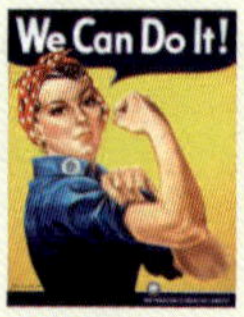

We Can Do It!
voir p. 87

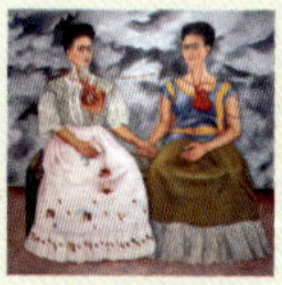

Les Deux Fridas
voir p. 77

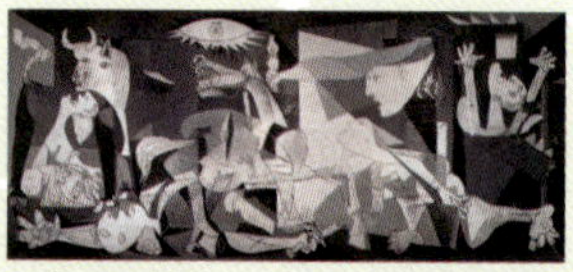

Guernica
voir p. 73

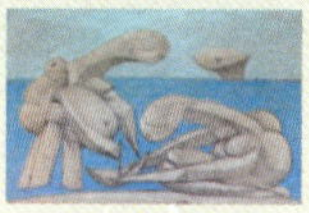

La Baignade
voir p. 141

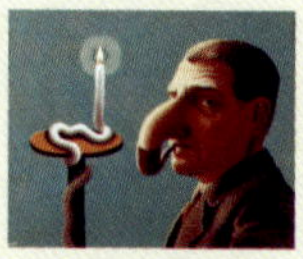

La Lampe philosophique
voir p. 27

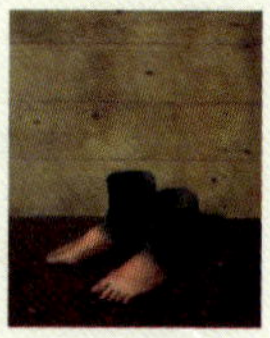

Le Modèle rouge
voir p. 93

1935

1940

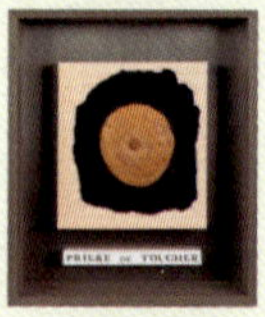

Prière de toucher
voir p. 75

1950

Mer et nuages
voir p. 157

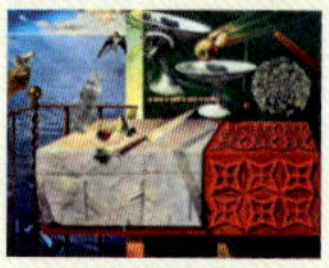

Nature morte vivante
voir p. 25

IK3, monochrome bleu
voir p. 145

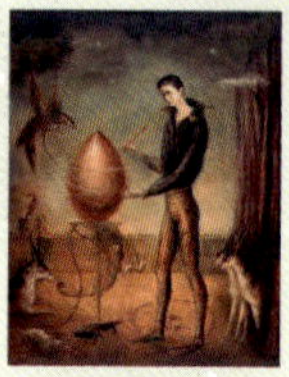

Je voulais être un oiseau
voir p. 107

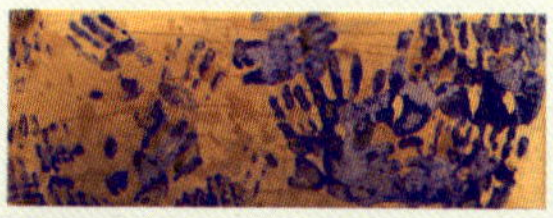

Peinture de feu. Couleur sans titre (FC 21)
voir p. 73

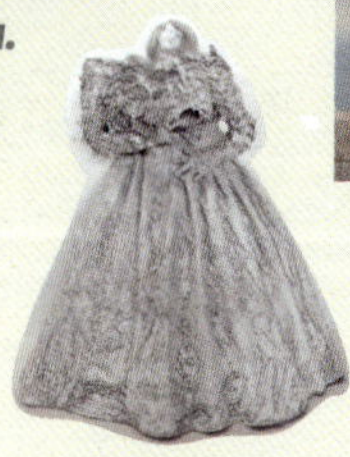

La mariée
voir p. 45

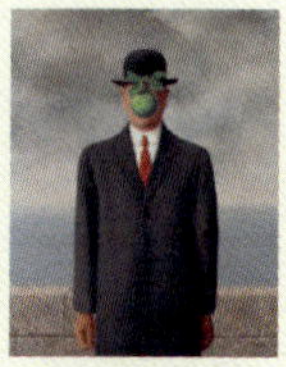

Le Fils de l'homme
voir p. 119

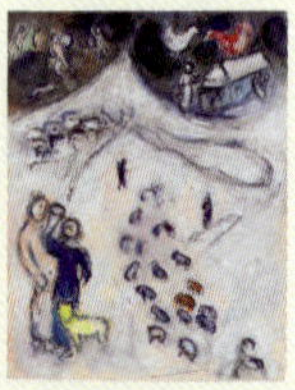

L'Hiver
voir p. 161

1960

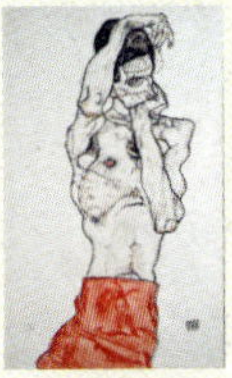

Homme nu à la serviette rouge

voir p. 87

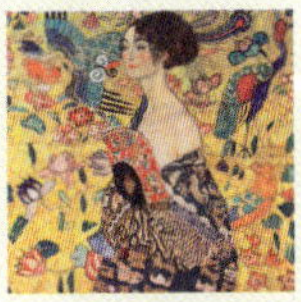

La Dame à l'éventail

voir p. 39

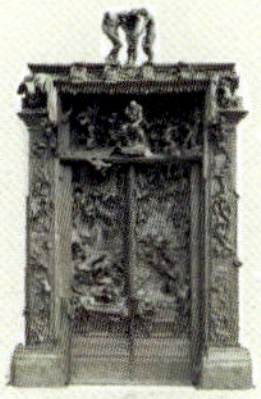

La Porte de l'Enfer

voir p. 9

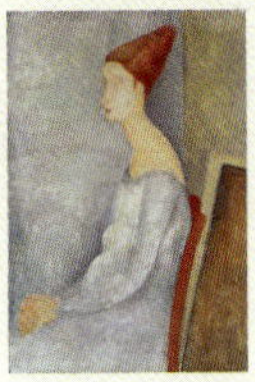

Portrait de Jeanne Hébuterne

voir p. 67

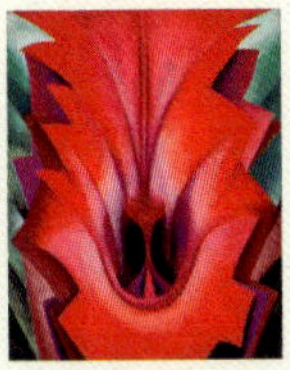

Inside Red Canna

voir p. 111

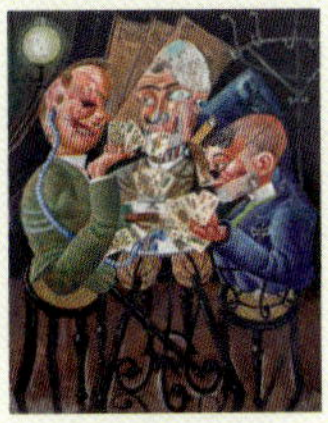

Les Joueurs de skat

voir p. 35

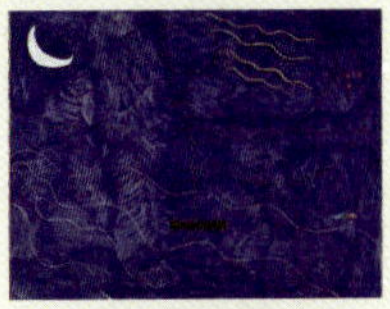

Baigneuse

voir p. 149

1915

1920

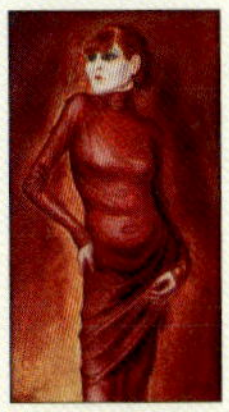

Portrait de la danseuse Anita Berber

voir p. 83

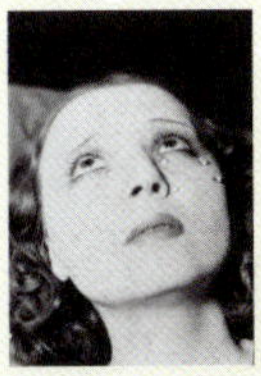

Les Larmes

voir p. 65

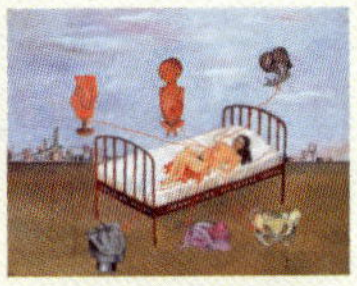

Le Lit volant

voir p. 17

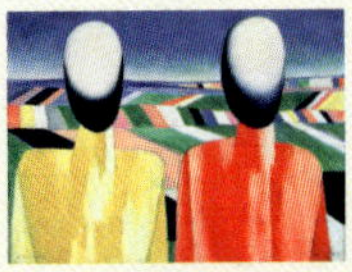

Paysans

voir p. 121

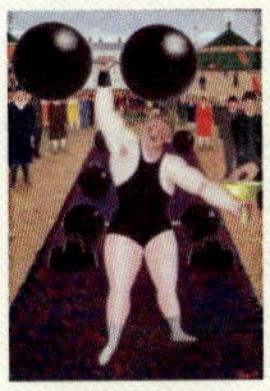

Athlète forain

voir p. 86

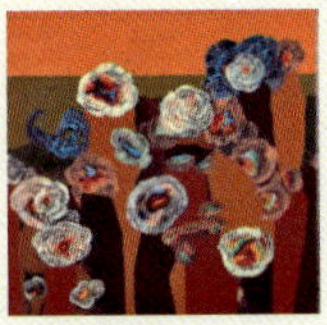

Fleurs de coquillages

voir p. 135

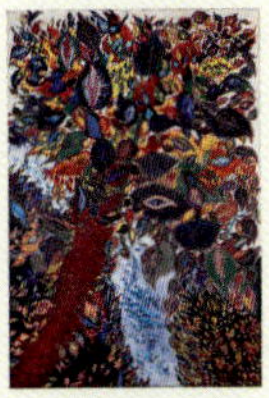

L'Arbre du paradis

voir p. 115

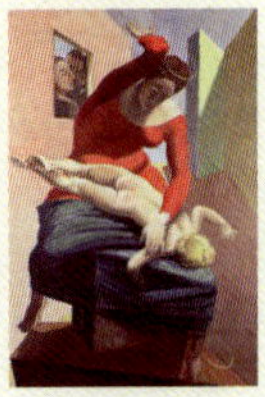

La Vierge corrigeant l'Enfant Jésus devant trois témoins : André Breton, Paul Éluard et le peintre

voir p. 91

1930

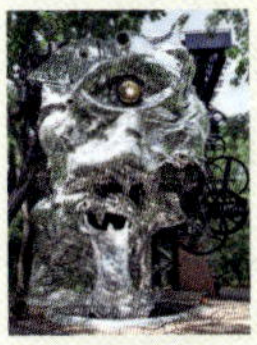

Le Cyclop

voir p. 23

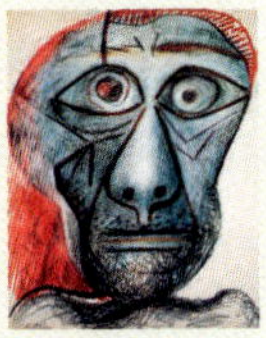

Autoportrait face à la mort

voir p. 99

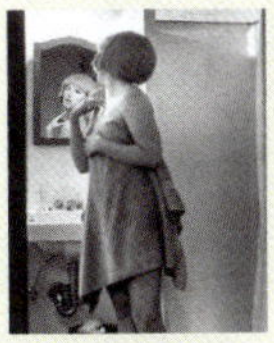

Untitled Film Still #2

voir p. 23

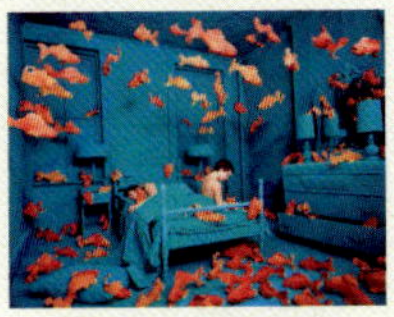

Revenge of the Goldfish

voir p. 133

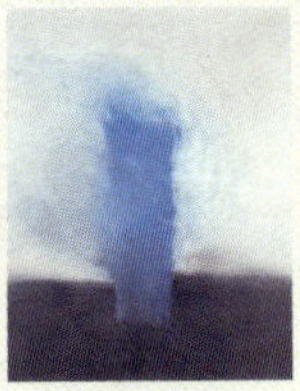

Hommage au vent

voir p. 155

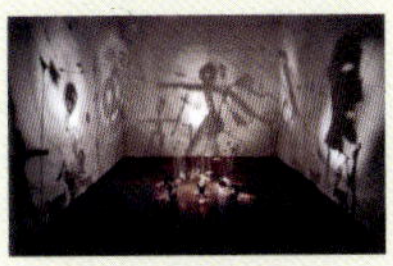

Théâtre d'ombres ou Danse macabre

voir p. 21

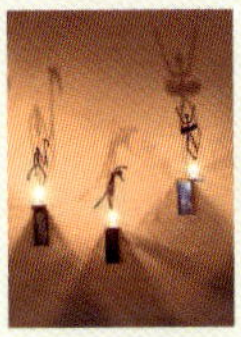

Les Bougies

voir p. 27

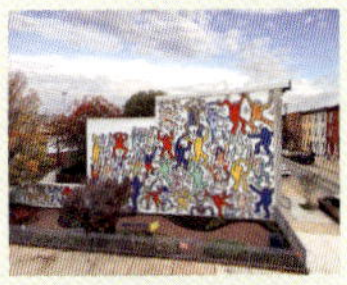

We the Youth

voir p. 43

1970

1980

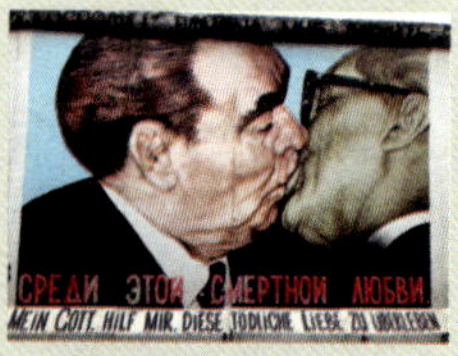

Mon Dieu, aide-moi à survivre à cet amour mortel
voir p. 80-81

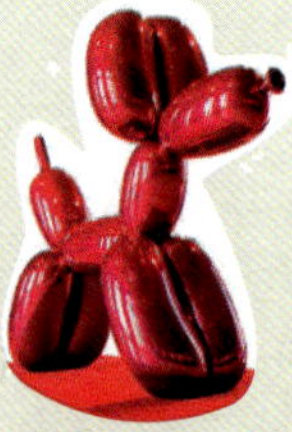

Balloon dog (Magenta)
voir p. 127

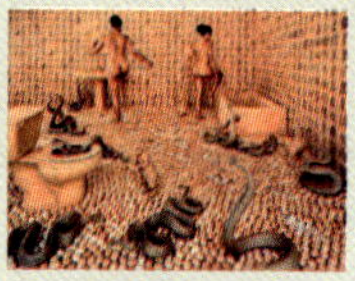

Walking on Eggshells
voir p. 107

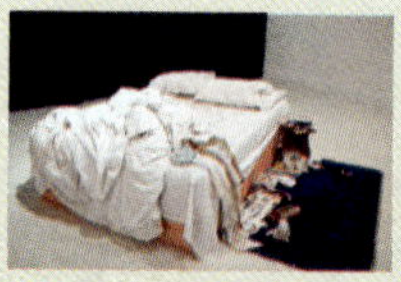

My Bed
voir p. 17

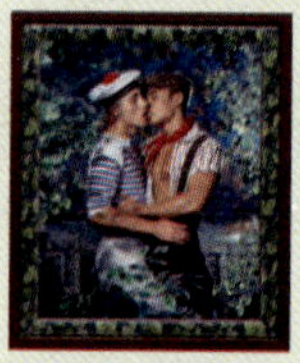

Les Amoureux / Johan et Léo
voir p. 79

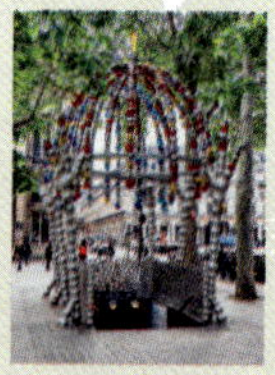

Le Kiosque des noctambules
voir p. 41

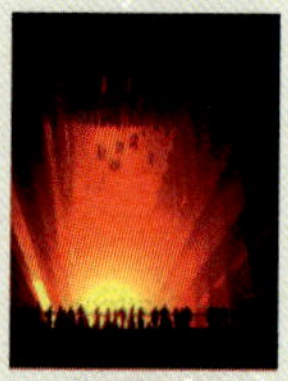

The weather project
voir p. 31

1990

2000

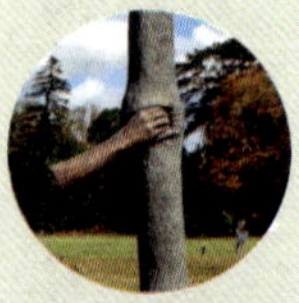

Maintien de 8 années de croissance (continuera à croitre entretemps)
voir p. 113

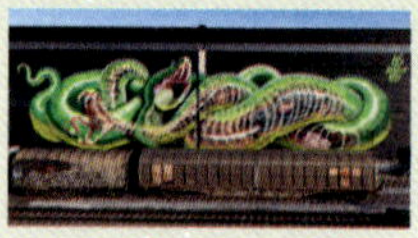

Translucent Serpent
voir p. 105

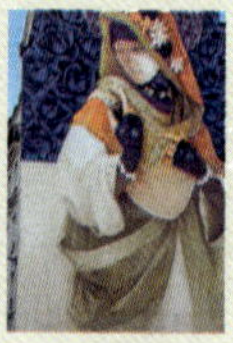

La Madre Secular 2
voir p. 55

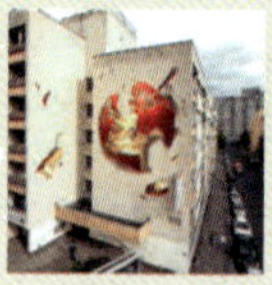

Sweetest Sin Pt. 1
voir p. 119

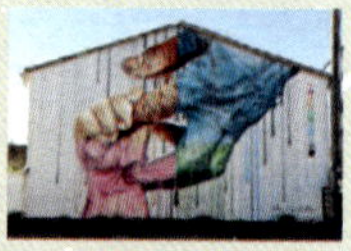

Main dans la main ou Être ensemble
voir p. 99

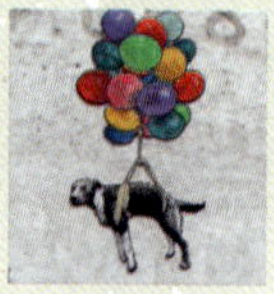

Fly Bye
voir p. 127

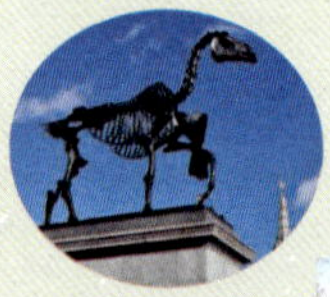

Gift Horse
voir p. 123

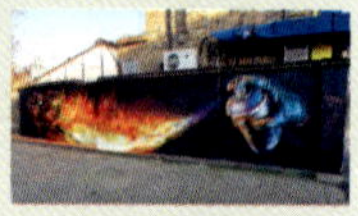

Burn
voir p. 29

2015

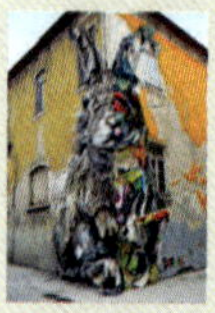

Half Rabbit
voir p. 129

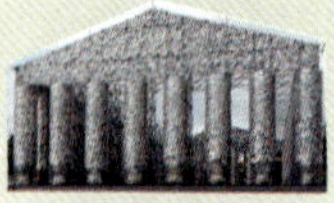

Le Parthénon des livres
voir p. 19

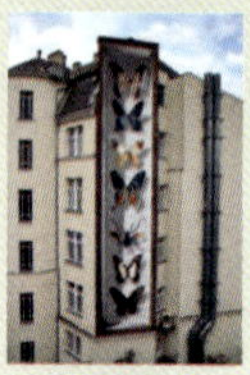

Wiener Schmetterlinge
voir p. 109

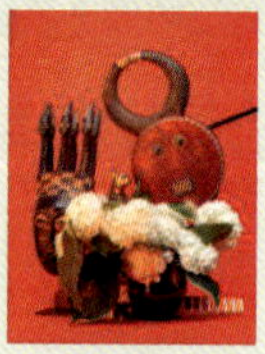

Head Hunters
voir p. 47

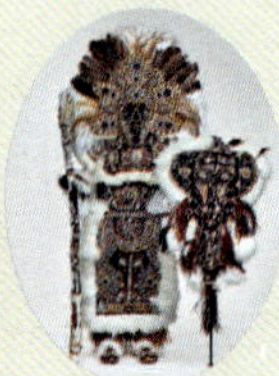

The Spirit of the Dark
voir p. 135

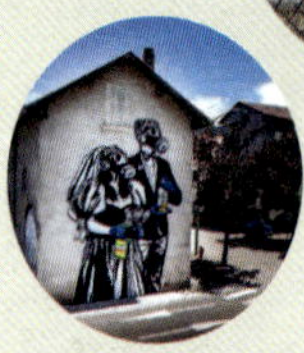

Toxic Wedding
voir p. 45

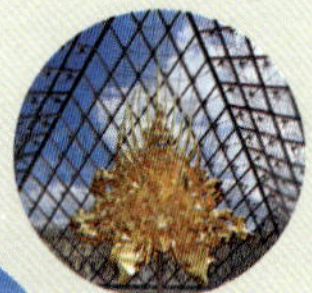

Throne
voir p. 15

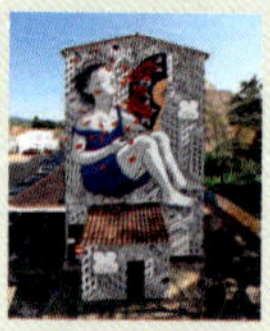

She Leans Against the Wind
voir p. 39

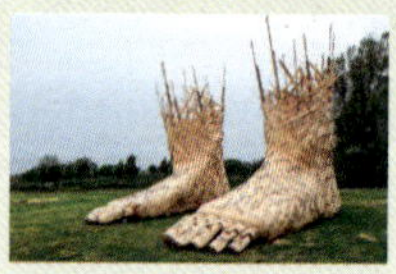

Run !! Nos pieds sur Terre
voir p. 93

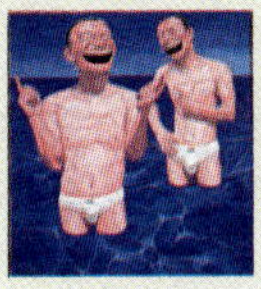

Handgun
voir p. 61

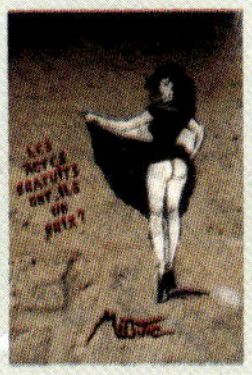

Les actes gratuits ont-ils un prix ?
voir p. 91

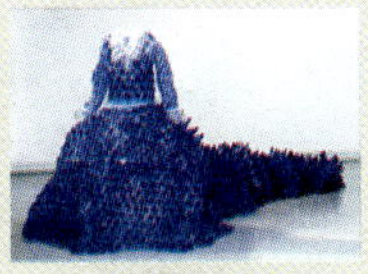

Vestito Blu
voir p. 25

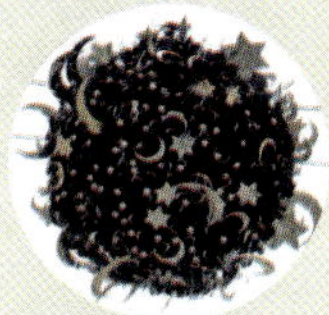

Big Bang
voir p. 149

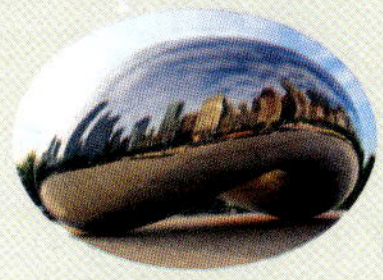

Cloud Gate
voir p. 157

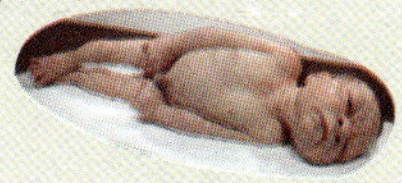

A Girl
voir p. 97

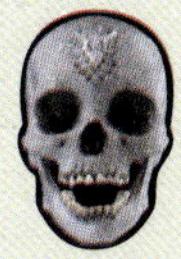

For the Love of God
voir p. 51

2005

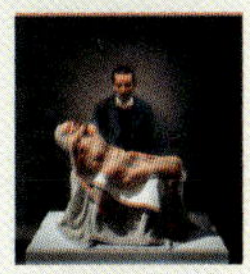

Still Life (Pieta)
voir p. 101

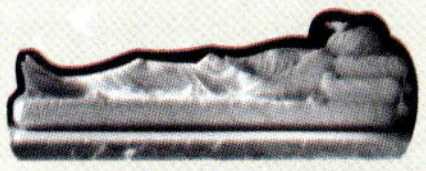

Gisant (Hommage à C. E. Crosby et K. Z. Lorenz)
voir p. 109

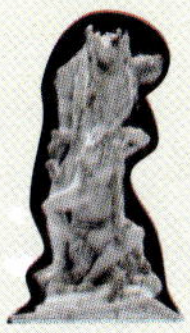

Untitled
voir p. 27

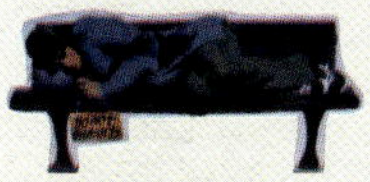

Do Not Disturb
voir p. 17

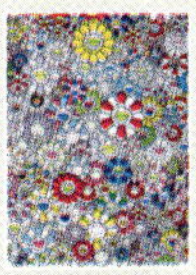

An homage to Yves Klein, Multicolor D
voir p. 59

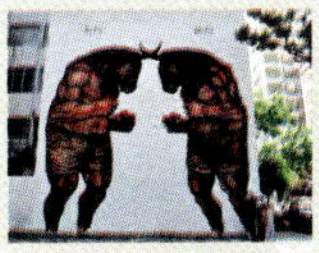

Teta y Salta
voir p. 87

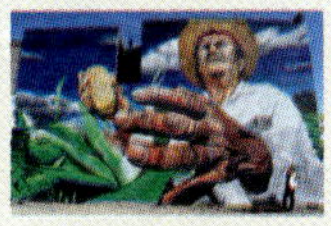

Mano de obra campesina
voir p. 121

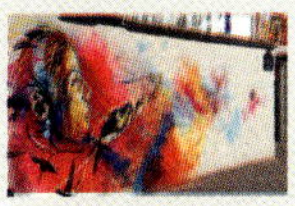

La Plume
voir p. 155

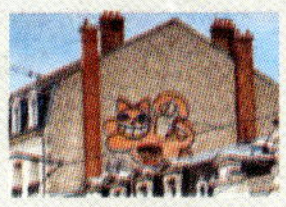

M. Chat
voir p. 131

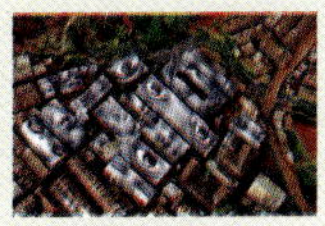

Women are Heroes
voir p. 63

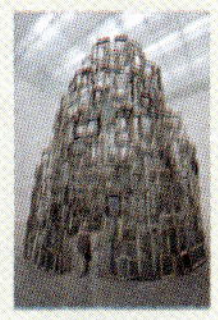

A Room of Memory
voir p. 11

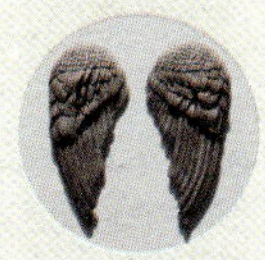

Ailes II
voir p. 95

2010

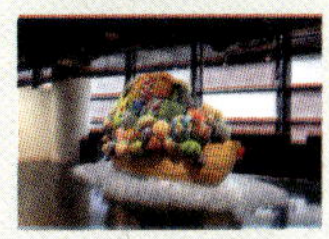

Road to Exile
voir p. 138-139

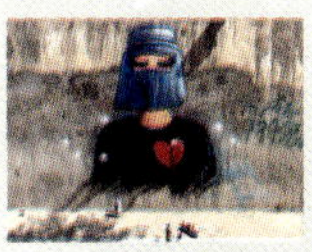

Sans titre
voir p. 77

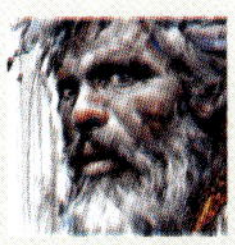

Sri Lanka Akila
voir p. 57

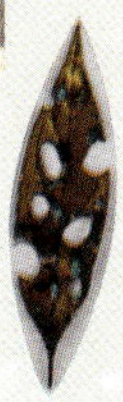

Eri Sáli
voir p. 115

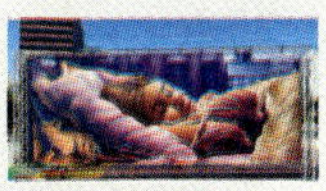

Tell the Children the Truth
voir p. 61

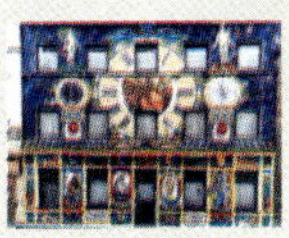

Pendules Duesberg
voir p. 35

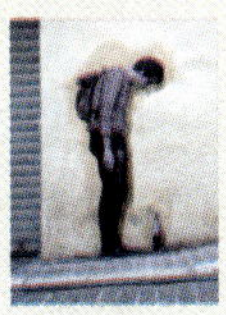

Odyssée, épisode 17
voir p. 67

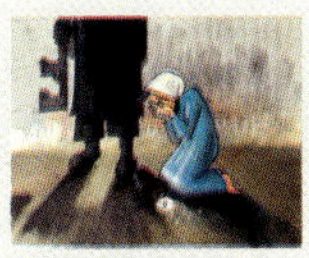

Death to Darkness
voir p. 65

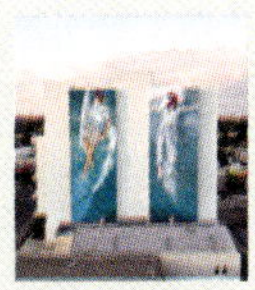

Two Rivers
voir p. 141

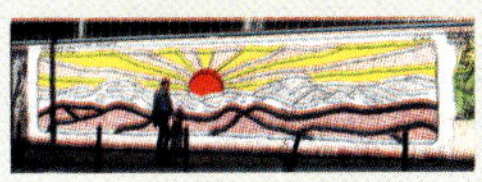

Lever de soleil
voir p. 153

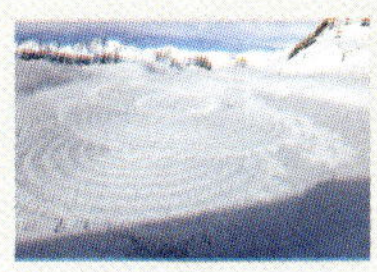

Sans titre
voir p. 161

2020

REMERCIEMENTS

Tim Newman et Alexy Cohen remercient par ordre alphabétique :
À FRANCE TÉLÉVISIONS : Laetitia Barthe, Pascal Cardin, Sonia Djallali, Florent Dumont, Michel Field, Cyril Giraudbit, Christopher Fromont, Solène Saint-Gilles, Marianne Siproudhis, Stéphane Sitbon Gomez, Franck Thronel.
À TV5 MONDE : Yves Bigot, Caroline Chevallier, Marie-Jocelyne Delage.
À CARTOONBASE : Gabrielle Daumen, Thomas Doutrepont, Manon Gigan, Clémence Gibert, Julie Krengel et toute l'équipe des animateurs.
Nous remercions pour leur soutien professionnel et leur fructueuse collaboration : Ninon Arbez-Gindre, Flore Azoulai, Léa Andrione, Sirine Boussif, Michel Chanal, Juliette Commeau, Philippe Denizot, Diane de Rovira, Louise Fiorio, Aude Gravier, Maïa Girard-Csillag, Frédérique Gontier, Mathis Guilment, Laure Hascoët-Bodénès, Émilie Jacquot, Claire Lalaut, Grégoire Lemaître, Gilles Guérin, Violette Quemener, Ismérie Vergne, Paul-Henri Moinet, ainsi que toute l'équipe de Planimonteur.

CRÉDITS PHOTOGRAPHIQUES

© 2024 Cindy Sherman, courtesy of the artist and Hauser & Wirth : p. 23(m) ; © 2024 Museum of Fine Arts, Boston. All rights reserved / 1951 Purchase Fund / Bridgeman Images : p. 39(h) ; © 2024 Museum of Fine Arts, Boston. All rights reserved. / Mary L. Smith Fund 69.28 / Bridgeman Images : p. 10(h) ; © 2024 Museum of Fine Arts, Boston. All rights reserved. / S. A. Denio Collection / Bridgeman Images : p. 123(h) ; © A. De Gregorio / NPL - DeA Picture Library / Bridgeman Images : p. 72(b) ; © AGF / Bridgeman Images : p. 15(h) ; © Alain Guilleux / Alamy / Photo12 : p. 20(h) ; © Alfons Rath / akg-images : p. 113(b) ; © Alte Pinakothek, Munich, Germany / Bridgeman Images : p. 16(h) ; © Andrea Berlese : p. 45(b) ; © Andrea Jemolo / Bridgeman Images : p. 56(b), 65(h), 114(b) ; © Archivio J. Lange / © NPL - DeA Picture Library / Bridgeman Images : p. 22(h) ; © Art in Flanders / Bridgeman Images : p. 59(m) ; © Art Museum of Estonia / Bridgeman Images : p. 42(m) ; © Art Resource / Schalkwijk / Bridgeman Images : p. 17(mg) ; © Barnes Foundation / Domaine public : p. 67(m), 141(h) ; © Barthélémy Toguo / Courtesy Bandjoun Station et Galerie Lelong & Co : p. 138-139 ; © Big Chiquitito : p. 93(b) ; © BnF : p. 26(h), 128(h) ; © Bodleian Library, Oxford : p. 60(h) ; © Bordalo II : p. 129(b) ; © Boykov / Shutterstock : p. 157(b) ; © Bridgeman Images : p. 9(h), 10(b), 14(m et b), 15(m), 16(b), 19(m), 20(m), 25(m), 26(b), 30(h), 31(h), 35(m), 40(b), 43(m), 44(b), 45(h), 47(h et m), 50(b), 57(h), 61(h), 62(h et m), 64(b), 66(b), 67(h), 68(h et b), 73(h et m), 74(b), 75(h et m), 76(h), 77(h), 78(h et m), 82(m), 83(h), 86(b), 90(h et b), 92(b), 93(m), 94(m), 96(b), 100(h), 106(m), 108(b), 110(h), 111(h), 113(h), 119(h), 120(m et b), 122(h et b), 124-125, 126(b), 135(m), 137(h), 142-143, 144(h), 145(m), 148(b), 152(m), 153(h), 155(mg), 157(h), 160(h et m) ; © British Library Board. All Rights Reserved / Bridgeman Images : p. 130(m), 136(b) ; © Brooklyn Museum, 30.1478.94_PS20 : p. 116 ; © C. Hémon / Musée Dobrée - Département de Loire-Atlantique : p. 76(b) ; © Centre Pompidou, MNAM-CCI, Dist. GrandPalaisRmn / Bertrand Prévost : p. 75(b), 149(m) ; © Centre Pompidou, MNAM-CCI, Dist. GrandPalaisRmn / Georges Meguerditchian : p. 45(m), 65(m) ; © Centre Pompidou, MNAM-CCI, Dist. GrandPalaisRmn / Jacqueline Hyde : p. 115(h) ; © Centre Pompidou, MNAM-CCI, Dist. GrandPalaisRmn / Jean-François Tomasian : p. 29(m) ; © Centre Pompidou, MNAM-CCI, Dist. RMN-Grand Palais / Philippe Migeat : p. 161(m) ; © Charles Leval : p. 67(b) ; © Chepe Nicoli / Shutterstock : p. 50(h) ; © Chris Hellier. All rights reserved 2022 / Bridgeman Images : p. 154(h) ; © Christie's Images / Bridgeman Images : p. 9(b), 27(m), 55(m), 60(b), 61(m), 111(b), 119(m), 157(m) ; © Collection Institut d'art contemporain, Villeurbanne, Rhône-Alpes : p. 115(b) ; © Collection MAMAC, Nice, inv.2005.8.1. Photo : Muriel Anssens – Ville de Nice : p. 25(b) ; © Digital image, The Museum of Modern Art, New York / Scala, Florence : p. 83(m) ; © Erica Ruth Neubauer / iStock : p. 126(h) ; © Ferens Art Gallery / Bridgeman Images : p. 132(b) ; © Fine Art Images / Bridgeman Images : p. 18(b), 57(m), 82(h), 99(m), 105(h), 123(m), 131(h), 134(b) ; © fintanmagee.com & guseagleton.com : p. 141(b) ; © Frank Buffetrille. All rights reserved 2024 / Bridgeman Images : p. 121(h) ; © From the British Library archive / Bridgeman Images : p. 108(h) ; © G. Dagli Orti / © NPL - DeA Picture Library / Bridgeman Images : p. 28(m), 56(h), 72(m) ; © Gemäldegalerie Alte Meister, Staatliche Kunstsammlungen Dresden / Bridgeman Images : p. 12 ; © Ghigo Roli / Bridgeman Images : p. 104(b), 112(h) ; © GrandPalaisRmn (MNAAG, Paris) / Richard Lambert : p. 40(m) ; © GrandPalaisRmn(musée de Cluny - musée national du Moyen Âge) / Michel Urtado : p. 114(h) ; © GrandPalaisRmn(musée d'Orsay) / Adrien Didierjean : p. 105(m) ; © GrandPalaisRmn (musée du Louvre) / Stéphane Maréchalle : p. 42(h) ; © GrandPalaisRmn / Mathieu Rabeau : p. 42(b), 97(h) ; © Granger / Bridgeman Images : p. 107(h) ; © Hervé Champollion / akg-images : p. 112(m) ; © Iberfoto / Bridgeman Images : p. 38(h) ; © Johnny Van Haeften Ltd., London / Bridgeman Images : p. 130(b) ; © Kazuo Fukunaga . Courtesy the Fonds de dotation Christian Boltanski, The National Museum of Art, Osaka, Japan and Marian Goodman Gallery : p. 21(b) ; © Ken Welsh / Alamy / Photo12 : p. 17(md) ; © Kiev.Victor / Shutterstock : p. 41(b) ; © Kim Young Tae / Bridgeman Images : p. 98(m) ; © Kunsthaus Zürich : p. 54(m) ; © Kunsthaus Zürich, The Ruzicka Foundation, 1949 : p. 156(b) ; © Kunstmuseum den Haag / © Mondrian /Holtzman Trust / Bridgeman Images : p. 113(m) ; © Lebrecht Music Arts / Bridgeman Images : p. 51(h) ; © Leonard de Selva / Bridgeman Images : p. 16(m) ; © Library of Congress / World Digital Library : p. 87(m) ; © Luis Silva Campos / Museu da Farmacia : p. 46(b) ; © Luisa Ricciarini / Bridgeman Images : p. 27(h), 28(h et b), 44(h), 46(h), 48-49, 62(b), 77(m), 87(h), 96(m), 132(m), 155(h) ; © Lyon MBA – Photo Alain Basset : p. 24(m) ; © mahJ / Christophe Fouin : p. 149(b) ; © Mairie de Toulouse, musée des Augustins / Photo Bernard Delorme : p. 20(b) ; © Masterpics / Alamy / Photo12 : p. 127(h) ; © Mauritshuis, La Haye : p. 26(m), 41(h), 60(m), 101(h) ; © MBAC : p. 97(b) ; © MC Audet : p. 131(b) ; © Mélanie Puchault : p. 80-81 ; © Mikolaj Niemczewski / Shutterstock : p. 90(h) ; © MisterStock / Shutterstock : p. 104(h) ; © MLouisphotography / Alamy / Photo12 : p. 133(m) ; © MNAAG, Paris, Dist. GrandPalaisRmn / Ghislain Vanneste : p. 38(b) ; © Mondadori Portfolio / Archivio Antonio Quattrone / Bridgeman Images : p. 144(m) ; © Mondadori Portfolio / Archivio Dell'arte Luciano Pedicini / Bridgeman Images : p. 98(h) ; © mountainpix / Shutterstock : p. 64(h), 100(b) ; © muratart / Shutterstock : p. 94(h) ; © Musée Camille Claudel - Marco ILLUMINATI : p. 43(h) ; © Musée Condé, Chantilly / Bridgeman Images : p. 120(h), 135(h), 160(h) ; © Musée d'Orsay, Paris, France / Bridgeman Images : p. 17(h) ; © Musée du Louvre, Dist. GrandPalaisRmn / Christian Décamps : p. 148(h) ; © Musée du Quai Branly - Jacques Chirac, Dist. GrandPalaisRmn / Patrick Gries / Bruno Descoings : p. 41(m) ; © Musée du Quai Branly - Jacques Chirac, Dist. GrandPalaisRmn / Pauline Guyon : p. 135(b) ; © Museo Lazaro Galdiano / Bridgeman Images : p. 54(b) ; © Museo Nacional de Bellas Artes de Buenos Aires : p. 21(m) ; © Museum of Fine Arts, Houston / Museum purchase funded by Audrey Jones Beck / Bridgeman Images : p. 31(m) ; © Museum of Modern Art (MoMa), New-York, USA / Bridgeman Images : p. 150-151 ; © National Gallery of Art Washington / Collection of Mr. and Mrs. Paul Mellon : p. 110(b) ; © National Gallery of Art Washington / Gift of Mrs. Mellon Bruce in memory of her father, Andrew W. Mellon : p. 19(h) ; © National Gallery of Art Washington / Widener Collection : p. 154(b) ; © National Gallery of Art, Washington : p. 11(h) ; © National Gallery, London, UK / Bridgeman Images : p. 74(m) ; © Nationalmuseet Stockholm : p. 152(h) ; © Naturhistorisches Museum, Vienna, Austria / Ali Meyer / Bridgeman Images : p. 74(h) ; © Neirfy / Shutterstock : p. 95(h) ; © Nikonov Vladimir / Shutterstock : p. 104(m) ; © NPL - DeA Picture Library / Bridgeman Images : p. 69(b), 78(h), 140(h), 156(h) ; © O. Vaering / Bridgeman Images : p. 153(m) ; © Olafur Eliasson. Courtesy of the artist : p. 31(b) ; © Patricia Lecomte / CNAP : p. 23(b) ; © Peter Willi / Bridgeman Images : p. 9(m), 55(h), 66(h), 90(m et md), 118(h) ; © Petr Kratochvila / Shutterstock : p. 72(h) ; © Philadelphia Museum of Art, Pennsylvania, PA, USA / The John Howard McFadden Collection / Bridgeman Images : p. 29(h) ; © Philip Mowbray / Shutterstock : p. 19(b) ; © Photo Josse / Bridgeman Images : p. 21(h), 24(b), 36-37, 40(h), 58(h), 66(m), 69(m), 93(h), 99(h), 109(h), 110(m), 128(m et b), 129(m), 130(h), 137(b), 140(b), 144(b), 148(m) ; © Photo12 / Alamy / Godong : p. 95(m) ; © Photo12 / Artefact / Alamy : p. 90(mg) ; © photo-fox / Alamy / Photo12 : p. 51(b) ; © Pictures from History / Bridgeman Images : p. 56(m), 70 ; © Pinacoteca di Brera, Milan / With permission of the Italian Ministry of Culture / Bridgeman Images : p. 102-103 ; © Raffaello Bencini / Bridgeman Images : p. 30(m), 78(b), 108(m) ; © red-feniks / Shutterstock : p. 92(m) ; © Ron Ellis / Shutterstock : p. 123(b) ; © Sandro Vannini / Bridgeman Images : p. 14(h) ; © Sébastien Beaucourt. All rights reserved 2024 / Bridgeman Images : p. 58(b) ; © Sotheby's / Bridgeman Images : p. 39(m) ; © Staatliche Kunstasammlungen Dresden / Bridgeman Images : p. 149(h) ; © State Russian Museum / Bridgeman Images : p. 121(m) ; © Stefan Altenburger : p. 27(b) ; © Stefano Baldini / Bridgeman Images : p. 88, 141(m) ; © Succession Yves Klein c/o ADAGP, Paris : p. 73(b), 145(b) ; © Sunhi Mang : p. 11(b) ; © Tallandier / Bridgeman Images : p. 44(m) ; © Tate, Londres, Dist. GrandPalaisRmn / Tate Photography : p. 30(b) ; © The Art Institute of Chicago / Gift of Philip D. Armour and Charles L. Hutchinson : p. 132(h) ; © The British Museum, Londres, Dist. GrandPalaisRmn / The Trustees of the British Museum : p. 136(h) ; © The Cleveland Museum of Art / Mr. and Mrs. William H. Marlatt Fund 1968.23 : p. 69(h) ; © The Courtauld / Bridgeman Images : p. 23(h), 118(m) ; © The Metropolitan Museum of Art / Michael C. Rockefeller Memorial Collection, Gift of Mr. and Mrs. Raymond Wielgus, 1960 : p. 24(h) ; © The Metropolitan Museumof Art / The Cloisters Collection, 1983 : p. 34(h) ; © The Metropolitan Museum of Ar / Rogers Fund and The Cloisters Collection, by exchange, 1950 : p. 76(m) ; © The Metropolitan Museum of Art / Michael C. Rockefeller Memorial Collection, Bequest of Nelson A. Rockefeller, 1979 : p. 96(h) ; © The Metropolitan Museum of Art / Bequest of Walter C. Baker, 1971 : p. 90(h) ; © The Metropolitan Museum of Art / H. O. Havemeyer Collection, Bequest of Mrs. H. O. Havemeyer, 1929 : p. 158-159 ; © The Metropolitan Museum of Art / Henry L. Phillips Collection, Bequest of Henry L. Phillips, 1939 : p. 160(b) ; © The National Gallery of Art, Washington / Andrew W. Mellon Collection : p. 34(b) ; © Tony Baggett / Shutterstock : p. 54(h) ; © Ville de Grenoble / Musée de Grenoble-J.L. Lacroix : p. 112(b) ; © Zev Radovan / Bridgeman Images : p. 8(h) ; CCO Paris Musées / Musée Cernuschi, musée des arts de l'Asie de la Ville de Paris : p. 129(h) ; Collection Frac Normandie : p. 155(md) ; Collection particulière : p. 8(b), 18(h et m), 22(m), 25(h), 35(h), 52-53, 59(h et b), 63(h et m), 82(b), 86(h), 94(b), 97(m), 98(b), 101(m), 106(h et b), 107(m), 118(b), 126(m), 131(mg et md), 133(h), 134(h), 137(m), 145(h), 152(b), 154(m) ; Courtoisie de l'artiste et Templon, Paris – Bruxelles – New York Photo © Pat Verbruggen : p. 109(m) ; Courtesy Galerie La Forest Divonne : p. 95(b) ; Royal Collection Trust / © His Majesty King Charles III, 2024 / Bridgeman Images : p. 134(m) ; Sammlung Landesbank Baden-Württemberg. Photo © Fine Art Images / Bridgeman Images : p. 83(b).

DROITS D'AUTEUR

© 2024 Cindy Sherman, courtesy of the artist and Hauser & Wirth : p. 23(m) ; © 2024 Museum of Fine Arts, Boston. All rights reserved. / 1951 Purchase Fund / Bridgeman Images : p. 39(h) ; © 2024 Museum of © 2012 Takashi Murakami / Kaikai Kiki Co., Ltd. All Rights Reserved : p. 59(b) ; © 2024 Banco de México Diego Rivera Frida Kahlo Museums Trust, Mexico, D.F. / Adagp, Paris : p. 17(mg), 77(m) ; © Adagp, Paris, 2024 : p. 11(b), 21(m et b), 27(h et m), 31(m), 35(m), 41(b), 43(m), 67(b), 80-81, 83(b), 86(b), 90(md), 93(m et b), 95(m), 97(b), 107(m), 109(m), 113(b), 119(m), 123(b), 131(b), 135(m), 138-139, 149(b), 153(b), 155(md et b), 157(m), 161(m) ; © Ame72 : p. 17(b) ; © Anish Kapoor. All Rights Reserved, DACS / ADAGP, Paris 2024 : p. 157(b) ; © Association Marcel Duchamp / Adagp, Paris 2024 : p. 75(b) ; © Bordalo II : p. 129(b) ; © Cindy Sherman Courtesy the artist and Hauser & Wirth 2024 : p. 23(m) ; Courtesy of Awol Erizku and Ben Brown Fine Arts : p. 47(b) ; © Damien Hirst and Science Ltd. All rights reserved, Adagp, Paris, 2024 : p. 51(b) ; © Daniel Steegmann Mangrané / Courtesy Esther Schipper Gallery : p. 115(b) ; © Dasic Fernández : p. 121(b) ; © Emmanuel Michel : p. 57(b) ; © Enrica Borghi : p. 25(b) ; (c) Farm Prod : p. 35(b) ; © Franco Fasoli : p. 87(b) ; © Georgia O'Keeffe Museum / Adagp, Paris, 2024 : p. 111(b) ; © Goin : p. 45(b) ; © INTI : p. 55(b) ; © IRONY : p. 29(b) ; © Jeff Koons : p. 127(m) ; © JR : p. 63(b) ; © Kohei Nawa : p. 15(b) ; © Man Ray 2015 Trust / Adagp, Paris 2024 : p. 65(m) ; © Mantra : p. 109(b) ; © Marta Minujín Archivo : p. 19(b) ; © Millo : p. 39(b) ; © Miss.Tic - Adagp / Paris, 2024 : p. 90(b) ; © Niki Charitable Art Foundation / ADAGP, Paris, 2024 : p. 23(b), 45(m) ; © Nychos : p. 105(b) ; © Onur & Wes 21 : p. 119(b) ; © Pierre et Gilles, Les amoureux, Johan Soudanne et Léoméo Caradang, 1998 : p. 78(b) ; © Rachel Labastie : p. 95(b) ; © Salvador Dalí, Fundació Gala-Salvador Dali / Adagp, Paris 2024 : p. 25(m), 123(m) ; © Sam Jinks 2007 : p. 101(b) ; © Seno : p. 99(b) ; © Shamsia Hassani : p. 65(b), 77(b) ; © Simon Beck : p. 161(b) ; © Studio Olafur Eliasson : p. 31(b) ; © Successió Miró / Adagp, Paris, 2024 : p. 149(m) ; © Succession H. Matisse : p. 11(h), 83(m) ; © Succession Picasso 2024 : p. 73(m), 99(m), 141(m), 145(m) ; © Succession Yves Klein c/o Adagp, Paris, 2024 : p. 73(b), 145(b) ; © Teddy Baden: p. 127(b) ; © Tracey Emin. All rights reserved / Adagp, Paris, 2024 : p. 17(md) ; © Two Rivers 2021 an artwork by Fintan Magee and Gus Eagleton : p. 141(b) ; © Urs Fischer. Courtesy of the artist : p. 27(b) ; © Wild Sketch Prod / Sock : p. 61(b) ; © Yue Minjun : p. 61(m) ; Keith Haring artwork © Keith Haring Foundation : p. 43(b) ; Revenge of the Goldfish ©1981 Sandy Skoglund, color photograph and installation : p. 133(b) ; Walking On Eggshells ©1997 Sandy Skoglund, color photograph and installation : p. 107(b).

Tous les efforts ont été fait pour mentionner les photographes et ayant droits des images reproduites dans cet ouvrage.
L'éditeur corrigera toute erreur ou omission qui lui serait signalée.

En partenariat avec l'agence Bridgeman Images